वाजपेयी

एक राजनेता के अज्ञात पहलू

वाजपेयी

एक राजनेता के अज्ञात पहलू

उल्लेख एन.पी.

अनुवाद : महेन्द्र नारायण सिंह यादव

MANJUL

मंजुल पब्लिशिंग हाउस

MANJUL

मंजुल पब्लिशिंग हाउस

कॉरपोरेट एवं संपादकीय कार्यालय

द्वितीय तल, उषा प्रीत कॉम्प्लेक्स, 42 मालवीय नगर, भोपाल-462 003

विक्रय एवं विपणन कार्यालय

सी-16, सेक्टर 3, नोएडा, उत्तर प्रदेश - 201301, इंडिया

वेबसाइट : www.manjulindia.com

वितरण केन्द्र

अहमदाबाद, बेंगलुरू, भोपाल, कोलकाता, चेन्नई,
हैदराबाद, मुम्बई, नई दिल्ली, पुणे

सर्वप्रथम रैण्डम हाउस इंडिया 2017 द्वारा वाइकिंग में प्रकाशित

उल्लेख एन.पी. द्वारा लिखित मूल अंग्रेजी पुस्तक
द *अन्टोल्ड वाजपेयी* का हिन्दी अनुवाद

यह हिन्दी संस्करण 2018 में पहली बार प्रकाशित
द्वितीय आवृत्ति 2024

इस पुस्तक में व्यक्त विचार लेखक के अपने हैं तथा लेखक द्वारा दिए गए तथ्यों का यथासंभव सत्यापन किया गया है। इस संदर्भ में प्रकाशक किसी भी रूप में उत्तरदायी नहीं हैं।

ISBN 978-93-87383-74-6

अनुवाद : महेन्द्र नारायण सिंह यादव

मुद्रण व जिल्दसाज़ी : गोपसंस पेपर्स प्रा. लिमिटेड

मेरे पिता स्वर्गीय पट्टियम गोपालन
और माँ एन.के. मृदुला को समर्पित

अनुक्रम

भूमिका

उल्लेख एन.पी. ने देश के सर्वाधिक लोकप्रिय प्रधानमंत्रियों में से एक अटल बिहारी वाजपेयी के जीवन का विश्लेषण करते हुए स्वतंत्र भारत की राजनीति के सात से ज़्यादा दशकों का शानदार विवरण लिखा है। अटल बिहारी वाजपेयी पहले ग़ैर-काँग्रेसी प्रधानमंत्री हैं जिन्होंने पाँच साल का कार्यकाल (1999-2004) पूरा किया है। वाजपेयी एक उत्कृष्ट वक्ता थे जो 2009 में स्वास्थ्य ख़राब हो जाने से पहले तक, क़रीब आधी शताब्दी तक अपनी पार्टी के शीर्ष नेताओं में शुमार रहे। सीमित लोगों को आकर्षित करने वाले संकीर्ण राजनीतिक एजेंडा वाली छोटी-सी हिंदू राष्ट्रवादी पार्टी को वर्तमान की भारतीय संसद की सबसे बड़ी पार्टी बनाने की योजना तैयार करने में उनका योगदान रहा। हालाँकि, कविता और खाने-पीने के शौकीन तथा भावुक हृदय के अविवाहित और परंपरा से हटकर जीवन जीने वाले वाजपेयी अपनी हिंदू राष्ट्रवादी भारतीय जनता पार्टी (भाजपा) के सांस्कृतिक रूप से सादा जीवन जीने वाले शीर्ष नेताओं में कुछ हटकर दिखते थे। भाजपा की अति राष्ट्रवादी विचारधारा वाली पितृ संस्था तथा और अधिक सादगी पसंद राष्ट्रीय स्वयंसेवक संघ के लिए भी वे कुछ विशिष्ट थे, जबकि भाजपा का अधिकतर शीर्ष नेतृत्व आरएसएस से ही होता है।

वाजपेयी और कॉलेजों के अन्य युवाओं ने 1942 के महात्मा गाँधी के भारत छोड़ो आंदोलन की अंग्रेज़ों को भारत से निकालने में असफलता को देखते हुए आरएसएस में शामिल होने का निश्चय किया था। वाजपेयी का कम्युनिस्टों के प्रति मोहभंग भी तभी हुआ था जब भारतीय कम्युनिस्ट नेता सोवियत संघ की ब्रिटिश समर्थक नीति से गुलामों की तरह चिपके रहे, हालाँकि उल्लेख ने बताया है कि वाजपेयी अधिक समतामूलक समाज की स्थापना के प्रयासों का सदैव समर्थन करते रहे। उन्होंने बताया है कि वाजपेयी के आरंभिक राजनीतिक गुरु, ऊँची जाति के हिंदू और पूर्णकालिक आरएसएस कार्यकर्ता दीनदयाल उपाध्याय ने उदार नीति के एजेंडा के लिए बौद्धिक रूपरेखा तैयार की थी जिसमें भूमिसुधार, हिंदूवादी जात-पाँत का उन्मूलन, और अन्य दलों से सहयोग के लिए तत्परता शामिल थी। उल्लेख ने कुछ अति हिंदू राष्ट्रवादी एजेंडे के प्रति वाजपेयी की असहजता का भी विश्लेषण किया

है क्योंकि वे मानते थे कि यह उस सामाजिक स्थिरता में बाधक है, जो भारत जैसे सामाजिक रूप से विविधतायुक्त देश में आवश्यक है।

यह पुस्तक इसलिए भी ख़ास है क्योंकि इसमें अधिक व्यवस्थित रूप में बताया गया है कि भाजपा के सामाजिक, वैचारिक और भौगोलिक आधार के विस्तार में वाजपेयी के सबको साथ लेकर चलने के प्रयास बहुत बड़े कारक रहे, जबकि मेरी जानकारी में अन्य किताबों में ऐसा नहीं रहा। बिना उस प्रयास के, ये संभव नहीं था कि नीची जाति के ग़रीब चायवाले के बेटे, और आरएसएस प्रचारक रहे मौजूदा भाजपाई प्रधानमंत्री नरेंद्र मोदी 2014 में संसदीय चुनावों में इतना ठोस बहुमत पा जाते, और हर तरह के सामाजिक और वैचारिक क्षेत्र से समर्थन हासिल कर सकते। उल्लेख बताते हैं कि वाजपेयी के राजनीतिक विचार के आलोचक भी थे, जो कि ख़ासतौर पर आरएसएस में उच्च जाति के रूढ़िवादी विचारक थे। पुस्तक का समापन विद्वान उदार राजनीतिक टीकाकार, और पूर्व राजनयिक मणिशंकर अय्यर की टिप्पणी से किया गया है जो आशंका जताते हैं कि वाजपेयी के सबको साथ लेकर चलने के नेक प्रयासों को उनके उत्तराधिकारी मोदी आगे नहीं बढ़ाएँगे।

मोदी के बारे में भारत के बौद्धिक वर्ग में ऐसी चिंता को काफ़ी समर्थन मिलता है। सामान्य तर्क यह है कि आरएसएस (और भाजपा के रूप में इसका विस्तार) उच्च जाति के हिंदू और उच्च वर्ग की संकीर्णता के समर्थन में वाजपेयी द्वारा अपनाए गए उदार और समावेशी विजन के विरुद्ध काम करेगा। हालाँकि यह विश्लेषण स्थायी है और इसमें इस तथ्य की अनदेखी की जाती है कि आरएसएस भी बदल रहा है और यह बदलाव भाजपा में वाजपेयी द्वारा शुरू किए गए समावेशता के भी कारण है। आरएसएस का नेतृत्व हमेशा उच्च जाति हिंदू और सांस्कृतिक ब्राह्मणवादी रहा है, लेकिन शहरी, शिक्षित निम्न मध्यम वर्ग (मसलन स्कूल शिक्षक और सरकारी बाबू) हमेशा शहरी उच्च वर्ग पर संदेह करता रहा है। हालाँकि, पिछले दो दशकों में आरएसएस की सदस्यता का विस्तार शिक्षित शहरी मध्यम वर्ग में बड़ी मात्रा में हुआ है जो हर तरह के आर्थिक विकास के लिए प्रतिबद्ध है। आरएसएस के पास दर्जनों संबद्ध संगठन हैं जो विभिन्न सामाजिक समूहों (मसलन, किसान, औद्योगिक कामगार, शिक्षक, लेखक और धर्मगुरु) के बीच व्यापक रूप से काम करते हैं और ये संबद्ध संगठन स्कूल, अस्पताल और व्यावसायिक प्रशिक्षण संस्थान चलाते हैं जो कि मुख्य रूप से वंचित वर्ग के लोगों के लिए ही होते हैं। इन गतिविधियों के कारण सामाजिक रूप से विविध सदस्यता आरएसएस की ओर आकर्षित हुई है, और इस तरह से इसे उदार आर्थिक नीति के समर्थन का इच्छुक भी बनाया जा रहा है। हालाँकि आर्थिक विकास और अधिक समान आय वितरण ऐसी नीतियाँ हैं जिनमें कई बार टकराव होता है और भाजपा जैसे आरएसएस से संबद्ध संगठन

ऐसे समझौते करने की दर्दनाक प्रक्रिया से गुज़र रहे हैं जो इसके विभिन्न हितों के बीच स्वीकार्य हों।

और, अंत में, यह पुस्तक एक व्यक्ति के जीवन के ज़रिए देश की आज़ादी के बाद के समय की भारतीय राजनीति का सुलिखित यात्रा-वृतांत है। हमेशा राष्ट्रवादी रहते हुए भी वाजपेयी ने भी हिंदू राष्ट्रवाद की तीक्ष्णता को नर्म करने की कोशिश की। उनके प्रयास कितने सफल रहे, इस पर काफ़ी बहस होती रहती है। हालाँकि, अगर भाजपा वाजपेयी जी के बताए सबको साथ लेकर चलने की राह को त्यागती है तो वह देश में महत्त्वपूर्ण कारक की भूमिका खो देगी, जो कि ग़रीब भी है और सामाजिक रूप से विविध भी।

—वॉल्टर ऐंडरसन, डायरेक्टर,
साउथ एशियन स्टडीज़ प्रोग्राम,
स्कूल ऑफ़ एडवांस्ड इंटरनैशनल स्टडीज़,
जॉन्स हॉपकिंस यूनिवर्सिटी

सहलेखन - *द ब्रदरहुड इन सैफ़्रन :
द राष्ट्रीय स्वयंसेवक संघ
ऐंड हिंदू रिवाइवलिज़्म*

1

1996

'मामला गड़बड़ है'

15 मई 1996। क़रीब सत्तर साल का एक व्यक्ति एंबेसडर कार से उतरता है, सीधे खड़े होकर अंगड़ाई लेता है, दिल्ली की तपती गर्मी में अपने चौड़े माथे पर आया पसीना रूमाल से पोंछता है और भारत के राष्ट्रपति कार्यालय की ओर बढ़ने लगता है।

रायसीना हिल्स भी धूप में तप रहा था जिसमें कि संघीय सरकार के शानदार कार्यालय स्थित हैं। छाँह की चाह में कबूतर भी छत छोड़ चुके थे। उस वृद्ध आदमी की ढीली-ढाली धोती उसकी लड़खड़ाती चाल को छिपाने में नाकाम थी और हालाँकि वह थोड़ा हाँफ ज़रूर रहा था, लेकिन उसके चेहरे पर तनावमुक्त भाव थे और ऐसा लग रहा था कि अपनी अधमुँदी आँखों के साथ ज़ोर का ठहाका लगाने को तैयार हो। थोड़े संयमित स्वर में, उस क्लीनशेव्ड और तेल में चुपड़े सफ़ेद बालों वाले व्यक्ति ने अपनी वाक्शैली से एकदम विपरीत शैली में अपने साथी से नर्म, फुसफुसाते स्वर में कहा : 'भाई, मामला गड़बड़ है।'

अटल बिहारी वाजपेयी ऐसी घुमावदार और दोहरे अर्थ की बात करने के शौकीन रहे हैं जिन्हें सुनकर लोग चकरा जाते हैं, और सही मतलब समझने में उलझ जाते हैं। वे तो जानते थे कि इस तरह के किसी प्रयास का कोई मतलब नहीं, इसलिए मई की उस गर्म दोपहरी में उनके साथ चल रहे उनके दामाद रंजन भट्टाचार्य आगे कुछ पूछने की ज़हमत नहीं उठाते। उन्होंने इंतज़ार करना और देखना पसंद किया।

वाजपेयी और उनके विनम्र साथी दोपहर में भोजन करने के तुरंत बाद राष्ट्रपति शंकर दयाल शर्मा से मिलने निकल पड़े थे, जिन्होंने उन्हें अगली सरकार बनाने की औपचारिकताओं पर चर्चा के लिए आमंत्रित किया था। हाल में संपन्न हुए

राष्ट्रीय चुनावों में खंडित जनादेश सामने आया था और कोई भी विपक्षी दल अपने बल पर या अपने चुनाव-पूर्व सहयोगियों के साथ मिलकर सरकार बनाने की स्थिति में नहीं था। वाजपेयी के नेतृत्व में हिंदुत्ववादी दक्षिणपंथी भारतीय जनता पार्टी भारतीय संसद के निचले सदन 543 सदस्यों की लोकसभा में सबसे बड़ी पार्टी के रूप में उभरी थी। चुनावों के दौरान भाजपा ने कहा था कि जब तक उसकी लोकसभा में 220-225 सीटें नहीं आएँगी, वह सरकार बनाने का दावा नहीं करेगी, लेकिन अब उसका नया एजेंडा सामने आ चुका था : ग़ैर भाजपाई और ग़ैर काँग्रेसी दलों के समूह तीसरे मोर्चे को सरकार से बाहर रखना था।

कई दशकों तक भारत में राज कर चुकी सत्तारूढ़ काँग्रेस पार्टी को केवल 140 सीटें मिली थीं और बाक़ी सीटें विभिन्न राजनीतिक दलों के समूह को मिली थीं जिनमें से अनेक भाजपा को अस्पृश्य मानते थे। यही कारण था कि जब वाजपेयी ब्रिटिश राज के दिनों में वाइसराय का निवास रहे इस विशाल राष्ट्रपति भवन की ओर जा रहे थे तो उन्हें उस ज़िम्मेदारी का तनिक भी आभास नहीं था जो उनके ऊपर आने वाली थी। उस समय विचार यही था कि अगली सरकार बनाने का दावा तो कर दिया जाए लेकिन उसके प्रति बहुत लालसा न दिखाई जाए। भाजपा को क़तई विश्वास नहीं था कि वह ग़ैर काँग्रेस और ग़ैर वामपंथी दलों के सहयोग से लोकसभा में सामान्य बहुमत के लिए ज़रूरी 272 सांसदों का समर्थन जुटा पाएगी। हालाँकि राजनीति में आशा की एक किरण तो थी जो कि हमेशा कठिनाइयों को सुगमताओं में बदल देती है। अगर काँग्रेस वाजपेयी सरकार के विश्वास मत के समय अनुपस्थित रहने पर सहमत हो जाती है, तो भाजपा अपनी तरफ़ से काँग्रेस के शिवराज पाटिल को लोकसभा अध्यक्ष चुनने को तैयार थी। उसे विभिन्न सहयोगियों के भी साथ आने की अपेक्षा नहीं थी क्योंकि वे जल्द ही सरकार बनाने के लिए एक मोर्चा बनाने जा रहे थे जिसे बाद में संयुक्त मोर्चा सरकार का नाम दिया गया।

वाजपेयी की कार मज़ीद चला रहा था जो कुछ समय से भाजपा के इस दिग्गज नेता का ड्राइवर था। कार में वाजपेयी का एक चपरासी भी था। दिल्ली के सत्ता के गलियारों में रंजन भट्टाचार्य उस समय एक अनजाना नाम था, लेकिन वे संकेत देने लगे थे कि वे बहत्तर वर्षीय राजनेता वाजपेयी के लिए आने वाले समय में आँख और कान बनने वाले थे। वाजपेयी उन पर भरोसा करते थे, लेकिन उनकी दत्तक पुत्री नमिता (घर का नाम गुन्नू) के तैंतीस वर्षीय इस पति को तब भी बंगाली बाबू या मुखर्जी भाई कहा जाता था। भाजपा के इस दिग्गज नेता वाजपेयी को पुराने जवानी के दिनों के साथियों के अलावा, बाक़ी लोगों के नाम याद रखने में परेशानी आती थी। वे कई बार अपनी बेटी को भी नम्रता कह बैठते थे और उन्हें याद दिलाना पड़ता था कि उनका नाम 'नमिता' है। हालाँकि न तो गुन्नू ने और न ही रंजन ने कभी इसका बुरा माना।

वाजपेयी राष्ट्रपति शर्मा से मुलाक़ात के क़रीब आधे घंटे से भी कम समय में एक फ़ाइल हाथ में लिए निकले। कुछ मिनटों तक वे शांत रहे। फिर, वे भट्टाचार्य से बोले कि उन्हें राष्ट्रपति ने भारत के अगले प्रधानमंत्री के रूप में शपथ लेने के अनुरोध वाला पत्र दिया है। वाजपेयी के प्रशंसक शंकर दयाल शर्मा ने पंडितों से शपथ का शुभ मुहूर्त भी निकलवा दिया था। वाजपेयी जब राष्ट्रपति भवन पहुँचे तो रिसेप्शन से ही समझ गए थे कि उनकी मुलाक़ात केवल औपचारिकता ही है। उन्हें अंदाज़ा लग गया था कि कुछ तो गड़बड़ है और द्वार पर उन्हें जो आदर मिला, उससे पुष्टि हो गई थी कि राष्ट्रपति उनके पक्ष में हैं।

राष्ट्रपति भवन से निकलकर वाजपेयी अपनी पार्टी और जनता को राष्ट्रपति की सहमति के बारे में बताने के लिए आए। सदन में बहुमत की जुगाड़ करने के लिए चुनाव बाद गठबंधन करने में लगे विरोधी राजनेताओं को इस पर विश्वास नहीं हुआ। सत्ता के गलियारों में आश्चर्य की लहर दौड़ गई और अटकलें लगाई जाने लगीं।

अगले दिन, वाजपेयी भारत के दसवें प्रधानमंत्री बन गए। बाईस साल पहले लोकसभा की केवल दो सीटों पर जीत पाने का अपमान झेलने वाली पार्टी के लिए यह ऐतिहासिक घटना थी। तब काँग्रेसी प्रधानमंत्री राजीव गाँधी ने लोकसभा में भाजपा सदस्यों की ओर इशारा करते हुए परिवार नियोजन के प्रसिद्ध नारे के ज़रिए ताना मारा था : *'हम दो हमारे दो।'* बाद में जानकारों ने 1996 की भाजपा की जीत का श्रेय उसके प्रधानमंत्री पद के उम्मीदवार वाजपेयी की आसमान छूती लोकप्रियता को दिया था।

अन्य दलों से समर्थन पाने की आशा में वाजपेयी ने राष्ट्र के नाम संदेश दिया और भाजपा की प्राथमिकताएँ गिनाईं। उन्होंने तर्क दिया कि अगली सरकार बनाने के लिए सबसे अधिक सीटों वाली पार्टी को आमंत्रित करना सर्वाधिक संवैधानिक निर्णय है। उन्होंने अपने संदेश में कहा कि विपक्ष की कई पार्टियों का चुनाव बाद बने गठबंधन का एकमात्र एजेंडा किसी भी क़ीमत पर भाजपा को सरकार बनाने से रोकना है।

उनका भाषण बेहद उद्‌बोधक और देश के ऐसे शांत नेता के रूप में उनकी योग्यता को स्थापित करने वाला था, जो हिंदू राष्ट्रवादी भाजपा नेताओं के साँचे से अलग था, जिसकी विचारधारा अधिक धर्मनिरपेक्ष थी :

> भारत एक प्राचीन सभ्यता है। यहाँ हमेशा से विभिन्न मत और धार्मिक परंपराएँ रही हैं। हम किसी एक ईश्वर या पैगंबर या एक किताब तक सीमित नहीं हैं। हम बहुधर्मी देश हैं और हमारा विश्वास सभी धार्मिक मतों की समानता में है। ऐसा इसलिए है कि ईश्वर के साक्षात्कार को हासिल करने के उचित रास्ते में कोई हिंसक संघर्ष तो दूर, हमें कोई

> तनाव तक नहीं रहता। 'सर्व पंथ समभाव,' हमारे जीवन का हिस्सा है। भारत धर्म संचालित राज्य न कभी रहा है और न कभी रहेगा... 6 दिसंबर 1992 को अयोध्या में जो हुआ, वह किसी सुनियोजित साजिश का परिणाम नहीं था। अगर धर्म से जुड़ी समस्याओं का बहुत लंबे समय तक समाधान नहीं किया जाएगा तो परिणाम वही होगा जो अयोध्या में हुआ... पश्चिम एशिया में इस्लाम के आगमन के तुरंत बाद क्या-क्या हुआ, यह याद करना बहुत ज़रूरी नहीं है, पहली मस्जिद केरल में बनाई गई, जहाँ तब एक हिंदू राजा का राज था। इसी तरह से, यीशु मसीह को सूली पर चढ़ाए जाने के तुरंत बाद भारत में पहले चर्च की स्थापना हुई थी। विभिन्न तरह की आस्थाओं का होना हमारी धर्म निरपेक्ष परंपराओं का जीता-जागता सबूत है। हम इन परंपराओं को बरकरार रखेंगे।

मीडिया में उनके भाषण पर आई प्रतिक्रियाएँ ज़्यादातर सहानुभूतिपूर्ण थीं। *इंडियन एक्सप्रेस* ने अपने संपादकीय में जल्द ही यह भी सुझाया था कि 'वाजपेयी ने लोगों के बीच भाजपा की अस्पृश्यता को सफलतापूर्वक हल्का कर दिया है, हालाँकि वे राजनीतिक वर्ग की मानसिकता को नहीं बदल पाए हैं।' इसमें यह भी कहा गया था, 'अगर वे यह लड़ाई हार भी जाते हैं तो भी वे युद्ध के विजेता बनेंगे।'

मई के अंतिम सप्ताह में अपनी सरकार के विश्वास मत के दौरान लोकसभा में दिया उनका भाषण और भी दिलचस्प था। अपने शुरुआती भाषण में उन्होंने याद किया कि पंडित जवाहरलाल नेहरू के प्रधानमंत्री रहने के दौरान किस तरह से वो विपक्षी सीटों पर बैठा करते थे (वे 1957 में दूसरी लोकसभा में पहली बार संसद में पहुँचे थे) और कैसे उनकी पार्टी (तब की भारतीय जनसंघ या भाजस) ताक़त और लोकप्रियता बढ़ाते हुए सदन की सबसे बड़ी पार्टी बन गई जबकि काँग्रेस साल दर साल चुनावों में अपनी ताक़त गँवाती गई। देश की राजनीतिक गतिशीलता में आए बदलाव की सराहना करते हुए उन्होंने कहा कि उन्हें खुशी है कि देशभर में बदलाव की हवा चल रही है।

कुछ दिनों बाद यह स्पष्ट हो गया कि भाजपा संसद में अलग-थलग है, तब उन्होंने अपने भाषण में इस बात को ज़ोर देकर बताया कि वे लड़ाई के मैदान से क्यों नहीं भागे। उन्होंने शिवसेना और अकाली दल जैसे गिने-चुने क्षेत्रीय दलों को धन्यवाद दिया जो उनके साथ खड़े रहे और बहस के दौरान सत्तालोलुपता के लगने वाले आरोपों का जवाब दिया-अनेक वक्ताओं ने बहस में कहा था कि राष्ट्रपति से सरकार बनाने का न्योता मिलते ही वे मौक़ा का फ़ायदा उठाने कूद पड़े जबकि यह स्पष्ट था कि उनका गठबंधन ज़रूरी संख्या जुटाने में कामयाब नहीं होगा। 'अगर इस देश के लोगों ने मेरी पार्टी को सबसे ज़्यादा सीटें दी हैं तो क्या मुझे सरकार

बनाने के दावे से पीछे हट जाना चाहिए था?' उन्होंने पूछा था। उस भाषण का भारत के सरकारी प्रसारक दूरदर्शन पर लाइव टेलीकास्ट हुआ था। भाषण प्रभावशाली था और उससे उनकी लोकप्रियता उनकी पार्टी की लोकप्रियता से आने वाले कई सालों तक ज़्यादा बनी रही।

नए प्रधानमंत्री ने बहुमत से अस्सी सीटें कम रहने पर शपथ लेने के तेरह दिन के अंदर ही त्यागपत्र दे दिया, लेकिन ऐसा लग रहा था कि इस हार ने उनके इरादे को और पक्का कर दिया था। उन्होंने 1998 और 1999 के आने वाले दो राष्ट्रीय चुनावों में अपनी पार्टी का नेतृत्व किया और हर बार उसकी सीट संख्या बढ़ती गई।

इस प्रक्रिया में वाजपेयी ने भी कार्यकाल पूरा करने वाले पहले ग़ैर-काँग्रेसी प्रधानमंत्री बनकर इतिहास रच दिया। ग्वालियर के प्राथमिक स्कूल के अध्यापक के बेटे के लिए यह कोई छोटी बात नहीं थी। नेतृत्व के गुणों से भरपूर इस वरिष्ठ नेता ने कभी इसे बहुत महत्त्व नहीं दिया।

राजनेता के रूप में वाजपेयी की अद्भुत वाक्क्षमता और आत्मविश्वास उनके लंबे राजनीतिक जीवन में उनके कई रूपों के कारण आया जो कि 1939 से इक्कीसवीं सदी के आरंभ तक चला। इसमें उन्होंने भारतीय सार्वजनिक जीवन में कम्युनिज़्म से लेकर स्वदेशी और उदारीकरण तक के कई सारे विषयों का अध्ययन किया। ऑक्सफ़ोर्ड के इतिहासकार डॉ. फ़ैजल देवजी के अनुसार, वाजपेयी ने इन सभी रूपों का बहुत सावधानी से प्रयोग किया, जैसे कि वे देखना चाह रहे थे कि कौन से सामाजिक मुद्दे और आंदोलन उनकी स्वायत्तता को चुनौती दिए बिना राजनीति में उनके लिए सहायक हो सकते हैं।

वाजपेयी बेहद अनुकूलनशीलता वाले बहुत चतुर राजनीतिक खिलाड़ी थे और उन्हें समय की अच्छी पहचान रही। नेता के रूप में उन्हें समझने के लिए उन्हें ऐसे व्यक्ति के रूप में समझना होगा जिसने भारतीय परंपरा के आम नियमों को स्वीकार करने से इनकार कर दिया था, और राजनेता के रूप में जिसके पास ऐसे ज़रूरी कौशल थे जिसके बल पर वे संघ परिवार (राष्ट्रीय स्वयंसेवक संघ के नेतृत्व वाले हिंदू राष्ट्रवादी संगठनों के लिए प्रयुक्त होने वाला शब्द) में अपना अस्तित्व बनाए रहे और बाहर भी काफ़ी सद्भावना अर्जित किए रहे। संघ का एक वर्ग उन्हें आलसी संगठक, अवसरवादी और पथभ्रष्ट इंसान मानता रहा, लेकिन उनका महत्त्व लगातार बढ़ता रहा और बढ़ता ही गया। यहाँ तक कि उनके कटु आलोचकों को भी मानना पड़ा कि उनकी उदार छवि एक धोखा है, और वे बहुत घाघ हैं और ऐन मौक़े पर वाहवाही लूट ले जाने की उनकी प्रवृत्ति है, तथा इस तरह से उन्हें कमज़ोर समझने वाले लोग देखते और कुढ़ते रह जाते हैं।

1996 में जब वे भारतीय इतिहास में सबसे अल्पकालिक सरकार के प्रधानमंत्री के रूप में पद से हटे तो एक अख़बार ने उन्हें ऐसे त्रासद नायक की संज्ञा दी थी जिसके पास ऐसा आकर्षण और करिश्माई क्षमता है जो किसी अन्य राजनेता के पास नहीं है।

भारत के सर्वाधिक सशक्त पद से हटने के बाद भी वाजपेयी भारत के सर्वाधिक मशहूर जीवित सांसद बने रहे। उनकी पार्टी की छवि में गिरावट आई थी लेकिन अथक परिश्रमी नेता की उनकी बहुचर्चित छवि क़ायम रही। हार में भी वे विजेता दिखते थे, और शायद संभावित राजनीतिक सहयोगियों के लिए सर्वाधिक आकर्षण के केंद्र भी रहे।

2

1924-42

गाँधी, मार्क्स और गीता

वाजपेयी का जन्म ग्वालियर में 1924 में क्रिसमस पर हुआ था। इसी साल भारत के इतिहास में ब्रिटिश शासन के तहत कई महत्त्वपूर्ण घटनाएँ हुई थीं। इसी साल महात्मा गाँधी देश के स्वतंत्रता संग्राम की अगुवाई करने वाली भारतीय राष्ट्रीय काँग्रेस के अध्यक्ष बने थे। गाँधी जी केवल एक ही बार काँग्रेस अध्यक्ष रहे और इसके पहले वे पुणे की यरवदा जेल से रिहा हुए थे। वास्तव में, वाजपेयी का जन्म उसी दिन हुआ था जिस दिन काँग्रेस के बेलगाम सत्र में अध्यक्ष पद के लिए गाँधी जी का नाम प्रस्तावित किया गया था। काँग्रेस पर गाँधी का वर्चस्व स्थापित होना राजनीति का महत्त्वपूर्ण मोड़ था, जिसके बाद स्वतंत्रता आंदोलन को जाति और संप्रदाय के आधार पर बँटे भारत में व्यापक स्वीकार्यता मिली-अचानक ही भारत के आपस में लड़-भिड़ रहे जातीय समूहों, भिन्न-भिन्न धार्मिक संस्थाओं और भौगोलिक संगठन में सरोकार को लेकर एकता हो गई।

देश में सदियों से जड़ें जमाए जातिगत भेदभाव के ख़िलाफ़ बड़ी लड़ाई इसी साल देखने को मिली। उस साल मार्च में त्रावणकोर में श्री नारायण गुरु जैसे उच्चस्तरीय समाज-सुधारकों ने वाइकोम में महादेव मंदिर के पास की सार्वजनिक सड़क का इस्तेमाल करने के दलितों के अधिकार को लेकर आंदोलन छेड़ दिया। इस आंदोलन ने पूरे देश का ध्यान खींचा और काँग्रेस भी इसमें शामिल हो गई। गाँधी इस मामले में सहमति बनाने के लिए आंदोलनकारियों और मंदिर के प्रबंधकों से मिलने वाइकोम पहुँचे। जब देश जब उपनिवेशवाद के साथ-साथ अस्पृश्यता जैसी युगों पुरानी कुप्रथाओं और अन्य सामाजिक पापों से लड़ने के लिए भी खुद को तैयार कर रहा था, तब ब्रिटेन भी इस उपमहाद्वीप में अपनी सत्ता बनाए रखने के लिए लगातार कड़े क़ानून बनाने पर तुला था। वाजपेयी जिस वर्ष पैदा हुए थे, उसी साल

प्रतीकात्मक रूप से, तात्कालिक वायसराय, द अर्ल ऑफ़ रीडिंग ने मुंबई में गेटवे ऑफ़ इंडिया का उद्घाटन किया था।

वाजपेयी के एक ही प्रथम नाम के मज़ेदार संयोग वाले माता-पिता, कृष्णा देवी और कृष्ण बिहारी वाजपेयी ग्वालियर के पास मुरैना में रहते थे जो कि ब्रिटिश राज के तहत 565 रियासतों में एक थी। मध्य भारत क्षेत्र में शासन करने वाला सिंधिया राजवंश ने ब्रिटिश साम्राज्य की अधीनता स्वीकार की थी और उसका आधिपत्य स्वीकार किया था। 1947 में देश को स्वतंत्रता मिलने के बाद उसने भारत में शामिल होना स्वीकार किया था। ग्वालियर राज्य की स्थापना 1731 में श्रीमंत राणोजी सिंधिया ने की थी जो मराठा साम्राज्य के प्रमुख शासक श्री छत्रपति शाहूजी महाराज के अधीन सैनिक अधिकारी थे। 1931 में इस रियासत की आबादी 35 लाख थी और इसका क्षेत्रफल 65,000 वर्ग किलोमीटर तक था। वाजपेयी के जन्म के समय महाराजा सिंधिया की उपाधि धारण करने वाले माधोराव सिंधिया थे, जिन्होंने 1925 में सर जीवाजीराव सिंधिया की जगह ली थी और 1947 तक वे ही राजा रहे।

अब सबसे ज़्यादा आबादी वाले और सबसे ज़्यादा राजनीतिक हलचल वाले उत्तर प्रदेश में पड़ने वाले अपने पैतृक गाँव बटेश्वर से वाजपेयी परिवार अटल बिहारी के दादा पंडित श्यामलाल वाजपेयी के समय ही ग्वालियर आ गया था जो कि अब मध्य प्रदेश में पड़ता है।

ग्वालियर अंग्रेज़ों के विरुद्ध आरंभिक लड़ाई के लिए मशहूर था। झाँसी की वीरांगना रानी लक्ष्मीबाई ब्रिटिश सेना से लड़ते हुए यहीं शहीद हुई थीं। इतिहासकारों में अब इस बात को लेकर मतभेद हैं कि ब्रिटिश सेना के ख़िलाफ़ सशस्त्र विद्रोह के पीछे रानी की देशभक्ति थी या निजी उद्देश्य, लेकिन उनकी वीरता की कहानियाँ साम्राज्यवाद-विरोधी इतिहास का सर्वोत्कृष्ट हिस्सा हैं। विद्वान लोग 1857 के विद्रोह की अलग-अलग तरह से व्याख्या करते हैं जिसे देश में स्वतंत्रता का पहला संग्राम माना जाता है। तत्कालीन गवर्नर जनरल लॉर्ड डलहौजी के सलाहकारों ने उस समय प्रचलित देसी रियासतों को हड़पने और मिलाने की नीति पर यह कहते हुए आपत्ति की कि इससे ब्रिटिश शासन देसी सेना पर ज़्यादा निर्भर दिखने लगेगा, और ऐसी कुछ घटनाएँ उन रियासतों को शासकों के विरुद्ध एकजुट होने का मौक़ा देंगी। वास्तव में इसी नीति ने, और ख़ासकर 1856 में अवध के विलय ने अपना स्तर तथा आमदनी गँवाने वाले नाना साहब और रानी झाँसी जैसे भद्रजनों के बीच ही नहीं, बंगाल आर्मी के सैनिकों में भी असंतोष पैदा कर दिया था, जिसमें कि अधिकतर सैनिक अवध के ही थे।

क़ब्ज़ा करने वाली सेनाओं के ख़िलाफ़ विद्रोह की इस तरह की शैक्षणिक और सैन्य कारणों की उस समय राजनीतिक विमर्श में कोई जगह नहीं थी, और जिस

दौर में वाजपेयी पैदा हुए, उस समय रानी के वीरगति प्राप्त होने का ज़िक्र करते ही ब्रिटिश विरोधी भावनाएँ पैदा हो जाती थीं। इस बात से भी फ़र्क़ नहीं पड़ता था कि ग्वालियर का राजा ब्रिटिश सेनाओं के साथ और रानी झाँसी के ख़िलाफ़ था।

वाजपेयी और उनके बड़े भाई प्रेम ने ग्वालियर में गौरखी में सरकारी हायर सेकंडरी स्कूल में पढ़ाई की जहाँ पर उनके पिता कृष्ण बिहारी 1935 से 1937 तक सातवें हेडमास्टर रहे थे। कृष्ण बिहारी कवि भी थे और उनके आदर्श भी थे। बेटे को अपने पिता के बारे में आरंभिक यादें यही थीं कि वे बेहद कुशल वक्ता थे और हिंदी तथा अंग्रेज़ी में उन्हें समान रूप से महारत हासिल थी। भाषण कला की बारीकियाँ, आवाज़ के उतार-चढ़ाव और ठहराव तथा कम प्रचलित शब्दों में से भी उचित का चुनाव युवा वाजपेयी ने उनसे ही सीखा। सही भाव या शब्द के चयन से अप्रचलित शब्दों से भी लोग परिचित हो जाते हैं, और उनका इस्तेमाल बढ़ जाता है।

बचपन में वाजपेयी होशियार विद्यार्थी थे, और उनकी पढ़ने, ख़ासकर क्लासिक्स और कविताएँ पढ़ने में बहुत दिलचस्पी थी। प्रेम के अलावा, उनके दो और बड़े भाई थे, अवध और सुधा; उनकी तीन बहनें भी थीं, विमला, उर्मिला और कमला। वे बचपन में ही दक्षिणपंथी संगठन आरएसएस से जुड़ गए थे जो कि सभी हिंदू संगठनों की मातृ-संस्था थी। अटल से तीन साल बड़ी विमला उन्हें आरएसएस की शाखा में भेजने के लिए उनका खाकी हाफ़ पैंट शरारतपूर्ण ढंग से दीवार पर फेंक दिया करती थीं। 1925 में स्थापित हुए आरएसएस की ख्याति इन स्वयंसेवकों की संगठित सभाएँ करने के लिए थी जिनमें वे शारीरिक व्यायाम और प्रार्थनाएँ करते थे-कुछ शाखाओं में उन्हें लाठी-बंदूक जैसे हथियार चलाना भी सिखाया जाता था। परिवार वालों को चिंता होती थी कि किसी को पता न लग जाए कि अटल बिहारी का संबंध ऐसे संगठन से है जिसे उनके पिता ऐसा लड़ाकू संगठन मानते थे और जो युवाओं को ग़ैर-हिंदुओं के ख़िलाफ़ भड़काता था। वाजपेयी से सात वर्ष छोटी उर्मिला ने एक बार साक्षात्कार में बताया था कि सबसे छोटे बेटे अटल पिता के लाड़ले थे। उन्होंने यह भी बताया कि स्कूल में उनके नंबर तो हमेशा अच्छे आते थे लेकिन वो पढ़ाई-लिखाई करते बहुत कम दिखते थे। वे याद करती हैं कि परिवार में अटल के कविता-प्रेम की चर्चा होती रहती थी। उनके दादा सामान्य बातचीत भी श्लोकों के ज़रिए करते थे और पिता कविताएँ लिखते थे जिनकी वे स्कूल प्रार्थना के रूप में धुन भी तैयार करते थे। परिवार का एक और गुण खाने-पीने के शौक़ का था और पसंदीदा व्यंजन थे दही-बड़ा, तिल के बने लड्डू और मंगोड़े। इस बीच वाजपेयी ने बड़नगर में कुछ साल स्कूली पढ़ाई की जहाँ उनकी दोस्ती कवि प्रदीप से हुई, जिनका असली नाम रामचंद्र नारायणजी द्विवेदी था। प्रदीप ने ही आगे चलकर 1962 के भारत-चीन युद्ध के शहीदों को समर्पित देशभक्तिपूर्ण चर्चित गीत *'ऐ मेरे वतन के लोगों'* की रचना की थी। बड़नगर कई अन्य कवियों का भी घर था। वहीं

पर बाल अटल में काव्य-संवेदनाओं ने आकार लेना शुरू किया। स्कूली बच्चे के रूप में उन्होंने कई छोटे गीत लिखे जिन्हें आज अनेक शाखाओं में गाया जाता है : *'हिंदू तन मन, हिंदू जीवन, रग-रग मेरा हिंदू परिचय।'*

आरएसएस से जुड़े लोगों के अनुसार, वाजपेयी जल्दी ही 'पथभ्रष्ट' हो गए और वामपंथी आंदोलन से प्रभावित हो गए, और कुछ समय के लिए आल इंडिया स्टूडेंट्स फ़ेडरेशन (एआईएसएफ़) के सदस्य बन गए जो कि भारतीय कम्युनिस्ट पार्टी की छात्र इकाई था। देश भर में हज़ारों लोग वामपंथी आंदोलन के प्रभाव में आ गए जो कि प्रथम विश्वयुद्ध के चरम के समय पूरे विश्व को प्रभावित कर रहा था। वाजपेयी जैसे किताबी कीड़े के लिए मार्क्सवाद से प्रभावित हो जाना बहुत आसान था। उन दिनों, ख़ासकर 1917 में रोमानोव्स के रूस और आसपास के देशों को मिलाकर बने साम्राज्य से व्लादीमीर लेनन द्वारा सोवियत संघ की रचना के समय, मार्क्सवाद पूरे यूरोप, उत्तरी अमेरिका और एशिया के युवाओं के लिए वैचारिक खुराक बन गया था। अगले कुछ दशकों तक यह विचारधारा दुनिया भर के सैकड़ों युवाओं पर असर डालती रही। इसके परिणामस्वरूप मार्क्सवादी सिद्धांत और तरीक़ों के बारे में बहुत सारी किताबें लिखी गईं। ख़ासकर नेहरू और अन्य की तरह ब्रिटिश शिक्षा हासिल किए भारतीय स्वतंत्रता आंदोलन के अधिकतर नेता जर्मन अर्थशास्त्री और पत्रकार कार्ल मार्क्स से प्रभावित हुए, जिनकी किताबें दुनिया भर में हॉटकेक की तरह बिक रही थीं। महात्मा गाँधी की नाराज़गी के बावजूद, अनेक युवा काँग्रेसी नेताओं ने अर्थशास्त्र और राजनीति में अतिवामपंथी रुख़ अपनाना शुरू कर दिया, जबकि गाँधी जी मार्क्स को ख़ारिज करते थे और अक्सर कहते थे कि वे महान पुस्तक *दास कैपिटल* को बेहतर ढंग से लिख सकते थे। काँग्रेस के अंदर समाजवादी लॉबी काफ़ी बढ़ गई थी। उन्हें सुभाषचंद्र बोस और पंडित नेहरू जैसे नेताओं का समर्थन भी हासिल था।

आज़ादी की लड़ाई पर भी मार्क्सवादी रंग चढ़ने लगा था। गाँधी जी की अहिंसक शैली का विरोध करने वाले और कथित क्रांतिकारी रास्ता अपनाने वाले सर्वाधिक प्रमुख नेता भगत सिंह थे। 1907 में पैदा हुए भगत सिंह भारतीय स्वतंत्रता आंदोलन के समाजवादी पोस्टर बॉय बन चुके थे। ब्रिटिश राज के ख़िलाफ़ जंग छेड़ने पर 1931 में उन्हें फाँसी पर चढ़ाए जाने के काफ़ी बाद तक वामपंथी छात्र नेता उनका नाम ईर्ष्यापूर्वक लेते रहे। भगत सिंह के पास लाहौर सेंट्रल जेल में एक डायरी थी जिसमें वे कार्ल मार्क्स, फ़्रेडरिक एंगेल्स, लेनिन और अन्य के विचारों पर टिप्पणियाँ लिखते थे।

जब एआईएसएफ़ का नेहरू ने 1936 में सुभाषचंद्र बोस की अध्यक्षता में हुई सभा में उद्घाटन किया था, तब वाजपेयी बारह साल के थे। नेहरू और बोस समाजवाद समर्थक माने जाते थे। यह उस समय का सबसे बड़ा और शायद एकमात्र देशव्यापी छात्र संगठन था। वाजपेयी युवा के रूप में बहुत थोड़े समय तक

एआईएसएफ़ के सदस्य रहे। यूथ आइकन के रूप में बोस और नेहरू, दोनों गाँधी के उत्तराधिकारी के रूप में देखे जाते थे और दोनों में कमाल का आकर्षण था। उन दोनों का समर्थन लाखों छात्रों को प्रेरित करने के लिए काफ़ी था।

जब वाजपेयी वामपंथी खेमे की ओर बढ़ रहे थे, उस समय गाँधीवादी राष्ट्रवाद लगातार मज़बूत होता जा रहा था। इसमें कोई हैरानी की बात नहीं कि उन दिनों ब्राह्मण परिवार में पलने-बढ़ने वाला कोई भी व्यक्ति बिना नागा कुलदेवता बूढ़े बाबू की प्रार्थना करता, आरएसएस की बैठकों में जाता और मार्क्सवाद की ओर जाने से रोकने के लिए आर्य समाज की बालशाखा आर्य कुमार सभा के होने वाले कार्यक्रमों में जाता और फिर, इतिहास के सर्वाधिक सफल संगठन गाँधी के आंदोलन में भाग लेता। वाजपेयी के पिता को वास्तव में यह डर भी था कि उनके छोटे बच्चे, ख़ासकर प्रेम और अटल गाँधी की ओर आकर्षित हो सकते हैं और राजनीति की दुनिया में कूद सकते हैं। उन्होंने प्रेम पर गाँधी का असर महसूस किया था और उन्हें डर भी था कि अटल के भी उसी राह पर जाने के आसार हैं।

1869 में पोरबंदर में जन्मे गाँधी 1880 के दशक के आख़िर में क़ानून की पढ़ाई करने इंग्लैंड गए थे। लंदन में वे ईसाई संस्कृति की ओर आकर्षित हुए थे और उन्होंने थियोसॉफ़िस्ट लोगों से और उस समय ब्रिटेन में फल-फूल रहे शाकाहारी समुदायों से मिलना-जुलना शुरू कर दिया था। विचित्र बात यह रही कि लंदन में रहते हुए ही वे *भगवद् गीता* समेत अन्य भारतीय शास्त्रों की ओर आकर्षित हुए। अपनी पढ़ाई पूरी करने के बाद वे वकालत करने भारत आए लेकिन बहुत सफल नहीं रहे जिसका श्रेय उनके संकोची स्वभाव को जाता है। उन्हीं दिनों उन्हें दक्षिण अफ़्रीका में एक व्यवसायी का वकील बनने का प्रस्ताव मिला, जहाँ पर भारतीय लोगों के साथ गोरे रंगभेद का बर्ताव करते थे। यह 1890 के दशक के आरंभ की बात है और उन दिनों उनके लिए नस्लीय आधार पर अलग-थलग पड़े अफ़्रीकी देश में वकील के रूप में अपना करियर बनाने, पर्याप्त धन कमाने और भारत लौटने से ज़्यादा महत्त्वपूर्ण कुछ नहीं था।

7 जून 1893। गाँधी रेलवे के प्रथम श्रेणी कोच में बैठकर प्रिटोरिया जा रहे थे कि तभी साथ बैठे एक गोरे ने आपत्ति की तो रेलवे अधिकारी आया और उनसे द्वितीय श्रेणी के कोच में जाने को कहने लगा। गाँधी ने उसकी बात मानने से इनकार कर दिया तो उनका सामान ठंडी रात में पीटरमारिट्ज़बर्ग रेलवे स्टेशन पर कोच से बाहर फेंक दिया गया। पहले तो वे डर गए लेकिन फिर उन्हें महसूस हुआ कि उन्हें इसी देश में रुकना चाहिए और भारतीयों के अधिकारों के लिए लड़ना चाहिए।

ये एक बहुत महत्त्वपूर्ण निर्णय था जिसने गाँधी का जीवन बदल दिया। बीच की कुछ अवधि को छोड़कर वे 1914 तक दक्षिण अफ़्रीका में रहे और प्रवासी भारतीयों

के लिए कई आंदोलन करते रहे तथा नागरिक अधिकारों की आवाज़ बन गए। उन्होंने भारतीय लोगों के लिए कुछ रियायतों की माँग को लेकर सफलतापूर्वक सत्याग्रह का भी प्रयोग किया। उनका वकालत का काम एक तरफ़ छूट गया था।

इसके बाद एक साल लंदन में रुकने के बाद 1915 में गाँधी भारत लौट आए और उन्होंने अहमदाबाद में साबरमती नदी के तट पर एक आश्रम बनाया जिसमें सभी जातियों के लोगों को प्रवेश की अनुमति थी। आम जनता की भावनाओं को समझने के लिए उन्होंने पूरे भारत की यात्रा की। उन्होंने काँग्रेस पार्टी पर अपना प्रभाव बढ़ाना शुरू किया और इसे संभ्रांत भारतीयों के राजनीतिक क्लब से बदलकर आधुनिक इतिहास के सबसे बड़े जनांदोलन का रूप दिया, और इसमें शहरों तथा गाँवों, दोनों के सर्वाधिक आम आदमी को शामिल किया। किसी जादूगर की तरह उन्होंने जनता से जुड़ी बातें करना शुरू किया, और लोगों का गहरा आदर अर्जित करके देवता जैसा दर्जा हासिल कर लिया। व्यक्तिगत स्तर पर भी वे बदल गए थे : उन्होंने पश्चिमी कपड़े त्याग दिए और केवल एक लंगोटी तथा धोती पहनना शुरू कर दिया।

गाँधी ने भारत में सत्याग्रह का प्रयोग शुरू किया और उन्होंने पहला आंदोलन पूर्वी भारत (अब बिहार) में चंपारण में किया जहाँ उन्होंने नील के किसानों के अधिकारों की लड़ाई लड़ी जिन्हें ब्रिटिश बागान मालिक नील की खेती करने पर मजबूर करते थे और बहुत ऊँची दरों पर कर लगाते थे। गाँधी का भारतीय राजनीति में प्रवेश और सत्याग्रह की शुरुआत उस नाटकीय अवधि में हुआ जिसने जल्द ही रॉलेट एक्ट का भी सामना किया जिसके तहत भारतीय प्रतिरक्षा क़ानून का उल्लंघन करने वाले लोगों को अपील करने का अधिकार नहीं था। उसी दौर में 1919 का जलियाँवाला बाग हत्याकांड भी हुआ। प्रथम विश्वयुद्ध में ब्रिटेन की तरफ़ से लड़ने के बदले मिले इन 'पुरस्कारों' के विरोध में जनता में असंतोष बढ़ रहा था। गाँधी ने इन जनभावनाओं का लाभ उठाया और काँग्रेस पर बाहर से ही नियंत्रण कर लिया। जलियाँवाला बाग हत्याकांड के बाद उन्होंने असहयोग आंदोलन शुरू किया और ब्रिटिश सरकार की संस्थाओं, अदालतों और विदेशी वस्तुओं के बहिष्कार का आह्वान किया। उन्होंने लोगों से कर न चुकाने को भी कहा। असहयोग आंदोलन से भारतीयों के बीच पैदा हुई अप्रत्याशित एकता से ब्रिटिश सरकार के सामने मुश्किल खड़ी हो गई। हालाँकि, उनके भाग्य से, जब चौरी चौरा में भीड़ ने एक थाने पर हमला करके कई पुलिसवालों को जान से मार दिया तो गाँधी जी ने आंदोलन वापस ले लिया।

1920 के दशक के अंत में गाँधी कुछ शांत रहे और उन्होंने 1930 में केवल एक बेहद सफल आंदोलन किया जो ब्रिटिश नमक क़ानून के ख़िलाफ़ था और जिसके तहत स्थानीय लोगों को नमक इकट्ठा करने और बेचने से रोका गया था। राष्ट्रव्यापी नमक सत्याग्रह के दौरान गाँधी गुजरात में 390 किलोमीटर की पदयात्रा करके साबरमती से लेकर दांडी पहुँचे और वहाँ साहस के साथ नमक उठाकर क़ानून

तोड़ा। इस विरोध-प्रदर्शन ने विश्व भर का ध्यान खींचा, गाँधी की इस दांडी यात्रा की पल-पल की जानकारी देने के लिए अंतरराष्ट्रीय प्रकाशनों के पत्रकार भी उनके साथ चल रहे थे। *टाइम* पत्रिका ने 1930 में गाँधी को मैन ऑफ़ द ईयर घोषित किया। उस साल उन्हें कई काँग्रेसी कार्यकर्ताओं के साथ जेल में डाल दिया गया। 1931 में जेल से रिहा होने के बाद उनका वाइसराय लॉर्ड इरविन के साथ समझौता हुआ, जिसमें इस बात पर सहमति बनी कि तटीय इलाक़ों के निवासियों को समुद्र से नमक बनाने की अनुमति रहेगी। समझौते के तहत जेल में बंद अन्य प्रदर्शनकारियों को भी रिहा कर दिया गया।

क़रीब एक दशक बाद, 1942 में गाँधी ने द्वितीय विश्वयुद्ध से परेशान और उलझे ब्रिटिश साम्राज्य को एक और करारा झटका दिया, और 'भारत छोड़ो' आंदोलन छेड़ दिया। उनकी रणनीति शत्रु पर उसके कमज़ोर क्षणों में करारा आक्रमण करने की थी। वे चाहते थे कि ब्रिटिश सरकार भारत को स्वतंत्र कर दे और देश छोड़ दे। उन्हें गिरफ़्तार कर लिया गया और पुणे के आगा ख़ान पैलेस में क़ैद कर दिया गया। हालाँकि, जेल जाने से पहले वे अपने हज़ारों समर्थकों को 'करो या मरो' का नारा दे गए थे।

गाँधी ने जब ये नारा दिया तब वाजपेयी 18 साल के थे, और ग्वालियर के विक्टोरिया कॉलेज मे बीए की पढ़ाई कर रहे थे। बाद में उस कॉलेज का नाम लक्ष्मीबाई महाविद्यालय कर दिया गया। वास्तव में वाजपेयी ने जब ये नारा सुना तब वो अपने पैतृक गाँव बटेश्वर में थे जहाँ उनके पिता ने उन्हें उनके बड़े भाई प्रेम के साथ इसलिए भेजा था ताकि वे गाँधी के नए राजनीतिक आंदोलन की हलचल से दूर रह सकें। 27 अगस्त को जब काँग्रेसी कार्यकर्ता वहाँ पहुँचे तब ये दोनों भी वहाँ मौजूद थे। काँग्रेसी गाँधी का दिया हुआ नारा लगा रहे थे : अंग्रेजों, भारत छोड़ो।

भाग्य की बात कि जब पुलिस आई तो प्रदर्शनकारी भाग निकले। अटल और प्रेम कुछ अन्य लोगों के साथ पकड़ लिए गए। उन्हें तेईस दिनों तक जेल में रहना पड़ा।

इसी घटना को भाजपा की आधिकारिक वेबसाइट ने भुनाने की कोशिश की कि श्री वाजपेयी ने स्वतंत्रता संग्राम में हिस्सा लिया था और 1942 में जेल गए थे। (यह अब भी उसकी वेबसाइट पर मौजूद है।)

दावा बहुत सरल है कि भारत छोड़ो आंदोलन में भाग लेने के लिए अटल बिहारी वाजपेयी और उनके भाई जेल में रहने के कारण स्वतंत्रता सेनानी कहलाए। मज़े की बात यह है कि कुछ पत्रकारों ने 1990 के दशक के आख़िर में खोज निकाला कि उनके स्वतंत्रता संग्राम में हिस्सा लेने की कहानी का एक और पहलू है। इस खुलासे के बाद उनकी प्रतिद्वंद्वी काँग्रेस अक्सर वाजपेयी के ख़िलाफ़ एक

आरोप लगाती रही और ये आरोप काफ़ी गंभीर था : वे भारत छोड़ो आंदोलन में अंग्रेज़ों के 'मुख़बिर' थे।

1998 तक वाजपेयी स्वयं भी तर्क देते रहते थे कि उनके राजनीतिक विरोधी उनकी छवि ख़राब करने के लिए ही इस तरह के आरोप लगाते हैं। और, तभी आरोपों को सही साबित करने वाले कुछ दस्तावेज़ों के सामने आने के बाद, उन्होंने भी *फ्रंटलाइन* को दिए एक साक्षात्कार में स्वीकार किया था कि वे केवल 'भीड़ का हिस्सा' थे और 27 अगस्त 1942 को बटेश्वर में हुई हिंसक घटनाओं में उनकी कोई भूमिका नहीं थी। वे केवल भीड़ के साथ थे और प्रदर्शन को देख रहे थे। 'जो कुछ मैंने देखा, मैंने बता दिया था,' उन्होंने क़बूलनामे की तरह *फ्रंटलाइन* से कहा था। 'मैंने किसी के ख़िलाफ़ नहीं बोला-मैंने कोई दावा नहीं किया... जो कुछ भी हुआ, वह मैंने बता दिया था।'

हालाँकि उनकी दलील थी कि उन्होंने किसी के ख़िलाफ़ कुछ नहीं बोला, लेकिन उन्होंने यह माना कि उन्होंने उर्दू में लिखे एक क़बूलनामे पर बिना पढ़े हस्ताक्षर कर दिए थे।

1 सितंबर 1942 को वाजपेयी ने द्वितीय श्रेणी मजिस्ट्रेट एस हसन के सामने नीचे दिए बयान पर हस्ताक्षर किए थे, जो उर्दू में था :

> मेरा नाम : अटल बिहारी
>
> पिता का नाम : गौरी शंकर
>
> मेरी जाति : ब्राह्मण
>
> उम्र : 20 वर्ष
>
> पेशा : छात्र, ग्वालियर कॉलेज
>
> मेरा पता : बटेश्वर, थाना बाह, ज़िला आगरा।

उन्होंने अदालत में यह बयान दिया था :

> 27 अगस्त 1942 को क़रीब 2 बजे ककुआ उर्फ़ लीलाधर और महुआन वहाँ आए और भाषण दिया, और लोगों को वन क़ानून तोड़ने को प्रेरित किया। क़रीब 200 लोग वन विभाग के कार्यालय गए और मैं अपने भाई के साथ भीड़ के पीछे-पीछे गया और बटेश्वर वन विभाग के कार्यालय पहुँचा। मैं और मेरे भाई दोनों अलग थे, और बाक़ी सभी लोग अंदर घुस गए। मैं वहाँ पर मौजूद लोगों में केवल ककुआ और महुआन दो लोगों के नाम जानता हूँ और किसी का नहीं।

> मुझे लगा कि ईंटें गिरने लगी हैं। मैं नहीं जानता कि दीवार कौन गिरा रहा था, लेकिन ईंटें गिर ज़रूर रही थीं। मैं और मेरे भाई वहाँ से निकल मयपुरा की ओर जाने लगे और हमारे पीछे भीड़ थी। ऊपर बताए लोगों ने जानवरों के बाड़े से ज़ोर-ज़बरदस्ती से बकरियों को भगा दिया और भीड़ बिचकोली की ओर जाने लगी। उस समय फ़ॉरेस्ट ऑफ़िस में 10-12 लोग थे। मैं 100 गज़ की दूरी पर था। सरकारी इमारत गिराने में मैंने उनकी कोई मदद नहीं की। उसके बाद हम अपने घर चले गए।

रिपोर्ट में बताया गया कि वाजपेयी के ख़िलाफ़ लगाए गए आरोपों के विपरीत, उनका क़बूलनामा सत्र के मुकदमे (क्रमांक 3/43) में आगरा के विशेष न्यायाधीश के सामने अभियोजन पक्ष ने इस्तेमाल नहीं किया था। वास्तव में, वाजपेयी द्वारा प्रेस को दी गई निर्णय की प्रति से यह स्पष्ट होता है कि उनका नाम मुकदमे में बिलकुल भी शामिल नहीं था। इस प्रकार, यह राजनीतिक आरोप असत्य है कि वे 1942 में 'सरकारी गवाह' थे।

रिपोर्ट में कहा गया है :

> यह ध्यान देने वाली बात है कि जिस उर्दू बयान की उन्हें प्रति दिखाई गई थी, उस पर अंग्रेज़ी में किए अपने हस्ताक्षर की प्रामाणिकता की पुष्टि करते हुए वाजपेयी ने अब अधिकारपूर्वक अपने वकील डॉ. एन. एम. (अप्पा) घटाटे की बात का खंडन किया है। 15 जनवरी 1998 को *फ़्रंटलाइन* के संपादक को 'श्री अटल बिहारी वाजपेयी के निर्देश पर' लिखे पत्र में इस वरिष्ठ वकील ने कहा था : "यह स्पष्ट है कि पत्र के साथ संलग्न दस्तावेज़ पूरी तरह से फ़र्ज़ी हैं और उनका उद्देश्य श्री वाजपेयी की छवि ख़राब करना है। यह उस दस्तावेज़ में कही इस बात से और भी स्पष्ट होता है कि 'मैंने अटल बिहारी वल्द गौरीशंकर को बताया है।' श्री अटल बिहारी वाजपेयी के पिता का नाम (स्वर्गीय) श्री कृष्ण बिहारी वाजपेयी है। कृपया ध्यान दें कि इन असत्य बयानों, जिनके बारे में आप जानते हैं कि वे असत्य हैं, का इस्तेमाल अगर आपके समाचार पत्र में किया गया तो आप पर क़ानूनी और दंडात्मक कार्रवाई की जा सकती है।

वाजपेयी ने एक बार फिर अपने वकील का खंडन किया और *फ़्रंटलाइन* को दिए साक्षात्कार में पुष्टि की कि उन्होंने 1 सितंबर 1942 को अपने पिता का नाम गौरीशंकर बताया था क्योंकि 'गौरीशंकर उनका घर का नाम था' और 'गाँव में लोग उन्हें गौरीशंकर के नाम से ही जानते थे।' उन्होंने *फ़्रंटलाइन* के संपादक से कहा कि वे श्री घटाटे का पत्र वापस ले रहे हैं, और उसी दिन उन्होंने एक पत्र फ़ैक्स किया

जिसमें कहा था : 'मेरे वकील का 15.1.1998 को लिखा पत्र वापस लिया हुआ माना जाए।'

फ्रंटलाइन के लेखकों ने इस पर कुछ सार्थक निष्कर्ष निकाले :

> पहली बात तो ये कि युवा वाजपेयी ने परिस्थितियों के कठोर दबाव में खुद को घटना से और प्रदर्शनकारियों के इरादों से खुद को अलग कर लिया-जबकि उन्होंने खुद स्वीकार किया कि वे वन क़ानून तोड़ने के लिए एकत्र 'ग़ैरक़ानूनी भीड़' के हिस्सा थे और उन पर आसानी से भारतीय दंड संहिता की धारा 149 के तहत मुकदमा चलाया जा सकता था। उन्होंने कहा कि हालाँकि 'मैं अपने भाई के साथ भीड़ के पीछे-पीछे गया और घटना देखी, मैंने कोई नुक़सान नहीं किया। मैंने सरकारी इमारत गिराने में उनकी किसी तरह की मदद नहीं की।' वाजपेयी कहते हैं, वास्तव में मैं भीड़ का हिस्सा था लेकिन मैं उसके इरादों के साथ नहीं था और न ही मैंने कोई दंडनीय काम किया। यह बात बहुत महत्त्वपूर्ण है क्योंकि क़रीब आधी शताब्दी बाद, संघ परिवार ने अपने प्राइम मिनिस्टर इन वेटिंग की 1942 में वीरतापूर्ण भूमिका का बखान किया-जबकि उन्होंने खुद तब भी इससे इनकार किया और जनवरी 1998 में *फ्रंटलाइन* को दिए साक्षात्कार में भी खंडन किया।
>
> दूसरी बात, स्वीकारोक्ति के संक्षिप्त बयान में, 27 अगस्त 1942 को बटेश्वर में हुए प्रदर्शन के बारे में यथासंभव विस्तार से बताया गया। हालाँकि *फ्रंटलाइन* ने पड़ताल में पाया कि अभियोजन ने वाजपेयी के बयान का इस्तेमाल आगे के मुकदमे में नहीं किया, इस तथ्य का कोई खंडन नहीं है कि बयान में घटनाओं का जो तथ्यात्मक वर्णन दिया गया, उसी के आधार पर पुलिस ने प्रदर्शनकारियों के ख़िलाफ़ मुकदमा बनाया। (वास्तव में 1942 की बटेश्वर की तोड़-फोड़ की घटना कराने वालों में से एक ककुआ उर्फ़ लीलाधर वाजपेयी ने यही स्पष्ट आरोप अटल बिहारी पर लगाया था।)

इसके पहले के अवसरों पर, वाजपेयी अपने क़बूलनामे के बारे में सावधानीपूर्वक बोलते थे : कि यह तो 1971 से ही उनके राजनीतिक विरोधियों की चाल रही है। इस बीच, लीलाधर वाजपेयी उर्फ़ ककुआ ने एक साक्षात्कार कहा कि वाजपेयी के बड़े भाई प्रेम ने एक लेख में दावा किया था कि वे और उनका भाई बटेश्वर कांड में अग्रणी भूमिका में थे, और उस दिन जो कुछ भी हुआ था, उसमें दोनों भाई शामिल थे। लीलाधर के अनुसार यह दावा अदालत में दिए क़बूलनामे के बिलकुल विपरीत था जिसमें उन्होंने कहा था कि वे केवल मौक़े पर मौजूद खड़े देख रहे थे।

लीलाधर वाजपेयी ने माना कि ज़िला अदालत में दोनों भाइयों ने उनके या किसी अन्य के ख़िलाफ़ कोई गवाही नहीं दी थी, न ही वे अभियोजन पक्ष की ओर से गवाह के रूप में पेश हुए थे। 'लेकिन यह भी सत्य है कि धारा 164 के तहत उनका क़बूलनामा अपराध में उनकी भागीदारी साबित करता है। हालाँकि उन्होंने इस बात का कोई संतोषजनक विवरण नहीं दिया कि क्यों पुलिस ने उन दोनों की 23 दिन की गिरफ़्तारी के बाद हुई रिहाई के बाद, धारा 169 के तहत अपनी रिपोर्ट दी। अब वे हर तरह के उत्तरों के ज़रिए अपनी बेगुनाही बता रहे हैं। हालाँकि उनकी गिरफ़्तारी की घटना का प्रचार मैंने शुरू नहीं किया था। उन दोनों भाइयों ने ही "स्वतंत्रता सेनानी" का दर्जा हासिल करने के लिए यह मुद्दा स्वयं ही उठाया था और अभी के इस विवाद के लिए भी ये दोनों ही ज़िम्मेदार हैं। किसी भी रूप में, अगर हम मान भी लें कि मुझे मिली सज़ा के लिए वे ज़िम्मेदार नहीं थे, तब भी यह तो सत्य है ही कि पूरे गाँव को जुर्माना (10,000 रुपये) देना पड़ गया था और इसके लिए तो निश्चित ही ये दोनों ही ज़िम्मेदार थे।'

वाजपेयी की आधिकारिक उम्र उस समय सोलह थी और क़बूलनामे में बताई गई बीस साल की उम्र सही नहीं थी। 1924 में उनका जन्म हुआ था और उस समय वास्तव में वे अठारह साल के थे, लेकिन उनके पिता ने उनका जन्म का साल 1926 लिखवाया था ताकि उन्हें ज़्यादा समय तक सरकारी नौकरी करने को मिल सके। उस घटना की बात करें तो वाजपेयी ने रिपोर्ट छपने के बाद उनसे मिलने गए *फ़्रंटलाइन* के पत्रकारों की टीम को बताया था कि वे इस बात को लेकर स्तब्ध थे कि घटाटे ने उनके पास क़ानूनी नोटिस भेज दिया था। पूरे मामले को बचपन की घटना बताकर ख़ारिज करते हुए उन्होंने घटाटे की ओर देखा था, और दोनों मुस्करा दिए थे, और फिर उन्होंने ठहाका लगाया था।

जैसा कि अब हम जानते हैं कि 1942 की घटनाओं ने भारत का इतिहास हमेशा के लिए बदल दिया था और वाजपेयी की राजनीतिक प्राथमिकताएँ भी उसी के साथ बदल गई थीं, और उन्होंने फिर से राह बदली और आक्रामकता के साथ आरएसएस के खेमे में घरवापसी की थी।

3

1942-57

इश्क़ और सियासत

ग्वालियर में स्नातक की पढ़ाई के दौरान अटल की मुलाक़ात राजकुमारी नाम की युवती से हुई, जो अपने कृष्ण की राधा बन गईं-दोनों ने विवाह तो नहीं किया लेकिन बिना विवाह किए ही दोनों के बीच प्यार रहा और दोनों साथ रहे। 1925 में उज्जैन, मध्य प्रदेश में जन्मी राजकुमारी हक्सर गोविंद नारायण और मनमोहिनी हक्सर की संतान थीं। वे इंदिरा गाँधी की चचेरी बहन थीं, लेकिन इस बात की जानकारी युवा अटल को तब नहीं थी जब कॉलेज में दोनों की मुलाक़ात हुई। 'बीबी' कहलाने वाली राजकुमारी सपरिवार ग्वालियर में बसने से पहले थोड़े समय तक पुरानी दिल्ली में रही थीं, जहाँ उनके पिता को सिंधिया परिवार के शिक्षा विभाग में नौकरी मिल गई थी। यह भी अटल और राजकुमारी के बीच संबंध बनने का संयोग रहा।

उनकी प्रेम कहानी का आरंभ अटल के प्रेमपत्र से हुआ जिसे उन्होंने राजकुमारी की किताब में रख दिया था, लेकिन वह कहानी अलग ही रास्ते पर मुड़ गई। न तो राजकुमारी को अटल का प्रेमपत्र मिला और न ही अटल को राजकुमारी का लिखा प्रेमपत्र मिला। वो दोनों भारतीय राजनीति के सर्वाधिक ग़ैर-परंपरागत युगल बने : अटल अविवाहित बने रहे; राजकुमारी ने किसी दूसरे आदमी से शादी की; अटल ने उनकी बेटी को गोद लिया; और पाँच दशकों तक साथ रहे, एक ही घर में, बहुत सारे कुत्ते-बिल्लियों और सुरक्षाकर्मियों के साथ, और अठासी वर्ष की उम्र में 2014 में राजकुमारी का देहांत हो गया।

जब भी वाजपेयी से पूछा गया कि उन्होंने पूरे जीवन शादी क्यों नहीं की, तो उन्होंने हमेशा निर्लिप्त भाव से उत्तर दिया, 'मुझे समय ही नहीं मिला।'

विक्टोरिया कॉलेज से अच्छे अंकों के साथ बीए की डिग्री हासिल करने के बाद वाजपेयी ने अपने गृहनगर से 260 किलोमीटर से भी दूर, कानपुर में दयानंद एंग्लो-वैदिक कॉलेज में राजनीति शास्त्र में एमए में दाख़िला लिया। तब तक वे आर्य समाज की युवा शाखा आर्य कुमार समाज के महासचिव बन चुके थे और आरएसएस की शाखाओं में नियमित रूप से जाते थे। उनकी प्राथमिक संबद्धता आर्य समाज से ही थी जिसकी स्थापना दयानंद सरस्वती ने 1875 में वैदिक दर्शन के प्रचार-प्रसार के लिए की थी। 1824 में जन्मे दयानंद का 1883 में देहांत ज़हर देने के कारण हुआ था। भगत सिंह और सुभाषचंद्र बोस समेत अनेक बुद्धिजीवियों और नेताओं पर उनका गहरा प्रभाव था। हालाँकि सिख, जैन और इस्लाम के बारे में उनके विचार अच्छे नहीं थे (पैगंबर मोहम्मद को उन्होंने एक बार पाखंडी बोल दिया था), लेकिन वे दलितों, महिलाओं और हिंदुओं में हाशिये पर पड़े तबकों के उत्थान के पक्ष में थे और उन्होंने आर्य समाज के ज़रिए ऐसी कई पहलें कीं जिनसे उस समय के उच्च जातियों के विभिन्न समूह नाराज हुए। 'स्वराज्य' शब्द को लोकप्रिय बनाने और भारत की स्वतंत्रता की वकालत करने का उन्हें काफ़ी श्रेय दिया जाता है। वे अंधविश्वास और कट्टर सामाजिक नियमों के ख़िलाफ़ भी आवाज़ उठाते थे। उनकी मृत्यु के तीन साल बाद उनके अनुयायियों ने उनके विचारों का प्रचार करने और भारतीयों को निरक्षरता तथा अज्ञानता से मुक्त कराने के लिए शिक्षा का प्रचार-प्रसार करने के उनके उद्देश्य को हासिल करने और देश को 'बौद्धिक तथा आध्यात्मिक रूप से पुनर्स्थापित करने' के लिए दयानंद एंग्लो-वैदिक सोसायटी (डीएवी) की स्थापना की।

यह ध्यान देने की बात है कि उच्च जाति के हिंदुओं की भावनाओं, और अन्य धर्मों के उदय से उनकी श्रेष्ठता को ख़तरे के डर का दोहन करने वाले अनेक हिंदू धार्मिक पुनरुत्थानवादी संगठनों के विपरीत, आर्य समाज और डीएवी ने हिंदुत्व के अंदर विद्यमान सामाजिक बुराइयों से लड़ने का रास्ता चुना। हालाँकि दयानंद के दर्शन के कुछ पहलू आलोचना का विषय रहे और इनमें ग़ैर-वैदिक धर्मों तथा चार्वाक-मतावलंबियों, बौद्धों, जैनों, मुस्लिमों और ईसाइयों जैसे दर्शनों के प्रति उनका लड़ाकू रवैया शामिल रहा है। *रूट्स ऑफ़ हिंदुत्व : अ क्रिटिकल स्टडी ऑफ़ हिंदू फ़ंडामेंटलिज़्म ऐंड नेशनलिज़्म* के विद्वान लेखक डॉ. जे. कुरुवचिर ने कहा है कि आर्य समाज की धर्म में वापसी या शुद्धिकरण में प्रमुख भूमिका रही, और उसने अनेक हिंदू संगठनों को अन्य धर्मों के प्रति लड़ाकू दृष्टिकोण अपनाने को प्रेरित किया। समकालीन हिंदुत्व समर्थक लेखक कोएनराड एल्स्ट ने खुद ये स्वीकार किया कि ईसाई धर्म और इस्लाम पर पहले असली सार्वजनिक और लगातार विवादास्पद हमला दयानंद सरस्वती ने ही किया था।

वाजपेयी आर्य समाज के दर्शन से काफ़ी प्रभावित थे जो कि एक तरफ़ प्रगतिशील भी था और दूसरी ओर प्रतिक्रियावादी भी। युवा अटल पर उस वैचारिक

मत ने गहरी छाप छोड़ी जिसके अनुसार कुछ सनातन (रूढ़िवादी हिंदू) मान्यताएँ अनावश्यक हैं और हिंदुत्व के विकास में बाधक हैं। हिंदू संस्कृति के अन्य पुराने रूपों से अलग, इस दर्शन में शिक्षा के अंग्रेज़ीकरण और मांसाहार की अनुमति थी। वाजपेयी आर्य समाज के हंसराज और लाला लाजपत राय के नेतृत्व वाले उदारवादी धड़े से जुड़े थे। अधिक उग्र और खुले रूप में धार्मिक पुनरुत्थानवादी धड़े का नेतृत्व लेखराम और मुंशीराम कर रहे थे जो *ब्रह्मचर्य* और वैदिक प्रशिक्षण पर ज़ोर देते थे। हालाँकि दोनों धड़े इस बात पर सहमत थे कि अब्राहमी धर्मों से नहीं, बल्कि इसी देश में पैदा अन्य धर्मों से हिंदुत्व को 'ख़तरा' है।

ऐसे में वाजपेयी बाबा साहेब आप्टे के प्रभाव में आए जो कि 1925 में केशव बलिराम हेडगेवार नाम के एक डॉक्टर द्वारा स्थापित आरएसएस के पूर्णकालिक प्रचारकों में प्रथम बैच में शामिल थे। आप्टे ने अपना अधिकतर समय देश भर के भ्रमण करने और नए स्वयंसेवक तैयार करने और आर्य समाज जैसे हिंदू समर्थक संगठनों से निकटता बढ़ाने में लगाया। वाजपेयी के उनसे जुड़ने का असर ये हुआ कि वे आरएसएस के 'अधिकारी प्रशिक्षण शिविरों' में भाग लेने लगे।

वाजपेयी उच्च शिक्षा के लिए कानपुर गए जिसके लिए आर्थिक मदद उन्हें ग्वालियर के सिंधिया राजवंश ने दी जिसका वे स्वाभाविक रूप से सम्मान करते थे। उन्हें 75 रुपये प्रति माह की मासिक छात्रवृत्ति सर जीवाजीराव सिंधिया ने दी। ये छात्रवृत्ति वे अपनी प्रजा को इस शर्त पर देते थे कि पढ़ाई पूरी होने के बाद हितग्राही कम से कम तीन साल उनके लिए कार्य करेगा। 1940 के दशक में वाजपेयी को अच्छी ख़ासी रक़म मिली। बाद में राजपरिवार ने उन्हें अपनी 'रचना' बताया। दिल्ली में कई वरिष्ठ पत्रकारों को याद है कि वाजपेयी सिंधिया परिवार का बहुत आदर करते थे और जीवाजीराव की विधवा विजयाराजे सिंधिया के पैर छूते थे। ग्वालियर के वरिष्ठ पत्रकारों को याद है कि विजयाराजे के सहायक और विश्वस्त संभाजी राव आंग्रे अक्सर कहा करते थे कि वाजपेयी 'हमारा बच्चा है, हमारा लड़का है।' (विजयाराजे की मौत के सात साल बाद, 2008 में स्वर्ग सिधारे सरदार आंग्रे को 'ग्वालियर का रास्पुतिन' कहा जाता था। ऐसा लगता है कि उन्हें भी ये विशेषण पसंद था।)

संयोग की बात है कि सिंधिया परिवार भारत में ब्रिटिश सरकार का पक्का सहयोगी था। 1948 में तैंतालीस वर्ष की अल्पवय में स्वर्ग सिधारने वाली प्रतिभाशाली कवयित्री सुभद्रा कुमारी चौहान ने भी रानी झाँसी की प्रशंसा में लिखी अपनी बहुचर्चित कविता में ग्वालियर के सिंधिया परिवार को अंग्रेज़ों के मित्र बोला था। वास्तव में मध्य प्रदेश में कुछ सालों पहले स्कूली पाठ्यक्रम से उस कविता की इस पंक्ति को हटाने की भी कोशिश हुई थी।

रानी झाँसी की वीरता को दर्शाने वाली ये पंक्तियाँ इस प्रकार हैं :

यमुना तट पर अंग्रेज़ों ने फिर खाई रानी से हार,
विजयी रानी आगे चल दी, किया ग्वालियर पर अधिकार।
अंग्रेज़ों के मित्र सिंधिया ने छोड़ी रजधानी थी,
बुंदेले हरबोलों के मुँह हमने सुनी कहानी थी,
खूब लड़ी मर्दानी वह तो झाँसी वाली रानी थी।

(यमुना नदी के तटों पर ब्रिटिश सेना को रानी ने एक बार फिर से हराया और फिर रानी विजयी होकर आगे बढ़ चलीं और उन्होंने ग्वालियर पर अधिकार कर लिया।

ब्रिटिश सत्ता के मित्र सिंधिया ने अपनी राजधानी छोड़ दी थी। बुंदेलों और बुंदेली धार्मिक गीत गाने वालों के मुँह से हमने ये कहानियाँ सुनी थीं। वीरतापूर्वक लड़ने वाली वो झाँसी की रानी थी।)

***

कानपुर में सिविल लाइंस के संपन्न इलाक़े में स्थित डीएवी कॉलेज की स्थापना 1919 में हुई थी, और इस कॉलेज में प्रमुख पूर्व छात्रों में चंद्रशेखर आज़ाद भी थे जो उग्र क्रांतिकारी और स्वतंत्रता सेनानी थे तथा जिन्होंने पच्चीस वर्ष की ही आयु में 1931 में इलाहाबाद में अल्फ़्रेड पार्क में पुलिस से मुठभेड़ के दौरान खुद को गोली मार ली थी। कॉलेज के दिनों में वाजपेयी के युवा कवि मित्र गोपालदास सक्सेना भी थे जो बाद में 'नीरज' के नाम से बेहद मशहूर गीतकार और कवि के रूप में जाने गए।

नीरज कॉलेज के अंदर और बाहर होने वाले कवि सम्मेलनों में युवा अटल से बार-बार होने वाली मुलाक़ातों को याद करते हैं। 1940 के दशक के आरंभ में कॉलेज में वाजपेयी के साथ के दिनों को याद करते हुए महान बॉलीवुड गीतकार नीरज कहते हैं कि वे जानते थे कि वाजपेयी सफलता की बड़ी ऊँचाइयों को छुएँगे और उनकी शक्तिशाली जन्म-कुंडली के चलते नाम तथा यश अर्जित करने में उन्हें कोई नहीं रोक पाएगा। जन्म-कुंडली में व्यक्ति के जन्म के समय की ग्रहीय स्थिति का वर्णन रहता है और अनेक भारतीयों का मानना है कि उसके आधार पर व्यक्ति के भूतकाल, वर्तमान काल और भविष्य काल का विश्लेषण किया जा सकता है और उनकी जानकारी हासिल की जा सकती है। अब नब्बे वर्ष के हो चुके नीरज दावा करते हैं कि उनकी और वाजपेयी की जन्म कुंडलियों में विचित्र समानताएँ हैं और इसीलिए अलग-अलग क्षेत्रों में ही सही, दोनों बहुत सफल रहे।

जब भारत इतिहास में अपने सर्वाधिक राजनीतिक सरगर्मियों के काल से गुज़र रहा था, और ब्रिटेन से स्वतंत्रता पाने के कगार पर था, उसी दौर में

वाजपेयी ने राजनीति शास्त्र में स्नातकोत्तर उपाधि डीएवी कॉलेज से हासिल की जो कि तब आगरा विश्वविद्यालय के तहत आता था। अटल अपने शिक्षकों, ख़ासकर डॉ. मदन मोहन पांडेय के प्रिय छात्र थे। वे अपने गुरुजी के पास समीपस्थ मकान में समकालीन राजनीति और शैक्षणिक विषयों पर बात करने के लिए जाया करते थे। श्री पांडेय को जानने वाले शिक्षक बताते हैं कि वे कहा करते थे, 'वाजपेयी बहुत प्रतिभाशाली और शालीन लड़के थे।' वाजपेयी के पसंदीदा लेखक शरद चंद्र और प्रेमचंद थे, और अपनी कविताओं के लिए उन्होंने हरिवंश राय बच्चन, सूर्यकांत त्रिपाठी 'निराला' और बालकृष्ण शर्मा 'नवीन' से प्रेरणा ली।

एमए की परीक्षा में अव्वल रहने के बाद, वाजपेयी ने उसी कॉलेज में विधि के पाठ्यक्रम में दाख़िला लिया। उसी समय उनके हेडमास्टर रहे पिता स्कूल निरीक्षक बन चुके थे और उनकी भी क़ानून की पढ़ाई की इच्छा हुई।

आख़िरकार, पिता और पुत्र, दोनों ने साथ में लॉ कॉलेज में दाख़िला लिया और छात्रावास के एक ही कमरे 104ए में रहने लगे। वाजपेयी की एक सहपाठी डॉ. अन्नपूर्णा त्रिपाठी बताती हैं कि जब पिता-पुत्र ने एक साथ एक ही कोर्स में दाख़िला लिया, तो ये परिहास का विषय बन गया था। 'उन्होंने अपने पिता कृष्ण बिहारी वाजपेयी के साथ लॉ कोर्स में दाख़िला लिया था। दाख़िला के पहले वे अपना और अपने पिता के दाख़िला फ़ॉर्म जमा कराने गए तो काउंटर पर बैठा क्लर्क हँसने लगा था और उसने पूछा था, "तुम मज़ाक़ तो नहीं कर रहे हो न," इस पर उन्होंने विनम्रता और आत्मविश्वास से भरा जवाब दिया था : "बिलकुल नहीं, सर। मैं एकदम सीरियस हूँ।"'

सीनियर वाजपेयी बाहर खाना खाने के ख़िलाफ़ थे और उन्हें घर का बना खाना ही पसंद था। ऐसे में अटल के पास बाहर या अन्य लोगों के साथ खाना खाने का कोई विकल्प नहीं रहा। ऐसे में आरएसएस की अपनी संबद्धता के दौरान सीखे अनुभवों के कारण वे खुद ही खाना बनाने लगे और जल्द ही इस काम में उन्हें महारत हासिल हो गई।

उसी दौरान बँटवारे के बाद देश भर में दंगे फैल गए और बड़ी संख्या में लोगों का पलायन हुआ। इस कारण अटल को भी जल्द ही पढ़ाई छोड़ देनी पड़ी। अंग्रेज़ देश छोड़कर चले गए थे और दो नए बने देशों-भारत और पाकिस्तान की कमान स्थानीय नेताओं के हाथ आ गई थी। क़ानून और व्यवस्था की स्थिति एकदम चरमरा गई थी और सांप्रदायिक हिंसा भड़क उठी थी जिससे अभूतपूर्व ख़ून-ख़राबा होने लगा था। देश को जो आपदा झेलनी पड़ी थी, उससे वाजपेयी पूरी तरह से हिल गए थे और संघ में उनका विश्वास और मज़बूत हो गया जिसका लक्ष्य अखंड भारत था। संघ ने देश के धार्मिक आधार पर विभाजन को स्वीकार करने वाले काँग्रेसी नेताओं के वैचारिक पतन की निंदा की।

जिस दिन भारत को स्वतंत्रता मिली और पंडित नेहरू ने संविधान सभा में अपना ऐतिहासिक भाषण 'नियति से मुलाक़ात' दिया था, उस दिन महात्मा गाँधी कलकत्ता में सांप्रदायिक हिंसा रोकने की कोशिश कर रहे थे। वे पूर्वी बंगाल (जो अब बांग्लादेश बन चुका है) में नोआखाली गए जहाँ बहुत ज़बरदस्त दंगे हो रहे थे। उन्हें कलकत्ता वापस जाने की सलाह दी गई क्योंकि काँग्रेसी कार्यकर्ताओं का मानना था कि अगर कलकत्ता में हिंसा नहीं होगी तो शेष बंगाल में भी हिंसा नहीं फैल पाएगी।

जब पंडित नेहरू, सरदार वल्लभभाई पटेल और अन्य काँग्रेसी नेताओं ने गाँधी जी से 15 अगस्त को आकाशवाणी पर राष्ट्र के नाम संदेश देने का आग्रह किया-क्योंकि ब्रिटिश संसद ने भारत स्वतंत्रता विधेयक पारित करके, भारत और पाकिस्तान को आज़ाद देश बनाकर, दुनिया की आबादी के पाँचवें हिस्से को स्वतंत्र घोषित कर दिया था-तो गाँधी ने यह कहकर इनकार कर दिया था कि वे इस तरह की स्वतंत्रता नहीं चाहते थे। उन्होंने कहा कि यह हर्ष का क्षण नहीं है बल्कि शांति क़ायम करने के लिए प्रयास करने का समय है। गाँधी ने जश्न में हिस्सा नहीं लिया और कलकत्ता के पुराने इलाक़े बेलियाघाट में काम करते रहे जहाँ वे हैदरी मंज़िल नाम की एक इमारत में रुके थे जिसे ख़ास तौर उनके रहने के लिए सजाया-सँवारा गया था। गाँधी वहाँ 13 अगस्त को पहुँचे और एक माह तक वहीं रुके। वहाँ हिंसा पर उतारू मुस्लिमों और हिंदुओं से उन्होंने दुश्मनी त्यागने और स्वतंत्रता के मौक़े पर एक साथ आने का आग्रह किया। थोड़े से विराम के बाद दोनों समुदायों के बीच हिंसा फिर से भड़क उठी और गाँधी आमरण अनशन करने पर मजबूर हो गए। कुछ लोगों ने उन्हें देखकर 'गाँधी, वापस जाओ!' के नारे भी लगाए। जिस मकान में वे रुके थे, उस पर भीड़ ने हमला भी कर दिया, लेकिन अठहत्तर साल की दुर्बल काया के गाँधी के ऐतिहासिक दृढ़-संकल्प के सामने नगर के लोगों को शर्मिंदा होते हुए झुकना पड़ा और जल्द ही वे गाँधी की जान बचाने के लिए एक साथ आए और शांति बहाल करने पर सहमत हो गए। अपने आमरण अनशन की सफलता के बाद गाँधी की योजना पहले दिल्ली और फिर पाकिस्तान जाकर लोगों को दंगा रोकने के लिए मजबूर करने की थी। उस समय हिंसा में मारे गए लोगों की संख्या का अनुमान लोग भिन्न-भिन्न तरह से लगाते हैं, लेकिन आमतौर पर माना गया कि लाखों लोग विस्थापित हुए और नई बनी सीमा के दोनों तरफ़ के क़रीब पाँच लाख लोगों को अपनी जान गँवानी पड़ी।

जब काँग्रेस नेता सी. राजगोपालाचारी ने उनसे मिलकर 'कलकत्ता में चमत्कार' करने पर बधाई दी, तो गाँधी ने उनसे कहा कि वे तभी संतुष्ट होंगे जब 'हिंदू और मुस्लिम एक दूसरे के साथ सुरक्षित महसूस करेंगे और पहले की तरह अपने-अपने घरों को लौट जाएँगे।' लॉर्ड माउंटबेटन ने गाँधी को लिखा, 'पंजाब में हमारे पास 55,000 सिपाही हैं, लेकिन वहाँ बड़े पैमाने पर दंगा हो रहा है।

बंगाल में केवल एक आदमी की सेना है, लेकिन वहाँ कोई दंगा नहीं हो रहा है। सेवारत पदाधिकारी और प्रशासक के रूप में मैं इस अकेले आदमी की सेना को शुक्रिया अदा करना चाहता हूँ।'

वाजपेयी के आरएसएस और अन्य हिंदू राष्ट्रवादियों ने इस अकेले आदमी की सेना को पसंद नहीं किया। हालाँकि गाँधी से उनके संबंध उतार-चढ़ाव वाले रहे, लेकिन बँटवारे के बाद इनमें गिरावट आ गई।

उत्साही गाँधीवादी विद्वान डॉ. फैज़ल देवजी ने कई बार इस विरोधाभास की ओर इशारा किया। गाँधी पुरानी पीढ़ी के उन लोगों से हमेशा सहमत भले ही न रहे हों, लेकिन उनके काफ़ी निकट ज़रूर थे जो बाद में हिंदू राष्ट्रवादी कहलाए-जिनमें लाला लाजपत राय, मदन मोहन मालवीय, भाई परमानंद और स्वामी श्रद्धानंद के साथ-साथ श्यामा प्रसाद मुखर्जी जैसे युवा चेहरे भी शामिल थे। इसका एक कारण ये था कि गाँधी के जनांदोलन ने हर तरह के लोगों को आकर्षित किया था जिससे ये लोग भी अछूते नहीं रहे थे, जो और किसी तरह से साथ नहीं आ पाते। गाँधी भी अपने आपको हिंदू बतलाने से डरते नहीं थे, और हिंदुओं के लिए गौरक्षा जैसे मुद्दे उठाते रहते थे जिनसे ये लोग जुड़े थे। अन्य लोगों के विपरीत वे अपने को *सनातनी* या परंपरागत हिंदू कहते थे।

वीर सावरकर जैसे अन्य उग्र हिंदू कट्टरपंथी गाँधी से कभी सहमत नहीं हुए, जो कि 1914 में गठित हुए संगठन हिंदू महासभा के नेता थे। देवजी के अनुसार, पहले असहयोग आंदोलन के समय गाँधी और इन लोगों के बीच पहला टकराव सामने आया था जिसे एकदम अलगाव तो नहीं कहा जा सकता लेकिन ये गंभीर ज़रूर था। असहयोग आंदोलन की वापसी और सांप्रदायिक हिंसा भड़कने के बाद गाँधी के प्रति एक आम असंतोष था। कुछ और भी कारण थे, मसलन : ख़िलाफ़त आंदोलन का अप्रत्याशित समर्थन, जिसके दौरान श्रद्धानंद तो दिल्ली में जामा मस्जिद तक में बोले थे। अस्पृश्यता तथा दलितों के धर्मांतरण के ख़िलाफ़ गाँधी के अनशन के दौरान भी हिंदू नेता गाँधी के साथ एकजुट हो गए थे, जिसके परिणामस्वरूप डॉ. अंबेडकर के साथ पूना समझौता हुआ था।

वास्तव में, हिंदू राष्ट्रवादियों और गाँधी के बीच संबंध बँटवारे के दौरान ख़त्म हुए। और, ये संबंध तब और ख़राब हो गए जब पुलिस ने आरएसएस के उपप्रमुख गुरुजी महादेव सदाशिव गोलवलकर के हवाले से 1947 के आरंभ में धमकी भरा बयान दिया और कहा कि आरएसएस गाँधी को 'चुप' करा देगा, जिसका मतलब था कि उनका जीवन ख़तरे में है। यह ताज़ा खुलासा गाँधी की हत्या के पूर्व दिल्ली पुलिस की सीआईडी की 'गुप्त स्रोत रिपोर्टों' के आधार पर हुआ है।

सीआईडी की रिपोर्टों में कहा गया है कि 8 दिसंबर 1947 को संघ के क़रीब 2500 स्वयंसेवक दिल्ली में रोहतक रोड पर एक शिविर में मिले थे जहाँ महादेव सदाशिव गोलवलकर ने उनसे कहा था कि आसन्न संकट का मुक़ाबला पूरी ताक़त से करना हर व्यक्ति का कर्तव्य है। उन्होंने यह भी कहा कि उन्हें उस तरह के गुरिल्ला युद्ध के लिए भी तैयार होना चाहिए जैसा कि शिवाजी ने लड़ा था। 'संघ पाकिस्तान को मिटाए बिना चैन से नहीं बैठेगा। अगर हमारे रास्ते में कोई आएगा तो उसे भी हम मिटा देंगे, चाहे वह नेहरू सरकार हो या कोई अन्य सरकार। संघ को कोई हरा नहीं सकता। उसे अपना काम जारी रखना चाहिए,' सीआईडी रिपोर्ट में उनके हवाले से कहा गया था। उन्होंने स्वयंसेवकों से हिंदुस्तान के मुस्लिमों के शुद्धिकरण करने को भी कहा। 'उन्हें यह देश छोड़ देना चाहिए। महात्मा गाँधी मुस्लिमों को भारत में रखना चाहते थे ताकि काँग्रेस को चुनावों के समय उनके वोटों का फ़ायदा हो, लेकिन तब तक एक भी मुसलमान भारत में नहीं बचेगा। अगर उन्हें यहाँ रोका गया तो ज़िम्मेदारी सरकार की होगी और हिंदू समुदाय इसके लिए ज़िम्मेदार नहीं होगा,' वे कहते बताए गए थे। सीआईडी को ऐसी ही आसन्न संकट से निपटने की तैयारी करने की रिपोर्टें अन्य उत्तर भारतीय शहरों से भी मिली थीं।

30 जनवरी 1948 को हिंदू महासभा के कार्यकर्ता नाथूराम विनायक गोडसे ने बेरेटा एम 1934 सेमी-ऑटोमैटिक पिस्तौल से गाँधी की हत्या कर दी। उस समय गाँधी दिल्ली में बिरला भवन में सर्वधर्म प्रार्थना में भाग लेने जा रहे थे।

वाजपेयी पहले से ही आरएसएस के सक्रिय सदस्य हो चुके थे और गाँधी की हत्या के कथित आरोप के बाद जिस पर चौतरफ़ा हमले हो रहे थे, उसका दमन हो रहा था। उसी साल, 1948 में वाजपेयी आरएसएस के पूर्णकालिक स्वयंसेवक बन गए। गाँधी की हत्या की साजिश रखने के आरोप के बाद देश के विभिन्न हिस्सों में, ख़ासकर महाराष्ट्र में आरएसएस के स्वयंसेवकों की पिटाई हो रही थी, उनके घरों और कार्यालयों में तोड़फोड़ हो रही थी। नागपुर में गोलवलकर के घर पर भी हमला हुआ। महाराष्ट्र की स्थिति ऐसी हो गई थी कि युगों पुरानी पेशवा बनाम शिवाजी की शत्रुता फिर से उभर आई हो। स्थिति का लाभ उठाकर मराठे ब्राह्मण बस्तियों पर हमला करने लगे थे।

जाने-माने लेखक डोनाल्ड बी. रोसेंथल ने अपनी पुस्तक, *कास्ट इन इंडियन पॉलिटिक्स* में उस समय की पूना की स्थिति के बारे में बताया है, जहाँ महाराष्ट्र के विभिन्न हिस्सों की तरह ब्राह्मण विरोधी ध्रुवीकरण दिख रहा था। मराठों की नाराज़गी ब्राह्मणों, ख़ासकर पेशवाओं से सत्रहवीं सदी से चली आ रही थी जब मराठा वीर छत्रपति शिवाजी का निचली जाति का होने के कारण ब्राह्मणों ने अपमान किया था। ब्राह्मणों ने शिवाजी का तिरस्कार और अपमान किया

था और यही कहानी मराठा परिवारों में पीढ़ी-दर-पीढ़ी चलती रहती है। रोसेंथल ने लिखा है कि 1948 में पूना का ब्राह्मण समुदाय राजनीतिक रूप से उखड़ गया और उनके स्तर के बारे में लोगों की संवेदनशीलता पूना के ही दक्षिणपंथी संगठनों से जुड़े एक ब्राह्मण गोडसे द्वारा गाँधी की हत्या के कारण नए सिरे से जाग्रत हो गई थी। 'उस समय शहर (पूना) में ब्राह्मण-विरोधी दंगे हुए थे। यहाँ तक कि आज भी स्थानीय ब्राह्मण दावा करते हैं कि मराठों ने स्थिति का राजनीतिक फ़ायदा उठाने के लिए दंगे कराए,' उन्होंने लिखा।

आरएसएस कार्यकर्ताओं और उनके घर पर हमलों के बाद गोलवलकर ने घटनाओं के इस मोड़ से व्यथित संघ के सदस्यों के लिए बयान जारी किया : 'इस भयावह त्रासदी को देखते हुए, मुझे उम्मीद है कि लोग सबक़ सीखेंगे तथा प्रेम और सेवा के सिद्धांत को अमल में लाएँगे। इसी सिद्धांत पर विश्वास करते हुए मैं अपने स्वयंसेवक भाइयों को सबके प्रति स्नेह का दृष्टिकोण अपनाते रहने निर्देश देता हूँ, भले ही किसी ग़लतफ़हमी के कारण कोई उकसावे की हरकत भी हो, और याद रखें कि ये अनुचित उन्माद उस अगाध स्नेह और आदर की अभिव्यक्ति है जो समूचा देश उस महात्मा के प्रति रखता है, जिसने हमारी मातृभूमि का नाम दुनिया में फैलाया है। उस महान आत्मा को हमारा नमन।'

आरएसएस अपने इतिहास के सबसे बुरे दौर से गुज़रा। उस दौर में जारी भ्रम के बीच वाजपेयी और अन्य कार्यकर्ता अपने संगठन के भविष्य के बारे में चिंतित थे, वहीं सरकार ने 4 फ़रवरी 1948 को आरएसएस पर प्रतिबंध लगाने का आदेश जारी कर दिया। इसमें कहा गया था : 'आरएसएस का घोषित उद्देश्य और लक्ष्य हिंदुओं के बीच शारीरिक, बौद्धिक तथा नैतिक कल्याण का प्रोत्साहन तथा उनके भाईचारे, स्नेह और सेवा की भावनाओं को बढ़ाना है... लेकिन खेद की बात है कि सरकार ने पाया है कि आरएसएस के सदस्य व्यवहार में इन घोषित आदर्शों का पालन नहीं करते।'

इसमें आगे कहा गया था : 'संघ के सदस्यों द्वारा अवांछित और ख़तरनाक गतिविधियाँ की जा रही हैं। यह पाया गया है कि देश के अनेक हिस्सों में संघ के सदस्य आगजनी, लूट, डकैती और हत्याओं समेत हिंसक कार्यों में शामिल हैं, और उनके पास अवैध हथियार तथा गोला-बारूद जमा हैं। यह भी देखा गया है कि ये लोग पर्चे भी बाँटते हैं, जिनमें जनता को आतंकवादी मार्गों का अवलंबन करने, बंदूकें एकत्र करने तथा सरकार के बारे में असंतोष फैला कर सेना और पुलिस को उपद्रव कराने की प्रेरणा भी दी जाती है। ये गतिविधियाँ गुप्त रूप से की जा रही हैं, और सरकार ने समय-समय पर विचार किया है कि ये गतिविधियाँ संघ पर कार्रवाई करने के लिए कितनी पर्याप्त हैं।'

घोषणा के कुछ ही दिनों के अंदर आरएसएस प्रमुख गोलवलकर को गिरफ़्तार करके दिल्ली में जल में डाल दिया गया, जहाँ 8 फ़रवरी 1948 को उन्होंने आरएसएस को भंग कर दिया और अपने हज़ारों स्वयंसेवकों से राजनीतिक गतिविधियाँ बंद कर देने का आग्रह किया।

जहाँ कई लोगों को लगता था कि आरएसएस पर कार्रवाई करके सरकार ने सही किया, वहीं हिंदू राष्ट्रवाद के जाने-माने लेखक क्रैग बैक्स्टर का मानना था कि गोलवलकर ने पंडित नेहरू की नवगठित सरकार के स्पष्ट रूप से इस राजनीतिक क़दम को देखते हुए मर्यादा के अनुकूल काम करना जारी रखा। जल्द ही, जेल में गोलवलकर ने नेहरू और पटेल को पत्र लिखना शुरू कर दिए। वाजपेयी जहाँ इस राजनीतिक सदमे की हालत में आ जाने से उदास और मायूस थे, वहीं चालाक गोलवलकर आरएसएस के उत्थान की तैयारी कर रहे थे। पत्रों में तर्क दिया गया कि अगर सरकार के पास आरएसएस या इसके सदस्यों के ख़िलाफ़ आपराधिक प्रकृति की शिकायतें थीं तो उन पर क़ानून की खुली अदालत में मुकदमा चलाया जाना चाहिए, और ग़ैरक़ानूनी होने के अप्रमाणित सामान्य आरोप नहीं लगाने चाहिए थे।

अधिकतर पत्रों का जवाब नहीं मिला, लेकिन कुछ का जवाब आया। पटेल ने 11 सितंबर 1948 को गोलवलकर को जवाब देते हुए कहा कि आरएसएस के लोगों ने 'गाँधी की हत्या के बाद खुशियाँ मनाईं और मिठाइयाँ बाँटीं।'

गोलवलकर को जल्द ही जेल से रिहा कर दिया गया, लेकिन उनकी गतिविधियों पर रोक थी। 16 अक्टूबर, 1948 को जब उनके यात्रा करने पर प्रतिबंध हटाया गया तो वे दिल्ली से नागपुर गए और पटेल से दोबारा मिले, लेकिन कोई नतीजा नहीं निकला। इसके बाद उन्होंने 3 नवंबर 1948 को नेहरू को लिखा : 'नागरिकों के मूलभूत अधिकारों और शांतिपूर्वक अपने विचारों से जुड़ने तथा उनका प्रचार करने के अधिकार का समर्थन तथा क़ायम रखने वाले स्वतंत्र राष्ट्र में क़ानून के शासन में, हम इस अधिकार का दावा करते हैं कि जो भी "सबूत" हों, उन्हें रखा जाए ताकि हम अपने आरोपों को जान सकें। हमारी सरकार की तरह किसी भी सभ्य सरकार के लिए यह अनुचित है कि पर्याप्त वज़न के सबूत पेश किए बिना और आरोपी को अपनी बेगुनाही साबित करने का अवसर दिए बिना, किसी भी व्यक्ति या व्यक्तियों की संस्था पर गंभीर प्रकृति के अपराधों के आरोप लगाए।'

नेहरू ने पत्र का जवाब दिया, लेकिन उनका अनुरोध मानने से इनकार कर दिया।

गोलवलकर ने अपने विकल्पों का विस्तार किया और 9 दिसंबर 1948 को उन्होंने सभी स्वयंसेवकों से आह्वान किया कि वे आरएसएस पर लगे प्रतिबंध की नाफ़रमानी करें और शाखाएँ लगाएँ। इस घोषणा के बाद सरकार से वार्ताएँ शुरू हुईं।

आख़िरकार, 11 जुलाई, 1949 को आरएसएस पर लगा प्रतिबंध हटा लिया गया।

***

वाजपेयी पूरी तरह से आरएसएस के काम में लग गए और उत्तर प्रदेश तथा अन्य जगहों के अनेक दूरदराज़ के गाँवों में गए। जल्द ही उन्हें लखनऊ में और फिर दिल्ली में तैनात किया गया जहाँ उनकी भाषण कला ने उन्हें प्रसिद्धि दिलाई और सबका ध्यान उनकी ओर गया। उनकी लेखन कला और हिंदी पर निपुणता के कारण संघ के प्रकाशनों की ज़िम्मेदारी उनका मूल दायित्व हो गया। उन्होंने *राष्ट्रधर्म* (हिंदी मासिक), *पांचजन्य* (हिंदी साप्ताहिक) और दैनिक *स्वदेश* तथा *वीर अर्जुन* का संपादन किया।

तभी एक दिन भारतीय जनसंघ या भाजस (जो बाद में भारतीय जनता पार्टी या भाजपा बना) के संस्थापक श्यामा प्रसाद मुखर्जी की निगाह इस सुंदर युवक पर पड़ी। वे तुरंत ही समझ गए कि वाजपेयी ही वे व्यक्ति हैं जो उनके भाषणों को शुद्ध हिंदी में अनूदित कर सकते हैं। मुखर्जी इस बात से परेशान थे कि उनके हिंदी बोलने में अक्सर अंग्रेज़ी के शब्द आ जाते थे। राजनीति शास्त्र में एमए गोल्ड मेडलिस्ट वाजपेयी उसे ठीक करने लगे। पार्टी 1952 के पहले आम चुनावों में उनकी भाषण क्षमता का अच्छा इस्तेमाल पहले ही कर चुकी थी जब जनसंघ ने लोकसभा की तीन सीटें जीती थीं। हालाँकि यह संख्या बहुत तुच्छ थी, लेकिन आरएसएस से अपने प्रतीकात्मक संबंध के कारण भाजस देश में विभिन्न हिस्सों में काँग्रेस-विरोधी गतिविधियों का मंच बन गया। इस तरह की जोड़ी मोटे तौर पर दुर्लभ घटना थी, हालाँकि जापान में धार्मिक संगठन सोका गक्काई की राजनीतिक शाखा कोमेइतो ज़रूर है। खुद आरएसएस भी सोका गक्काई के समान होने का दावा करता था। विद्वान मानते थे कि इस तरह का गठबंधन मुखर्जी ने हिंदू महासभा में किनारे किए जाने के बाद किया था। 'यह बात अच्छे तर्क के साथ कही जाती रही कि जनसंघ पार्टीविहीन नेता श्यामा प्रसाद मुखर्जी और नेताविहीन पार्टी आरएसएस के मिलने से सामने आया,' बैक्स्टर का ये कथन काफ़ी चर्चित था। मतभेद तब उभरे जब 1948 में गाँधी की मृत्यु के बाद यह सुझाव दिया गया कि पार्टी को सांप्रदायिक सदस्यता की शर्त हटा देनी चाहिए और सभी समुदायों को अपना सदस्य बनाना चाहिए। जनसंघ के इतिहासकारों के मुताबिक़, मुखर्जी चाहते थे कि हिंदू महासभा सांस्कृतिक संगठन बना रहे लेकिन इसकी एक राजनीतिक शाखा शुरू की जाए। हालाँकि महासभा के अध्यक्ष एल.बी. भोपटकर इससे सहमत नहीं थे और कार्यसमिति का बहुमत उनके साथ था। विरोध में दिसंबर 1948 में श्यामा प्रसाद मुखर्जी ने हिंदू महासभा छोड़ दी।

मुखर्जी को ये पता नहीं था कि तब तक आरएसएस ने हिंदू भावनाओं को भड़काने के अपने लक्ष्य को हासिल करने के लिए देश में फिर से सांप्रदायिक

ध्रुवीकरण की अपनी नीति फिर से तैयार कर ली है। पाकिस्तान से आए हिंदू शरणार्थियों को ये पहले ही साथ में ले चुका था जो मानते थे कि गाँधी और काँग्रेस नेतृत्व ने उनके साथ धोखा किया है। इस्लामी पड़ोसी देश बनवाने वाली इस्लामी पहचान के ज़बरदस्त उभार को देखते हुए गोलवलकर का मानना था कि थोड़े अंतराल के बाद, अब राजनीतिक फ़ायदा उठाने का वक़्त आ गया है। संगठन ने उत्तर भारत के संवेदनशील हिस्सों में अशांति फैलाना और दंगे कराना शुरू कर दिया। और, गोलवलकर समेत आरएसएस नेतृत्व अपने ख़िलाफ़ तमाम सबूत होने के बावजूद बच निकलने में कामयाब रहा। उत्तर प्रदेश के वरिष्ठ अधिकारियों ने बाद में माना कि उन्होंने गोविंद वल्लभ पंत (और सबसे पुरानी पार्टी में प्रच्छन्न हिंदू उग्रवादियों) जैसे अनेक काँग्रेस नेताओं के सामने पर्याप्त सबूत पेश किए थे लेकिन आरएसएस नेताओं के ख़िलाफ़ कोई कार्रवाई नहीं की गई।

यह स्पष्ट नहीं है कि मुखर्जी को इन सारी घटनाओं का पता था या नहीं। बहरहाल, उनके निकलने से हिंदू महासभा का निश्चित ही नुक़सान हुआ और आरएसएस को फ़ायदा हुआ।

***

1950 के दशक के अंत के आसपास वाजपेयी मुखर्जी के स्टेनोग्राफ़र, सचिव, अनुवादक और सहायक, सब कुछ बन गए। उनका निकट संबंध 1953 में मुखर्जी के पठानकोट में निधन तक जारी रहा। उस समय वे शेष भारत के लोगों के उपद्रवग्रस्त राज्य जम्मू और कश्मीर में जाने के लिए भारत सरकार से विशेष अनुमति लेने के प्रावधान का उल्लंघन करते हुए सीमा पार करने वाले थे। मुखर्जी ने कहा था कि वे जम्मू में राज्य के मामलों से ख़ुद को अवगत कराना चाहते हैं, लेकिन उन्हें आदेश की अवहेलना करने पर गिरफ़्तार कर लिया गया। बाद में पुलिस हिरासत में ही उनकी मौत हो गई।

वाजपेयी भारतीय जनसंघ से पत्रकार के रूप में, और मुखर्जी के सहायक के रूप में जुड़े थे, लेकिन इस राजनीतिक दल के पूर्णकालिक कार्यकर्ता अपने राजनीतिक गुरु मुखर्जी के देहांत के बाद 1953 में ही बने। जनसंघ में शामिल होने के कुछ ही सालों में वाजपेयी पार्टी के बड़े नेताओं में शुमार किए जाने लगे। मार्च, 1955 में लखनऊ लोकसभा सीट विजयलक्ष्मी पंडित के इस्तीफ़े से ख़ाली हुई तो उस लोकसभा उपचुनाव में जनसंघ ने वाजपेयी को उम्मीदवार बनाया। उन्होंने अपने भाषणों से मतदाताओं को मंत्रमुग्ध किया और काँग्रेस तथा प्रजा सोशलिस्ट पार्टी के उम्मीदवारों के बाद वे तीसरे स्थान पर रहे। सीट काँग्रेस ने ही जीती लेकिन तीसरे स्थान पर रहने के बावजूद वाजपेयी को 28 प्रतिशत तक वोट मिले।

दो साल बाद उन्होंने द्वितीय लोकसभा का आम चुनाव लड़ा। उन्होंने उत्तर भारत में कई जगहों की यात्राएँ की और आक्रामक तरीक़े से प्रचार किया और इस तरह से वे कई शहरों में जाना-पहचाना नाम बन गए। 1957 में जब काँग्रेस के ख़िलाफ़ जीतने के आसार बहुत ही क्षीण थे, तब पार्टी ने इस तैंतीस वर्षीय युवक को तीन सीटों से लड़ने को कहा। इन तीन में से बलरामपुर लोकसभा सीट पर वे विजयी रहे, लखनऊ में वे दूसरे स्थान पर रहे, जबकि मथुरा में उनकी जमानत तक ज़ब्त हो गई। जनसंघ को पाँच साल पहले हुए लोकसभा चुनावों की तुलना में केवल एक सीट ज़्यादा मिली। लोकसभा में मुख्य विपक्षी दल भारतीय कम्युनिस्ट पार्टी थी जिसे सत्ताईस सीटें मिली थीं।

हालाँकि, संसद में छोटी पार्टी का प्रतिनिधित्व करना वाजपेयी के लिए महत्त्वपूर्ण रहा क्योंकि उन्हें अपनी भाषण क्षमता दिखाने का काफ़ी अवसर मिलता था। वास्तव में संसद में उनके पूछे गए प्रश्न, भाषण, हस्तक्षेप, प्रस्तुत विधेयक आदि किसी यादगार से कम नहीं, और उन्हें पंडित नेहरू जैसे नेताओं की सराहना मिली। वे जर्मनी के एकीकरण जैसे विविध और अनेक कठिन विषयों पर भी बोले-उन्होंने देश के प्रधानमंत्री से आग्रह किया कि वे शीतयुद्ध के दौरान अलग हुए जर्मन गणराज्य के टुकड़ों को एक करने की पहल करें। विदेश नीति के बारे में वाजपेयी ने कहा कि उनके सरकार से कोई मतभेद नहीं हैं, और जनसंघ की काँग्रेस की आलोचना आंतरिक राजनीति को लेकर ही करता है।

कई बार उनके मनोरंजक हिंदी भाषण नेहरू जी को भी प्रेरित करते थे कि वे राष्ट्रभाषा में बोलें, जबकि वे आमतौर पर अंग्रेज़ी में ही बोलते थे। हालाँकि बेहद अंग्रेज़ीदाँ, सूटबूट वाले संभ्रांत व्यक्ति हमेशा वाजपेयी की कमज़ोरी रहे लेकिन वे कई बार नेहरू पर तीखे हमले कर बैठते थे। एक बार वाजपेयी ने उनसे कहा, 'आपका व्यक्तित्व दो तरह का है; आप चर्चिल भी हो और चैंबरलैन भी।' उनकी बात से सहमति जताने के तौर पर भारत के पहले प्रधानमंत्री ने उनकी बात का प्रतिवाद नहीं किया। वहीं दूसरी ओर, नेहरू ने उम्मीद जताई कि वाजपेयी एक दिन उनकी जगह लेंगे; विदेश से आए किसी गणमान्य व्यक्ति से परिचित कराते हुए नेहरू ने कहा था, 'यह युवक एक दिन देश का प्रधानमंत्री बनेगा।' नेहरू ने अपने सचिवों को भी 'इस युवा का ठीक से ध्यान रखने' के निर्देश दिए थे।

नेहरू ने भले ही ये बात उस वक़्त इस उदीयमान नेता को प्रसन्न करने के लिए कही हो, लेकिन वाजपेयी ने उनकी कही बात को एक दिन सच करके भी दिखाया।

4

1957-73

नेहरू और अन्य बड़े नेता

संसद में दिए अपने भाषणों से वाजपेयी की छवि कट्टरपंथी से बदलकर उदारवादी राजनीतिज्ञ की बन गई। क़ानून बनाने वाली देश की सबसे बड़ी संस्था ने उन्हें उनकी और उनकी पार्टी की सीमाएँ समझने और उससे आगे बढ़ने का मौक़ा दिया। आरएसएस के पदाधिकारियों और साथी यात्रियों की संगत में अच्छा-खासा समय बिताने वाले व्यक्ति के लिए उन दिनों लोकसभा सीखने का मंदिर बन गई थी जिसे बाद में वाजपेयी ने स्वीकार किया, क्योंकि उस दौर में देश भर के होशियार विद्वान और वक्ता लोकसभा में होते थे। सदन में राजनीतिक विमर्श की भाषा से अवगत होना तैंतीस वर्षीय अटल के लिए सांस्कृतिक सदमा था और उन दिनों के उनके मित्र कहते हैं कि तब वे ज़्यादा हिंदू राष्ट्रवादी के रूप में अधिक कट्टर और आक्रामक थे। जैसा कि पहले बताया जा चुका है, कटु से कटु आलोचना के प्रति भी नेहरू की सहनशीलता और हँसमुख स्वभाव ने इस तेज़-तर्रार युवा सांसद पर गहरी छाप छोड़ी। नेहरू ने अपनी ग़लतियों के बावजूद, अपनी आभिजात्यता, अपनी विद्वता, अपनी असाधारण उपस्थिति, और उदारवादी छवि से युवा अटल को काफ़ी प्रेरित किया।

1959 में वाजपेयी ने कम्युनिस्टों के ख़िलाफ़ तीखा अभियान छेड़ा था। उसके कुछ ही समय बाद केरल में सीपीआई की अगुवाई वाली ई.एम.एस. नंबूदरीपाद सरकार को अनुच्छेद 356 के तहत बर्ख़ास्त कर दिया गया था। इस अनुच्छेद में प्रावधान है कि किसी राज्य में व्यवस्था बिगड़ जाने पर राष्ट्रपति शासन लगाया जा सकता है। 20 अगस्त 1959 को केरल में नंबूदरीपाद सरकार की बर्ख़ास्तगी और राष्ट्रपति शासन लगाए जाने के प्रस्ताव पर वाजपेयी ने बहुत ही चतुराई के साथ कहा, 'काँग्रेस के आलोचक होने के बावजूद, मुझे ये कहने में कोई संकोच नहीं है

कि काँग्रेस के शासन वाले तेरह राज्यों में से किसी में भी सेल अदालतों की स्थापना नहीं की गई। चौदह वर्ष के बच्चों को घरों से नहीं उठाया गया, किसी भी माता-पिता से ये नहीं कहा गया कि वो अपनी बेटियों की शादी कम्युनिस्टों से कर दें, और सेल अदालतों के आदेश का पालन न करने पर किसी को छुरा नहीं भोंका गया। यह केवल तानाशाही व्यवस्था में हो सकता है, और केरल में कम्युनिस्ट पार्टी उसी दिशा में बढ़ रही है... केरल की जनता बधाई की पात्र है। केरल के बहादुर लोगों ने एक रास्ता दिखाया है। मुझे उम्मीद है कि भविष्य में भी वे कम्युनिस्ट पार्टी को उचित जवाब देंगे... इन्हीं शब्दों के साथ मैं प्रस्ताव का समर्थन करता हूँ।'

विडंबना कहिए कि वाजपेयी जल्द ही भारतीय संविधान के अनुच्छेद 356 के राजनीतिक दुरुपयोग के सबसे मुखर विरोधी भी बन गए। ये एकदम अलग मामला है कि 1990 के दशक के आख़िर में उन्होंने खुद बिहार में बिगड़ी क़ानून और व्यवस्था की स्थिति का हवाला देते हुए राष्ट्रपति शासन की सिफ़ारिश की (देखें, अध्याय 11) लेकिन, 2002 में गुजरात में नरेंद्र मोदी के नेतृत्व में भाजपा सरकार के रहते दंगे भड़के तो वाजपेयी ने आशा के अनुरूप ही इस विषय पर कुछ नहीं बोला।

पिछली घटनाओं को देखें, तो वाजपेयी का 1959 का बयान केवल यही साबित करता है कि उन्हें ग़लत जानकारी दी गई थी, और संघवाद के बारे में तब उनकी सोच अपरिपक्व थी। आने वाले दशकों में न केवल नेहरू और उनकी बेटी इंदिरा को, बल्कि 'मुक्ति संग्राम' की अगुवाई करने वाले अन्य नेताओं को भी इस बात का खेद रहा, जबकि नेहरू ने इंदिरा को ही केरल में नंबूदरीपाद सरकार की बर्ख़ास्तगी का श्रेय दिया था (हालाँकि इंदिरा ने बाद में इस बात से इनकार किया था।)

वाजपेयी के उस समय के कुछ अन्य भाषण भी ये दर्शाते हैं कि किस तरह से उनका विकास एक स्वदेशी कार्यकर्ता से आधुनिक नेता के रूप में हुआ जो कि वह आगे चलकर बने। 7 सितंबर 1965 को राज्यसभा में उनका भाषण इस बात की बानगी है : 'कई बार मुझे लगता है कि औद्योगिक क्षेत्र में विदेशियों के साथ अनियंत्रित सहयोग के कारण विदेशी मुद्रा बाहर जाती है, और घरेलू पूँजी विदेश की ओर आकर्षित होती है... मैं कैडबरी का हिसाब देखकर हैरान हूँ जो कि एक जाना-माना नाम है। मैं विदेश मंत्री से कहना चाहता हूँ कि इसको पिछले साल मिली 10 लाख 87 हज़ार 316 रुपये की रॉयल्टी के बारे में समझाएँ। मैं निश्चित तौर पर ये नहीं कह सकता कि ये सारा धन बाहर ही गया है, लेकिन मैं ये जानना चाहता हूँ कि इस धन का क्या हुआ, इसे कहाँ निवेश किया गया। क्या इसका इस्तेमाल देश के आर्थिक विकास में किया गया। 1964 में इसका मुनाफ़ा और अधिक था और इसे 13 लाख 83 हज़ार 964 रुपये की रॉयल्टी मिली।'

वाजपेयी की राजनीतिक छवि चाहे जो रही हो, लेकिन अन्य शोरगुल मचाने वाले नेताओं के बीच उनकी स्वीकार्यता तेज़ी से बढ़ी, जिसका श्रेय उनके अच्छे स्वभाव वाले व्यवहार को जाता है, और जिसके कारण वे शायद हिंदू राष्ट्रवादी नेताओं के समूह में एकमात्र नेता बने जिसे इतनी व्यापक सराहना और आदर हासिल हुआ।

काँग्रेसी नेताओं और अन्य राष्ट्र-निर्माताओं को वाजपेयी की श्रद्धांजलि भी दिल को छू लेने वाली होती थी। जब गोविंद वल्लभ पंत का देहांत हुआ तो 7 मार्च 1961 को उन्होंने लोकसभा में कहा था, 'पंडित गोविंद वल्लभ पंत हिमालय की तरह अडिग और समुद्र की तरह गहराई रखने वाले थे। वे भारत की उन महान विभूतियों में से थे जो आने वाली पीढ़ियों को हमेशा प्रेरणा देते रहेंगी।' जब 1963 में डॉ. राजेंद्र प्रसाद का निधन हुआ तो उन्होंने राज्यसभा में कहा था, 'वे अजातशत्रु थे-पूरी दुनिया में उनका कोई शत्रु नहीं था। उनके दिल में सभी पार्टियों के नेताओं के साथ-साथ उनके विचारों और सिद्धांतों के लिए समान प्रेम था। राजा भरत के बाद, उनके ही जीवन में हमें आचरण में तटस्थता का आदर्श दिखा।' 1964 में जब नेहरू जी का देहांत हुआ, तब वाजपेयी ने उच्च सदन में सर्वाधिक सारगर्भित श्रद्धांजलि दी थी। उन्होंने कहा था :

> एक सपना था जो अधूरा रह गया। एक गीत था जो गूँगा हो गया। एक लौ थी जो अनन्त में विलीन हो गई। सपना था, एक ऐसे संसार का, जो भय और भूख से रहित होगा। गीत था, एक ऐसे महाकाव्य का, जिसमें *गीता* की गूँज और गुलाब की गंध थी। लौ थी, एक ऐसे दीपक की, जो रात भर जलता रहा, हर अँधेरे से लड़ता रहा और हमें रास्ता दिखाकर, एक प्रभात में निर्वाण को प्राप्त हो गया। मृत्यु ध्रुव है। शरीर नश्वर है। कल, कंचन की जिस काया को हम चंदन की चिता पर चढ़ाकर आए, उसका नाश निश्चित था। लेकिन क्या यह ज़रूरी था कि मौत इतनी चोरी छिपे आती? जब संगी-साथी सोए पड़े थे, जब पहरेदार बेख़बर थे, तब हमारे जीवन की एक अमूल्य निधि लुट गई। भारत माता, आज शोकमग्न है - उसका सबसे लाड़ला राजकुमार खो गया। मानवता, आज खिन्नमना है - उसका पुजारी सो गया। शांति, आज अशांत है - उसका रक्षक चला गया। दलितों का सहारा छूट गया। जन-जन की आँख का तारा टूट गया। यवनिका पात हो गया। विश्व के रंगमंच का प्रमुख अभिनेता अपना अंतिम अभिनय दिखाकर अंतर्ध्यान हो गया। महर्षि वाल्मीकि ने *रामायण* में भगवान राम के संबंध में कहा है कि वे असंभवों के समन्वय थे। पंडितजी के जीवन में महाकवि के उसी कथन की एक झलक दिखाई देती है...

वही शैली, उदारता और राजनीतिक दलों के लोगों के प्रति सद्भावना वाजपेयी के भाषणों में देखी जा सकती है, जिससे पता चलता है कि वाजपेयी क्यों हिंदुत्व के उदारवादी चेहरा बन सके।

निःसंदेह, वाजपेयी अक्सर बहक भी जाते थे, और ऐसे सांसदों की आलोचना को निमंत्रण दे देते थे जो कहा करते थे कि आख़िरकार वे अपना 'असली रूप' दिखा रहे हैं। ऐसा ही एक अवसर 14 मई 1970 को आया जब भिवंडी में दंगों पर उनकी प्रधानमंत्री इंदिरा गाँधी से सीधी बहस हो गई और उन्होंने मुसलमानों के बारे में कड़ी टिप्पणी कर दी। उन्होंने कहा था, 'हमारे मुस्लिम भाई लगातार सांप्रदायिक होते जा रहे हैं, और प्रतिक्रियास्वरूप हिंदू भी लगातार आक्रामक होने लगे हैं। अगर इसका श्रेय आप हमें देना चाहती हैं तो हम इसे स्वीकार करने को तैयार हैं। लेकिन महोदया, इस देश में हिंदू अब और पिटते नहीं रहेंगे। पिटाई ये परंपरा 700-800 सालों से चली आ रही है।' पैंतालीस की उम्र में वे उज्ज्वल व्यक्तित्व, ओजस्वी और सशक्त वाक्शैली वाले एक आकर्षक व्यक्ति थे, जिनका प्रतिरोध करना संभव नहीं होता था। सख़्ती और धमकी भरी अधमुँदी आँखों के साथ उन्होंने कहा, 'मुस्लिम सांप्रदायिकता की अनदेखी करके आप सांप्रदायिकता से नहीं निपट सकते। अगर आप मुस्लिम सांप्रदायिकता को बढ़ावा देंगे तो अन्य लोगों में भी भावनाएँ भड़केंगी। सांप्रदायिकता दुधारी तलवार है, और दोनों तरफ़ से काटती है।'

श्रीमती गाँधी ने यह कहते हुए उन्हें टोका कि वाजपेयी का भाषण देश में ख़राब माहौल पैदा करने जा रहा है। धर्म, सांप्रदायिकता, गद्दारी के आरोप और लिंग के बारे में भी लंबी बहस के बीच उन्होंने कहा, 'शायद ये संयोग ही है कि जब लोग आरएसएस या जनसंघ से जुड़े लोग कहीं जाते हैं, तो कुछ समय बाद वहाँ के आसपास के इलाक़ों में दंगे भड़क जाते हैं। निश्चित रूप से यह विचित्र संयोग है... इसमें कोई शक नहीं है कि जब से एक दल विशेष के लोगों ने इस सदन में और विधानसभाओं में कुछ सीटें हासिल की हैं, तब से ही यह दल इस ज़हरीले विषय को अधिक खुलकर उठाने लगा है... मुझे खुशी है कि वाजपेयी जी की टिप्पणियाँ हटाई नहीं गईं। मैं चाहती हूँ कि वो रिकॉर्ड में रहें ताकि आने वाली पीढ़ियाँ जनसंघ की असली सोच को देख सकें-वाजपेयी जी की समय-समय पर इस्तेमाल सशक्त हिंदी को ही नहीं, उनके शब्दों के पीछे की सच्चाई को भी देखें।' उन्होंने आगे व्यंग्य करते हुए कहा था, 'मैं वाजपेयी जी के भाषण का स्वागत करती हूँ क्योंकि जहाँ तक इस प्रश्न का संबंध है, वे पहली बार खुलकर सामने आए हैं।'

संसद में ऐसी घटनाओं के बावजूद या शायद उनके कारण, वाजपेयी की उपयोगिता राष्ट्रवादी सरोकार में निर्विवाद रही, और आरएसएस इसे भलीभाँति जानता था। शायद इससे पता चलता है कि आरएसएस क्यों जनसंघ के समय

से ही पूरी तरह से उनके पक्ष में रहा। पार्टी में भी कई लोगों को लगता था कि महत्त्वपूर्ण पदों के लिए अन्य योग्य लोगों को दरकिनार करके वाजपेयी को अनुचित ढंग से बढ़ाया जा रहा है, तब भी आरएसएस ने वाजपेयी का पूरा समर्थन किया। इन लोगों के तर्क एकदम बेबुनियाद भी नहीं थे। ऐसा ही एक मामला बलराज मधोक का था जो वाजपेयी से वरिष्ठ थे और दिल्ली में आरएसएस की शाखाओं के संचालन और उसकी राजनीतिक शाखा भारतीय जनसंघ की स्थापना करने तथा उसे राजनीतिक ताक़त बनाने में उनकी बड़ी भूमिका थी। बाद में उनकी अनदेखी करते हुए वाजपेयी को वरिष्ठ पद दे दिया गया जिनकी लोकप्रियता प्रखर सांसद के रूप में ऊँचाइयों पर थी। 1962 में वाजपेयी लोकसभा का चुनाव तो हार गए थे लेकिन उन्हें राज्यसभा के लिए चुन लिया गया था। ख़ास बात यह रही कि वो बलरामपुर से कॉंग्रेस की सुभद्रा जोशी से एक प्रतिशत से भी कम के अंतर से हारे थे। उसी साल लोकसभा में भारतीय जनसंघ की सीटें 6.44 प्रतिशत वोटों के साथ चौदह तक पहुँच गई, जबकि 1957 में उसे 5.93 प्रतिशत वोट और 4 सीटें मिली थीं। राज्य विधानसभाओं में पार्टी ने 116 सीटें जीतीं, जबकि 1957 में उसके कुल विधायक छियालीस ही थे।

आरएसएस द्वारा वाजपेयी को अन्य नेताओं पर तरजीह देने का एक बार-बार दिया जाने वाला तर्क यह है कि उनकी छवि एक कुशल वक्ता की थी। हालाँकि पूर्व प्रधानमंत्री के साथ कई दशकों तक रहे के.एन. गोविंदाचार्य ने मुझे बताया कि कारण केवल यही एक नहीं था। आख़िरकार, मधोक वाजपेयी से चार वर्ष बड़े थे और जनसंघ के सर्वाधिक योग्य अंग्रेज़ी वक्ता थे, साथ में एक कुशल संगठक भी थे। यह बात दस्तावेज़ों में दर्ज है कि उन्होंने किस तरह से गौवध विरोधी आंदोलन चलाकर दिल्ली और उत्तर भारत के कई हिस्सों में जनसंघ का आधार बनाया और किस तरह से 1960 के दशक के मध्य में पंजाबी सूबे की स्थिति को सँभाला, जिससे उनकी पार्टी को फ़ायदा हुआ। 1960 के दशक में जनसंघ की नीति मुख्य रूप से तीन सदस्यों के समूह ने बनाई जिसमें दीनदयाल उपाध्याय, वाजपेयी और मधोक थे। जनसंघ का सर्वश्रेष्ठ चुनावी प्रदर्शन मधोक की अध्यक्षता में ही हुआ था। उनकी ऐसे सक्रिय राजनेता के रूप में काफ़ी सराहना हुई जिसने 1962 और 1967 के बीच के महत्त्वपूर्ण वर्षों में पार्टी की वृद्धि में अपार योगदान दिया था। इसी काल में दो प्रधानमंत्रियों का निधन हुआ था, और भारत को दो युद्धों का भी सामना करना पड़ा था जिसमें से एक पाकिस्तान से और दूसरा चीन से हुआ था।

वाजपेयी-मधोक के टकराव के कटु दिनों के प्रत्यक्षदर्शी रहे एन.एम. घटाटे अब भी पूर्व प्रधानमंत्री वाजपेयी से मिलने नियमित रूप से जाते हैं, जबकि वे अब बोल भी नहीं पाते। अप्पा घटाटे के नाम से भी मशहूर एन.एम. घटाटे के पिता बाबा साहेब घटाटे नागपुर में आरएसएस के संघ चालक थे, और संघ के संस्थापक डॉ. केशव

बलिराम हेडगेवार ने 1948 में उन्हीं के घर पर अपनी अंतिम साँसें ली थीं। अप्पा सचमुच आरएसएस के कई शीर्ष नेताओं, ख़ासकर संघ प्रमुख रहे गोलवलकर की गोद में खेलकर बड़े हुए। वे बताते हैं कि उन्होंने बहुत जल्दी ये भाँप लिया था कि लोगों के चरित्र के पारखी 'गुरुजी' वाजपेयी को बड़े राजनेता के रूप में तैयार करना चाहते थे। हालाँकि, गोलवलकर ने कभी खुलकर ऐसा बयान नहीं दिया, लेकिन अप्पा कहते हैं कि यह महज़ संयोग की बात नहीं थी कि 1957 के बाद से ही जनसंघ के अधिकतर चुनावी पोस्टरों में वाजपेयी की तसवीर प्रमुखता से दिखने लगी थी। कारण कुछ भी हो, लेकिन मधोक और अन्य वरिष्ठ नेताओं को इस बात की नाराज़गी थी कि जनता की निगाह में वाजपेयी उनकी तुलना में काफ़ी ज़्यादा लोकप्रिय थे। गुस्सैल स्वभाव के मधोक यह बात नहीं पचा पाए कि सांगठनिक अनुभव में उनसे कनिष्ठ व्यक्ति जननेता के रूप में उनसे भी आगे निकल रहा है।

किसी भी सूरत में यह मानना नादानी होगी कि वाजपेयी अपने ख़िलाफ़ खड़े हो रहे इन विरोधियों की तुलना में निष्क्रिय थे। वे, और तब के उनके सहायक लालकृष्ण आडवाणी और कुछ अन्य अपने नेता के अधिकार को दी जाने वाली हर चुनौती का मुक़ाबला करने को तैयार थे और उन्होंने पलटकर वार भी किया। इसके अलावा, गोलवलकर के समर्थन और पितातुल्य स्नेह ने भी उनके आत्मविश्वास को बढ़ाया। घटाटे एक घटना याद करते हुए बताते हैं जिसमें वाजपेयी नागपुर यात्रा पर आए थे। गोलवलकर ने शाम के समय वाजपेयी के बारे में पूछा तो उन्हें बताया गया कि वे अप्पा के दोपहिया वाहन पर पिछली सीट पर बैठकर कहीं गए हैं। गोलवलकर ने तुरंत कहा, 'अरे, मैं समझ गया, वो कहाँ गए हैं।' वे जानते थे कि दोनों नागपुर की एक मशहूर दुकान पर चिकन खाने निकल गए होंगे।

कुछ सालों बाद, वाजपेयी ने संसद में अविवाहितों का मुद्दा उठाया। 16 मार्च 1965 को राज्यसभा में आम बजट पर चर्चा के दौरान उन्होंने शिकायत की कि सरकार एक तरफ़ तो परिवार नियोजन को बढ़ावा दे रही है दूसरी ओर नए आयकर क़ानून संशोधन के ज़रिए अविवाहितों पर कर बढ़ा दिए गए हैं। जब काँग्रेस के महावीर प्रसाद भार्गव ने यह कहा कि ऐसा इसलिए किया गया है क्योंकि अविवाहितों के ख़र्चे कम होते हैं, तो वाजपेयी ने प्रतिवाद करते हुए कहा, 'नहीं, उनका ख़र्चा तो ज़्यादा होता है क्योंकि उनके ख़र्चे को संभालने के लिए कोई महिला घर में नहीं होती।' भार्गव ने व्यंग्यपूर्वक कहा, 'आपको ऐसा लगता है, तो आप किसी को ले क्यों नहीं आते?' हालाँकि वे शायद इस बात को जानते थे कि वाजपेयी राजकुमारी कौल और उनके परिवार के साथ रहते थे। भार्गव की बात पर वाजपेयी ने मुस्कराते हुए उत्तर दिया, 'क्योंकि मैं परिवार नियोजन में योगदान करना चाहता हूँ।'

वाजपेयी की इस विचित्र पारिवारिक व्यवस्था के कारण मधोक जैसे उनके विरोधी अक्सर उनकी आलोचना करते थे। मधोक उनके घोषित विरोधी थे और मौक़ा

मिलने पर तीखा हमला करना नहीं छोड़ते थे। वे नैतिकतावादी और जल्द गुस्से में आने वाले व्यक्ति भी थे। मधोक तब से जनसंघ की राजनीति में कूद पड़े थे जब आरएसएस ने भी अपना समर्थन उसे नहीं दिया था। राजनीतिक जुड़ाव का विचार तो तब आया जब 1948 में आरएसएस पर प्रतिबंध लगा दिया गया। मधोक 1966-67 में जनसंघ के अध्यक्ष थे। उन्होंने खुद को 1967 के आम चुनावों में जनसंघ की बढ़त के सूत्रधार के रूप में प्रस्तुत किया जो कि शायद सही भी था।

इन चुनावों में पार्टी ने देशभर में 35 सीटें जीती थीं। वाजपेयी और अन्य नेताओं के साथ कहा-सुनी से पैदा हुई असहजता के बावजूद वे भारतीय जनसंघ के अध्यक्ष बने रहना चाहते थे। आख़िरकार, पार्टी के 1968 के सत्र में दीनदयाल उपाध्याय का नाम मधोक की जगह नए अध्यक्ष के रूप में पेश किया गया जो कि आरएसएस प्रमुख गोलवलकर के निकट सहयोगी थे, और काफ़ी समय से महासचिव थे। वाजपेयी भी अध्यक्ष बनना चाहते थे।

1968 में दीनदयाल उपाध्याय के एक रेलवे यार्ड के पास संदिग्धावस्था में मृत पाए जाने के बाद मधोक ने फिर से अध्यक्ष पद पाने की कोशिश की। उन्होंने वाजपेयी और अन्य के ख़िलाफ़ शिकायत दर्ज तक करा दी बिना यह जाने कि संघ अपना मन पहले ही बना चुका है।

भारतीय जनसंघ के अध्यक्ष पद के लिए जब वाजपेयी का नाम आया तो मधोक बहुत नाराज़ हुए। उन्होंने वाजपेयी पर कॉंग्रेस पार्टी और वामपंथी दलों के प्रति सहानुभूति रखने का आरोप लगाते हुए एक अभियान छेड़ दिया।

पंडित नेहरू की हालाँकि मृत्यु हो चुकी थी, लेकिन वाजपेयी को किनारे करने के लिए उन्हें कॉंग्रेस समर्थक साबित करने के इरादे से नेहरू के प्रति उनके आदर को भी मुद्दा बनाया गया। वाजपेयी पर उनके आलोचकों, ख़ासकर मधोक ने आरोप लगाया कि वो उपाध्याय की मौत को दुर्घटना के बजाय, हत्या स्वीकार करने के इच्छुक नहीं हैं। इस बात के लिए वाजपेयी पर तीखे हमले भी हुए, जबकि वाजपेयी ने उनकी मौत की जाँच की माँग को लेकर जुलूस की अगुवाई भी की थी।

वाजपेयी की कथित 'पथभ्रष्ट शैली' के ख़िलाफ़ शोरगुल सुब्रमण्यम स्वामी जैसे नेताओं ने भी जारी रखा। हालाँकि गोलवलकर को वाजपेयी के ख़िलाफ़ कार्रवाई के लिए राजी नहीं किया जा सका। ऐसे आरोप उल्टे पड़ते रहे और कुछ सालों में जनसंघ के संस्थापक सदस्य बलराज मधोक को ही पार्टी से निकाल दिया गया। यह एकदम अलग मामला है कि मधोक ने भी कुंठा के कारण आरएसएस और भाजपा के वरिष्ठ नेताओं पर बेबुनियाद आरोप लगाकर अपने लिए खाई खुद ही खोद ली थी। मधोक को भलीभाँति जानने वाले एक नेता ने बहुत सही कहा था, 'अगर आप उन्हें दूर से देखते या उनके शब्दों को पढ़ते तो वो ऐसे व्यक्ति लगते जो

आपको जनसंघ में शामिल होने के लिए प्रेरित करते थे। हालाँकि, जब आप उनके निकट जाते थे, ख़ासकर वाजपेयी के उत्थान के बाद, तो लगता था कि वे मनगढ़ंत कहानियाँ सुनाते थे।'

***

हालाँकि उपाध्याय की मौत के समय वाजपेयी सर्वाधिक लोकप्रिय नेता थे, लेकिन वे जनसंघ के शीर्ष पद के अकेले दावेदार नहीं थे, और मधोक के अलावा, और भी कई नेता अपनी व्यूह-रचना में लगे थे। इनमें जगन्नाथराव जोशी, एम.एल. सोंधी, भाई महावीर और नानाजी देशमुख शामिल थे। अगले चार-पाँच सालों में ही वाजपेयी ने अपने कट्टर विरोधियों को शांत करके सारी ताक़त अपने हाथों में ले ली-अब वो पर्दे के पीछे काम करने के बजाय अपने कौशलों को सबके सामने ले आए थे और राजनीतिक जालसाजी करने वालों को नेस्तनाबूद करने लगे थे। गोविंदाचार्य के अनुसार, वाजपेयी पर संघ के एक तबके ने आरोप लगाया कि उन्होंने अपनी कुछ 'ख़ास पैंतरेबाजियों' के ज़रिए बेहतरीन सांसद कँवरलाल गुप्ता समेत कई लोगों का राजनीतिक करियर बर्बाद किया। गुप्ता एक अच्छे धन-संग्राहक और अपनी तरह के कुशल वक्ता थे। उन्हें ऐसे नेता के तौर पर देखा जाता था जिनके अंदर कोई 'कमियाँ' नहीं थीं और आगे चलकर वे वाजपेयी के लिए राजनीतिक ख़तरा साबित हो सकते थे।

हालाँकि, इस आम धारणा के विपरीत, अप्पा बताते हैं कि वाजपेयी ने उनसे कहा था कि वो 1971 का चुनाव दिल्ली के बजाय ग्वालियर से लड़ेंगे ताकि गुप्ता को 'दिल का दौरा' न पड़ जाए और वो दिल्ली में किसी सीट से चुनाव लड़ सकें।

वाजपेयी के त्याग के बावजूद, गुप्ता अपनी सीट हार गए। वाजपेयी से अंत तक बैर रखने वाले ऐसे सारे नेता परिदृश्य से ग़ायब हो गए।

छियानवे साल की उम्र में दुनिया छोड़ देने वाले मधोक ने अपनी मौत से सात साल पहले, 2009 के अंत में पत्रकार पंकज वोहरा को दिए साक्षात्कार में कहा था कि वाजपेयी, आडवाणी, नानाजी देशमुख और के.आर. मल्कानी ने जनसंघ के उद्देश्यों को बेहिसाब नुक़सान पहुँचाया। वाजपेयी को उस साल पहला दौरा पड़ा था, लेकिन तब भी मधोक की उनके प्रति नफ़रत तनिक भी कम नहीं हुई थी। उन्होंने साक्षात्कारकर्ता से कहा था, 'जब मैंने चीनी आक्रमण के सिलसिले में संसद में नेहरू की आलोचना की थी तो वाजपेयी मेरे पास आया था और बोला था कि मैं दोबारा लोकसभा का चुनाव नहीं जीत पाऊँगा। मेरे बग़ल में बैठे आचार्य कृपलानी ने मुझसे कहा था कि मैं उसे (वाजपेयी को) गंभीरता से न लूँ क्योंकि वो विपक्ष में नेहरू के द्वारा बैठाया गया आदमी है।' इसके बाद 1996 में नौकरशाह से राजनीतिज्ञ बने

एन.के. सिंह से बातचीत में उन्होंने कहा था, 'वाजपेयी का प्रधानमंत्रित्व काल देश के लिए विनाशकारक है। वो मूल रूप में काँग्रेस का आदमी है।' 1973 के कानपुर सत्र में उन पर अनुशासनहीनता के उल्लंघन के मामले में कथित तौर पर उन्हें फँसाने के लिए वो आडवाणी को भी नापसंद करते थे। कई बार ये आरोप लगाने वाले मधोक के अनुसार, ख़ुद आडवाणी ने गोपनीय जानकारी मीडिया को लीक की थी और दोष उनके सिर मढ़ दिया था। उस सत्र में जनसंघ ने बैंकों के राष्ट्रीयकरण तथा अन्य समाजवादी नीतियाँ लागू करने के लिए इंदिरा गाँधी की आलोचना खुलकर न करने का निश्चय किया था, लेकिन मधोक उनकी आलोचना करने के लिए प्रेस से मिले और बाद में उन्होंने अपने साथियों के बीच इस बात के लिए अपनी प्रशंसा की, 'ऐसे मामलों में मैं निर्णय लेता हूँ। मैं आप लोगों के बारे में "सोचकर" आप लोगों की मदद कर रहा हूँ।'

हालाँकि, 1973 तक वाजपेयी अपने आंतरिक विरोधियों को ख़त्म कर चुके थे, और तभी से देशमुख के साथ वे और आडवाणी पार्टी पर क़ब्ज़ा जमाए रहे। तभी उन्होंने आडवाणी को पार्टी अध्यक्ष का कार्यभार सँभालने को तैयार किया जबकि उस समय जनसंघ के अंदर इस पद के लिए कई दावेदार थे। आडवाणी शुरू में इच्छुक नहीं थे, और कहते थे कि अपने पूर्ववर्तियों के विपरीत, वो अच्छे वक्ता नहीं हैं। उनकी इस हीनभावना का कारण संभवतः कुशल वक्ता की छवि वाले वाजपेयी के साथ लंबे समय से उनका जुड़ाव रहा, लेकिन जल्द ही वे वाजपेयी की बात मान गए।

वाजपेयी की इस बात के लिए बार-बार आलोचना हुई कि वो हर उस व्यक्ति के पर कतरते रहे जो पार्टी में उनकी सर्वाधिक महत्त्वपूर्ण स्थिति के लिए संभावित ख़तरा हो सकता था और पार्टी में प्रमुख पदों पर अपने चहेतों को बैठाते रहे। व्यक्तिगत जीवन में वाजपेयी पहले से ही ऐसा जीवन जी रहे थे जिससे आरएसएस नाराज़ रहता था। उनकी कॉलेज के दिनों की प्रेमिका राजकुमारी की दिल्ली के रामजस कॉलेज के प्रोफ़ेसर बी.एन. कौल से शादी हो चुकी थी और उनकी दो बेटियाँ थीं, नंदिता और नमिता, जो वाजपेयी को 'बापजी' कहती थीं। वाजपेयी उन्हीं के घर रहने लगे थे और उनकी ज़िंदगी का हिस्सा बन चुके थे। बाद में जब वो सांसद बने तो ये लोग उनके साथ रहने लुटियन की दिल्ली में आ गए। उनके इस अजीब रिश्ते को लेकर अफ़वाहें गर्म होने लगी थीं; कई लोग आज भी मानते हैं कि उनकी छोटी बेटी वाजपेयी और राजकुमारी की प्रेम-संतान है। हालाँकि, बाद में राजकुमारी ने *सेवी* पत्रिका से कहा था : 'जब से ये गंदी अफ़वाहें फैलनी शुरू हुईं तब से अटलजी और मैंने, दोनों ने कभी मेरे पति के सामने सफ़ाई पेश करने की ज़रूरत नहीं समझी। मेरे पति और मेरे उनके साथ रिश्ते बहुत ज़्यादा मज़बूत थे।' राजकुमारी अपने पति की मौत के बाद भी वाजपेयी के साथ रहती रहीं और उनके घर की आदरणीय महिला बनी रहीं। वाजपेयी के संबंधों, आलीशान जीवन जीने और स्थायी

रूप से महिलाओं की संगत को लेकर कई लोग बातें बनाते रहे। *आउटलुक* पत्रिका के संस्थापक संपादक विनोद मेहता तब पुरुषों की पत्रिका *डेबोनेयर* के संपादक होते थे। उन्होंने वाजपेयी से एक साक्षात्कार के लिए अनुरोध किया, तो वाजपेयी बोले थे, 'तुम्हारी पत्रिका बहुत अच्छी है, लेकिन मुझे उसे तकिए के नीचे छिपाकर रखना पड़ता है।' वाजपेयी का दोस्तों के बीच यह कथन भी मशहूर रहा है कि वो 'अविवाहित हैं, *ब्रह्मचारी नहीं।*'

आरएसएस के लिए यह सब पचा पाना मुश्किल था, लेकिन वाजपेयी की चपल बुद्धि और भारी लोकप्रियता के सामने कोई विरोध नहीं टिक पाया। यहाँ यह कहने की ज़रूरत नहीं है कि जो कोई भी उनकी या उनके दत्तक परिवार की प्रतिष्ठा को धूमिल करने की कोशिश करता था, उसके प्रति वे निष्ठुर हो जाते थे। राजकुमारी को एक बार 'कौल गर्ल' कह देने वाला एक भाजपा नेता सालों बाद एकदम नीचे धकेल दिया गया था। उसे भाजपा में फिर से उठने के लिए पहले आडवाणी और फिर बाद में नरेंद्र मोदी खेमे के साथ जुड़ना पड़ा था। वाजपेयी को सिंधिया राजवंश का भी ठोस समर्थन हासिल था। 1971 के आम चुनावों में जब वे देश में इंदिरा लहर के चरम के दौरान ग्वालियर से चुनाव लड़े तो उन्होंने भारी मतों से जीत हासिल की क्योंकि उन्हें राजमाता विजयाराजे सिंधिया का प्रतिनिधि माना गया था। चुनाव प्रचार के दौरान उन्होंने समय निकालकर अन्य उम्मीदवारों के पक्ष में भी प्रचार किया था। उनसे वाराणसी में बनारस हिंदू विश्वविद्यालय के अखिल भारतीय विद्यार्थी परिषद (एबीवीपी) के एक कार्यकर्ता ने उनसे उनकी जीत की संभावनाओं के बारे में पूछा था। इस पर उन्होंने खुद स्वीकार किया था कि वो जीत जाएँगे क्योंकि राजमाता ने उनके लिए प्रचार किया है। 'लोग मुझे शहर में तो जानते हैं, लेकिन गाँवों की तरफ़ लोग मुझे नहीं जानते लेकिन वो राजमाता के कारण जनसंघ को वोट देंगे,' उन्होंने वाराणसी के उस छात्र से कहा था।

***

उन्हें श्रेय देते हुए यह कहा जाता है कि वाजपेयी ने ही जनसंघ को पूर्व नेताओं के पश्चगामी तरीक़ों से निकालकर आगे बढ़ाया और राजनीतिक ज़रूरतों के अनुसार स्वयं का तेज़ी से विकास किया और अपने में बदलाव किया।

दूरदर्शी बुद्धि पुरानी स्थितियों के रहस्य हटा देती है। युवा अटल को अपनी पार्टी में लेने वाले जनसंघ के संस्थापक श्यामा प्रसाद मुखर्जी की विचित्र प्राथमिकताएँ थीं। पूर्व में हिंदू महासभा के नेता रहे मुखर्जी द्वि-राष्ट्र सिद्धांत के उग्र समर्थक थे जबकि आरएसएस अखंड भारत की माँग करता था। मुखर्जी ने बंगाल के विभाजन और उसे पाकिस्तान में मिलाए जाने का समर्थन किया था। उपलब्ध दस्तावेज़ बताते

हैं कि उन्होंने वायसराय लॉर्ड माउंटबेटन को पत्र लिखकर दो देश बनाए जाने का समर्थन किया था और प्रमुख मुस्लिम और काँग्रेस नेताओं के उन प्रस्तावों का विरोध किया था जिनके अनुसार बंगाल का कोई भी हिस्सा मुस्लिम बहुल देश का हिस्सा नहीं बनाया जाएगा। मुखर्जी जातिगत पूर्वाग्रह से भी अत्यधिक ग्रस्त थे। इतिहासकार जोया चटर्जी की किताब *बंगाल डिवाइडेड* में मुखर्जी के श्रेष्ठता भाव पर प्रकाश डाला गया है, 'इस भावना से भरे कि बंगाली मुस्लिम कुल मिलाकर, हिंदू समाज के निचले तबके से "धर्मांतरित" थे।'

यह एकदम अलग मामला है कि भारत में मौजूदा भाजपा नीत सरकार की कहानियाँ गढ़ने की अपनी कवायद के हिस्से के रूप में मुखर्जी को ऐसा समाजसेवी बना दिया है जिसने बंगाल के लोगों के बीच काम किया, राज्य के ग़रीबी से प्रभावित गाँवों में चावल और अनाज का वितरण किया। चित्ताप्रसाद जैसे विद्वानों और घुमक्कड़ों के खुलासों से पता चलता है कि जिराट में मुखर्जी के प्रभावशाली घर के लोग अपने निर्धन पड़ोसियों से कितने अलग थे। 'मैं बंगाल के कई गाँवों में गया जिनमें से अनेक गाँव हमारे महान नेताओं के थे-मैंने कहीं भी अमीरों, और ख़ासकर गाँव के सबसे बड़े व्यक्ति के प्रति इतनी ज़्यादा नफ़रत और कटुता नहीं देखी,' इस महान कलाकार ने लिखा है।

अगर ये प्रचार के मक़सद से लिखी गई इतिहास की किताब नहीं है तो यह स्पष्ट है कि मुखर्जी जम्मू और कश्मीर को अनुच्छेद 370 के तहत लाए जाने के पूरी तरह से विरोधी नहीं थे, जबकि इस अनुच्छेद के तहत इस राज्य को कुछ ऐसे विशेष अधिकार दिए गए हैं जो अन्य राज्यों को हासिल नहीं हैं। इसमें राज्य को स्वायत्तता देने का प्रावधान है। मुखर्जी के बारे में ये जानकारी आज की भाजपा के लिए परेशानी का सबब है, जो कि संविधान के 21वें भाग में शामिल इस अनुच्छेद को हटाने के लिए अभियान चलाती है, और अपने कश्मीर एजेंडे का प्रणेता स्वर्गीय मुखर्जी को बताती है। भाजपा कश्मीर को मिले सारे विशेषाधिकारों को ख़त्म करना चाहती है और बाक़ी भारतीय राज्यों की तरह ही उसे रखना चाहती है। विडंबना यह है कि मुखर्जी इस मुद्दे पर दुविधा में थे। अपनी प्रसिद्ध पुस्तक, *आर्टिकल 370: अ कांस्टीट्यूशनल हिस्ट्री ऑफ़ जम्मू ऐंड कश्मीर,* में एजी नूरानी ने बताया है कि मुखर्जी ने आरएसएस के दबाव में (जैसा कि मधोक ने एक बार दावा किया था) या किसी अन्य कारण से घाटी को स्वायत्तता देने के प्रस्ताव को स्वीकार कर लिया था। हालाँकि, भाजपा इस बारे में उनके रवैये के बजाय उनके शब्दाडंबर को रेखांकित करती है। यह सही है कि मुखर्जी ने जम्मू और कश्मीर को विशेष दर्जा देने के बारे में बहुत विस्फोटक बयान दिए थे, और काँग्रेस नेता जयपाल रेड्डी ने मुखर्जी के बारे में तथ्यों की ग़लत व्याख्या करने की भाजपा के नई पीढ़ी के नेताओं की आलोचना ठीक ही की थी। 'श्यामा प्रसाद मुखर्जी नेहरू के मंत्रिमंडल के सदस्य थे और जब

नेहरू सरकार का संयुक्त राष्ट्र में जाने का फ़ैसला मंत्रिमंडल में सर्वसम्मति से पारित हुआ था। ऐसा कहीं कोई ज़िक्र नहीं है कि मंत्रिमंडल के सदस्य के रूप में मुखर्जी ने निर्णय के समय, या बाद में कभी कोई असहमति ज़ाहिर की हो,' रेड्डी ने *इंडियन एक्सप्रेस* को दिए एक साक्षात्कार में कहा था। उन्होंने यह भी कहा था, 'कश्मीर के मसले को संयुक्त राष्ट्र में ले जाने के निर्णय में वे पूरी तरह से शामिल थे। भारत सरकार और कश्मीर के बीच अनुच्छेद 370 को लेकर हुए समझौते में भी वे शामिल थे। युद्ध विराम की घोषणा के निर्णय में भी मुखर्जी शामिल थे... बाद में जब उन्हें लगा कि शेख अब्दुल्ला की गतिविधियों पर सही तरीक़े से निगरानी नहीं की जा रही है, तब उनके नेहरू से मतभेद हुए और उन्होंने मंत्रिमंडल से त्यागपत्र दिया था... लेकिन मुखर्जी ने संयुक्त राष्ट्र में जाने के भारत के निर्णय पर या अनुच्छेद 370 पर कभी कोई आपत्ति नहीं की थी।'

नूरानी ने शेख अब्दुल्ला के उस भाषण को उद्धृत किया है जिसमें उन्होंने उन लोगों की मानसिकता में बदलाव के बारे में बोला था, जो अनुच्छेद 370 पर सहमत होने के बाद फिर इस मुद्दे पर दुविधाभरी बातें करने लगे थे :

> 'यह स्पष्ट है कि भारत और पाकिस्तान के सभी राज्यों में केवल कश्मीर की रियासत ऐसी थी जिसने मुसलमानों का बहुमत होते हुए भी भारत में शामिल होने को प्राथमिकता दी थी और सांप्रदायिक उन्माद के जाल में नहीं फँसी थी। हमने भी महसूस किया था कि कश्मीर पर भले ही बेजा दबाव डालकर पाकिस्तान में मिलने के लिए कहा जाता हो, लेकिन अगर कश्मीर पाकिस्तान में मिल जाता तो वह ऐसी तरक्की नहीं कर पाएगा। इसके विपरीत, अगर हम भारत में रहें तो तरक्की कर सकते हैं, और इस प्रकार राज्य के लोगों की उम्मीदें पूरी हो सकती हैं। यही कारण है कि हम केवल तीन विषयों (रक्षा, विदेश और संचार) पर भारत में शामिल हुए और बाक़ी विषय हमने अपने हाथ में रखे... अब जबकि संविधान सभा ने भारत सरकार के साथ इन मुद्दों को सफलतापूर्वक व्यवस्थित कर लिया है तो कुछ मित्र आपत्ति कर रहे हैं कि कश्मीर को क्यों 'विशेष दर्जा' दिया गया, लेकिन मैं ये समझ नहीं पा रहा हूँ कि संविधान बनाने वाले ये लोग अब क्यों हंगामा कर रहे हैं। हालाँकि, यह एकदम अलग मामला है कि अगर भारत के लोग अगर इसे बदलना चाहते हैं तो मैं डॉ. एस.पी. मुखर्जी से (हालाँकि मैं उनका बहुत आदर करता हूँ) पूछना चाहता हूँ कि उन्होंने इन सारे मुद्दों पर तब क्यों नहीं सोचा जब वे संविधान निर्माण के समय भारत सरकार के सदस्य थे। आख़िरकार, कुछ तो विश्वास करना चाहिए।

पिछले कुछ वर्षों में मुखर्जी से ज़्यादा और किसी ने हिंदू राष्ट्रवादियों का पक्ष नहीं लिया है। अनेक भाजपा नेताओं ने दावा किया है कि उनकी मृत्यु हत्या थी, और श्रीनगर में जेल में बंदी के रूप में बावन वर्ष की कम उम्र में मरने वाले इस व्यक्ति को और रहस्यमय बना दिया गया। 2016 में मुखर्जी के सम्मान में दो साल पुरानी भाजपा सरकार के तत्वाधान में नेहरू स्मारक संग्रहालय एवं पुस्तकालय में आयोजित एक प्रदर्शनी में उनकी जेल में संदिग्ध मौत को लेकर ज़ोर-शोर से दावे किए गए थे। एक समीक्षक के अनुसार, प्रदर्शनी में (मुखर्जी की हत्या) के गंभीर आरोप के बारे में जो प्रमाण उपलब्ध कराया गया था, वो आरएसएस के नागपुर मुख्यालय से माधव सदाशिव गोलवलकर का मुखर्जी के भाई उमा प्रसाद मुखर्जी के पत्र के जवाब में टाइप किए हुआ पत्र था, जो नेहरू स्मारक संग्रहालय एवं पुस्तकालय के अभिलेखागार से मिला था। 27 अगस्त 1953 को लिखे पत्र में गोलवलकर ने मुखर्जी के 'असामान्य परिस्थितियों' में गुज़र जाने का ज़िक्र किया था।

हाल ही में मुखर्जी की इस बात के लिए तारीफ़ की गई कि उन्होंने देश के पहले उद्योग मंत्री के रूप में देश के औद्योगिक क्षेत्र की शुरुआत की। इन लंबी-चौड़ी घोषणाओं का मक़सद उन्हें देश के औद्योगिकीकरण के जनक के रूप में प्रसिद्ध कराना है जो आख़िरकार भिलाई इस्पात संयंत्र, चितरंजन रेल इंजन कारखाना, सिंदरी उर्वरक कारख़ाना, हिंदुस्तान विमान कारख़ाना, दामोदर घाटी निगम जैसी ख्यात संस्थाओं की स्थापना तक जाती हैं। 'नेहरू ने नहीं, बल्कि उन्होंने देश के औद्योगिक विचार मानचित्र की नींव रखी थी,' का तर्क दिया गया लेकिन इसके पक्ष में कोई सबूत नहीं दिया गया।

यह सही है कि मुखर्जी जब 1953 में कश्मीर में प्रवेश के लिए उस समय ज़रूरी परमिट के बिना घुसने की कोशिश कर रहे थे तब उनके साथ बुरा बरताव किया गया था। नेशनल हाईवे 1ए, पर लखनपुर चौकी पर गिरफ़्तार करके उन्हें एक छोटी जीप में बैठाकर 400 किलोमीटर दूर श्रीनगर लाया गया था जहाँ हिरासत में उनकी मौत हो गई। हालाँकि, एक सरकारी दावे के अनुसार यह दावा काल्पनिक है कि उनकी मौत कुछ निहित स्वार्थी तत्वों की साजिश के कारण हुई-जिसका इशारा प्रधानमंत्री नेहरू और जम्मू और कश्मीर के प्रधानमंत्री शेख अब्दुल्ला की ओर था, लेकिन इस सबसे उनके इर्द-गिर्द बनाई गई कहानियों को बल मिलता रहा। आज के भाजपा नेता सोशल मीडिया की उन कहानियों और अफ़वाहों को दोहराते रहते हैं कि मुखर्जी को किसी डॉक्टर ने एलर्जी होने के बावजूद पेंसिलीन का इंजेक्शन लगा दिया था और क़रीब पैंतालीस की उम्र से उनके हृदय रोगी होने के बावजूद उनकी ठीक से देखभाल नहीं की गई। शुक्र है कि भाजपा की वेबसाइट पर ये दावा नहीं किया जाता कि उनकी हत्या हुई थी। '... भारतीय जनसंघ ने हिंदू महासभा और राम राज्य परिषद के साथ मिलकर हानिकारक प्रावधान हटाने के लिए एक व्यापक

सत्याग्रह छेड़ा था। मुखर्जी 1953 में कश्मीर गए थे और उन्हें 11 मई को सीमा पार करते समय गिरफ़्तार किया गया था। हिरासत में ही 23 जून, 1953 को उनकी मौत हो गई,' वेबसाइट पर केवल इतना कहा गया है।

जब वाजपेयी मुखर्जी के अधूरे काम को पूरा करने का वादा करते हुए पठानकोट से लौटे तो एक तरह से ये रास्ता बदल लेने का संकेत था। हालाँकि, वाजपेयी ने भी बाद में दावा किया था कि एक समय उनके गुरु रहे मुखर्जी की मौत स्वाभाविक नहीं थी और वे दिवंगत आत्मा के अधूरे लक्ष्यों को पूरा करने के लिए काम करते रहेंगे, लेकिन उन्होंने जो राजनीति की, वह उनके शीर्ष राजनीतिक गुरु के तरीक़ों से काफ़ी भिन्न थी।

किसी न किसी कारण से, जानकार भी श्यामा प्रसाद मुखर्जी की विचारधारा संदेह के घेरे में पाते रहे। उनमें से कई का तर्क है कि उन्होंने भद्रलोक सांप्रदायिकता का व्यक्तिकरण किया। लंदन स्कूल ऑफ़ इकोनॉमिक्स के प्रोफ़ेसर सुमंत्र बोस व्यापक विश्लेषण करते हुए कहते हैं : 'बंगाल में लगभग 1400 से ही मुस्लिमों का बहुमत रहा, लेकिन बाद के ब्रिटिश काल में उच्च शिक्षित, प्रभावशाली उच्च वर्ग-और थोड़ा-बहुत मध्यवर्ग भी बेहिसाब तरीक़े से हिंदू था। 1947 में विभाजन के समय, मुस्लिम बंगाल में थोड़े से बहुमत (क़रीब 54 प्रतिशत) में थे और हिंदू क़रीब 43 प्रतिशत थे। हालाँकि, संभ्रांत वर्ग में लगातार मोटे तौर पर उच्च वर्ग और जाति के हिंदू ही थे। राजनीतिक रूप से आभिजात्य वर्ग के सदस्य आबादी के इस तथ्य पर अलग तरह से प्रतिक्रिया व्यक्त करते थे जिसमें मुस्लिम बहुत थोड़े अंतर से बहुमत में थे, और हिंदुओं के विशेषाधिकार प्राप्त वर्गों तथा मुस्लिम किसान आम जनता के बीच सामाजिक खाई थी। सुभाष और शरत, बोस बंधु बंगाल के मुस्लिमों और हिंदुओं के बीच समानता तथा भाईचारा को बढ़ावा देने के लिए दृढ़संकल्पित थे। वे चितरंजन दास की विचारधारा को आगे बढ़ा रहे थे जो 1925 में अपनी मौत से पहले तक डटे रहे और सांप्रदायिक एकता के लिए काम करते रहे। यही राजनीतिक रुझान कवि नजरुल इस्लाम ने अपनाई, जिन्होंने बंगाल राष्ट्र के बारे में लिखा था : *"एक ब्रिंते दुई कुसुम, हिंदू-मुसलमान"* (एक तना जिसमें से दो फूल खिले, हिंदू और मुस्लिम।)

स्पष्ट रूप से, मुखर्जी विपरीत विचारधारा के प्रतिनिधि थे : रक्षात्मक और भयभीत। बोस के अनुसार, भद्रलोक का राजनीतिक रुझान अपने मुस्लिम सह-नृजातीय लोगों के साथ हीनता और दुर्भावनापूर्ण रहता था। सुभाष चंद्र बोस और उनके बड़े भाई शरत चंद्र बोस औपनिवेशिक शासन के ख़िलाफ़ अथक संघर्ष में विश्वास करते थे और उस पर अमल करते थे। बंगाल पार्टी के संस्थापक सी.आर. दास की स्थापित परंपरा के अनुसार, उन्होंने ए.के. फ़ज़लुल हक़ और

उनकी कृषक प्रजा पार्टी जैसे ग़ैर-सांप्रदायिक बंगाली मुस्लिम नेताओं और दलों के साथ रणनीतिक साझेदारी की बार-बार कोशिश की। बोस बताते हैं, 'उन्होंने प्रगतिशील ताक़तों के ग़ैर-सांप्रदायिक गठबंधन की कोशिश की। श्यामा प्रसाद मुखर्जी और उनकी विचारधारा के अनुसार दुश्मन ब्रिटिश उपनिवेशवाद नहीं, बल्कि, मुस्लिमों का 'ख़तरा' है, और भद्रलोक के वर्गीय विशेषाधिकार तथा सामाजिक वर्चस्व की सुरक्षा सबसे पहली प्राथमिकता है (जो कि निश्चित रूप से बंगाल के अल्पमत हिंदुओं में है और रहेगी।) ऐसे में मुखर्जी की साम्राज्यवाद विरोधी संघर्ष में दिलचस्पी और भागीदारी शून्य थी। 1946-47 में वे बंगाल (और भारत) के विभाजन के एकमात्र सर्वप्रमुख बंगाली हिंदू पक्षधर थे। इसके विपरीत शरत बोस बंगाल (और भारत) के विभाजन के कड़े विरोधी थे और 1947 में ही उन्होंने बंगाल का विभाजन रोकने की अंतिम कोशिश के रूप में बंगाल मुस्लिम लीग के अपेक्षाकृत ग़ैर-सांप्रदायिक धड़े के साथ मिलकर एक समझौता (संयुक्त बंगाल योजना) किया था।'

मुखर्जी की तरह, वाजपेयी के एक और संरक्षक दीनदयाल उपाध्याय की भी ऐसी ही संदिग्ध परिस्थितियों में इक्यावन वर्ष की तुलनात्मक रूप से कम उम्र में मौत हुई थी। वे भारतीय जनसंघ के अध्यक्ष निर्वाचित होने के तीन दिन बाद ही उत्तर प्रदेश में एक रेलवे यार्ड में मृत पाए गए थे। पार्टी कार्यकर्ताओं ने 11 फ़रवरी 1968 को लखनऊ-पटना ट्रेन में बैठाकर उन्हें विदा किया था। बाद में यही सुनने को मिला था कि दोनों शहरों के बीच मुगल सराय स्टेशन के पास विद्युत स्तंभ क्रमांक 1276 पर उनका शव मिला है। पुलिस ने दो लोगों को गिरफ़्तार किया था जिन पर आरोप लगा था कि दोनों ने उपाध्याय को चलती ट्रेन से धकेल दिया था। तब वे लूट को रोकने की कोशिश कर रहे थे।

हालाँकि, संघ परिवार का एक धड़े का दावा है कि उनकी बढ़ती लोकप्रियता से सत्तारूढ़ काँग्रेस नाराज़ थी, इसलिए उन्हें मारा गया था। दूसरी तरफ़ मधोक ने हत्या की ओर इशारा करते हुए कहा कि जनसंघ के अंदर प्रतिद्वंद्विता ही उपाध्याय की मौत का कारण है, हालाँकि आत्ममुग्धता के कारण मधोक की जनसंघ के बाद की धारणाओं की विश्वसनीयता नहीं रहती थी। मधोक ने आरोप लगाया कि जब 1977 में पहली ग़ैर काँग्रेसी सरकार मोरारजी देसाई के प्रधानमंत्रित्व में बनी और जब उनसे इस मामले को फिर से खोलने का अनुरोध किया गया तो मंत्रिमंडल के दो सदस्यों ने इसका विरोध किया। उनका स्पष्ट इशारा वाजपेयी और आडवाण ी की ओर था, जिन्होंने मधोक के आरोपों का जवाब देने की कभी ज़रूरत नहीं समझी।

हालाँकि, अब अगर आप उपाध्याय की मौत का कारण गूगल पर सर्च करेंगे तो पहला परिणाम 'हत्या' ही दिखता है।

त्रासदी और अफ़वाहों ने दीनदयाल उपाध्याय के चारों ओर रहस्य का पर्दा डालने में बड़ी भूमिका निभाई। मुखर्जी के विपरीत, दीनदयाल काफ़ी ग़रीब परिवार में पैदा हुए थे और कड़ी मेहनत के बल पर जनसंघ के उच्च पदों पर पहुँचे थे। उनके माता-पिता की जल्दी मौत हो जाने के कारण उनका पालन-पोषण उनके मामा ने किया था। युवा दीनदयाल पढ़ाई में बहुत होशियार थे और उन्हें छात्रवृत्तियाँ भी मिलने लगी थीं। आगरा विश्वविद्यालय से उन्होंने अंग्रेज़ी साहित्य में एमए में गोल्ड मैडल हासिल किया था। उन्होंने बीएड और एमएड की उपाधियाँ भी हासिल कीं और जनसेवा के क्षेत्र में आ गए। उन्हें जल्द ही 1940 के दशक के आरंभ में आरएसएस में शामिल कर लिया गया जो कि भारतीय दर्शन को स्वीकार करता था। वे आजीवन आरएसएस में रहे और गोलवलकर जैसे शीर्ष नेताओं के लिए भी विचार फैलाने का माध्यम रहे।

मुखर्जी के साथ जनसंघ के सर्वाधिक प्रभावशाली नेता रहे दीनदयाल ने भूमि-सुधार, जातीय श्रेष्ठता उन्मूलन और गठबंधन की राजनीति समेत अग्रगामी नीतियों का समर्थन करके अनेक दुश्मन बना लिए थे। दीनदयाल उपाध्याय नाम से लिखी उनकी जीवनी में डॉ. सत्यप्रकाश मणि त्रिपाठी बताते हैं कि उपाध्याय की मौत का कारण जनसंघ की आंतरिक प्रतिद्वंद्विता बताने वाले मधोक गठबंधन राजनीति पर उनके विचारों के कड़े विरोधी थे :

> जनसंघ के दिल्ली सत्र में बलराज मधोक के नेतृत्व में बड़ी संख्या में प्रतिनिधियों ने पार्टी के कम्युनिस्ट विरोधी सिद्धांत से किसी भी तरह के समझौते के प्रति नाराज़गी जताई। हालाँकि, दीनदयाल उपाध्याय के रुख़ और वाजपेयी द्वारा उसके समर्थन से भारतीय जनसंघ कई सारे राज्यों में ग़ैर-काँग्रेसी गठबंधन सरकारों में भागीदार बना। मधोक के नारे 'अगर काँग्रेस मलेरिया है तो कम्युनिस्ट प्लेग हैं' को पार्टी ने ख़ारिज कर दिया। तब वाजपेयी काँग्रेस को सत्ता से बाहर करने के लिए हर गठबंधन को तैयार थे। ये नहीं कि वो कम्युनिस्टों के साथ समझौता करना चाहते थे, लेकिन वो समाजवादियों से सहयोग का अभियान चला रहे थे जो कि कम्युनिस्टों के साथ मिलकर काम करने के पक्ष में थे और यह स्पष्ट संकेत था कि उनकी प्राथमिकता काँग्रेस को कमज़ोर करने की थी और बाद में ख़ाली जगह को वो भरना चाहते थे। इस प्रकार, 1967 से ही वाजपेयी पार्टी की लाइन के हिसाब से चतुराई अपना रहे थे।

त्रिपाठी आगे लिखते हैं : '1977 में जनता पार्टी में भारतीय जनसंघ का विलय भी ऐसा ही सुनियोजित क़दम था। पार्टी ने हिंदुओं के बीच कभी ये मूल एजेंडा नहीं छिपाया कि वह देश में राजनीतिक सत्ता हासिल करना चाहती है। इस तथ्य के

बावजूद कि 1977 में जनसंघ जनता पार्टी का सबसे बड़ा घटक था, वह अन्य छोटे दलों के अधीन काम करने को तैयार हुआ।'

वाजपेयी और मधोक के बीच विचारों का मुख्य मतभेद बाद में 1970 के दशक के आरंभ में बिहार और उत्तर प्रदेश में शुरू हुए जेपी आंदोलन से जनसंघ के रिश्तों के समय, उभरकर आया। मधोक कई तरह से एक कट्टर रूढ़िवादी थे जो लाइसेंस राज और 1960 और 1970 के दशक में भारत में राजनीतिक परिदृश्य में वामपंथी रुझान का विरोध करते थे। जाने-माने समाजवादी नेता जयप्रकाश नारायण (जेपी) द्वारा शुरू किए गए काँग्रेस विरोधी और भ्रष्टाचार विरोधी आंदोलन ने 'गाँधीवादी समाजवाद' का विचार अपनाया जो कि वामपंथी रुझान का, पुनर्वितरण का पक्षधर, और कुछ हद तक शहर-विरोधी नीति पर चलने वाला था और उद्योगों तथा पूँजी का विरोधी था। मधोक इस बात से नाराज़ थे कि आरएसएस उस गठबंधन का पूरी तरह से समर्थन कर रहा था जो जनसंघ ने वाजपेयी और आडवाणी की अगुवाई में जेपी के साथ मिलकर तैयार किया था।

1977-79 के बीच भारत पर शासन करने वाली जनता पार्टी का भी यही स्वरूप था और भाजपा का आरंभिक मंच भी निश्चित रूप से गाँधीवादी समाजवाद था। 1960 और 1970 के दशक में मधोक का जो रवैया था, वह उस विचारधारा के काफ़ी निकट था जो 1990 के दशक की भाजपा की मुख्य सोच रही, लेकिन जेपी के मसले पर मतभेद, और मधोक द्वारा इसे 'लेफ़्ट टर्न' कहकर आलोचना करने की परिणति उन्हें तीन साल के लिए निष्कासित करने के रूप में हुई। यहाँ भी मुख्य निष्कर्ष यही है कि आरएसएस वाजपेयी और आडवाणी द्वारा जेपी के साथ किए गठबंधन के पूरी तरह से समर्थन में था।

मधोक के सुझाव जनसंघ के नेताओं के भारी बहुमत को अस्वीकार्य थे। मधोक ने पार्टी के नारे 'खेत हल चलाने वाले का' के अनुरूप कृषि भूमि की हदबंदी के क़ानून बनाने की माँग का उपाध्याय द्वारा समर्थन करने का भी विरोध किया था। आडवाणी ने एक बार लिखा कि अध्यक्ष के रूप में वाजपेयी को जिन बड़ी समस्याओं का सामना करना पड़ा, उनमें एक मधोक भी थे जो 'तक़रीबन हर बात पर वाजपेयी का विरोध' करते थे।

ख़ास बात ये थी कि मधोक और वाजपेयी गहरे मित्र थे, और इन्होंने 23-24 जनवरी 1965 को हुए जनसंघ के विजयवाड़ा अधिवेशन का बहिष्कार किया था जिसमें बच्छराज व्यास को अध्यक्ष चुना गया था। यह चुनाव पूर्व की परंपरा तोड़ते हुए किया गया था जिसमें किसी बुजुर्ग और जाने-माने व्यक्ति को अध्यक्ष पद के लिए नामांकित किया जाता था। 1952 में मुखर्जी के निधन के बाद जनसंघ का अध्यक्ष बनने वालों में मौलि चंद्र शर्मा (1954) जिन्हें पार्टी में आरएसएस की दख़लंदाज़ी का

विरोध करने पर हटा दिया गया था; जम्मू और कश्मीर के नेता और प्रजा परिषद पार्टी के संस्थापक प्रेमनाथ डोगरा (1955); भारतीय जनसंघ के लंबे समय तक अध्यक्ष रहे गणितज्ञ और भाषाविद आचार्य डी.पी. घोष (1956-59, और फिर, 1962 और 1964); पूर्व काँग्रेसी और बाद में आरएसएस में शामिल होने वाले पीतांबर दास (1960); आंध्रप्रदेश के वरिष्ठ राष्ट्रवादी नेता अवसरला रामा राव (1961); और, विद्वान, पूर्व काँग्रेसी सांसद तथा संविधान सभा के सदस्य रघु वीर थे, जिनका निधन 1963 में समाजवादी नेता राममनोहर लोहिया के लिए प्रचार करते जाते समय कार दुर्घटना में हुआ था। इन नामों के अलावा जनसंघ के केवल तीन अध्यक्ष थे, मधोक (1966-67), वाजपेयी (1968-72) और लालकृष्ण आडवाणी (1973-77)। शर्मा और मधोक को आरएसएस के निर्देशों पर संगठन छोड़ने पर मजबूर होना पड़ा। 1973 में मधोक को तीन साल के लिए निलंबित करने वाले, भाजपा अध्यक्ष आडवाणी को भी 2005 में आरएसएस का ऐसा ही गुस्सा झेलना पड़ा क्योंकि उन्होंने पाकिस्तान के संस्थापक और द्वि-राष्ट्र सिद्धांत के प्रमुख प्रणेता मोहम्मद अली जिन्ना को धर्म-निरपेक्ष राजनेता बताते हुए प्रशंसा की थी।

जनसंघ के अध्यक्षों में भारतीय जनसंघ के अध्यक्ष बनने के कुछ ही महीनों बाद मर जाने वाले वीर उन कांग्रेसियों में से थे जिन्होंने नेहरू से मतभेदों के कारण काँग्रेस छोड़ी थी। हालाँकि, उनका अध्यक्षीय कार्यकाल बहुत संक्षिप्त रहा, लेकिन जनसंघ की गठबंधन समर्थक उस राजनीति को स्वरूप देने में उनकी बड़ी भूमिका रही, जिसे उपाध्याय पसंद करते थे, और बाद में वाजपेयी ने उसे आगे नया रूप दिया, तथा आगामी दशकों में महत्त्वपूर्ण चुनावी ताक़त के रूप में बदला। क्रिस्टोफ़े जैफ़्रोलोट ने अपनी पुस्तक, *द हिंदू नेशनलिस्ट मूवमेंट ऐंड इंडियन पॉलिटिक्स* में लिखा है, '1963 में उनकी (वीर की) असामयिक मौत ने पार्टी को ऐसे दमदार नेता से वंचित कर दिया, जिसने पार्टी के नए आकर्षण का प्रदर्शन किया।' यह नया आकर्षण भारतीय जनसंघ का राष्ट्रवादी हित का बचाव था जिसने उन लोगों को आकर्षित किया जो 1962 के युद्ध में चीन से पराजय के बाद भ्रम की स्थिति में थे।

भारतीय जनसंघ के सभी अध्यक्षों में से, दीनदयाल उपाध्याय ही थे जिन्होंने वाजपेयी समेत भाजपा के द्वितीय पंक्ति के नेताओं पर गहरा असर छोड़ा।

'अगर 1970 और '80 के दशकों में उपाध्याय होते तो क्या होता?' ये प्रश्न संघ के अंदर अब भी बार-बार उठता रहता है। नरेंद्र मोदी की भाजपा नीत एनडीए सरकार अनेक सरकारी योजनाओं को भाजपा के पूर्ववर्ती दल जनसंघ के नेता उपाध्याय के नाम पर चला रही है तो इसमें हैरत की कोई बात नहीं। 1990 के दशक के अंत में, जब मार्क्सवादी कम्युनिस्ट पार्टी के पितृपुरुष और प्रमुख विचारक

नंबूदरीपाद का निधन हुआ तो लालकृष्ण आडवाणी ने उन्हें 'कम्युनिस्ट आंदोलन के दीनदयाल उपाध्याय' की संज्ञा दी थी। नंबूदरीपाद ने देश में वामपंथी विमर्श को कई दशकों से आख़िर तक प्रभावित किया। उनके शब्द उनके करियर के अंत तक साथी कामरेडों के लिए सोने की धूल बने रहे।

आडवाणी ने अपने संस्मरण, *माय कंट्री माय लाइफ़,* में भी लिखा है, 'फ़रवरी 1968 में दीनदयाल जी के अचानक और दुखद निधन ने हमारी पार्टी को अंधकार और निराशा में डुबो दिया था। हमारी क्षति उस रहस्य के पर्दे के कारण और भी बड़ी थी जो महीनों गुज़र जाने के बाद भी नहीं हटा था। ये किसने किया? इसके पीछे कौन हो सकता है? और क्यों? पार्टी में हरेक व्यक्ति ये सवाल अपने आप से पूछता रहा है लेकिन कोई जवाब नहीं मिल रहा है। जब हम अपने किसी प्रियजन की मौत का कारण पता कर पाने में असमर्थ हों तो इससे होने वाली तकलीफ़, अक्सर उस नुक़सान से ज़्यादा हो जाती है।'

हालाँकि, अपने समय से बहुत आगे चलने वाले उपाध्याय की बुद्धिजीवी के रूप में छवि में कुछ अतिशयोक्ति हो सकती है।

सार्थक गठबंधनों के ज़रिए जनसंघ की राजनीतिक वीरता को बढ़ाने में उन्होंने वाजपेयी का समर्थन किया होगा, लेकिन उनके भाषण और लेखन भारत के उनके न्यायविरुद्ध विचार तथा धर्मों के भारी सामान्यीकरण की ओर झुकाव के विपरीत हैं। यह इस संदर्भ में है कि वाजपेयी की इस बात के लिए प्रशंसा की जानी चाहिए कि उन्होंने इस तरह के दृष्टिकोण से अलग हटकर नए रणनीतिक क़दम पूरे दिल से अपनाए।

वास्तव में मधोक जैसे साथी उपाध्याय के एकात्म मानववाद को संदेह की नज़र से देखते थे और पार्टी के अंदर ही सही, इसे कम्युनिस्ट नेता मानवेंद्रनाथ राय के लेखन का मिश्रण बोलते थे। उपाध्याय की दुखद मौत के बाद उनकी महान छवि और आभामंडल के कारण संघ परिवार के अंदर उनके सिद्धांतों की सीधी आलोचना असंभव हो गई। वाजपेयी के उलट, मधोक ने उपाध्याय की इस बात के लिए खुलकर आलोचना की कि उन्होंने भारतीय कम्युनिस्ट आंदोलन के संस्थापक राय के विचार बहुत ज़्यादा उधार लिए। हालाँकि राय बाद में भारतीय कम्युनिस्ट आंदोलन से दूर हो गए और सत्ता के विकेंद्रीकरण का पक्ष लेने लगे थे। उपाध्याय गाँधी की तरह राजनीतिक सत्ता के ऐसे किसी भी स्वरूप के विरोधी थे जो व्यक्तिगत स्वतंत्रता की क़ीमत पर सर्वाधिकारवाद को बढ़ावा दे। हालाँकि, उपाध्याय के विपरीत, राय राष्ट्रवाद के बजाय, वैश्विक मैत्री के तरफ़दार थे, और महिलाओं की भागीदारी के प्रबल पक्षधर थे।

उपाध्याय के विचारों पर मिली-जुली प्रतिक्रियाएँ सामने आईं। 1965 के उनके व्याख्यानों में विचारों की ऊँचाई दिखती है जो कभी सादे विचार रखते थे। उदाहरण ये है :

> एक बार श्री विनोबाजी और राष्ट्रीय स्वयंसेवक संघ के सरसंघचालक श्री गुरुजी के बीच बातचीत में प्रश्न उठा कि हिंदुओं और मुस्लिमों की सोच के तरीक़ों में अंतर कहाँ हैं। गुरुजी ने विनोबाजी से कहा कि हर समाज में अच्छे और बुरे लोग होते हैं। इसी तरह से दोनों ही समुदायों में दुष्ट लोग हो सकते हैं। अच्छाई पर किसी ख़ास समाज का एकाधिकार नहीं है। हालाँकि, यह पाया जाता है कि हिंदू चाहे व्यक्तिगत जीवन में दुष्ट भी हों, तब भी समूह के तौर पर वे हमेशा अच्छी चीज़ों पर विचार करते हैं। दूसरी ओर, जब दो मुस्लिम साथ आते हैं तो वे ऐसे सुझाव रखते हैं, और ऐसे कामों को मंजूरी देते हैं जिन्हें व्यक्तिगत रूप से करने के बारे में वे कभी सोच भी नहीं सकते। वे एकदम अलग तरीक़े से सोचते हैं। यह रोज़ का अनुभव है। विनोबाजी ने माना कि इस धारणा में सच्चाई है, लेकिन इसे समझाने के लिए उनके पास कोई कारण नहीं था। अगर हम इस स्थिति का विश्लेषण करें तो हम पाएँगे कि व्यक्ति और समाज की सोच के तरीक़ों में हमेशा अंतर रहता है। दोनों के बीच कोई अंकगणितीय संबंध नहीं है। अगर एक हज़ार अच्छे लोग एक साथ मिलते हैं तो ये नहीं कहा जा सकता है कि वो निश्चित रूप से समान रूप से कुछ अच्छी बातें सोचेंगे।

उपाध्याय के सिद्धांतों ने युवा वाजपेयी को जनसंघ के आरंभिक दिनों में काफ़ी प्रभावित किया, जबकि हल्के धार्मिक पूर्वाग्रहों के अतिरिक्त, उपाध्याय ने जाति व्यवस्था को भी उचित ठहराया था :

> हम इस बात को स्वीकार नहीं करते कि किसी व्यक्ति के विविध व्यक्तित्व और समाज की विभिन्न संस्थाओं के बीच कोई स्थायी और अपरिहार्य टकराव होता है। अगर कोई टकराव है तो यह प्रकृति या संस्कृति का नहीं, बल्कि पतन और दोष का संकेत है। पश्चिमी विचार की त्रुटि इसमें निहित है कि कुछ लोग मानते हैं कि मानव प्रगति इस बुनियादी टकराव का नतीजा है। इस कारण से वो मानते हैं कि व्यक्ति और राज्य के बीच में स्वाभाविक रूप से होने वाले टकराव को उसी आधार पर मानते हैं जिस पर वे वर्ग संघर्ष को मानते हैं। समाज में वर्ग तो होते ही हैं। यहाँ भी जातियाँ हैं, लेकिन हम नहीं स्वीकार करते कि एक जाति के दूसरी जाति से टकराव के पीछे कोई बुनियादी अवधारणा है। चार जातियों की

> हमारी अवधारणा में इन्हें विराट पुरुष के हाथों-पैरों के रूप में देखा जाता है। यह माना जाता है कि विराट पुरुष के सिर से ब्राह्मण पैदा हुए, क्षत्रिय भुजाओं से पैदा हुए, वैश्य पेट से और शूद्र पैरों से पैदा हुए। अगर हम इस अवधारणा का विश्लेषण करें तो हमारे सामने प्रश्न आता है कि क्या एक ही विराट पुरुष के सिर, हाथों, पैरों और पेट के बीच कोई टकराव हो सकता है। अगर टकराव बुनियादी है तो शरीर क़ायम रह ही नहीं सकता। एक ही शरीर के विभिन्न अंगों में किसी तरह का टकराव हो ही नहीं सकता। इसके विपरीत, 'एक व्यक्ति' क़ायम रहता है। ये शारीरिक अंग एक दूसरे के न केवल पूरक हैं, बल्कि इनकी निजी एकता भी होती है। यह पूरी तरह से हितों की पहचान, संबंधों की पहचान है। जाति व्यवस्था का मूल उक्त आधार पर था। अगर इस विचार को जीवित न रखा गया तो यह पूरक होने के बजाय, टकराव ही पैदा कर सकता है। हालाँकि, तब यह विकृति ही होती है। यह कोई व्यवस्थित प्रबंध नहीं है, बल्कि इसमें किसी योजना का अभाव है, व्यवस्था का अभाव है। हमारे समाज की मौजूदा यही स्थिति है।

वाजपेयी के लिए उपाध्याय के शब्द परम पावन होते थे। उपाध्याय तो अंग्रेज़ी भाषा को हटाने और लोगों को हिंदी अपनाने के लिए मजबूर करने की हद तक गए थे। उपाध्याय ने ऐसे हल्के और कमज़ोर राजनीतिक तर्क भी दिए जो भारतीय संविधान के कई प्रावधानों के भी विपरीत थे :

> हमारे देश में इस (धर्म के) बारे में स्थिति पुराने हिंदू विवाहों की तरह की है जिसमें दोनों पक्ष चाहकर भी तलाक़ नहीं ले सकते थे। इसका सिद्धांत ये था कि उनका व्यवहार उनकी सद्भावना के अनुसार नहीं, बल्कि धर्म के अनुसार नियंत्रित होना चाहिए। यही मामला राष्ट्र के साथ है। अगर कश्मीर के चालीस लाख लोग अलग होना चाहते हैं, अगर गोवा के लोग अलग होना चाहते हैं, कुछ लोग पुर्तगाल लौट जाना चाहते हैं, यहाँ तक कि 449,999,999 लोग ऐसा कुछ चाहते हैं जो धर्म के ख़िलाफ़ हो, तब भी ऐसा कुछ नहीं हो पाता। दूसरी ओर, अगर कोई व्यक्ति ऐसा कुछ चाहता है जो धर्म के अनुरूप है, तो वह हो जाता है क्योंकि सत्य धर्म में निहित होता है।

लेखक ऐजाज़ अशरफ़ ने सितंबर 2015 में एक लेख में दमदार तर्क दिए थे कि उपाध्याय ने आम पूर्वाग्रह और बेबुनियाद विचारों को *'भारतीय संस्कृति'* का जामा पहनाया था। समकालीन राजनीति पर ऐसी शब्दजाल भरी घोषणाओं को संघ के बाहर

ज़्यादा पसंद नहीं किया गया। बाद में तो उनके परम प्रशंसक वाजपेयी भी उपाध्याय के इन वैचारिक बिंदुओं से दूर होते गए।

इस सबके बावजूद, उपाध्याय की इस बात के लिए सराहना की जानी चाहिए कि उन्होंने सत्तारूढ़ काँग्रेस को हटाने के लिए अन्य धर्मनिरपेक्ष दलों से गठबंधन करके, जनसंघ के विकास के बीज रोपे। आख़िरकार, ये राजनेता विभिन्न राजनीतिक विचारों के साथ प्रयोग कर रहे थे। आडवाणी याद करते हुए बताते हैं कि उपाध्याय बहुत अच्छे वक्ता नहीं थे, लेकिन जनसंघ द्वारा पंजाब और बिहार में संयुक्त विधायक दल सरकार बनाने के लिए भारतीय कम्युनिस्ट पार्टी से गठबंधन की तीखी आलोचना का जवाब देते हुए वो श्रोताओं को मंत्रमुग्ध कर देते थे। जनसंघ के कालीकट (अब कोझीकोड) सम्मेलन में 1967 में इस कारण गरमागरम बहस हुई।

आडवाणी कहते हैं, 'उस दिन बहस के अंत में दीनदयाल जी का भाषण व्यावहारिक बुद्धि से भरपूर था, और आज तक पार्टी के लिए प्रकाश-स्तंभ की भूमिका निभाता आ रहा है। उन्होंने कहा कि यह देश की राजनीतिक स्थिति की विडंबना है कि सामाजिक क्षेत्र में तो अस्पृश्यता को बुराई माना जाता है, लेकिन कई बार राजनीतिक क्षेत्र में इसे गुण मान लिया जाता है। अगर कोई पार्टी राजनीतिक व्यवस्था में अपनी विरोधियों के प्रति अस्पृश्यता नहीं बरतना चाहती तो माना जाता है कि वो कुछ ग़लत कर रही है। हम जनसंघ वाले निश्चित रूप से कम्युनिस्टों की रणनीति, चालों और उनकी राजनीतिक संस्कृति से सहमत नहीं हैं, लेकिन इसका मतलब ये नहीं कि उन्हें राजनीतिक रूप से अस्पृश्य मान लिया जाए। अगर वो मुद्दों के आधार पर हमारे साथ मिलकर काम करना चाहते हैं, या सहमति से तैयार कार्यक्रम के प्रति संकल्पित सरकार के अंग के रूप में काम करना चाहते हैं तो मुझे इसमें कुछ भी ग़लत नहीं लगता... सभी दलों द्वारा, गंभीर मतभेदों के बावजूद, दिखाई गई सामंजस्य की यह भावना लोकतंत्र के लिए अच्छी बात है।'

***

इस तरह से, उपाध्याय के उत्तराधिकारी के रूप में वाजपेयी का चयन जनसंघ की विश्वसनीयता बढ़ाने और अन्य ग़ैर-काँग्रेसी दलों को आकर्षित करने की दिशा में एक बुद्धिमत्तापूर्ण क़दम था। और जिस किसी को भी इससे आपत्ति थी, वह उसे हँसते-खेलते झेलनी ही थी।

जब 1973 के जनसंघ के कानपुर अधिवेशन से कुछ ही दिनों पहले आडवाणी आरएसएस प्रमुख गोलवलकर से दिल्ली हवाई अड्डे पर मिले, तो उन्होंने उन्हें मधोक की ओर से पैदा की जाने वाली परेशानियों का ज़िक्र किया जो समय-समय पर वाजपेयी और आडवाणी पर निजी हमले करते रहते थे। आडवाणी ने उन्हें बताया

कि स्थिति लगातार बद से बदतर होती जा रही है। और जब मधोक के निष्कासन का मामला आया तो गुरुजी ने आडवाणी से कहा, 'अनुशासन भंग करने के मामलों में आप संगठन की सेहत के लिए ज़रूरी हर क़दम उठाएँ। कोई भी इससे बचना नहीं चाहिए, चाहे वह पार्टी का पूर्व अध्यक्ष ही क्यों न हो।'

गठबंधन सरकार के प्रयोग का विरोध करने पर अनेक वरिष्ठ नेताओं को किनारे कर दिया गया या निकाल दिया गया और आडवाणी की मदद से वाजपेयी जनसंघ की ओर मूल समर्थकों के अलावा बाक़ी लोगों को आकर्षित करके, बड़ी राजनीतिक पार्टी में तब्दील करने के लिए जेपी आंदोलन के साथ मज़बूती से जुड़ गए। वाजपेयी और जनसंघ के अन्य नेता जेपी के लगातार संपर्क में रहे और उन्हें समझाते रहे कि उनकी पार्टी 'फासीवादी और कट्टर' नहीं बल्कि ईमानदार और निस्वार्थ कार्यकर्ताओं का अनुशासित दल है।

वाजपेयी ने जल्द ही अपने विरोधियों को मात देते हुए एक जादूगर-सी प्रतिष्ठा अर्जित कर ली। और यह अवधारणा बनी ही रही। वाजपेयी के साथ उनकी सरकार में केंद्रीय मंत्री रहे वरिष्ठ भाजपा नेता यशवंत सिन्हा गर्व से इस बात की पुष्टि करते हैं। उनका मानना है कि वाजपेयी हर तरह के षड्यंत्रकारियों को मात देने के विशेषज्ञ रहे।

5

1973-77

उथल-पुथल भरे वर्ष

हर साल जून महीने में, दिल्ली वालों की हसरत कुछ और नहीं बस इतनी होती है कि राजधानी की भयंकर गर्मी से भाग कर कहीं चले जाएँ। यही वजह थी कि आरामदेह जगहों की तलाश में रहने वाले वाजपेयी दो दिन पहले ही बेंगलुरु पहुँच गए जहाँ 26 जून 1975 को दो दिनों तक चलने वाली संयुक्त संसदीय समिति की बैठक शुरू होने वाली थी। पैनल के सदस्य आने वाले दल-बदल क़ानून पर चर्चा करने वाले थे। आडवाणी भी इस समिति के सदस्य थे। 'गार्डन सिटी' में उनका आगमन अगले दिन हुआ। बैठक के बाद दोनों को ही दिल्ली निकलना था, लेकिन वे नहीं गए।

समय क्या करवट लेने वाला था, इसके संकेत 1973 में ही मिल गए थे, जब जयप्रकाश नारायण काँग्रेस-विरोधी आंदोलन के प्रमुख प्रचारक के रूप में उभरने लगे। चार महीने पहले, दिल्ली के रामलीला मैदान में (6 मार्च को) हुई जेपी की रैली में लाखों लोग न केवल राजधानी बल्कि पड़ोस के उत्तर प्रदेश से उस ऐतिहासिक स्थल पर इकट्ठा हुए और इस बात से प्रधानमंत्री इंदिरा गाँधी बेहद परेशान थीं।

आडवाणी और वाजपेयी विधायकों के बंगले में थे, जब 26 जून 1975 को सुबह के 7.30 बजे ही उन्हें स्थानीय जनसंघ दफ़्तर से फ़ोन किया गया। उनके लिए दिल्ली में बैठे जनसंघ के एक सचिव का बेहद ज़रूरी संदेश था। इसमें गहरी बात थी और यह उतनी ही तात्कालिक भी थी : देर रात हुई कार्रवाई में विपक्ष के सैकड़ों नेताओं को गिरफ़्तार कर लिया गया था जिनमें जेपी भी शामिल थे, और जल्दी ही पुलिस वाजपेयी और आडवाणी के दरवाज़े पर दस्तक देने वाली थी। आडवाणी भागे-भागे वाजपेयी के पास आए और पुलिस के आने से पहले गिरफ़्तारियों और इमरजेंसी लगाए जाने की निंदा करने वाला एक साझा बयान तैयार करने का फ़ैसला किया।

दो घंटे बाद पुलिस पहुँची और आडवाणी तथा वाजपेयी के साथ ही, दो अलग-अलग बैठकों के लिए शहर में आए, समाजवादी नेता मधु दंडवते और काँग्रेस (ओ) के नेता श्याम नंदन मिश्रा को बेंगलुरु सेंट्रल जेल ले जाया गया। उस समय तक इंदिरा गाँधी नागरिक स्वतंत्रता को निलंबित किए जाने और आंतरिक इमरजेंसी लागू किए जाने की घोषणा कर चुकी थीं। श्रीमती गाँधी के लोगों ने जो लंबी लिस्ट बनाई थी, उनमें शामिल हर एक को मीसा (आंतरिक सुरक्षा अधिनियम) के तहत नज़रबंद किया जाना था। आरएसएस उन पच्चीस संगठनों में से एक था जिन पर पाबंदी लगा दी गई थी।

आडवाणी और वाजपेयी के वकील, एम.एम. 'अप्पा' घटाटे को जुलाई का दूसरा सप्ताह अच्छी तरह याद है जब वह बेंगलुरु आए थे। उन्होंने जब जेल के कपड़ों में वाजपेयी को देखा, तो पूछा, 'अटलजी, यह सब क्या है?' वाजपेयी ने खिलखिलाकर हँसते हुए कहा, 'अब इंदिरा गाँधी मुझे खिलाएँगी और वही कपड़े भी देंगी। मैं अपनी जेब से एक नया पैसा भी ख़र्च नहीं करने वाला हूँ।' उनके वकील मित्र ने जब बताया कि उन्होंने बंदी प्रत्यक्षीकरण की याचिका तैयार की है जिसमें नज़रबंदी को चुनौती दी गई है, तो वाजपेयी ने उन्हें कार्रवाई आगे बढ़ाने को कह दिया। घटाटे ने उन्हें यह भी बताया कि राजनीतिक बंदियों के एक धड़े का यह विचार है कि उन्हें 1942 जैसा रुख़ अपनाना चाहिए, और अदालतों में कोई याचिका नहीं देनी चाहिए। वाजपेयी ने इसका विरोध किया और कहा कि उस समय भारत एक उपनिवेश था। उन्होंने कहा, 'ये 1975 है, 1942 नहीं। हम एक स्वतंत्र देश में रह रहे हैं। अदालतें हमारी हैं। यदि हम न्यायपालिका के दरवाज़े पर नहीं जाते हैं, तो कल जज ही कहेंगे कि हमें राहत मिल जाती। हमें न्यायपालिका को परखना चाहिए।' फिर भी, वाजपेयी चूँकि हमेशा से ही 'आम राय' से चलने पर यक़ीन रखते थे, इसलिए उन्होंने आडवाणी तथा दो अन्य नेताओं से बात की जिन्होंने उनकी सोच को पुख़्ता किया।

कुछ दिनों बाद, आडवाणी के साथ एक ही कोठरी में बंद वाजपेयी को पीठ में भयंकर दर्द होने लगा। इससे पहले भी वह लंबे समय से चले आ रहे पीठ दर्द का इलाज अस्पतालों में कराते आ रहे थे। 12 जुलाई को, दोपहर का खाना खाने के कुछ ही देर बाद उन्होंने पेटदर्द की शिकायत की। उन्हें आनन-फानन में स्थानीय अस्पताल में भर्ती कराया गया जहाँ अगले कुछ घंटे के भीतर उनके अपेंडिक्स को हटाने के लिए ऑपरेशन किया गया। घटाटे कहते हैं कि जनसंघ नेता के लिए यह चुनौती भरा समय था जिनका स्वास्थ्य इस सर्जरी के बाद बेहद ख़राब रहा। इस दौरान, आडवाणी तथा अन्य नेताओं को रोहतक शिफ़्ट कर दिया गया जबकि वाजपेयी बेंगलुरु के विक्टोरिया हॉस्पिटल में ही रहे, जहाँ वह बीमारी से उबर रहे थे।

वाजपेयी की सेहत गिरती चली गई और तब जाकर अस्पताल के अधिकारियों को पता चला कि उन्हें अपेंडिक्स की शिकायत नहीं थी और उनकी जाँच में ग़लती हुई थी। असल में उन्हें टायफ़ाइड था। उस सर्जरी की मेहरबानी से अब उनके घाव में सड़न भी पैदा हो गई थी। उनकी प्रतिद्वंद्वी, इंदिरा गाँधी को जब उनकी हालत का पता चला, तब उन्होंने वाजपेयी को दिल्ली के अखिल भारतीय आयुर्विज्ञान संस्थान में शिफ़्ट करवाया जहाँ बीच-बीच में उन्हें पाँचवीं मंज़िल के अपने कमरे में अपने पालक परिवार से मिलने की अनुमति मिल जाती थी।

इस बीच, पूरे देश में, हज़ारों विपक्षी कार्यकर्ताओं को गिरफ़्तार किया जा चुका था, जिनमें से कई को बुरी तरह पीटा गया और कुछ की प्रताड़ना से मौत तक हो गई। लेकिन इमरजेंसी की इन ज़्यादतियों की जानकारी केवल लोगों के कहने-सुनने से ही पता चलती थी। जहाँ तक वाजपेयी की बात है, तो उन्हें 1 फ़िरोज़शाह रोड स्थित आवास भेज दिया गया, लेकिन उनके आने-जाने पर पाबंदी थी।

इमरजेंसी के दौरान इंदिरा गाँधी अपने राजनीतिक विरोधियों के एक बहुत बड़े वर्ग की आकांक्षाओं को कुचलने में काफ़ी हद तक सफल रहीं। उनमें से कई जहाँ भूमिगत हो गए, वहीं जेलों में बंद उनमें से अनेक अनिश्चितता के भय से घुटने टेकने लगे थे। अधिकांश बुजुर्ग नेताओं के लिए यह तबाह कर देने वाला अनुभव था। वास्तव में, जेपी आंदोलन को लेकर जो उत्साह पैदा हुआ था, और जिसे विभिन्न समाजवादी दलों और आरएसएस का समर्थन मिला था, तथा जिसके बाद भ्रष्टाचार-विरोधी संघर्ष के आरंभ के लिए 'संपूर्ण क्रांति' का आह्वान किया गया था, वह ज़्यादा दिनों तक बना नहीं रहा। शायद श्रीमती गाँधी ने लोकतंत्र समर्थक ताक़तों के ख़तरे को कुछ अधिक गंभीरता से ले लिया था और सैनिकों को बुलाने में जल्दबाज़ी कर दी थी।

सच है कि उनके पास अपने सहयोगियों की सलाह पर देश में राष्ट्रपति शासन लगाने के अपने ही कारण थे। उनकी सबसे बड़ी दलील थी कि वे लोग जो चुनाव नहीं जीत सके उन्होंने क़ानून को अपने हाथों में लेना शुरू कर दिया और सरकार के लिए सुरक्षा की समस्याएँ खड़ी करने लगे। और हाँ, इस बात के संकेत थे कि जेपी आंदोलन ने भारतीयों के बड़े वर्ग को सड़कों पर उतार दिया था। उनकी चिंताओं का मूल कारण अपनी सरकार की कमज़ोरियाँ थीं। लोग सरकार के हर स्तर पर भ्रष्टाचार से तंग आ चुके थे। देश की अर्थव्यवस्था जर्जर हो चुकी थी। इस बीच, वाजपेयी तथा जनसंघ के दूसरे नेता काँग्रेस-विरोधी गठजोड़ के ज़रिए इस राजनीतिक स्थिति का लाभ उठाने का मन बना चुके थे। वाजपेयी के एक सहयोगी को चिंता सता रही थी कि जनसंघ को 'कमज़ोर' किया जा रहा है। उससे वाजपेयी ने कहा था, 'यह अभी नहीं तो कभी नहीं वाली स्थिति' है।

इसके अलावा, जेपी आंदोलन इंदिरा गाँधी के ख़िलाफ़ विपक्ष की एक आँधी को हवा दे रहा था। महज़ एक साल पहले ही, गुजरात में शुरू किया गया छात्र आंदोलन पश्चिमी भारत में उस काँग्रेस सरकार के पतन का कारण बना था जिसे मुख्यमंत्री चिमनभाई पटेल चला रहे थे। एक छात्र आंदोलन बिहार में ज़ोर पकड़ रहा था जहाँ काँग्रेस सरकार पर सत्ता छोड़ने और चुनाव कराने का दवाब था। इंदिरा गाँधी इस डर से इस माँग के आगे झुकने के लिए तैयार नहीं थीं कि एक सिलसिला शुरू हो जाएगा। जेपी के क़रीबी काँग्रेसी नेता उनसे मिले और चुनाव कराने को कहा, लेकिन वह राज़ी नहीं हुईं। काँग्रेस में चंद्रशेखर और मोहन धारिया जैसे जेपी-समर्थक लोगों ने एक समझौते के प्रयास किए, लेकिन श्रीमती गाँधी ऐसे किसी भी सौदे को लेकर सशंकित थीं। पार्टी के भीतर वह जेपी-समर्थक नेताओं को लाभ नहीं लेने देना चाहती थीं। कुछ ही समय बाद, उन्होंने धारिया को पार्टी से निकाल दिया। वह इस बात को लेकर भी चिंतित थीं कि जेपी के साथ जुड़ जाने के कारण आरएसएस को राजनीतिक वैधता मिल रही है और वह अपने दशकों पुराने कलंक से बाहर निकल रहा है। काँग्रेस आला कमान इस बात से भी चिढ़ी हुई थी कि 1975 की शुरुआत में हुए गुजरात विधानसभा चुनावों में, काँग्रेस-विरोधी गठबंधन, जनता मोर्चा सत्ता में आ गया था। 1974 में भारत में रेल सेवा को ठप कर देने वाली रेलवे की हड़ताल ने आग में घी का काम किया। इस हड़ताल की शुरुआत समाजवादी और मज़दूर संगठन के बेहद आक्रामक नेता जॉर्ज फ़र्नांडिस ने की थी जो आगे चलकर वाजपेयी का दाहिना हाथ बने।

बेशक, आपा खोने पर मजबूर करने वाली घटना 12 जून 1975 को हुई जब इलाहाबाद हाई कोर्ट के जस्टिस जे.एम.एल. सिन्हा ने अपने हाथ से लिखे फ़ैसले में रायबरेली लोकसभा सीट से इंदिरा गाँधी के चुनाव को ख़ारिज कर दिया और उनके निकटतम प्रतिद्वंद्वी, राजनारायण की याचिका को सही ठहराया। सिन्हा ने सुप्रीम कोर्ट में अपील के लिए उन्हें बीस दिनों का स्टे दिया। 24 जून 1975 को सुप्रीम कोर्ट ने उन्हें प्रधानमंत्री बने रहने की अनुमति दी, लेकिन उनके पास वोट देने का अधिकार नहीं था। यह सशर्त आदेश विख्यात जज वी.आर. कृष्ण अय्यर ने दिया था। उस दिन, लाखों लोग जेपी, मोरारजी देसाई, तथा अन्य नेताओं को सुनने के लिए रामलीला मैदान में इकट्ठा हुए थे। इनमें से अधिकांश नेताओं को उसी रात (वाजपेयी बेंगलुरु में थे) गिरफ़्तार कर लिया गया था। एक स्तंभकार ने कहा था कि प्रधानमंत्री ने एक जन आंदोलन की तुलना 'हिंसा पर उतारू जानवर' से की थी।

इस दौरान, आरएसएस के तीसरे प्रमुख मधुकर दत्तात्रेय देवरस ने जेल से ही इंदिरा गाँधी को कुछ चिट्ठियाँ लिखीं जिनमें उन्होंने उनकी सरकार की प्रशंसा की और आरएसएस नेताओं के साथ नरमी बरतने की अपील की। दत्तात्रेय एक चतुर

राजनीतिक समझ रखने वाले व्यक्ति थे जिन्होंने 1973 में तब आरएसएस का नेतृत्व संभाला था जब गोलवलकर की कैंसर से मृत्यु हो गई थी। आगे चलकर उन्हें अनेक विपक्षी नेताओं का कोपभाजन बनना पड़ा, जिनमें आरएसएस के भी नेता शामिल थे, जो इस बात से भड़के हुए थे कि वह उस कुख्यात 20-सूत्रीय कार्यक्रम को लागू कराने के बदले आरएसएस नेताओं की रिहाई के लिए श्रीमती गाँधी के सामने गिड़गिड़ा रहे थे, जिसमें अनिवार्य परिवार नियोजन भी शामिल था।

देवरस समर्थकों का कहना है कि उन्होंने बुरे वक़्त में दीन-हीन दिखने की चाल चली थी ताकि सही समय आने पर पलटवार किया जाए। वैसे भी, वह उन लोगों में से एक थे जो चाहते थे कि चुनावी राजनीति में जनसंघ को जितनी तेज़ी से संभव हो आगे बढ़ाया जाए। वह इस बात को मन में बिठा चुके थे कि जेपी आंदोलन की पीठ पर सवार होकर जनसंघ के पास लोकसभा चुनावों में सबसे ज़्यादा सीटें जीतने की असीम संभावनाएँ होंगी, जो उस समय तक सबसे अधिक पैंतीस सीटें जीत सका था। उनके पूर्ववर्ती, गोलवलकर चुनावी लाभ से ख़ुश थे, लेकिन देवरस कहीं अधिक महत्त्वाकांक्षी थे। वह चाहते थे कि जनसंघ पूरी ताक़त झोंक दे और नए क्षेत्रों में तेज़ी से पैर पसारे। स्वतंत्र पार्टी (जो 1959 से 1974 तक अस्तित्व में रही) से गठजोड़ उस समय तक उनकी योजना में शामिल नहीं था। यह ऐसी पार्टी थी जो सुधारों की समर्थक थी लेकिन उस समय तक लोगों पर उसका रंग चढ़ नहीं सका था। जेपी के साथ जुड़ने का अवसर वह छोड़ नहीं सकते थे। वाजपेयी-आडवाणी की जोड़ी को उनका आशीर्वाद प्राप्त था कि वे जेपी के पीछे पड़े रहें जबकि जेपी शुरुआत में महात्मा गाँधी की हत्या में आरएसएस के कथित हाथ को लेकर उसे आशंका की दृष्टि से देखते थे। वाजपेयी और आडवाणी दोनों ही जेपी को लुभाने में बेहतरीन भूमिका निभाने वाले थे। जेपी आरएसएस की जिन बैठकों में शामिल हुए उनमें से एक में, उस लंबे, पतले-दुबले नेता ने यहाँ तक कहा, 'यदि आरएसएस फासीवादी है तो मैं भी फासीवादी हूँ।' जेपी जो कभी कट्टर मार्क्सवादी थे और काँग्रेस नेतृत्व के साथ मिलकर काम कर चुके थे, उनका ऐसा कहना बहुत बड़ी बात थी।

***

1976 में 31 दिसंबर की उस सर्द शाम को, एबीवीपी के तत्कालीन महासचिव, राम बहादुर राय वाजपेयी से मिलने उनके 1 फ़िरोज़शाह रोड आवास पर पहुँचे, जहाँ उनका स्वागत चाय की गरमागरम प्याली से किया गया। राय किसी समाचार को सुनने के बाद हड़बड़ी में और कुछ परेशानी के साथ पहुँचे थे। उन्हें पता चला था कि इंदिरा गाँधी की सरकार में गृह राज्य मंत्री, कार्मिक और संसदीय कार्य मंत्री,

ओम मेहता वाजपेयी से मिले थे। उन्हें कुछ पता नहीं था, और वह इस ख़बर की पुष्टि करना चाहते थे।

'क्या यह सच है, वाजपेयी जी कि ओम मेहता आपसे मिलने आए थे?' राय ने पूछा।

तपाक से जवाब मिला : 'नहीं। वह बहुत बड़े आदमी हैं। वह मुझसे मिलने नहीं आए थे। मैं उनसे मिलने गया था।'

राय, जो अब इंदिरा गाँधी नेशनल सेंटर फ़ॉर आर्ट्स के बोर्ड ऑफ़ ट्रस्टीज़ के अध्यक्ष हैं, वह स्तब्ध रह गए। उन्हें इस बात पर यक़ीन नहीं हुआ कि उनके नेता उस काँग्रेसी मंत्री से मिलने गए थे जिसे केंद्रीय गृह मंत्री, ब्रह्मानंद रेड्डी से भी ताक़तवर माना जाता था क्योंकि वह श्रीमती गाँधी के बेहद क़रीबी थे।

युवा एबीवीपी नेता कुछ देर तक ख़ामोश रहे, और फिर वाजपेयी से पूछा कि मेहता के साथ बैठक में क्या बातचीत हुई।

कुछ देर के मौन के बाद, वाजपेयी ने देश के कई हिस्सों में शरारती तत्वों द्वारा आगजनी और लूट तथा सरकारी संपत्ति को नुक़सान पहुँचाए जाने के बारे में बताया और राय से कहा कि समय आ गया है जब सरकार इमरजेंसी के क़ानूनों को हटाने पर विचार करे, उससे पहले ही एबीवीपी को अपनी ग़लती को स्वीकार करते हुए सरकार के सामने माफ़ीनामा पेश कर देना चाहिए।

अपने क्रोध को वश में करते हुए, राय ने इस आरोप को ख़ारिज कर दिया कि एबीवीपी के कार्यकर्ता हिंसा में शामिल थे। 'यह असत्य है और माफ़ी माँगने का तो सवाल ही नहीं है चाहे हमें जेल ही क्यों न जाना पड़े,' राय ने ज़ोरदार ढंग से कहा।

वाजपेयी अपमानित महसूस कर रहे थे और उन्होंने फुसफुसाते हुए कहा कि राय जैसे लोग जहाँ बड़ी आसानी से ऐसे साहसिक बयान दे सकते हैं वहीं उनके जैसे उम्रदराज़ लोग लोकतांत्रिक व्यवस्था को ही बेहतर समझते हैं। 'हम भी चुनाव और लोकतंत्र चाहते हैं,' राय ने कहा। मुलाक़ात ख़त्म हो गई।

एबीवीपी ने माफ़ी नहीं माँगी, लेकिन क़िस्मत अच्छी थी कि इमरजेंसी जल्दी ही हटा दी गई।

उस दिन, राय को एहसास हुआ कि वाजपेयी ऐसी हस्ती थे जिनकी अपनी छवि सार्वजनिक छवि से एकदम अलग थी। राय जो आगे चलकर *जनसत्ता* के संपादक बने, उन्हें यह समझ आया कि वाजपेयी कितनी सहजता से नई राजनीतिक सच्चाइयों के अनुकूल ख़ुद को ढाल लिया करते थे, जबकि एक राजनेता के रूप में वह कितने महत्त्वाकांक्षी थे। राय इस निष्कर्ष पर पहुँचे कि भले ही वह एक उदार नेता थे, लेकिन न तो अपनी विचारधारा और ना ही अपने निर्णयों को लेकर समझौता करते थे।

संघ में ऐसे कई लोग हैं जिन्हें लगता है कि बाईस महीने की इमरजेंसी के दौरान देवरस का जो रुख़ श्रीमती गाँधी को लेकर था वैसा ही रुख़ वाजपेयी का भी था-किसी बड़े संकट के समय लड़ने की बजाए चुप रहो। यह भी दिलचस्प है कि यह आरएसएस के उस दृष्टिकोण से मेल खाता था जो उसने बहुत पहले ही तय किया था, जिसके मुताबिक़ जब भी उस पर प्रतिबंध लगा उसने सब्र रखा। यह और बात है कि इमरजेंसी के दौरान कई स्वयंसेवकों को मुसीबतों का सामना करना पड़ा, लेकिन नेतृत्व ने, विशेष रूप से वाजेपयी और देवरस ने सरकार से बातचीत के रास्ते खुले रखे, और लोकतंत्र की ओर वापसी के लिए वे किसी भी समझौते के प्रस्ताव (जिनमें से एक के बारे में उन्होंने राय को बताया था) के आगे झुकने के लिए तैयार थे।

इसमें कोई आश्चर्य नहीं कि जाने-माने पत्रकार और इमरजेंसी के दौरान घटनाओं पर पैनी नज़र रखने वाले प्रभाष जोशी ने एक बार लिखा था, 'आपको कार्रवाई की एक दिशा, एक पैटर्न जिसे संकट में आने पर आरएसएस अपनाता है, स्पष्ट रूप से दिखेगा। यहाँ तक कि इमरजेंसी के दौरान, आरएसएस और जनसंघ (के नेता) जेलों से बाहर आए उन्होंने माफ़ीनामा दिया था। वे सबसे पहले माफ़ी माँगने वालों में शामिल थे। फिर भाजपा उन बातों को अपने हक़ में इस्तेमाल करने की कोशिश क्यों कर रही है?'

इसके साथ ही, संघ के अंदर एक धड़ा ऐसा भी है जो वाजपेयी को अच्छी नज़र से नहीं देखता और उन्हें एक ढीला, मौज़-मस्ती करने वाला लेकिन महत्त्वाकांक्षी नेता मानता है जिसे संगठन के मामलों की या उसकी विचारधारा की परवाह नहीं थी, जबकि दोनों ही ग़ैर-काँग्रेसवाद और आक्रामक हिंदुत्व के पक्षधर थे। इन अंदरूनी सूत्रों के लिए, वे महज़ एक वक्ता थे जो संगठन के बाहर अपनी लोकप्रियता के कारण ऊपर आने में कामयाब हो गए। वे उन पर संघ के भीतर अपने विरोधियों को नीचा दिखाने के लिए षड्यंत्र करने का आरोप भी लगाते हैं। राय जैसे लोग बताते हैं कि वह *द ऑर्गनाइज़र* और *पांचजन्य* के संपादकों से ऐसी ख़बरें और संपादकीय पन्ने के दूसरी तरफ़ छपने वाले स्तंभ लिखवाया करते थे जिनसे पार्टी के भीतर अपने विरोधियों की छवि ख़राब की जा सके। अपने विरोधियों को वे आसानी से कुचल दिया करते थे। इस तरह उन्होंने भेड़ों के बीच भेड़िया होकर भी लोगों के बीच एक उदारवादी की छवि बना रखी थी। लेकिन आरएसएस उनकी इसी छवि को उनके लिए 'उपयोगी' बताया करता था।

और यही विख्यात 'उपयोगिता' सार्वजनिक सभाओं और चुनाव प्रचार के दौरान सबके सामने दिखती थी।

***

1977 की शुरुआत में, पूरा भारत जैसे निष्क्रियता के बंधन में जकड़ा था। ऐसा लगता था मानो लोगों को स्वतंत्रता की कोई परवाह नहीं थी। ऐसा लगता था मानो उनका सारा जोश ख़त्म हो गया है। किसी जुलूस या सार्वजनिक सभा को वे अब नहीं देखते थे, और इस बात से संतुष्ट दिख रहे थे कि बसें और ट्रेनें समय पर चल रही हैं, सरकारी कर्मचारी समय और काम के पाबंद हैं, और अपराध की दर घट गई है। ऐसा लगता था जैसे इससे अच्छा समय नहीं आ सकता, और जैसा कि जानी-मानी स्तंभकार तवलीन सिंह ने लिखा था, 'देश को इमरजेंसी की आदत पड़ गई थी।'

इस बीच, श्रीमती गाँधी को जो खुफ़िया जानकारी मिली उसके मुताबिक़ ऐसा अनुमान लगाया गया था कि यदि उन्होंने उस समय चुनाव करवाए तो उनकी पार्टी को ज़बरदस्त बहुमत मिलेगा। देश के कुछ हिस्सों को छोड़कर, उनकी लोकप्रियता पार्टी को उसी तरह जीत दिलाने में सफल होगी, जैसा 1971 में हुआ था, जब पाकिस्तान के साथ युद्ध में जीत के बाद उन्हें ज़बरदस्त जीत मिली थी।

श्रीमती गाँधी के लिए खुफ़िया जानकारी अच्छी ख़बर थी, जो विदेश में अपनी बदनामी से बेहद परेशान चल रही थीं। भारतीय मीडिया पर जहाँ सेंसरशिप को बेहद सख़्ती से लागू किया गया था ताकि काँग्रेस-विरोधी एक भी ख़बर ना छप सके, वहीं उन्हें मंजूर नहीं था कि विदेशी मीडिया उन्हें एक आततायी या तानाशाह करार दे। दुनिया में उनकी छवि दाग़दार हो गई थी, वैसी न तो 1966 के विनाशकारी अकाल के समय थी और ना ही आगे चलकर 1971 के युद्ध के समय। इन अवसरों पर, भले ही उन पर ग़रीबी, अकाल और बेहिसाब आबादी के कुचक्र को तोड़ने की भारी ज़िम्मेदारी थी, लेकिन वह 'देश में ज़बरदस्त एकता' की दलील दे सकती थीं लेकिन इन परिस्थितियों के विपरीत इमरजेंसी के दौरान विपक्ष के अधिकांश नेता जेलों में सड़ रहे थे। 'नेता' की व्यक्तित्ववादी छवि का प्रचार पूरे जोश के साथ किया गया, लेकिन दुनिया भर में उनकी जो छवि बनी थी वह एक बेहद चिंता का विषय थी। उनके दूसरे पुत्र, संजय गाँधी भी लगातार मीडिया के निशाने पर थे। उनकी हैसियत असंवैधानिक थी, फिर भी उनकी ही देखरेख में ज़बरन नसबंदी जैसी कुख्यात योजनाओं को लागू कराया जा रहा था। श्रीमती गाँधी अनेक कारणों से देश में गड़बड़ी फैलाने वाली 'विदेश ताक़तों' को लेकर आशंका जताती थीं और चर्चा करती थीं। इमरजेंसी घोषित करने के कुछ दिनों के भीतर ही वह इन 'विदेशी ताक़तों' के बारे में बातें करने लगीं। आल इंडिया रेडियो (जिसे उस समय मज़ाक़ में आल इंदिरा रेडियो भी कहा जाता था) के एक प्रसारण में, प्रधानमंत्री ने कहा था कि देश के बाहर अनेक लोग हैं जो भारत को ताक़तवर नहीं देख सकते।

अपने क़रीबी सहयोगियों और खुफ़िया अधिकारियों पर भरोसा करते हुए, श्रीमती गाँधी ने 18 जनवरी 1977 को चुनावों की घोषणा कर दी। उन्होंने राजनीतिक

बंदियों को रिहा कर दिया और इमरजेंसी क़ानूनों को भी कुछ हद तक हटा दिया। इसके तुरंत बाद, जेपी ने विपक्षी एकता और चुनाव लड़ने के लिए एक दल के गठन का आह्वान किया। इस प्रकार, 23 जनवरी 1977 को जनता पार्टी का जन्म हुआ, जो जनसंघ, जनता मोर्चा, भारतीय लोकदल, स्वतंत्र पार्टी और सोशलिस्ट पार्टी ऑफ़ इंडिया जैसे दलों का विलय कर बनाया गया बहुदलीय गठबंधन था। मोरारजी देसाई इसके अध्यक्ष बनाए गए।

21 मार्च 1977 की सुबह श्रीमती गाँधी ने इमरजेंसी क़ानूनों को पूरी तरह हटा लिया, लेकिन उस साल जनवरी में ही एक दिन सुबह जब लोगों की नींद खुली तब उन्होंने विपक्षी नेताओं की सार्वजनिक सभाओं का ऐलान करने वाले पोस्टरों को देखा था।

उसी प्रकार के पोस्टर जनता पार्टी के गठन के तुरंत बाद, जनवरी में दिल्ली में भी लगाए गए थे। विपक्ष की सार्वजनिक सभा के लिए रामलीला मैदान को चुना गया था, जहाँ आज भी देश की दिशा बदल देने वाली रैलियाँ होती हैं। 1965 में, जब भारत और पाकिस्तान के बीच युद्ध हुआ, तब यहीं से प्रधानमंत्री लाल बहादुर शास्त्री ने लोकप्रिय नारे : 'जय जवान जय किसान' का उद्घोष किया था। एक बार फिर 1972 में, बांग्लादेश युद्ध के बाद इसी मैदान से इंदिरा गाँधी ने एक विशाल रैली को संबोधित किया था। यहीं से जेपी ने अपने हज़ारों समर्थकों को संबोधित किया था और उनसे 24 जून 1975 की रात प्रधानमंत्री के आवास का घेराव करने का आह्वान किया था। वह गरजे थे, *'सिंहासन ख़ाली करो कि जनता आती है।'*

जेडीयू के नेता के.सी. त्यागी उस रैली में मौजूद थे। उन्होंने कई साल बाद उस रैली के बारे में बताया कि जेपी के लिए इतनी भीड़ इकट्ठा हो गई थी कि लोग आसपास के इलाक़ों तक फैल गए थे। वहाँ के माहौल में ज़बरदस्त जोश भर गया था। लोगों के बीच उत्साह की कोई कमी नहीं थी, और जेपी ने इस अवसर का इस्तेमाल करते हुए दिल्ली पुलिस से कहा कि वे अपने वरिष्ठ अधिकारियों के आदेशों की परवाह न करें।

वाजपेयी, जो 1975 में बेंगलुरु में थे, वह इस बार मिले मौक़े को चूकने वाले नहीं थे। और उन्होंने अपना जादू चला दिया।

उस शाम थोड़ी सर्दी थी और फिर बारिश होने लगी। बादल रात 9 बजे के बाद ही छँटे, लेकिन मौसम की परवाह किए बिना लोगों की बहुत भारी भीड़ इकट्ठा हो गई थी। भारत की कुछ सबसे बड़ी मस्जिदों में से एक, जामा मस्जिद के इमाम, शाही इमाम बुखारी सीनियर भी वाजपेयी तथा अन्य नेताओं के साथ मंच पर मौजूद थे। यह ऐसा मैदान है जो देश के राजनीतिक मूड की सही पहचान कराने के लिए

विख्यात है, विशेष रूप से 1960 और 1970 के दशक में देश इसे देख चुका था। वाजपेयी के साथ जो दूसरे नेता वहाँ मौजूद थे उनमें जगजीवन राम (काँग्रेस छोड़ने के बाद, इमरजेंसी के दौरान उन्हें नज़रबंद रखा गया था), मोरारजी देसाई, चरण सिंह और चंद्रशेखर शामिल थे। लेखिका और स्तंभकार तवलीन सिंह भी वहाँ मौजूद थीं और अपनी आँखों देखी उन्होंने बताई कि कैसे वाजपेयी ने उस रात भीड़ पर अपना जादू चलाया :

> घड़ी की सुई रात के 9.30 बजे को पार कर चुकी थी जब अटलजी की बारी आई और जैसे ही वह बोलने के लिए खड़े हुए भीड़ भी खड़ी हो गई और तालियाँ बजाने लगी। पहले थोड़ी बहुत और थोड़ा रुक-रुक कर तालियाँ बजीं, और फिर जोश में आकर उन्होंने नारे लगाने शुरू कर दिए, 'इंदिरा गाँधी मुर्दाबाद!' उन्होंने इन नारों का स्वागत हाथ जोड़कर नमस्ते करते हुए हल्की मुस्कान के साथ किया। और फिर, दोनों हाथों को ऊपर उठाकर आँखों को बंद कर किसी सधे हुए अभिनेता की तरह उन्होंने कहा, *'बाद मुद्दत के मिले हैं दीवाने।'* और वह ख़ामोश हो गए। भीड़ झूमने लगी।
>
> तालियों की गड़गड़ाहट और नारेबाज़ी जब शांत हुई तब उन्होंने एक बार फिर अपनी आँखें बंद की और लंबी चुप्पी के बाद कहा, *'कहने सुनने को बहुत हैं अफ़साने।'* इस बार तालियाँ काफ़ी देर तक बजीं, और जब रुकीं तब उन्होंने एक बार फिर आँखें बंद करते हुए चुप्पी के बाद उस शेर की आख़िरी लाइन सुनाई जिसके बारे में उन्होंने मुझे बाद में बताया था कि उस समय ही उन्हें तैयार कर लिया था। *'खुली हवा में ज़रा साँस तो ले लें, कब तक रहेगी आज़ादी कौन जाने?'*

यह उन लोगों के लिए एक अविश्वसनीय पल था जो हल्की बारिश के बावजूद हज़ारों की संख्या में वहाँ इकट्ठा थे। वे 1973 में आई राज कपूर की धाँसू फ़िल्म, *बॉबी* को छोड़कर यहाँ आए थे, जिसमें डिंपल कपाड़िया और ऋषि कपूर थे और उस रात टीवी पर इस मक़सद से उसे दिखाया जा रहा था ताकि लोगों को विपक्ष की रैली से दूर रखा जा सके। हालाँकि, यह उपाय कारगर नहीं हुआ। वाजपेयी की अद्भुत भाषण कला से मंत्रमुग्ध हुई भीड़, घंटों तक रामलीला मैदान में डटी रही। *बॉबी* और उनके बीच, लोगों ने वाजपेयी को चुना। और उस रात उन्होंने एक बार फिर यह साबित कर दिया कि उन्हें वैसे ही भीड़ को आकर्षित करने में माहिर नेता नहीं कहा जाता था।

6

1977-80

सत्ता के साथ प्रयोग

छठी लोकसभा के लिए 1977 में होने वाला चुनाव भारतीय चुनाव के इतिहास का सबसे कम समय का चुनाव था। इसके बावजूद इसने भारतीय राजनीति की दिशा बदल दी। काँग्रेस को सत्ता से बेदख़ल कर दिया और आज़ादी के बाद पहली बार उसे गद्दी छोड़नी पड़ी जिसने अतिउत्साह के मद में चूर इंदिरा गाँधी के अहंकार को चूर-चूर कर दिया। इस चोट के साथ, अपमान के कई घूँट भी पीने पड़े। काँग्रेसी खेमे के बड़े-बड़े नाम चुनावों में हार गए, लेकिन जिस हार की चर्चा सबसे ज़्यादा हुई वह थी जनता पार्टी के नेता राजनारायण के हाथों श्रीमती गाँधी को उत्तर प्रदेश की रायबरेली संसदीय सीट पर मिली हार-वही राजनारायण जिनके कारण दो साल पहले उनकी सरकार संकट में पड़ गई थी।

श्रीमती गाँधी से नाराज़ होकर उनसे संबंध तोड़ने वाले काँग्रेस नेताओं और तमाम विपक्षी नेताओं के समूह, जनता पार्टी को अप्रत्याशित रूप से 345 सीटें मिलीं जबकि काँग्रेस को 189 सीटें, जो उसके लिए उस समय का सबसे कम आँकड़ा था।

सत्ताधारी गठबंधन में, पूर्ववर्ती जनसंघ के सदस्य बहुमत में थे, लेकिन वाजपेयी और दूसरे नेताओं ने तय कर लिया था कि वे अधिक प्रतिनिधित्व की माँग नहीं करेंगे क्योंकि वैसे भी सभी चुने गए सदस्य एक ही दल का हिस्सा थे। इस कारण, उनमें से सिर्फ़ तीन लोग ही प्रधानमंत्री मोरारजी देसाई की कैबिनेट में शामिल हुए। मोरारजी देसाई काँग्रेस(ओ) के सदस्य थे। कैबिनेट में वाजपेयी (विदेश मंत्री), आडवाणी (सूचना एवं प्रसारण मंत्री) और बृजलाल वर्मा (उद्योग मंत्री) शामिल हुए।

वाजपेयी को क़रीब से जानने-समझने वाले पत्रकार, सईद नकवी को अक्सर ऐसा लगता था कि वाजपेयी के भीतर अघोषित आदर्श राजनेता का दिमाग़ किसी

आरएसएस के संस्थापक या हिंदू राष्ट्रवादी जैसा नहीं, बल्कि पंडित जवाहरलाल नेहरू के जैसा था। नकवी, जो उस समय *इंडियन एक्सप्रेस* के संवाददाता थे, तब वाजपेयी के साथ थे, जब 1977 में वह साउथ ब्लॉक में विदेश मंत्री का कार्यभार संभालने पहुँचे थे। नकवी ने वाजपेयी से पूछा था कि उन्हें कैसा लग रहा है। 'मैं उसी ऑफ़िस में हूँ जहाँ कभी पंडितजी बैठते थे,' इतना कहते ही उनकी आँखें भर आईं।

पहले ही दिन से नई सरकार के लिए चुनौतियाँ खड़ी थीं। प्रधानमंत्री पद के तीन बड़े दावेदार थे : मोरारजी देसाई, जगजीवन राम और चरण सिंह। आख़िर में, यह होड़ पहले दो नामों तक सिमट गई। कई लोग चाहते थे कि जगजीवन राम प्रधानमंत्री बनें क्योंकि वह एक दलित थे। वाजपेयी देसाई के पक्ष में थे, यही राय अधिकांश पूर्व जनसंघ के सांसदों की भी थी, लेकिन जय प्रकाश नारायण और आचार्य कृपलानी, जो जनता आंदोलन के दिग्गज थे, वे चरण सिंह के पक्ष में थे। और चरण सिंह को जब भनक लगी कि जगजीवन राम को पीएम बनाया जाएगा, तब उन्होंने इन दोनों को चिट्ठी लिखकर कहा कि वे पीएम के लिए देसाई का समर्थन करते हैं। बाद में, उत्तर भारत के सबसे चतुर राजनेताओं में से एक और मीडिया के निशाने पर रहने वाले चरण सिंह इस विषय की चर्चा कर मोरारजी देसाई का गंभीर संकट के समय समर्थन करने का श्रेय लिया करते थे।

जगजीवन राम इस बात से नाराज़ थे कि उन्हें प्रधानमंत्री पद देने पर विचार भी नहीं किया गया। उन्होंने ऐलान किया कि वह कैबिनेट में शामिल नहीं होंगे। वाजपेयी, आडवाणी तथा अन्य कई लोगों ने उन्हें मनाने की हर संभव कोशिश की, जिसके बाद उन्होंने अपना फ़ैसला पलटा। चरण सिंह और जगजीवन राम दोनों ही सरकार में उप-प्रधानमंत्री के रूप में शामिल हुए। जगजीवन राम तो तब भी उपेक्षित महसूस कर रहे थे क्योंकि सबसे ज़्यादा माँग में रहने वाला गृह विभाग चरण सिंह को दे दिया गया था। समय बीतने के साथ ही इस तरह के व्यक्तिगत मतभेद बढ़ते चले गए।

***

वाजपेयी जो पूरी दिलचस्पी के साथ विदेश मामलों पर नज़र रख रहे थे और इस विषय पर अनेक संसदीय बहस में हिस्सा ले रहे थे, वह विदेश मंत्री की ज़िम्मेदारी संभालना चाहते थे। मोरारजी ने उन्हें यह पद दे भी दिया।

विदेश सेवा से जुड़े अफ़सरों के मन में इस घोषणा ने कई तरह के संदेह पैदा किए। आख़िर कैसे आरएसएस से आया एक व्यक्ति इस महत्त्वपूर्ण पद को संभालेगा जो विदेश नीति को लेकर विचित्र विचार रखता है? ऐसी ही बातें सबकी ज़बान पर थीं।

उस समय बगदाद में भारतीय उच्चायोग में तैनात राजदूत, मणिशंकर अय्यर जनता पार्टी को उम्मीद की किरण के रूप में देख रहे थे, और मोरारजी देसाई के प्रति उनमें आदर भी था। अय्यर का सपना था कि वह कराची में काम करें। उन्हें जब पता चला कि देसाई ने वाजपेयी को विदेश मंत्री नियुक्त किया है तो लगा जैसे सबकुछ लुट गया। 'ये आदमी अब पाकिस्तान को लेकर आरएसएस की नफ़रत को सरकार का हिस्सा बनाएगा और पड़ोसी मुल्क से संबंधों को तबाह कर देगा,' वह मन ही मन सोच रहे थे।

लेकिन 'नॉर्थ ब्लॉक में ख़ाकी हाफ़ पैंट' को लेकर अय्यर के मन में बैठा शक जल्दी ही दूर हो गया।

वाजपेयी ने कार्यभार संभालने के बाद जल्दी ही इस्लामाबाद का दौरा किया और रस्मी भोज में परंपरा के अनुसार अंग्रेज़ी में भाषण देने की लीक से हटते हुए, वाजपेयी ने शुद्ध हिंदुस्तानी में अपनी बात रखी जिसमें बीच-बीच में उर्दू के शब्दों का इस्तेमाल किया, और इस तरह पाकिस्तानी अधिकारियों का दिल जीत लिया। उन्होंने यह भी कहा कि अब भारत पाकिस्तान को हॉकी के मैदान पर ही हराएगा।

स्पष्ट रूप से, विदेश नीति और राजनीति में प्रेम की भूमिका को वह समझते थे। 1978 में 6 फ़रवरी से 8 फ़रवरी के बीच अपने तीन दिनों के दौरे पर वाजपेयी ने पाकिस्तानियों को दोनों पड़ोसियों के बीच संबंधों की नई शुरुआत की संभावना दिखाकर खुश कर दिया, नहीं तो वे अब भी 1971 में मिली हार को भूलने के लिए तैयार नहीं थे। यह भी ग़ौर करने वाली बात है कि वाजपेयी भारतीय उच्चायोग की ओर से मिली सलाह को ख़ारिज करते हुए मीनार-ए-पाकिस्तान को देखने गए, जो लाहौर के विशाल इकबाल पार्क में खड़ा किया गया सत्तर मीटर ऊँचा स्मारक है। इसे एक ऐसे व्यक्ति की शालीनता के रूप में देखा गया जो आत्मविश्वास से भरा था। अगले दिन पाकिस्तान के सभी अख़बार उनकी इस अनोखी सोच की तारीफ़ों से भरे पड़े थे। वैसे भी, इस सार्वजनिक स्मारक का निर्माण उस 'लाहौर प्रस्ताव' की याद में खड़ा किया गया था जो दो-राष्ट्रों के सिद्धांतों का समर्थन करता था और जिसे 1940 में आल इंडिया मुस्लिम लीग ने पारित किया था।

वाजपेयी के इसी दौरे के समय दोनों देशों ने द्विपक्षीय संबंधों को मज़बूत करने और कराची में नया कॉन्सुलेट जनरल नियुक्त करने का फ़ैसला किया। पाकिस्तान को ऐसा ही दफ़्तर बॉम्बे में खोलने की इजाज़त दी गई।

बगदाद में शाम के 6.30 बज रहे थे जब अय्यर ने इस समाचार को रात 9 बजे के भारत के समाचार बुलेटिन में सुना। उनकी प्रतिक्रिया मिलीजुली थी : एक तरफ़ वह जहाँ दोनों पड़ोसियों के बीच बातचीत की तरक्की के संकेतों से बेहद खुश थे, वहीं दूसरी तरफ़ वह इस बात से निराश थे कि उन्हें इराक में अभी दो

साल ही हुए थे, जिसके चलते किसी और को उस पद पर भेजा जाएगा जिस पर वह स्वयं जाना चाहते हैं।

इसलिए, अय्यर तब अपनी ख़ुशी छिपा नहीं सके जब कुछ हफ़्ते बाद, उन्हें वह तार मिला जिसके मुताबिक़ उन्हें समुद्र के किनारे बसे कराची शहर का कॉन्सुलर जनरल नियुक्त किया गया। कराची पाकिस्तान की पुरानी राजधानी और व्यापार का प्रमुख केंद्र भी है।

***

वाजपेयी जहाँ विपक्ष में रहते हुए संसद में अपनी बयानबाज़ी से तूफ़ान खड़ा कर दिया करते थे, और पूर्वी पाकिस्तान से असम में होने वाली घुसपैठ को रोक पाने में विफलता के लिए नेहरू को जमकर खरी-खोटी सुनाते थे, वहीं विदेश मंत्री के रूप में वह एकदम अलग ही अवतार में थे। लोकसभा के 7 अगस्त 1961 के सत्र में, वाजपेयी ने आरोप लगाया था कि असम के कुछ हिस्सों में मुसलमानों की आबादी को बढ़ाने की एक गहरी साजिश चल रही है। उन्होंने मुस्लिम आक्रमणकारियों और पाकिस्तान में इस्लाम को बढ़ावा देने की कोशिशों को लेकर कई बयान दिए। उन्होंने सार्वजनिक रूप से यह भी कहा था कि भारत को यह उम्मीद नहीं करनी चाहिए कि पाकिस्तान में लोकतांत्रिक शासन भी आ सकता है। उनका कहना था कि पाकिस्तान की सत्ता में चाहे नागरिक सरकार रहे या सैन्य सरकार, पाकिस्तान भारत-विरोधी ही रहेगा क्योंकि यह उसके हितों के मुताबिक़ है। वह संसद के मुस्लिम सांसदों पर भी बरसे थे जिन्होंने दिल्ली में 1965 की शुरुआत में आयोजित उर्दू सम्मेलन में हिस्सा लिया था और पाकिस्तान के उप उच्चायुक्त को बुलाया था, जिसमें नेपाली राजा भी शामिल हुए थे। संसद में उनका रुख़ अक्सर ऐसा होता था कि वह युद्ध की बात करते थे, और कहते थे कि परमाणु बम का जवाब परमाणु बम से ही दिया जा सकता है, दूसरा कोई रास्ता नहीं है। उन्होंने ज़ोर दिया था कि जब परमाणु बम बनाने की बात हो, तो भारत को किसी की सुनने की ज़रूरत नहीं है। उन्होंने कहा था, 'नैतिकता, अहिंसा और गाँधी की बात मत कीजिए।'

लेकिन समय के साथ वाजपेयी का रुख़ नरम पड़ गया था। विदेश मंत्री के रूप में पाकिस्तान का दौरा कर दिल्ली लौटने पर, उन्होंने लोकसभा को अपने दौरे की जानकारी दी, जिसमें इस बात पर ज़ोर दिया कि दोनों देशों के बीच व्यापार सहयोग को बढ़ाने और यात्रा करने को आसान बनाने की ज़रूरत है। उन्होंने 28 फ़रवरी, 1978 को लोकसभा में कहा :

> पिछले वर्ष जब से जनता पार्टी की सरकार आई है, भारत सरकार की विदेश नीति का प्रमुख ज़ोर इस बात पर रहा है कि भारत का अपने पड़ोसियों के साथ मधुरतम संबंध हो। इसी आधार पर मैंने पहले अफ़गानिस्तान, नेपाल, भूटान और बर्मा का दौरा किया था। इसी नीति ने मुझे प्रेरित किया और माहौल को अच्छा बनाने के लिए मैंने 6 से 8 फ़रवरी 1978 तक पाकिस्तान की यात्रा की। मैं वहाँ चर्चा के लिए किसी एजेंडे को लेकर नहीं गया था। अच्छाई को बढ़ाने वाले एक दूत की तरह मैं वहाँ इस स्पष्ट मंशा के साथ गया था कि पाकिस्तान के साथ हमारे संबंध संप्रभुता, क्षेत्रीय अखंडता, आंतरिक मामलों में अहस्तक्षेप तथा परस्पर लाभ के आधार पर शांति और मित्रता के बनें। दोनों के पुराने संबंधों ने कुछ समस्याएँ खड़ी की हैं, जिसे दोनों पक्षों को समझना होगा ताकि इनका सामना कर समस्याओं को सुलझाने के प्रयास किए जाएँ... इसका स्पष्ट अर्थ न केवल दोनों देशों की संप्रभुता के प्रति सम्मान है बल्कि दोनों देशों को अपनी राजनीतिक और सामाजिक प्रणाली को निश्चित करने का अधिकार भी है। बातचीत के दौरान, पाकिस्तानी पक्ष ने शिमला समझौते की चर्चा की। इस संदर्भ में, पाकिस्तान ने कश्मीर का ज़िक्र किया। हम दोनों ने ही अपने-अपने पक्ष को रखते हुए शिमला समझौते को दुहराया जो दोनों देशों को बल प्रयोग से बचने की प्रतिबद्धता को याद दिलाता है।

वाजपेयी ने बताया कि जनरल जिया-उल-हक़ (सेनाध्यक्ष और मुख्य सैन्य प्रशासक) से चर्चा के दौरान, उन्होंने कहा कि भारत के व्यापार संबंधों में अच्छी-ख़ासी वृद्धि हुई है और प्रस्ताव रखा कि दोनों देशों का संतुलित और परस्पर लाभ की दृष्टि से विकास हो। इस बात पर भी सहमति बनी कि दोनों देशों की व्यापार टीमें 1975 के व्यापार समझौते की समीक्षा के लिए तत्काल मिलेंगी और इस बात का अध्ययन करेंगी कि किस प्रकार द्विपक्षीय व्यापार को सबसे अच्छी तरह बढ़ाया जा सकता है। दोनों देशों के बीच लोगों और सूचनाओं की आवाजाही को और बंधनमुक्त बनाने पर भी चर्चा हुई, तथा दोनों सरकारें इस बात पर भी सहमत हुईं कि दोनों देशों में बंद क़ैदियों की अदला-बदली की प्रक्रिया को जल्द से जल्द पूरा किया जाए। वाजपेयी ने कहा, 'यह मानवता से जुड़ी समस्या है और हम चाहते हैं कि इसका समाधान यथाशीघ्र निकला जाए। एक और मुद्दे पर समझौता हुआ कि हमें सलाल बाँध परियोजना पर बातचीत फिर से शुरू करनी चाहिए। पाकिस्तान का एक प्रतिनिधिमंडल जल्द ही इस विषय पर बात करने के लिए यहाँ आने वाला है।'

वाजपेयी ने कहा कि दोनों देशों में इस बात को लेकर कोई संदेह नहीं था कि द्विपक्षीय संबंधों को बढ़ाने की रफ़्तार में तेज़ी लाई जानी चाहिए। उन्होंने लोकसभा को बताया, 'यदि मैं कहूँ कि पाकिस्तानी नेताओं के साथ हुई मेरी बातचीत से आपसी

समझ बेहतर हुई और ग़लतफ़हमियों को दूर करने में मदद मिली है तो ग़लत नहीं होगा।' यह उल्लेखनीय है कि पाकिस्तान के साथ संबंधों को बेहतर बनाने के प्रयास वाजपेयी ने उस समय किए जब भारत अच्छी तरह जानता था कि इस्लामाबाद ऐसे उपकरणों की ख़रीदारी के लिए हाथ-पैर मार रहा है जिनसे वह परमाणु बम बनाने की क्षमता प्राप्त कर सकता है। इस मामले में, वाजपेयी ने बुद्धिमानी भरी सदियों पुरानी बात का पालन किया जिसके मुताबिक़ कूटनीति और राजनीतिक लाभ को अलग-अलग रखा जाना चाहिए।

दरअसल, एक अय्यर ही नहीं थे जो वाजपेयी को विदेश मंत्री बनाए जाने पर पहले खीझ गए थे।

कुछ और राजनयिकों की तरह ही, एरिक गोंजालविस और विनोद खन्ना जैसे राजनयिक ऐसे व्यक्ति को विदेश मंत्री बनाए जाने से खुश नहीं थे जिसकी पार्टी के सिद्धांत नेहरू के आदर्शों के ख़िलाफ़ थे। इसके अलावा, विदेश नीति का मुद्दा एक संवेदनशील मुद्दा होता है जिसमें शांतिपूर्ण सहअस्तित्व के ठोस सिद्धांत को लागू करने में राजनीतिक मनमर्जी की कोई जगह नहीं होती। लेकिन वाजपेयी के संबंध नेपाल से भी उतने ही अच्छे थे। पूरब के इस पड़ोसी देश की अपनी यात्रा में उन्होंने कहा था : 'इस धरती पर कोई भी दो देश एक दूसरे के इतने क़रीब नहीं जितने कि भारत और नेपाल हैं। इतिहास, भूगोल, सभ्यता, धर्म और नदियों ने हमें एक दूसरे से जोड़ रखा है।' भारतीयों के अपने आप को दबंग दिखाने की प्रवृत्ति से अपने आप को अलग करते हुए, उन्होंने काठमांडू की एक सार्वजनिक सभा में कहा था : *'जिस देश के हर कंकर में शंकर हैं, उसके लिए भारत को सदा श्रद्धा रखनी ही पड़ेगी।'*

चीन के साथ संबंधों को सामान्य बनाने के अपने प्रयासों से वाजपेयी इसका विरोध करने वालों को भी ख़ामोश करने वाले थे। चीन के साथ भारत ने 1962 में युद्ध लड़ा था जिसमें उसे अपमान का सामना करना पड़ा था और उसके बाद से दोनों के संबंध अच्छे नहीं रहे। गोंजालविस और खन्ना जैसे लोग जब पीछे मुड़कर देखते हैं तो उन्हें टूटे संबंधों को फिर से जोड़ने की उनकी लगन और विदेश में देश के हितों से समझौता किए बिना दोस्त बनाने की खूबी अच्छी लगती है।

पिछले कुछ समय से चीन और भारत के अधिकारियों के बीच पर्दे के पीछे बातचीत चल रही थी, फिर भी संबंधों में गर्मजोशी नहीं थी। वाजपेयी इस बात को जानते थे। उन्होंने अधिकारियों को चकित कर दिया जिन्हें लगता था कि वह चीन के कूटनीतिक तरीक़े से अनजान थे, जिस पर कन्फ़्यूशियस का गहरा प्रभाव था। उसके अनुसार ही कूटनीति उनके लिए राजनीतिक की प्रक्रिया का विस्तार थी। भले ही भारतीयों ने लंबे समय तक चीन की धारणाओं और उनकी भाषा को समझने के पूरे प्रयास किए थे, लेकिन उनकी शासन कला और पूर्वाग्रहों को समझना हमेशा

से ही मुश्किल साबित हुआ था। भारतीय लोग सोचने की पश्चिमी प्रक्रियाओं को यूरोपीय और अमेरिकी लोगों के साथ लंबे समय तक बने संबंधों के कारण कहीं ज़्यादा अच्छी तरह समझते थे। भारतीय राजनयिकों को यूरोपीय और अमेरिकी विद्वानों ने प्रशिक्षित किया था और वे पश्चिम के विश्वविद्यालयों में पढ़ते थे। लेकिन बात जब चीन की होती है तो बातचीत में भारतीयों के लिए कभी स्थितियाँ सहज नहीं रहीं। दोनों पक्ष एक दूसरे को संशय की दृष्टि से ही देखते रहे।

यही कारण था कि वाजपेयी ने चीन के साथ बातचीत को तेज़ी से आगे बढ़ाने का फ़ैसला किया। उनके बारे में पहले जैसी धारणा बनी थी, उसके विपरीत वह उस समय के विदेश विभाग के साथ ही क़दम से क़दम मिलाकर चल रहे थे। उन्हें क़रीब से जानने वाले नौकरशाह कहते हैं कि वाजपेयी की विदेश नीति पर अच्छी पकड़ थी और वह अपनी ही राय बनाते थे लेकिन जानकारों की राय लेने में भी कभी पीछे नहीं रहते थे।

जल्दी ही यह तय हो गया कि आधिकारिक प्रतिनिधिमंडल से पहले एक सांस्कृतिक प्रतिनिधिमंडल चीन जाएगा। वाजपेयी ने जनता पार्टी के भीतर कुछ धड़ों के विरोध के बावजूद इसे आगे बढ़ाया। विदेश मंत्री के रूप में, वह चीन और वियतनाम के बीच बढ़ती दुश्मनी को लेकर भी चिंतित थे क्योंकि भारत वियतनाम को अपना बहुत अच्छा मित्र मानता था।

भले ही वाजपेयी ने एक ऐसे दौरे को अनुमति दे दी थी जिसकी चर्चा श्रीमती गाँधी के समय से ही हुआ करती थी, लेकिन वह योजना के मुताबिक़ जा नहीं सके। स्वास्थ्य कारणों से, वह सांस्कृतिक प्रतिनिधिमंडल के साथ नहीं जा सके। उस समय इस तरह की अफ़वाहें उड़ीं कि चीन नहीं जाने से बचने के लिए वह डॉक्टरी सलाह का बहाना बना रहे हैं, लेकिन सांस्कृतिक प्रतिनिधिमंडल के कुछ ही महीने बाद चीन का दौरा कर उन्होंने इन बातों को ग़लत साबित कर दिया। उस प्रतिनिधिमंडल में भारतीय शास्त्रीय नृत्यांगना कपिला वात्स्यायन और मृणालिनी साराभाई जैसी हस्तियाँ थीं, जो जहाँ भी गईं खड़े होकर उनका ज़ोरदार स्वागत किया गया।

वाजपेयी आधिकारिक प्रतिनिधिमंडल से पहले सांस्कृतिक प्रतिनिधिमंडल को चीन भेजने में ख़ासी दिलचस्पी ले रहे थे ताकि कला और संस्कृति के क्षेत्र में दोनों देशों के बीच सद्भावना का माहौल बने। और फिर वाजपेयी चीन के ऐतिहासिक दौरे पर गए जिसकी तुलना कभी-कभी अमेरिकी राष्ट्रपति रिचर्ड निक्सन के चीन दौरे से की जाती है। 1972 में, निक्सन ने चीन का दौरा किया जो किसी भी अमेरिकी राष्ट्रपति का उस देश में पहला दौरा था, जिससे संबंधों को सामान्य बनाने और सत्ता के अंतरराष्ट्रीय समीकरणों को बदलने में मदद मिली। यह विदेश मंत्री हेनरी किसिंजर की ओर से बरसों तक किए गए प्रयासों का परिणाम था।

वाजपेयी के साथ यात्रा करने वाले राजदूत एरिक गोंजालविस बताते हैं कि इस दौरे का एक प्रमुख हिस्सा देंग जियाओपिंग से होने वाली मुलाक़ात थी, जो सब जानते थे कि जल्दी ही देश की सत्ता चलाने वाली चीन की कम्युनिस्ट पार्टी के महासचिव बनने जा रहे थे। देंग ने सीमा पर एक 'पैकेज प्रस्ताव' रखा, जो काफ़ी हद तक चाऊ एनलाई के यथास्थिति बनाए रखने के सुझाव को ही फिर से रखने जैसा था, जिसमें चीन को अक्साई चिन अपने पास रखने की सहमति मिलेगी और अरुणाचल प्रदेश पर भारत के नियंत्रण को स्वीकार किया जाएगा। भारत के लिए यह अस्वीकार्य था क्योंकि उस समय तक किसी ने भी इस तरह के समझौते की बात ही नहीं सोची थी। फिर भी, दोनों पक्षों ने सीमा पर शांति के महत्त्व पर ज़ोर दिया। उसके बाद ही इसे औपचारिक समझौतों में शामिल किया गया है और सीमा पर लगभग शांति बनाए रखने में भारत को सफलता मिली है जबकि वहाँ वास्तविक नियंत्रण की कोई स्वीकार्य रेखा नहीं है। पीछे मुड़कर देखने पर गोंजालविस को अब लगता है कि यदि भारत ने 1985 में ही देंग के उस प्रस्ताव को मान लिया होता, तो दोनों देशों के बीच एक स्वीकार्य समझौता हो जाता। आधिकारिक बातचीत विदेश मंत्री हुआंग हुआ के साथ हुई थी जिसमें पाकिस्तान और कश्मीर के साथ ही वैश्विक दृष्टिकोण और द्विपक्षीय संबंधों, विशेष रूप से सीमा से जुड़े विषयों पर चर्चा हुई। इसके साथ ही, गोंजालविस ने स्वीकार किया कि चीनियों के साथ हुए उनके सारे सुलह-समझौते बेहद मुश्किल थे। वे अपनी ज़रूरत के मुताबिक़ जब चाहे अपनी बात से पलट जाते थे और उन्हें शर्म भी नहीं आती थी। हालाँकि, वह मज़ाक़ में कहते हैं कि ये गुण सारी महाशक्तियों में होते हैं।

आख़िरकार, फ़रवरी 1979 में हुआ दौरा बातचीत को आगे बढ़ाने में ऐतिहासिक सिद्ध हुआ।

वाजपेयी के इस दौरे को मीडिया और पार्टी के बाहर-भीतर के नेताओं ने छोटा दिखाने का प्रयास किया। उनके दौरे के तुरंत बाद ही चीनियों ने वियतनाम पर हमला बोल दिया। लेकिन वाजपेयी ने अपने दौरे की उपलब्धियों को गिनाया। वह जानते थे कि इस दौरे से ही जटिल विषयों पर बेबाक बातचीत संभव हो सकी, विशेष रूप से सीमा से जुड़े मुद्दों को लेकर। उन्होंने यह भी माना कि साठ के दशक की शुरुआत में स्वयं उनकी भी भावनाएँ प्रबल रूप से चीन-विरोधी थीं जब भारत-चीन की दोस्ती को बहुत बड़ा झटका लगा था। उन्होंने अपने दौरे को लेकर सच्चाई को बताया और कहा कि यह प्रतीकात्मक था। वैसे भी सीमा विवाद पर ज़्यादा प्रगति नहीं हो सकी थी। वाजपेयी ने लोकसभा में कहा था, 'दोनों देशों के बीच भौगोलिक स्तर पर विवाद जगज़ाहिर है, फिर भी ज़मीन पर प्रभावी नियंत्रण और कूटनीतिक स्थिति वहीं है जहाँ 1962 में थी।' और भी इसी में जोड़ते हुए कहा, 'ऐसे सभी लोग जो विपरीत परिणामों के डर से चौकन्ने हैं और मुझे इस दौरे पर जाने से पहले

क़रीब-क़रीब चेताया था वे आश्वस्त रहें कि हमारी मर्यादा, स्वतंत्रता और राष्ट्रीय हितों को किसी भी प्रकार से नुक़सान नहीं पहुँचा है।'

देखते ही देखते विदेश मंत्रालय में इस तरह की बातें सुनने को मिलीं कि जगत एस. मेहता ने उस समय वाजपेयी को उस दौरे पर जाने देकर बुद्धिमानी का परिचय नहीं दिया। अनुभवी कूटनीतिज्ञ राम साठे ने यह कहते हुए विदेश मंत्री को दौरे पर न जाने की सलाह दी थी कि भारत अपने आप को कुछ ज़्यादा ही ताक़तवर समझ रहा है और चीन भारत की अपील को अनसुना कर वियतनाम पर हमला करने में थोड़ा भी नहीं हिचकेगा।

अपनी आत्म-निंदा और अपने आलोचकों के आक्षेपों के बावजूद, आगे चलकर इस बात के लिए वाजपेयी की जमकर तारीफ़ हुई कि उन्होंने अपने चीनी दौरे पर नई संभावनाओं की तलाश की।

विदेश मंत्री के रूप में उनके कार्यकाल का एक और यादगार पल वह था जब उन्होंने संयुक्त राष्ट्र (यूनाइटेड नेशन्स-यूएन) महासभा में हिंदी में भाषण दिया था। यूएन के मंच से हिंदी में भाषण देने वाले वह उस समय के पहले भारतीय और पहले व्यक्ति थे। यह भाषण 4 अक्टूबर 1977 को दिया गया था। नेहरू जैकेट पहने, जेब में पेन, आँखों पर चश्मा, सफ़ेद बालों वाले, प्रफुल्लित तिरपन साल के वाजपेयी आत्मविश्वास से भरपूर किसी सच्चे राजनेता की तरह दिख रहे थे जिनमें बौद्धिक श्रेष्ठता की अमिट छाप थी। अपने शानदार भाषण में, वाजपेयी ने अपने देश में अहिंसा की उस क्रांति की बात की जिसने काँग्रेस की सरकार के पतन और जनता पार्टी के नेतृत्व में लोकतांत्रिक ताक़तों के उदय का इतिहास लिखा। उनके अधीनस्थों ने भाषण का जो मसौदा तैयार किया था, वह उससे संतुष्ट नहीं थे और उन्होंने एक रात पहले उसकी स्क्रिप्ट और उसका अनुवाद फिर से तैयार किया। वह जो भाषण तैयार हुआ उसमें उस समय की उनकी सरकार की प्राथमिकताओं की रूपरेखा थी :

> वसुधैव कुटुंबकम का दृष्टिकोण पुराना है। हम भारतीय लोग हमेशा से ही इस संसार को एक परिवार मानते हैं। अनेक कठिनाइयों का सामना करने के बाद हम यहाँ तक पहुँचे हैं जब हमारे सपनों ने संयुक्त राष्ट्र का रूप लिया है जिसकी सदस्यता विभिन्न नस्लों, रंगों और मजहबों के क़रीब 4 अरब लोगों के साथ जन-जन तक पहुँच गई है। हालाँकि, संयुक्त राष्ट्र के सरकारी प्रतिनिधियों के एक सम्मेलन की तरह कार्य नहीं करना चाहिए। हमें यह सुनिश्चित करना चाहिए कि राष्ट्रों का यह संघ व्यक्तियों की संसद का रूप ले सके, जहाँ मानवता के सामूहिक विवेक और इच्छा को प्रतिनिधित्व मिले।

> संयुक्त राष्ट्र को हर हाल में इज़रायल के प्रयासों को अस्वीकृत कर देना चाहिए जिसमें पश्चिमी तट तथा गाज़ा में नई बस्तियों के ज़रिए इलाक़ों पर क़ब्ज़ा जमाते हुए आबादी में फेरबदल किया गया है। यदि इस समस्या का समाधान संतोषजनक रूप से नहीं किया गया, तो इसके तबाही मचाने वाले परिणाम इस क्षेत्र के बाहर तक देखने को मिलेंगे। जिनेवा सम्मेलन को फिर से बुलाए जाने की नितांत आवश्यकता है, जिसमें फ़िलिस्तीन मुक्ति संगठन की भागीदारी हो।
>
> हम परमाणु-हथियार से संपन्न देश नहीं हैं और हमारा ऐसा कोई इरादा भी नहीं है। नई सरकार ने स्पष्ट शब्दों में अपनी स्थिति को दुहराया है। हमारे प्रधानमंत्री, श्री मोरारजी देसाई ने कहा है कि भारत परमाणु हथियारों के रास्ते पर कभी नहीं जाएगा अगर दुनिया के दूसरे देश भी ऐसा करते हैं। हमने परमाणु हथियारों की अप्रसार संधि पर इस कारण हस्ताक्षर नहीं किए क्योंकि यह भेदभावपूर्ण और असमान संधि है। दस साल पहले जब यह संधि अस्तित्व में आई तब से लेकर अब तक इसमें कोई परिवर्तन नहीं हुआ जिससे हमारा दृष्टिकोण बदल सके।

वाजपेयी ने यूएन संबोधन का समापन *'जय जगत'* के साथ किया।

यह भी दिलचस्प है कि अपने मंत्री बनने से पहले ही उन्होंने तय कर लिया था कि विदेशी दूतावासों को किस प्रकार काम करना चाहिए। वह अक्सर इस बात के लिए उन्हें झिड़कते थे कि वे उम्मीदों पर खरा नहीं उतरते और अपने अड़ियल रुख़ को छोड़ना नहीं चाहते थे। मार्च 1966 में, इज़रायली राष्ट्रपति, जालमैन शजर को नेपाल जाने के लिए भारत से गुज़रना पड़ा। वाजपेयी को जब पता चला कि शजर को कलकत्ता एयरपोर्ट पर पैंतालीस मिनट तक इंतज़ार करना पड़ा और उन्हें वह सम्मान नहीं मिला जो एक राष्ट्रपति को मिलना चाहिए तो वह बेहद नाराज़ हुए।

राज्यसभा में आम बजट पेश किए जाने के दौरान उन्होंने अपनी नाराज़गी ज़ाहिर करते हुए कहा था, 'हमारी सरकार उनका कम से कम औपचारिक सम्मान तो कर ही सकती थी। हमारा शिष्टाचार यही कहता है कि हम किसी देश के राष्ट्रपति के रूप में उन्हें सम्मान देते लेकिन विदेश मंत्रालय का कोई भी वरिष्ठ अधिकारी उनके स्वागत के लिए एयरपोर्ट पर मौजूद नहीं था। क्या हम तमीज़ के साथ पेश नहीं आ सकते? इससे दुनिया में हमारी प्रतिष्ठा बढ़ने वाली नहीं है।' वाजपेयी ने स्पष्ट किया कि वह इज़रायल के साथ सारे कूटनीतिक संबंध बनाने के पक्ष में हैं। उन्होंने कहा, 'यह सही है कि हमें किसी नीति को तय करते समय अपने हितों का ध्यान रखना पड़ता है, लेकिन इससे हमारा भला होने वाला नहीं कि हम इज़रायल के राष्ट्रपति के प्रति एक सामान्य, मानवीय शिष्टाचार भी ना निभाएँ।'

1972 में, वाजपेयी ने संसद का ध्यान इस ओर दिलाया कि एक राजदूत ने हिंदी के लेखक सच्चिदानंद हीरानंद वात्स्यायन का परिचय ग़लती से *कामसूत्र* के लेखक के रूप में करा दिया है। उनका कहना था कि विदेश में तैनात राजनयिकों को न केवल भारतीय संस्कृति और कला की जानकारी होनी चाहिए, बल्कि उन्हें पश्चिमी जीवनशैली का ज्ञान भी होना चाहिए। 1970 के दशक की शुरुआत में जब वह एक यूरोपीय देश के दौरे पर थे, तब इस बात पर खीझ गए थे कि भारतीय दूतावास विदेशी मेहमानों को भयंकर सर्दियों में भी नींबू पानी पिला रहा था। उन्होंने दख़ल दिया और वहाँ के राजनयिक से कहा कि इसकी जगह शराब परोसी जाए। उन्होंने कहा, 'हमारी क़ाबिलियत इस बात में है कि हम पुराने ज्ञान, और आधुनिकतावाद का अच्छा मेल-मिलाप किस तरह से कर सकते हैं।' उनके कार्यकाल के दौरान ही अमेरिका से संबंध बेहतर हुए और 1978 में राष्ट्रपति जिमी कार्टर भारत दौरे पर आए।

वाजपेयी का आख़िरी बड़ा विदेश दौरा सोवियत संघ और पूर्वी यूरोप के कुछ देशों का था जिसमें वह प्रधानमंत्री देसाई के साथ गए थे। उन्होंने मज़ाक़ में कहा था कि वह इस वजह से साथ गए थे ताकि अमेरिका के समर्थक माने जाने वाले प्रधानमंत्री से कहीं कोई कूटनीतिक भूल न हो जाए।

स्पष्ट रूप से, भारत के हिंदू राष्ट्रवादियों में विदेश नीति और दुनिया भर में होने वाले परिवर्तनों के प्रति एक गहरी दिलचस्पी रही है, जिसकी शुरुआत आरएसएस के संस्थापक हेडगेवार के समय में ही हो गई थी। हेडगेवार के गुरु, बालकृष्ण शिवराम मुंजे न केवल बीसवीं सदी की शुरुआत में यूरोप में राजनीतिक अंतर्धारा से काफ़ी प्रभावित थे, बल्कि उन्होंने अपने एक विदेश दौरे में बेनिटो मुसोलिनी के फासीवादी शासन से भी संपर्क स्थापित किया था। इतालवी विदुषी मार्जिया कासोलारी ने हिंदू राष्ट्रवाद पर पश्चिमी प्रभाव को सामने रखा है, जिसने बाहरी देशों के विचारों को पूरे उत्साह के साथ अपनाया था। उनके मुताबिक़, फासीवाद और नाजी आंदोलन में हिंदू राष्ट्रवादी नेताओं का एक विशेष और निरंतर बना रहने वाला आकर्षण था। उन्होंने कहा, '1920 के दशक की शुरुआत और द्वितीय विश्व युद्ध तक, हिंदू राष्ट्रवादी फासीवादी इटली की राजनीतिक सच्चाई पर ग़ौर करते रहे और आगे चलकर नाजी जर्मनी को प्रेरणा-स्रोत के रूप में देखा। उनके बीच संपर्क का एक परिणाम यह हुआ कि हिंदू समाज को लड़ाकू बनाने और हिंदुओं के बीच उग्रवादी मानसिकता पैदा करने के प्रयास किए गए। यदि यह सच है कि हिंदू समाज ने सैन्यीकरण के अपने तौर-तरीक़ों को आगे बढ़ाया तो यह भी उतना ही सही है कि फासीवादी प्रभाव का सबसे सामयिक परिणाम यह हुआ कि राजनीतिक हिंदुत्व के पहले से बने संगठनों का राजनीतिक आचरण और सशक्त हुआ और संगठन भी फासीवादी प्रभाव के कारण अधिक सक्रिय हो गया।'

***

इस बीच, जनता पार्टी सरकार एक संकट से दूसरे संकट के बीच डोल रही थी।

अंदरूनी झगड़ा कई महीने पहले ही शुरू हो गया था। समय बीतने के साथ ही यह गहराता चला गया। अप्रैल 1978 में, देसाई की नंबर एक की हैसियत से जलने वाले चरण सिंह ने सरकार की आर्थिक नीतियों पर ज़ोरदार हमला बोला। उन्होंने दावा किया कि किसानों और ग्रामीण लोगों के लिए कुछ भी नहीं किया गया है। इस संबंध में उन्होंने मीडिया में एक बयान जारी किया, जो दुर्भाग्य से उस दिन किया गया था जिस दिन देसाई को दिल का दौरा पड़ा जब एक दिन बाद ही उन्हें आधिकारिक दौरे पर अमेरिका जाना था।

चरण सिंह का आरोप था कि देसाई और सरकार के कई अन्य सदस्य इमरजेंसी में की गई ज़्यादतियों को लेकर श्रीमती गाँधी के प्रति नरम पड़ गए हैं। प्रेस को दिए दूसरे बयान में, उन्होंने उस सरकार को (जिसका हिस्सा वह स्वयं भी थे) 'नपुंसकों' का समूह कहा। 'इमरजेंसी के सताए ऐसे कई भुक्तभोगी मुझसे लगातार मिलने आ रहे हैं और प्रार्थना कर रहे हैं कि न केवल श्रीमती गाँधी को तुरंत गिरफ़्तार किया जाना चाहिए बल्कि उन्हें उन्हीं हालात में रखा जाना चाहिए जिनमें लोकनायक जयप्रकाश नारायण को रखा गया था... इसमें कोई शक नहीं कि अगर वह दूसरे किसी देश में होतीं तो अब तक ऐतिहासिक न्यूरेमबर्ग जैसे मुकदमे का सामना कर रही होतीं।'

देखते ही देखते हालात बिगड़ गए। आहत और क्रोधी, देसाई ने चरण सिंह और उनके क़रीबी राजनारायण को मंत्रालय से इस्तीफ़ा देने को कह दिया। उसके बाद, दोनों ने जनता पार्टी की राष्ट्रीय कार्यकारणी समिति से भी इस्तीफ़ा दे दिया।

वाजपेयी ने तुरंत मामले को ठंडा करने की कोशिश शुरू कर दी। वाजपेयी और उनके पूर्ववर्ती जनसंघ के साथ जहाँ देसाई के साथ खड़े थे, वहीं उनका यही मानना था कि यह क्रोधी प्रधानमंत्री का कठोर क़दम था। इसके साथ ही, सबसे बड़ी प्राथमिकता पार्टी को एकजुट रखना था। वाजपेयी ने देसाई से बात की और उन्हें अपना फ़ैसला पलटने के लिए राज़ी कर लिया। उन्हें अपनी इस मुहिम में जनसंघ के पुराने सहयोगी नानाजी देशमुख, समाजवादी नेता जॉर्ज फ़र्नांडिस और ओड़िशा के दिग्गज नेता बीजू पटनायक की भी काफ़ी मदद मिली। चरण सिंह मानने को तैयार नहीं थे लेकिन बाद में मान गए और उन्होंने पार्टी के सर्वोच्च पैनल से अपना इस्तीफ़ा वापस ले लिया। उनके मन में इतनी कड़वाहट थी कि एक बार उन्होंने आडवाणी से कहा था, 'चौधरी चरण सिंह को सरकार से बाहर फेंका जा सकता है, लेकिन अटल बिहारी वाजपेयी को नहीं क्योंकि वह एक ब्राह्मण हैं और मैं एक जाट।' छह महीने बाद, चरण सिंह को देसाई मंत्रिमंडल में उपप्रधानमंत्री के साथ ही वित्त मंत्रालय का पद देकर वापस लाया गया, लेकिन यह हनीमून ज़्यादा दिनों तक

चलने वाला नहीं था। उनके सहयोगी राजनारायण पार्टी के भीतर विवाद खड़ा करते रहे, जिनमें जनता पार्टी अध्यक्ष चंद्रशेखर तथा अनुभवी राजनेता जगजीवन राम पर किए जाने वाले हमले शामिल थे।

उस समय तक, इंदिरा गाँधी कर्नाटक के चिकमगलूर से चुनाव जीत चुकी थीं, जिसकी मदद से उन्होंने आम चुनावों में मिली अपमानजनक हार के बाद अपने राजनीतिक करियर में नई जान फूँक दी थी। इस बीच, जिस व्यक्ति के कारण सत्ताधारी दल में एक नया जोश भर सकता था, वही जेपी, इमरजेंसी के दौरान बिगड़ी सेहत की समस्याओं से काफ़ी हद तक लाचार हो चुके थे। उनकी हालत ऐसी थी कि कोई भी उनके कान में ज़हर घोलकर किसी के भी ख़िलाफ़ उन्हें भड़का सकता था। पार्टी के भीतर मचे घमासान से जेपी बेहद दुखी थे। जेपी की मौत के एक साल बाद, वाजपेयी ने भाषण देने की अपनी शानदार शैली में उन्हें भारतीय राजनीति का भीष्म पितामह बताया था जिन्हें अपने जीवन के अंत में तीरों की शैया पर सोने के लिए विवश होना पड़ा था। उन्हें इनसे बेहतर शब्दों में श्रद्धांजलि नहीं दी जा सकती थी।

***

1978 और 1979 की शुरुआत में होने वाले दंगों ने भारत को हिलाकर रख दिया। इनके बीच जनता पार्टी में मची खींचतान ने अलग ही मोड़ ले लिया। अलीगढ़ और जमशेदपुर के दंगों ने नारायण और दूसरे नेताओं को जनता पार्टी तथा कैबिनेट में शामिल जनसंघ के पूर्व सदस्यों पर हमला करने के लिए पर्याप्त असलहा दे दिया। उन पर आरोप लगाए गए कि उनका मूल संगठन, आरएसएस उत्तर प्रदेश और बिहार में होने वाले दंगों के लिए ज़िम्मेदार है, जहाँ जनता पार्टी की सरकार है। कुछ अन्य लोगों का आरोप था कि आरएसएस ने जनता पार्टी की सरकार के प्रभाव का इस्तेमाल करते हुए इन राज्यों में अपने आधार को बढ़ा लिया है। नारायण ने कहा कि 1 अप्रैल 1979 को आरएसएस के प्रमुख बाला साहब देवरस बोकारो के दौरे पर थे और उसके दस दिन बाद ही स्टील सिटी में हिंसा भड़क गई। जल्दी ही जनता पार्टी के भीतर से आवाज़ें उठने लगीं कि पूर्व जनसंघ के सदस्य आरएसएस से अपने आपको अलग कर लें। विवाद जनता पार्टी और आरएसएस की दोहरी सदस्यता को लेकर था। ग़ैर-जनसंघ धड़े के नेता नहीं चाहते थे कि आरएसएस संविधानेतर सत्ता या 'पार्टी से ऊपर की पार्टी' की भूमिका निभाए, जो उनके मुताबिक़ लोकतांत्रिक सिद्धांतों के विरुद्ध है।

समाजवादियों तथा दूसरे नेताओं को समझाने बुझाने में वाजपेयी सबसे आगे थे और उन्होंने पूर्व जनसंघी सहयोगियों से कह दिया था कि सरकार में समाजवादी साथियों की 'संवेदनशीलताओं' का ख़याल रखें। उन्होंने एकता का आह्वान करने के

साथ ही 'माफ़ करो और भूलो' जैसे नारे भी दिए। उन्होंने कहा कि जनसंघ नए दल का सबसे संगठित सहयोगी है, इसलिए इसके सदस्यों को दूसरे सहयोगियों के 'काँग्रेस जैसे' तौर-तरीक़ों के प्रति सहिष्णु होना पड़ेगा, जो किसी न किसी प्रकार से भारत की वयोवृद्ध पार्टी से जुड़े रहे थे। वाजपेयी की ओर से मधु लिमये और नारायण जैसे लोगों से अपील करने के साथ ही एक उदारवादी के तौर पर पूरी कोशिश करने के बावजूद जनता पार्टी के एक बड़े हिस्से को यह चिंता सताने लगी कि देश भर में ज़मीनी स्तर पर अपने कार्यकर्ताओं के कारण आरएसएस पार्टी पर अपना नियंत्रण स्थापित कर लेगा और आने वाले समय में मुस्लिम वोट को उससे दूर कर देगा।

जब भी आरएसएस या जनता पार्टी में से किसी एक को चुनने का सवाल उठाया जाता, तब वाजपेयी, नानाजी और आडवाणी जैसे नेता उलटा उनसे ही सवाल करते थे, 'सरकार बनने के इतने महीने बाद दोहरी सदस्यता का मुद्दा क्यों उठाया जा रहा है?' 'आपने यह कैसे सोच लिया कि लंबे समय से आरएसएस के सदस्य रह चुके नेता रातों-रात उस संगठन से अपने संबंध तोड़ लेंगे?' दोहरी सदस्यता के इस मुद्दे से जार्ज फ़र्नांडिस जैसे कुछ लोग उतने नाराज़ नहीं थे जितना कि लिमये और राजनारायण, लेकिन शांति की उनकी अपील को अनसुना कर दिया गया।

जुलाई 1979 में, जब यह स्पष्ट हो गया कि इस संकट के कारण सरकार लड़खड़ा जाएगी, तब चंद्रशेखर ने वाजपेयी और आडवाणी से मुलाक़ात कर उन्हें बताया कि अगर वे - जनसंघ के पूर्व सदस्य - सरकार से इस्तीफ़ा दे दें, तो काँग्रेस के पुराने दिग्गज नेता और बाद में चरण सिंह के क़रीबी सहयोगी बनने वाले, एच.एन. बहुगुणा जैसे लोग जनता पार्टी में ही रहेंगे और उसे नहीं तोड़ेंगे। राजनारायण ने जनता पार्टी (सेकुलर) नाम की एक नई पार्टी पहले ही बना ली थी और उत्तर प्रदेश तथा बिहार की सरकारों के लिए एक बड़ा संकट खड़ा कर दिया था।

वाजपेयी जैसे जनसंघ के तीन पूर्व सदस्यों ने इस्तीफ़ा देने का मन बना लिया और अपने प्रस्ताव के साथ प्रधानमंत्री से मिले। देसाई ने इसे यह कहते हुए ठुकरा दिया, 'आप क्यों इस्तीफ़ा देंगे? आप लोगों ने क्या ग़लती की है? आपके इस्तीफ़े से मेरी सरकार भले ही बच जाए, लेकिन मेरे लिए आपके इस्तीफ़े को स्वीकार करना अनैतिक होगा। आपका इस्तीफ़ा लेने की बजाए मैं खुद ही इस्तीफ़ा दे दूँगा।'

कुछ ही समय बाद देसाई जनता पार्टी सांसदों के बीच अपना बहुमत खोने वाले थे। उन्होंने अविश्वास प्रस्ताव का सामना नहीं किया, बस इस्तीफ़ा दे दिया, जिससे चरण सिंह के प्रधानमंत्री बनने का रास्ता साफ़ हो गया, जिन्हें श्रीमती गाँधी

के नेतृत्व वाले काँग्रेस (आई) और वाई.बी. चव्हाण के नेतृत्व वाली काँग्रेस (सेकुलर) का समर्थन मिला। वाई.बी. चव्हाण ने उन दिनों अपने आपको इंदिरा खेमे से अलग कर लिया था, जब वह चुनाव हारने के बाद जनता पार्टी के भीतर फूट डालने में जुटे थे।

वाजपेयी और जनसंघ से आए नेताओं के लिए सत्ता में रहने का वक़्त समाप्त हो चुका था। चरण सिंह की क़िस्मत ने ज़्यादा दिनों तक साथ नहीं दिया और जब उन्होंने इमरजेंसी के दौरान श्रीमती गाँधी की भूमिका को लेकर दर्ज मुकदमे वापस लेने से इनकार कर दिया तब काँग्रेस ने समर्थन वापस ले लिया। जैसे ही चरण सिंह की सरकार गिरी, वाजपेयी एक्शन में आ गए और जगजीवन राम को प्रधानमंत्री बनाने के लिए तमिलनाडु के कद्दावर नेता एम.जी. रामचंद्रन के नेतृत्व वाले आल इंडिया द्रविड़ मुनेत्र कड़गम का समर्थन ले आए। हालाँकि, राष्ट्रपति नीलम संजीव रेड्डी ने लोकसभा भंग कर सभी को हैरान कर दिया। अगला चुनाव 1980 में होने वाला था।

उस समय वाजपेयी को लगता था कि अगर आरएसएस थोड़ी दूरी बना लेता तो जनता पार्टी की सरकार को स्थिरता मिल जाती और उसकी उम्र भी लंबी हो सकती थी। वह अपने भगवा साथियों के विचारों से सहमत थे कि चरण सिंह ही वह नेता थे जिन्होंने सरकार को अस्थिर किया क्योंकि वह सरकार में नंबर 2 की हैसियत को स्वीकार नहीं कर सके। दोहरी सदस्यता का मामला उन लोगों के लिए जनसंघ के पूर्व सदस्यों की छवि को ख़राब करने का बहाना था जो नहीं चाहते थे कि देसाई को हटाया जाए और कुछ अन्य मुद्दों पर भी उन लोगों से सहमत नहीं थे। हालाँकि वाजपेयी ने 'आल रेस्पॉन्सिबल फ़ॉर जनता क्राइसिस' शीर्षक वाले एक लेख में पुरज़ोर दलील दी कि आरएसएस को राजनीतिक दलों, मजदूर संगठनों और युवाओं के संगठनों को चलाने से दूर रहना चाहिए, तथा उसे बड़े लक्ष्यों पर अपना ध्यान केंद्रित करना चाहिए।

वाजपेयी ने लिखा, 'मैं यह भी बता दूँ कि आरएसएस, जो एक सामाजिक और सांस्कृतिक संगठन होने का दावा करता है, उसे यह दिखाने की हर संभव कोशिश करनी चाहिए थी कि राजनीतिक भूमिका निभाने की उनकी कोई मंशा नहीं है। सत्ता की घिनौनी राजनीति में पक्ष लेने वाले प्रेस के एक धड़े को संरक्षण देना, राजनीतिक दलों से जुड़े युवा संगठनों के साथ साठगाँठ, मजदूर संघों के बीच दुश्मनी में शामिल हो जाना जैसा कि दिल्ली में देखा गया, जब संवेदनहीनता दिखाते हुए पानी की सप्लाई को बंद कर लोगों को तड़पाया गया-किसी संगठन के ग़ैरराजनीतिक चेहरे को नहीं दिखाते हैं।' वह चाहते थे कि आरएसएस अपने दरवाज़े ग़ैर-हिंदुओं के लिए भी खोल दे। कई महीने बाद अक्टूबर 1979 को आरएसएस ने उनके बयान पर प्रतिक्रिया दी, लेकिन अप्रत्यक्ष तौर पर। ऐसे समय में जब आरएसएस

के राजनीतिक अंग को एक अछूत की तरह देखा जाता था, तब वाजपेयी का चेहरा सामने रखना कितना ज़रूरी था। इस वजह से ही उन्होंने इतना भर कहा कि समय के साथ आरएसएस को बदलना होगा।

एक वाजपेयी ही थे जिन्होंने आरएसएस की अवमानना की, फिर भी बच गए।

7

1980-84

विनम्रता में सबक़

वाजपेयी और उनके साथियों के पास अपने ऊपर तरस खाते रहने का समय नहीं था जिनका सपना एक बुरे सपने में तब्दील हो गया था। बेशक, पहली ग़ैर-काँग्रेसी सरकार का गिरना बहुत बड़ा झटका था, और उससे भी कहीं ज़्यादा दिल तोड़ने वाली थी सत्ता में इंदिरा गाँधी की फ़ौरन वापसी जिन्होंने नारा दिया था – 'चुनिए उसे जो सरकार चला सके।' सुकून की बात बस इतनी थी कि जनता पार्टी ने यह साबित कर दिया था कि काँग्रेस को हराया जा सकता है।

और अब समय आ गया था जब उस बड़ी शक्ति को पराजित करने की तैयारी नए सिरे से की जाए।

श्रीमती गाँधी ने जनवरी 1980 में सातवीं लोकसभा के लिए हुए चुनावों में जनता पार्टी को धूल चटा दी और 353 सीटों के प्रचंड बहुमत के साथ सत्ता पर फिर से क़ब्ज़ा जमा लिया। इसके कुछ ही महीने बाद जनसंघ के नेता समय गँवाए बिना देश भर के दौरे पर निकल गए ताकि यह जान सकें कि उनके ज़मीनी कार्यकर्ताओं का मूड जनता पार्टी और उसके दूसरे सहयोगियों के प्रति कैसा है। अधिकांश कार्यकर्ताओं की प्रतिक्रिया यही थी कि वे किसी भी पार्टी में 'दूसरे दर्जे के नागरिक' या उपेक्षित बनकर नहीं रहना चाहते थे। उस समय तक जिन लोगों ने ग़ैर-जनसंघी संगठनों को छोड़ जनता पार्टी का दामन थाम लिया था, वे हार के लिए पूर्व जनसंघी सदस्यों और आरएसएस के 'हठ' को ज़िम्मेदार ठहरा रहे थे। आरएसएस-विरोधी शोर तेज़ होने के साथ ही, 'दोहरी सदस्यता' एक बार फिर गरमागरम चर्चा का विषय बन गई।

चुनावों में हार की टीस लिए जनता पार्टी के कई नेता इस मुद्दे को ज़ोर-शोर से उठा रहे थे। इन नेताओं को सबक़ सिखाने के मक़सद से यह तय किया गया कि

'दोहरी सदस्यता' के मुद्दे पर आख़िरी फ़ैसला 4 अप्रैल 1980 को दिल्ली में पार्टी की राष्ट्रीय कार्यकारिणी की बैठक में लिया जाएगा। पैनल में वोटिंग हुई जिसमें चौदह के मुक़ाबले सत्रह नेताओं ने जनसंघ को बाहर करने के पक्ष में वोट दिया। मोरारजी जैसे नेताओं ने आख़िरी समय तक सुलह का कोई फ़ॉर्मूला निकालने की कोशिश की लेकिन वे बुरी तरह से नाकाम रहे।

जनसंघ के सदस्य पहले ही समझ चुके थे कि उन्हें निष्कासित कर दिया जाएगा। इस कारण उन्होंने दिल्ली में दो दिनों का राष्ट्रीय सम्मेलन बुलाया था जिसकी शुरुआत 5 अप्रैल को हुई। 6 अप्रैल को, दिल्ली के फ़िरोज़शाह कोटला मैदान में आयोजित सत्र में लगभग 3500 प्रतिनिधियों ने हिस्सा लिया जो एक नई पार्टी, भारतीय जनता पार्टी की शुरुआत पर सहमत हुए, जिसका अध्यक्ष वाजपेयी को बनाया गया। उनकी ख़ुशी और बढ़ गई, जब उसी दिन जगजीवन राम जनता पार्टी को छोड़ वाई.बी. चव्हाण की काँग्रेस (यू) में शामिल हो गए और जल्दी ही चरण सिंह भारतीय लोकदल को फिर से लेकर आ गए। आने वाले कुछ महीनों में जनता पार्टी का विघटन तेज़ी से हुआ और कुछ ही वर्षों में यह अवशेष बनकर रह गई।

भाजपा ने अपने अप्रैल के सम्मेलन में जहाँ क़सम खाई कि जेपी के सपनों को ज़िंदा रखते हुए वह देश को भ्रष्टाचार और तानाशाही से मुक्ति दिलाएगी, वहीं श्रीमती गाँधी मंदिरों और मठों के दौरे में व्यस्त थीं, जो जानबूझकर किया गया हिंदू धार्मिक प्रतीकवाद का खुला प्रदर्शन था। वह दावा कर रही थीं कि दैवी कृपा से ही उनकी वापस हुई है।

अब श्रीमती गाँधी सत्ता में आ चुकी थीं, तब उन्हें अतीत में खाई ठोकर की चिंता नहीं सता रही थी। वह अपनी जीत से बेहद खुश थीं क्योंकि वह राजनीतिक मौत की कगार पर पहुँच चुकी थीं जहाँ उन्हें असुरक्षा और गुमनामी का डर सताने लगा था, वहाँ से पुनरुत्थान की उस स्थिति में आ गई थीं जो ऐसे शीर्ष नेताओं के साथ शायद ही कभी आती है। पतन के बाद उन्हें अपना बाक़ी का जीवन जेल में या निर्वासन में बिताना पड़ता है या फिर उन्हें फाँसी तक दे दी जाती है। सत्ता में वापसी सज़ा से छुटकारे के लाइसेंस से कम नहीं था, जब आपको बस इतना कहना था 'माफ़ करो और भूल जाओ।' लेकिन अकेले उनकी ही क़िस्मत अच्छी नहीं थी। इमरजेंसी के दौरान ऐसे कई लोगों में उनके छोटे बेटे, संजय गाँधी भी शामिल थे जिन्होंने बंसी लाल जैसे अपने क़रीबियों के साथ मिलकर ऐसे-ऐसे काम किए थे जिनके चलते उनकी निंदा हुई और उनके ख़िलाफ़ नफ़रत की भावना थी। उन दिनों संजय इतने ताक़तवर और किसी गुंडे की तरह हो गए थे कि जुलाई 1975 में *वाशिंगटन पोस्ट* में छपी लेविस एम. सिमंस की एक रिपोर्ट में लिखा गया कि उन्होंने कई बार श्रीमती गाँधी को थप्पड़ जड़ दिया था और वह बिना विरोध किए

चुपचाप खड़ी रहीं। संजय मंत्रियों की नियुक्ति और आल इंडिया रेडियो जैसे सरकारी संस्थानों को चलाने जैसे मामलों में दख़लंदाज़ी किया करते थे। इस बीच, सूचना और प्रसारण मंत्री इंद्र कुमार गुजराल ने उनका आदेश मानने से इनकार कर दिया था, यहाँ तक कि उन्होंने फटकार भी लगाई थी और इस्तीफ़ा दे दिया था। उनकी जगह पर संजय राजनीतिक रूप से बेशर्म व्यक्ति, विद्याचरण शुक्ल को लेकर आए जिनकी बॉलीवुड के हीरो-हीरोइनों में दिलचस्पी सत्ता के गलियारों और कॉकटेल पार्टियों में गॉसिप का बड़ा मुद्दा हुआ करती थी। संजय ने बिना सोचे-समझे राजधानी में जामा मस्जिद के बाहर झुग्गियों को अंधाधुंध तरीक़े से साफ़ करवाया, जिसमें पुरानी दिल्ली में कई लोगों की मौत हो गई। इसके बावजूद, दूसरे पहलू को देखें, तो उनके विचार उनके समय से बहुत आगे थे। उन्होंने फ़ॉक्सवैगन बीटल जैसी लोगों की कार का निर्माण शुरू कराया लेकिन अपने लक्ष्यों को हासिल करने के लिए उन्होंने सरकारी मशीनरी और संसाधनों का जितना दुरुपयोग किया उसकी जानकारी इमरजेंसी हटाए जाने के बाद ही सामने आई।

यह ग़ौर करने वाली बात है कि 1977 में विदेश मंत्री बनने के बाद वाजपेयी ने सबसे पहला काम यह किया कि वह इंदिरा गाँधी के घर यह आश्वासन देने पहुँचे कि सरकार बदले की कार्रवाई नहीं करेगी। श्रीमती गाँधी और उनका परिवार इस बात को लेकर चिंतित था कि कहीं गुस्साई भीड़ उनकी पीट-पीटकर हत्या न कर दे। श्रीमती गाँधी के घर जाने से पहले, उन्होंने देसाई से अनुमति ले ली थी, और देसाई काफ़ी समझाने-बुझाने के बाद माने थे। वाजपेयी ने श्रीमती गाँधी से कहा कि उनके साथ उचित व्यवहार होगा और सत्ताधारी दल का कोई भी नेता उनके या उनके परिवार के ख़िलाफ़ हिंसा नहीं भड़काएगा। दरअसल, उनके ख़िलाफ़ लोग इतने भड़के हुए थे कि हल्का सा उकसावा भी अराजकता का रूप ले सकता था जिसमें लोग क़ानून को अपने हाथ में ले लेते। अकेले दिल्ली में ही, इमरजेंसी के दौरान 20,000 से भी ज़्यादा लोगों पर जुल्म ढाए गए थे। वाजपेयी का आश्वासन सिर्फ़ कहने भर को नहीं था, यह एक वादा था।

आगे चलकर वाजपेयी कहा करते थे कि संसद में वह भले ही इंदिरा गाँधी के सबसे कट्टर आलोचकों में से एक थे, लेकिन उनके व्यक्तिगत संबंध अटूट थे। उनकी मृत्यु के बाद, उन्होंने कहा था, 'मैं जब भी श्रीमती गाँधी से मिला, मुझे लगा जैसे वह किसी अज्ञात भय की गिरफ़्त में हैं। उनके दिमाग़ के किसी कोने में असुरक्षा की एक गहरी भावना थी। हर किसी पर नज़र रखना, कुछ भी खुलकर न कहना, यह सोचना कि सारी दुनिया उनके ख़िलाफ़ कुचक्र रच रही है, ये सारी बातें बताती हैं कि हम यदि इंदिराजी के व्यक्तित्व और कार्यों को पूरी तरह समझना चाहते हैं तो इस मनोवृत्ति का विश्लेषण गहराई से करना होगा।'

अपनी माँ की सत्ता में वापसी के बाद, संजय ने कॉलेज जाने की बजाए रॉल्स-रॉयस में काम सीखना शुरू किया और एक बार फिर भारत के करोड़ों लोगों के लिए एक कम क़ीमत वाली कार बनाने के अपने सपने का पीछा करना शुरू किया, लेकिन लंबे समय तक अपने मन में बसे इस सपने को उनके लिए पूरा करना मुमकिन नहीं हो सका। 23 जून 1980 की सुबह, विमान उड़ाने को लेकर उनका जुनून घातक हादसे की वजह बन गया। संजय ने दिल्ली फ़्लाइंग क्लब की ओर से ख़रीदे गए एक नए विमान में उड़ान भरी और कलाबाज़ी दिखाने के दौरान नियंत्रण खो बैठे। संजय और उनके साथी पायलट, कैप्टन सुभाष सक्सेना की सिर में लगने वाली चोट से तत्काल मौत हो गई।

सिर्फ़ तैंतीस साल की उम्र में संजय की मौत के बाद एक ऐसी घटना हुई जिसकी उम्मीद की जा रही थी : उनके शर्मीले और कम बोलने वाले बड़े भाई, राजीव ने राजनीति में क़दम रखा। राजीव इटली की रहने वाली सोनिया से शादी कर चुके थे जो नहीं चाहती थीं कि वह एक-दूसरे को मिटाने पर तुली भारतीय राजनीति की दुनिया में क़दम रखें। इसके बावजूद राजीव को दुनिया के सबसे बड़े लोकतंत्र में अपने परिवार की विरासत को आगे बढ़ाने के दबाव के आगे झुकना पड़ा। भले ही वह इंडियन एयरलाइंस में पायलट की नौकरी करते रहे, लेकिन उन्हें पार्टी की बैठकों में शामिल होना पड़ता था।

साल 1980 श्रीमती इंदिरा गाँधी के लिए सबसे अच्छा और सबसे बुरा साल था। इसी साल स्थिरता के नाम पर उन्हें चुनावों में जीत दिलाकर सत्ता के सिंहासन पर फिर से बिठाया गया था। सिर्फ़ एक ही बार उन्होंने दो सीटों से चुनाव लड़ा, जब श्रीमती गाँधी ने राय बरेली से राजमाता सिंधिया के ख़िलाफ़ और आंध्र प्रदेश के मेडक में जयपाल रेड्डी (जो अब काँग्रेस में हैं) के ख़िलाफ़ चुनाव जीता। संजय को भी उत्तर प्रदेश के अमेठी से अच्छे-ख़ासे अंतर से जीत मिली, जहाँ तीन साल पहले (चुनावों में काँग्रेस का उत्तर भारत से लगभग सूपड़ा साफ़ हो गया था) उनकी हार हुई थी। लेकिन इस जीत के छह महीने के भीतर ही उनकी मौत हो गई।

उसी साल आगे चलकर दिसंबर में, भाजपा के बॉम्बे अधिवेशन में आधिकारिक तौर पर अध्यक्ष पद ग्रहण कर चुके वाजपेयी ने बॉम्बे में ही पूरे भारत से आए पार्टी के नेताओं की मौजूदगी में 50,000 से भी ज़्यादा लोगों के सामने बेहद दिलचस्प भाषण दिया। भाषण की शुरुआत उन्होंने देश की वाणिज्यिक राजधानी के लोगों का इस बात के लिए शुक्रिया अदा करने के साथ किया कि उन्होंने देश भर से आए भाजपा सदस्यों की मेहमाननवाजी की। उन्होंने कहा, *'भारतीय जनता पार्टी के अध्यक्ष का पद अलंकार की वस्तु नहीं है... जनता पार्टी टूट गई मगर जयप्रकाश के सपनों को टूटने नहीं देंगे।'*

वाजपेयी का भाषण बीच-बीच में उनकी चिरपरिचित चुप्पी से भरा था, जब वह हर बार अपने शब्दों की गूँज को पूरा हो जाने का अवसर दे रहे थे। उनकी शुरुआत शांत स्वर के साथ हुई, और आगे चलकर उनका जोश और आवाज़ दोनों बढ़ते गए, और हर वाक्य पिछले वाक्य से कहीं अधिक ताक़तवर था। उनका सिर पूरे विश्वास के साथ हिल रहा था, और जब भी वह हिलता तो माथे पर सफ़ेद-काले बाल हर झटके के साथ अपनी ही लय में ऊपर नीचे हिलते थे, शब्दों की ताक़त को उनके हाथों के हाव-भाव और बढ़ा रहे थे, जबकि उनकी पहली अँगुली आसमान की ओर इस तरह उठी थी मानो वह अपने श्रोताओं के लिए किसी दृष्टि का निर्माण कर रहे हों। उनकी हिंदी विशुद्ध थी, और बीच-बीच में अंग्रेज़ी के बौद्धिक शब्द उनकी दक्षता को और बढ़ा रहे थे। अपने दर्शकों की आँखों में आँखें डाले, होंठों के कोने से हल्की मुस्कान के साथ, वाजपेयी गरजे, बरसे और छा गए। भले ही कोई उनके भाषण की बातों से सहमत न हो लेकिन यह संभव नहीं था कोई इसके वशीभूत न हो जाए।

बॉम्बे की उस सर्द रात में, जब हज़ारों दर्शक इधर-उधर घूम रहे थे कि काश बैठने की कोई जगह मिल जाए या गर्दन उचका कर उन्हें ठीक से देखने की कोशिश कर रहे थे, तब वाजपेयी ऊपर से नीचे तक सफ़ेद कपड़ों में थे। पूरी बाजू वाला सूती कुर्ता और धोती, तथा गर्दन में हमेशा की तरह रहने वाली दुशाला। उन्होंने अपने और अपनी पार्टी की ज़िम्मेदारी की बात की, भारत के आम आदमी और किसानों के साथ एक होने की, और 'झगड़े की उस राजनीति' की जिससे भाजपा दूर रहेगी। उन्होंने कॉंग्रेस की सरकार पर भयंकर हमला बोला, जिसमें ग़रीबों और दबे-कुचले लोगों के ख़िलाफ़ उसके अन्यायों को खुलकर बताया। नवगठित भाजपा में एल.के. आडवाणी समेत उनके अन्य साथी मंच पर उनके बग़ल में चुपचाप पैर मोड़े बैठे रहे और वह माइक पर भाषण दे रहे थे। उन सभी के सिर समान रूप से झुके थे और सब ऊपर की ओर नज़रें उठाकर उन्हें देख रहे थे। इन लोगों ने सैकड़ों बार उन्हें बोलते सुना था, और उसके बाद भी वे अभिभूत थे।

वाजपेयी ने पार्टी की नई दिशा और घोषणा पत्र की जानकारी दी। अपने भाषण के आख़िर में, उन्होंने यह ऐलान किया : *'अंधेरा छँटेगा।'* इसका असर जमाने के लिए वह चुप हुए, और फिर अपने सिर को अपने ही अंदाज़ में हिलाते हुए कहा, *'सूरज निकलेगा,'* और फिर रुक गए। आख़िर में उन्होंने जब कहा, *'कमल खिलेगा'* तो तालियों की गड़गड़ाहट इतनी ज़बरदस्त थी कि उसके शांत होते-होते कई मिनट निकल गए। भाषण का यह समापन आने वाले वर्षों में भाजपा का एक नारा बन गया जिसे बार-बार दुहराया गया।

लोकसभा में अपने दल के नेता के रूप में, वाजपेयी चाहते थे कि नई पार्टी अपनी उग्र पहचान को छोड़ दे और लोगों के एक बड़े के बीच अपनी पैठ बनाए।

युवा वक्ता, ओजस्वी संसद सदस्य और भारतीय जनसंघ (बीजेएस) के मुख्य प्रचारक

भारतीय जनसंघ की बैठक में बलराज मधोक (बाएँ से दूसरे) तथा अन्य के साथ। जनसंघ के पूर्व अध्यक्ष रहे मधोक, पार्टी से निलंबित होने के काफ़ी समय बाद भी वाजपेयी के कटु आलोचक रहे

(बाएँ से दाएँ) जनता पार्टी की बैठक में वाजपेयी, जगजीवन राम, मोरारजी देसाई, चंद्रशेखर और अन्य

बीजू पटनायक (एकदम बाएँ) के साथ चौधरी चरण सिंह (बाएँ से तीसरे), वाजपेयी और चंद्रशेखर (दाहिनी ओर)

जनता पार्टी की सरकार में तत्कालीन प्रधानमंत्री मोरारजी देसाई के नेतृत्व में वाजपेयी ने विदेश मंत्री का कार्यभार संभाला

भाजपा की एक बैठक में विजयाराजे सिंधिया (बाएँ से दूसरी), वाजपेयी, लालकृष्ण आडवाणी (दाएँ से दूसरे) तथा अन्य

भारतीय जनसंघ में अपने उदय में महत्त्वपूर्ण भूमिका निभाने वाली विजयाराजे सिंधिया के साथ मनोविनोद के क्षण

© Indian Express

1995 में मुंबई में भाजपा के महाधिवेशन में वाजपेयी, जिन्हें पार्टी ने अगले वर्ष होने वाले आम चुनाव में प्रधानमंत्री पद का उम्मीदवार नामित किया

© Ministry of Information and Broadcasting

तत्कालीन राष्ट्रपति शंकर दयाल शर्मा (बाएँ) 16 मई 1996 को वाजपेयी को प्रधानमंत्री पद की शपथ दिलाते हुए। राष्ट्रपति के इस निर्णय से वाजपेयी उस वर्ष 13 दिनों के लिए प्रधानमंत्री बने

नई दिल्ली में वर्ष 1996 में प्रधानमंत्री पद की शपथ लेने के एक दिन बाद वाजपेयी ने पूर्व प्रधानमंत्री तथा अपने मित्र पी वी नरसिंहराव से मुलाक़ात की

नई दिल्ली में भारत-पाकिस्तान टेस्ट मैच (19 मार्च 1998) के दौरान भारतीय हॉकी टीम से मिलते हुए वाजपेयी। उन्होंने उत्साहवर्धन करते हुए कहा कि अब से भारत और पाकिस्तान केवल हॉकी के मैदान में संघर्ष करेंगे

माकपा के वरिष्ठ नेता ज्योति बसु के साथ नई दिल्ली में। इन दोनों ने 1989 के चुनावों में साथ मिलकर काम किया ताकि जनता दल के वी पी सिंह को भाजपा तथा माकपा के बाहरी समर्थन से सत्तानशीन किया जा सके (19 मई 1998)

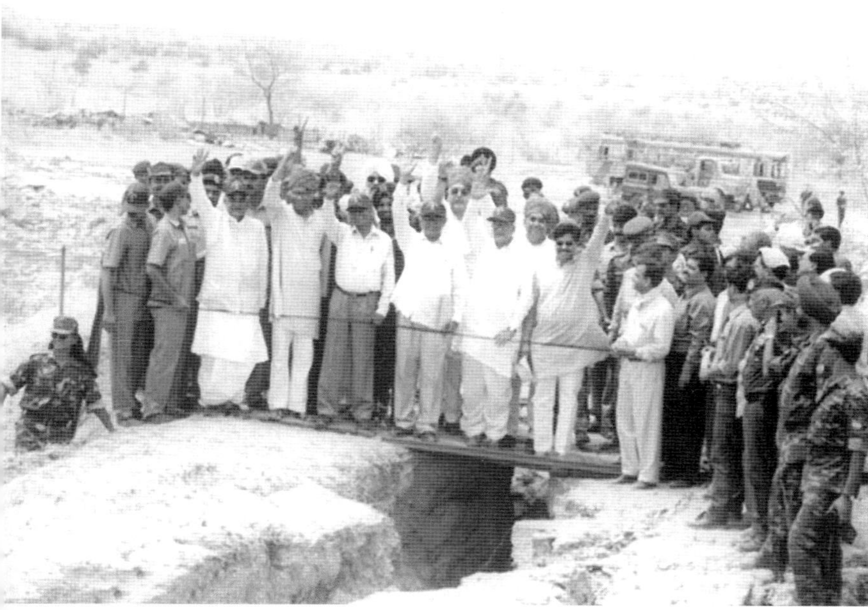

पोखरण में परमाणु परीक्षण स्थल पर अपने कुछ कैबिनेट सहयोगियों तथा वैज्ञानिकों के साथ। केवल मुट्ठीभर लोगों को इन परीक्षणों के बारे में मालूम था और इनकी बड़े पैमाने पर आलोचना हुई तथा परमाणु शक्ति संपन्न देशों द्वारा लगाए गए प्रतिबंध झेलने पड़े (20 मई 1998)

पोखरण के दौरे के दौरान वाजपेयी रक्षा मंत्री जॉर्ज फ़र्नांडिस (दाहिनी ओर बैठे हुए) तथा सैनिकों के साथ (20 मई 1998)

वाजपेयी को अपने *'इन्सानियत और जम्हूरियत'* के नारे को कश्मीर घाटी में भरपूर जनसमर्थन मिला जम्मू-कश्मीर के कुपवाड़ा में एक जनसभा को संबोधित करने के लिए नेशनल कॉन्फ्रेंस के नेता फ़ारुक़ अब्दुल्ला (काला चश्मा लगाए हुए) के साथ जाते हुए (7 दिसंबर 1998)

वाजपेयी अपनी नातिन निहारिका को घोड़े पर बैठने में मदद करते हुए

अपने सहयोगी, कट्टर समर्थक और बाद में प्रतिद्वंद्वी बने लालकृष्ण आडवाणी के साथ। उनके साथ पार्टी के सहयोगी मुरली मनोहर जोशी (दाहिनी ओर से दूसरे) तथा निकट सहयोगी जॉर्ज फ़र्नांडिस (दाएँ) को देखा जा सकता है

पंजाब के अमृतसर स्थित राजा सांसी हवाईअड्डे से पाकिस्तान जा रही बस पर चढ़कर भीड़ का अभिवादन करते हुए वाजपेयी (20 फ़रवरी 1999)

सत्य साई बाबा के साथ (12 मार्च 1999)

करगिल समस्या पर नई दिल्ली में विपक्ष के नेताओं के साथ चर्चा के लिए बुलाई गई बैठक में वाजपेयी (11 जुलाई 1999)

करगिल युद्ध में अत्यंत प्रभावी साबित हुईं बोफ़ोर्स तोप में भरने के लिए गोले ले जाते हुए सैनिक (1999)

रक्षा मंत्री जॉर्ज फ़र्नांडिस तथा सेना प्रमुख जनरल वी पी मलिक के साथ सैन्य विमान में बैठकर करगिल युद्ध क्षेत्र का निरीक्षण करते हुए (1999)

सैनिकों के साथ बातचीत करते हुए

पुर्तगाल के लिस्बन में अपने कैबिनेट सहयोगी यशवंत सिन्हा (दाएँ), जसवंत सिंह (बाएँ से दूसरे) तथा प्रमोद महाजन (बाएँ) के साथ (28 जून 2000)

वाजपेयी निजी बातचीत और उसी तरह संसद तथा सार्वजनिक सभाओं में अपने ओजस्वी भाषण के दौरान लंबी चुप्पी साधने में समर्थ थे

संयुक्त राष्ट्र के मुख्यालय में आतंकवादियों की आर्थिक मदद रोकने के समझौते पर हस्ताक्षर करते हुए (8 सितंबर 2000)। उनके पीछे उनके पसंदीदा कैबिनेट सहयोगी जसवंत सिंह (बाएँ) तथा राष्ट्रीय सुरक्षा सलाहकार ब्रजेश मिश्रा (बीच में)

वाशिंगटन डीसी स्थित व्हाइट हाउस के साउथ लॉन में भाषण देते हुए वाजपेयी (15 सितंबर 2000)। राष्ट्रपति बिल क्लिंटन उनका भाषण ध्यान से सुनते हुए, बाद में क्लिंटन ने उनके राजनयिक कौशल की सराहना की

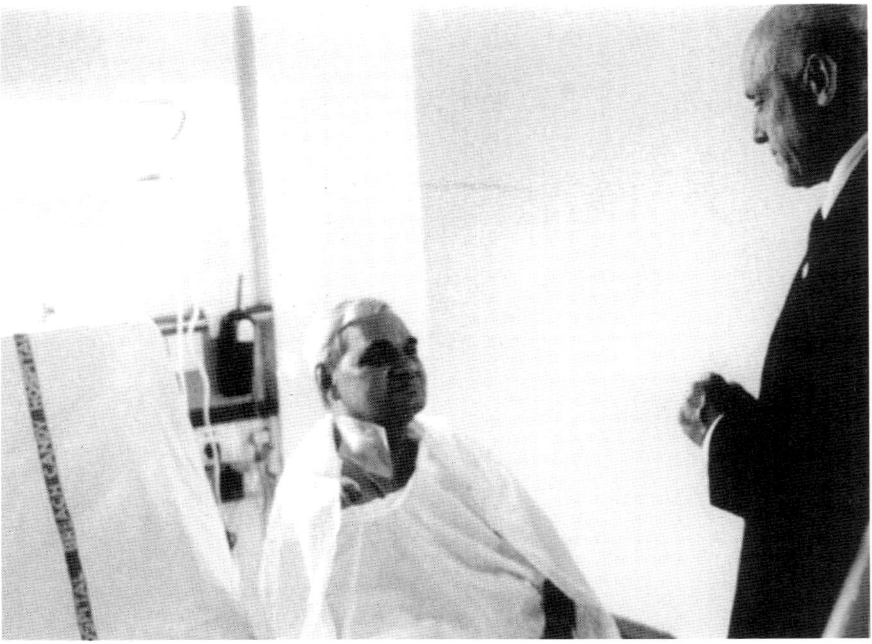

मुंबई के अस्पताल में घुटनों के प्रत्यारोपण के लिए शल्य क्रिया (11 अक्टूबर 2000) के बाद अपने शल्य चिकित्सक चितरंजन सिंह राणावत के साथ बातचीत करते हुए वाजपेयी। राणावत को बाद में पद्मभूषण से सम्मानित किया गया।

यह बात उनकी ओर से बॉम्बे अधिवेशन में मोहम्मद करीम छागला को मुख्य अतिथि के तौर पर बुलाए जाने से स्पष्ट हो गई थी। बॉम्बे हाईकोर्ट के पूर्व मुख्य न्यायाधीश, छागला का काफ़ी सम्मान था। भाजपा की बैठक में उन्होंने कहा कि उन्हें उम्मीद है कि एक दिन वाजपेयी प्रधानमंत्री बनेंगे और उम्मीद जताई कि भाजपा केंद्र में सत्ता की प्रबल दावेदार होगी।

इस तरह के बड़े-बड़े लक्ष्य जहाँ वाजपेयी के लिए दूर की बात थे, वहीं उन्होंने भाजपा को एक ऐसी पार्टी के तौर पर लोगों के बीच ले जाने में कोई कमी नहीं रखी जो भारत के लोगों के अधिकारों के लिए लड़ती है, चाहे वे किसी भी धर्म के हों, और जो कॉंग्रेस का एक लोकतांत्रिक विकल्प है। वह चाहते थे कि पार्टी के साथ जुड़ा अछूत का टैग हट जाए और वह राष्ट्रवाद के किसी भी प्रकार के दिखावे तथा मुसलमान-विरोधी छवि से छुटकारा पा ले। स्तंभकार और संपादक वीर संघवी ने आगे चलकर उस लक्षण के बारे में लिखा जिसे उन्होंने 'वाजपेयी-विकसित भाजपा' का नाम दिया। 'मुसलमानों के राष्ट्रीय पुनरुत्थान की बातें नहीं होती थीं जबकि सही मायने में वे हिंदू हैं क्योंकि सारे हिंदुस्तानी हिंदू हैं, न मस्जिदों को ढहाए जाने की बातें होती थीं और ना ही हिंदुओं के अपने ही देश में दोयम दर्जे के नागरिक होने की।'

भाजपा के नए अध्यक्ष पार्टी को फिर से 'जनसंघ' नाम दिए जाने के भी विरुद्ध थे क्योंकि उन्हें लगता था कि यह नई पार्टी ऐसी पार्टी थी जिसने जनता पार्टी से सीखे अनुभवों को आत्मसात किया, और इस कारण जनसंघ से कहीं अधिक स्वायत्त और कम अड़ियल थी। वाजपेयी बड़ी सावधानी और सूझ-बूझ के साथ आरएसएस तथा जनसंघ के पूर्व सहयोगियों के साथ राजनीतिक संबंधों को अपने मुताबिक़ ढाल रहे थे, ताकि उनकी छवि एक उदारवादी की बनी रहे। *ऑर्गनाइजर* साप्ताहिक के पूर्व संपादक, वी.पी. भाटिया उस दौरान बॉम्बे में अपने एक वामपंथी साथी के साथ हुई बातचीत के बारे में बताते हैं। 'मुसलमानों के बीच वाजपेयी की उदारवादी छवि को लेकर काफ़ी कुछ कहा गया है। बॉम्बे में मुझे इसका एक दिलचस्प अनुभव हुआ जहाँ मैं अपने एक क़रीबी रिश्तेदार के घर रुका था जो जाने-माने फ़िल्म पटकथा लेखक और पुराने कम्युनिस्ट हैं।' शराब पर हुई एक चर्चा के दौरान, वाजपेयी को लेकर बात छिड़ी। भाटिया ने एक मार्क्सवादी समर्थक की बात को दुहराया, 'हैरान हूँ कि ख्वाज़ा अहमद अब्बास को क्या हो गया है। वह भी वाजपेयी के मुरीद हो गए। मैंने अब्बास से कहा कि वह अमेरिकी एजेंट हैं, लेकिन वह सुनने को तैयार ही नहीं थे।'

वाजपेयी सीख चुके थे कि राजनीतिक गठबंधन अक्सर असंभव को भी संभव बना देते हैं, इस कारण वह भाजपा को इस प्रकार ढालना चाहते थे कि यह ग़ैर-कॉंग्रेसी विपक्षी दलों के अनुकूल बन सके। वह बहुत अच्छी तरह जानते थे कि समान सोच वाली पार्टियों के साथ गठबंधन और एक संगठित विपक्ष कॉंग्रेस जैसी भीमकाय शक्ति को भी हिला सकता है। यहाँ तक कि काफ़ी पहले 1958 में भी,

वाजपेयी उस चुनावी रणनीति के निर्माता थे जिसे दिल्ली के नगर निगम चुनावों में लागू किया गया था। उस समय असंतुष्ट कांग्रेसियों और अरुणा आसफ़ अली जैसी कम्युनिस्टों के साथ गठजोड़ किया गया जो दिल्ली की मेयर बनीं जबकि आरएसएस के के.एन. साहनी डिप्टी मेयर बने। संसद में होने वाली चर्चा के दौरान, 1960 और '70 के दशक में जो उनका रुख़ था उसे पीछे छोड़ते हुए, इस बात पर ज़ोर देने लगे कि धर्म को राजनीति से अलग रखा जाना चाहिए। उदाहरण के लिए, 3 अगस्त 1982 को, देश के विभिन्न हिस्सों में सूखा की स्थितियों पर चर्चा की शुरुआत करते हुए, उन्होंने बिहार के मुख्यमंत्री जगन्नाथ मिश्रा की इस बात के लिए आलोचना की जिन्हें मीडिया में अपनी छवि की चिंता कहीं ज़्यादा थी और वह भूख से तड़पते लोगों के लिए कुछ करने की बजाए, प्रेस की आज़ादी के ख़िलाफ़ विवादित बिहार प्रेस बिल लेकर आए थे। तत्कालीन कृषि मंत्री, राव वीरेंद्र सिंह ने सुझाया था, 'आप प्रार्थना कीजिए।' वाजपेयी ने पलटकर कहा, 'पूजा-पाठ से कुछ नहीं मिलेगा। मंत्रियों को पूजा-पाठ की बात नहीं करनी चाहिए। ऐसी बातें पुजारियों को करने दीजिए। मंत्रियों को प्रशासन की बात करनी चाहिए। जो भूखे हैं वे प्रार्थना करेंगे, लेकिन सरकार अगर सूखा-प्रभावित लोगों को खाना, पानी और काम नहीं दे सकती तो प्रार्थना उन्हें बचा नहीं सकती। यह सब लोगों की भूख की आग में भस्म हो जाएगा।'

हालाँकि, संसद में अपने शानदार 'धर्मनिरपेक्ष' बयानों के बावजूद जो नेहरूवाद के काफ़ी क़रीब थे, वाजपेयी ने बीच-बीच में कट्टरवादी खेमे वाले बयान भी दिए, जिसे एक संवाददाता ने एक बार कुछ हद तक शरारत से कुछ समय का 'सैर-सपाटा' करार दिया था। 1983 में, वाजपेयी ने असम चुनावों के दौरान एक भड़काऊ भाषण दिया जिसमें 'बांग्लादेशी विदेशियों' की मौजूदगी को बड़ा मुद्दा बनाया। यहाँ तक कि भाजपा ने वाजपेयी के इस बयान से पल्ला झाड़ लिया, जिसके कारण असम के नेल्ली में 2000 से अधिक पुरुषों और महिलाओं का नरसंहार हुआ, जिसमें ज़्यादातर मुसलमान ही मारे गए थे। वाजपेयी ने असम में उस भीड़ से कहा कि यदि इस तरह के 'घुसपैठिए' पंजाब में आ गए होते तो उनके टुकड़े-टुकड़े कर दिए जाते। इसके कुछ ही घंटे बाद दंगे भड़क गए।

***

इस दौरान, काँग्रेस पर भ्रष्टाचार के गंभीर आरोप लगे, जिनमें 1981 का कुख्यात अंतुले ट्रस्ट घोटाला शामिल था, लेकिन राज्यों में एक के बाद एक चुनावों में मिल रही जीत से श्रीमती गाँधी इन मामलों से शर्मसार तो हुईं लेकिन मुश्किल में नहीं घिरीं। श्रीमती गाँधी के आँखों के तारे, ए.आर. अंतुले ने महाराष्ट्र के मुख्यमंत्री के रूप में, 30 करोड़ रुपये के बजट से सात ट्रस्ट स्थापित किए थे। उनमें से एक का

नाम इंदिरा गाँधी प्रतिभा प्रतिष्ठान रखा गया था, जिसका मक़सद 5.2 करोड़ रुपये के कोष से प्रतिभावानों और कलाकारों को बढ़ावा देना था, जिसमें से 2 करोड़ रुपये का अनुदान महाराष्ट्र सरकार की ओर से दिया गया था जबकि बाक़ी पैसा बिल्डरों और चीनी सहकारी समितियों से मिला चंदा था। अपनी ख़बरों के लिए जाने जाने वाले अरुण शौरी, जो तब *द इंडियन एक्सप्रेस* से जुड़े थे, की एक खोजी रिपोर्ट के मुताबिक़, राज्य सरकार ने चीनी सहकारी समितियों को आदेश जारी किए थे कि वे चीनी के प्रति टन उत्पादन पर 2.50 रुपये और बिल्डर सीमेंट के हर बैग पर एक निश्चित राशि ट्रस्ट को चंदे के रूप में दें। उन्होंने बिल्डरों से कहा कि उन्हें सीमेंट के जितने बैग दिए जाते हैं उनके बदले हर बैग पर 40 रुपये उनके ट्रस्ट को दें। शौरी ने अपनी रिपोर्ट में जिस खामी को उजागर किया उसके मुताबिक़ यह सरकारी ट्रस्ट नहीं था, जबकि दावा यही किया जा रहा था। यह एक निजी ट्रस्ट था और अंतुले प्रमुख ट्रस्टी थे। दूसरे ट्रस्टियों में उनके मित्र शामिल थे। यदि ट्रस्ट बंद हुआ, तो करार के मुताबिक़ सारा पैसा अंतुले का हो जाएगा।

साल 1981 के आख़िरी महीनों के दौरान इस ख़बर के छपते ही संसद में हंगामा मच गया, जहाँ वाजपेयी जैसे नेताओं ने सदन में इस मुद्दे को उठाया। असल में, विपक्ष ने अंतुले पर आरोप लगाया कि वह बिल्डरों को सरकार की ओर से उनके लिए निर्धारित कोटे से अधिक सीमेंट देने के बदले पैसे वसूल कर रहे हैं। जनवरी 1982 में बॉम्बे हाईकोर्ट ने अंतुले को इस केस में दोषी ठहराया और उन्हें मुख्यमंत्री पद से इस्तीफ़ा देना पड़ा।

इन मुसीबतों के बावजूद, काँग्रेस पुनर्जन्म ले चुकीं श्रीमती इंदिरा गाँधी के सहारे आगे बढ़ती रही और जम्मू-कश्मीर जैसे राज्यों के मुश्किल चुनाव जीत सकी जहाँ भाजपा को कुछ लाभ मिलने की उम्मीद थी। यहाँ तक कि हिंदू बहुल जम्मू क्षेत्र में भी, भाजपा का प्रदर्शन बेहद ख़राब रहा, जिसका कारण श्रीमती गाँधी की चतुराई भरी चुनावी रणनीति थी जिन्होंने हिंदू वोटों को अपनी तरफ़ खींचने के लिए कश्मीर में मुसलमानों के मसीहा शेख अब्दुल्ला को लेकर तीखी बयानबाजी की थी।

दूसरी तरफ़, भाजपा में वाजपेयी की स्थिति मज़बूत होती जा रही थी क्योंकि चुनावों में मिली हार के बाद, वैसे नेता जो जनता पार्टी के साथ हुए कड़वे अनुभवों को लेकर ग़ैर-काँग्रेसी दलों के साथ गठजोड़ के ख़िलाफ़ थे, वही अब दोबारा उस पर विचार करने लगे और गठबंधन के समर्थन में आ गए। यहाँ तक कि आरएसएस, जो वाजपेयी पर इस बात को लेकर शक कर रहा था कि वह उसे राजनीतिक गतिविधियों से दूर रखना चाहते हैं, अब बहाने बना रहा था। उम्मीद की एक किरण उस वक़्त दिखी जब ग़ैर-काँग्रेसी नेता और आंध्र प्रदेश में तेलुगु देशम पार्टी (टीडीपी) के संस्थापक, एन.टी. रामाराव ने 1982 के चुनावों में शानदार जीत दर्ज की, और

जब ओड़िशा के कद्दावर नेता बीजू पटनायक ने विपक्ष की एकता का आह्वान किया।

लेकिन इन सारी बातों के बावजूद, उस समय की राजनीति में ऐसे संकेत नहीं दिखे जिनसे कॉंग्रेस पर कोई बड़ा हमला संभव हो सके जिसने अपनी हार के बाद '70 के दशक के आख़िर में खुद को फिर से खड़ा किया और अचंभित कर देने वाला क़द हासिल कर लिया। भाजपा जहाँ अपने शैशव काल की समस्याओं से जूझ रही थी, वहीं श्रीमती गाँधी के नेतृत्व में काँग्रेस इस बात को लेकर सजग थी कि 'धर्मनिरपेक्षता' को लेकर उसकी बातें हिंदुओं की भावनाओं को न भड़का दें। उनके पिता, जवाहरलाल नेहरू, और उनके साथ ही लाल बहादुर शास्त्री ने भी इस रणनीति का इस्तेमाल अपने समय में सफलतापूर्वक किया था। श्रीमती गाँधी ने जिस तरह इस सॉफ़्ट-हिंदुत्व का इस्तेमाल किया, उसने विपक्षी नेताओं को भ्रम में डाल दिया, और काँग्रेस की नक़ल करने का कोई फ़ायदा नहीं था। सियासत का गुरुत्वाकर्षण केंद्र एक बार फिर जब लेफ़्ट की ओर जा रहा था, तब आरएसएस के पास इसके सिवाय कोई चारा नहीं था कि वह वाजपेयी की हथकंडों को नेहरूवादी और दिल्ली-केंद्रित बताकर अपनी खीझ निकालता, लेकिन उसके पास वाजपेयी पर लगाम कसने का कोई उपाय नहीं था।

संगठनात्मक संकट और ज़मीनी स्तर पर विकास की संभावना के अभाव में, वाजपेयी ही वह नेता थे जिन्होंने अपनी भूमिका बख़ूबी निभाई, जिसने उदारवादी राजनेता के उनके व्यक्तित्व को निखारा। उन्होंने इसका भरपूर फ़ायदा उठाया और जो कर सकते थे उसे बेहतरीन ढंग से किया : संसद में शानदार भाषण दिए और अभिन्न मानवतावाद को ज़ोर-शोर से उठाया, जिसमें गाँधी तो थे लेकिन मुसलमानों के लिए प्रेम नहीं था।

यही समय था जब पंजाब उथल-पुथल में फँसता चला जा रहा था।

1982 में, पंजाब के लोगों की माँगों पर आनंदपुर साहिब प्रस्ताव को तैयार किया गया और 'धर्म युद्ध मोर्चा' के नाम से एक शांतिपूर्ण विरोध प्रदर्शन हुआ जिसे सरकारी बलों ने भयंकर पक्षपात के साथ कुचल दिया। हज़ारों लोग गिरफ़्तार कर लिए गए। इसकी जहाँ चौतरफ़ा निंदा हो रही थी, वहीं इसने तेज़ी के साथ उस उग्रवाद को बढ़ावा दिया जिसकी बुनियाद बरसों पहले रखी जा चुकी थी। भारत सरकार के ख़िलाफ़ इस सबसे नए उग्रवादी विद्रोह का नेतृत्व जरनैल सिंह भिंडरावाले के हाथों में था, जो दमदमी टकसाल नाम के कट्टरपंथी सिख धार्मिक विचारधारा वाले नेता थे। उन्होंने सिखों के सबसे पवित्र गुरुद्वारे, स्वर्ण मंदिर को अपनी सत्ता का केंद्र बनाया था। 1960 के आख़िरी वर्षों में शुरू हुई हरित क्रांति ने खेती को मशीनी बना दिया था जिससे एक ऐसे राज्य में कई लोग बेरोज़गार हो गए जहाँ केंद्र नई नौकरियाँ पैदा करने के लिए भारी उद्योग लगाने से हिचक रहा था। इसका परिणाम

यह हुआ कि बेरोज़गार युवाओं ने हथियार उठाने के भिंडरावाले के आह्वान पर अमल करना शुरू कर दिया।

भाजपा के लिए पंजाब को लेकर चिंता करने के कई कारण थे। वैसे भी, तत्कालीन सत्ताधारी अकाली दल जनता पार्टी का हिस्सा रह चुका था, जिसने 1977 में राज्य में गठबंधन वाली सरकार बनाई थी। राज्य में जहाँ उग्रवाद बढ़ता जा रहा था, वहीं वाजपेयी ने संसद में जोश से भरा भाषण दिया जिसमें केंद्र सरकार से आग्रह किया गया कि वह लोगों पर अंधाधुंध हमले करना और देशभक्त सिखों को नाराज़ करना बंद करे। 1980 में ही, श्रीमती गाँधी ने वहाँ की राज्य सरकार और मुख्यमंत्री प्रकाश सिंह बादल (जिनकी सरकार 100 दिन ही चल सकी) को बर्ख़ास्त कर दिया। यह ऐसा क़दम था जिसे घोर अलोकतांत्रिक माना गया क्योंकि विधानसभा में बादल का बहुमत था। श्रीमती गाँधी ने बादल सरकार पर राजनीतिक हितों को साधने के लिए धर्म का इस्तेमाल करने का आरोप लगाया, जिससे भाजपा जैसे दलों के पास विरोध का रास्ता नहीं रह गया क्योंकि यदि वे ऐसा करते तो इससे हिंदू नाराज़ हो सकते थे।

हमेशा की तरह ही वाजपेयी का भाषण शानदार था, और इसने उस ख़तरनाक खेल से पर्दा उठाया जिसे श्रीमती गाँधी और उनके लोग पंजाब में खेल रहे थे जो था : चुनावी लाभ के लिए हिंदुओं को सिखों से लड़वाने का खेल।

> अकाली दल और काँग्रेस की सरकार के बीच बातचीत जब विफल हो गई, तब विपक्ष को इसमें शामिल होने का न्योता दिया गया, लेकिन बातचीत जब शुरू हुई तब विपक्ष को शामिल नहीं किया गया क्योंकि काँग्रेस के हमारे मित्रों को लगा कि यह उनके और अकाली दल के बीच का घरेलू मसला है। उन्हें लगा कि वे इससे निपट लेंगे, पंजाब के दूसरे दलों को विश्वास में लेने की ज़रूरत ही क्या है, ना ही राष्ट्रीय स्तर पर बातचीत की ज़रूरत है, यह समस्या इसी तरह सुलझ जाएगी। लेकिन जब यह नहीं सुलझी, तब विपक्षी नेताओं को बुलाया गया। मेरे मित्र इंद्रजीत गुप्ता यहाँ मौजूद हैं और वह जानते हैं कि जब त्रिपक्षीय बातचीत का फ़ैसला हुआ, तब मैं इसके लिए तैयार नहीं था। मेरी अपनी ही आपत्तियाँ थीं। असम में मैं अपने अनुभव से सबक़ ले चुका था। वार्ता जब विफल होने लगती या जब सरकार समझौता न करने का फ़ैसला करती है तब वह विपक्ष पर आरोप मढ़ देती है। क्या यह सच नहीं है कि त्रिपक्षीय वार्ता के परिणामस्वरूप, मतभेद कम हुए और अकाली इस बात पर राज़ी हो गए कि केंद्र-राज्य संबंधों पर विचार के लिए गठित किए जाने वाले आयोग के लिए आनंदपुर साहिब प्रस्ताव का ज़िक्र करना आवश्यक नहीं है? क्या यह सही नहीं है

> कि अकाली हिमाचल प्रदेश, हरियाणा के एक बड़े हिस्से और राजस्थान के गंगानगर से अपना दावा छोड़ने पर राज़ी हो गए थे? क्या इसे प्रगति नहीं कहेंगे? क्या अकाली दल ने खालिस्तान की माँग से अपने आप को अलग नहीं किया? मुट्ठीभर सिखों के सिवाय कोई भी खालिस्तान नहीं चाहता।

26 जुलाई 1983 के इस भाषण में, उन्होंने सरकार से यह भी कहा कि वह 'इस देश के भाग्य' से खिलवाड़ न करे।

> क्या अकाली दल खुद को खालिस्तान की माँग से अलग नहीं रख रहा है? कुछ मुट्ठीभर सिखों को छोड़कर कोई खालिस्तान नहीं चाहता। सिख देशभक्त हैं। मैंने इंग्लैंड, यूरोप के कई देशों और अमेरिका में लोगों से बात की है। वे लोग जो खालिस्तान का समर्थन करते हैं वे न्यू यॉर्क में, ना ही लंदन में किसी गुरुद्वारा में जा सकते हैं। हर जगह मेरी बैठकों में भारी तादाद में सिख शामिल हुए। मैंने वहाँ कहा कि खालिस्तान नहीं बनेगा। उन्होंने कहा, चाहता कौन है? हम खालिस्तान की माँग नहीं करते... बाहर के देशों में सिखों ने मुझे बताया कि हम भारत से प्रेम करते हैं लेकिन हम जब भारत आते हैं तब हमें संदेह की नज़र से देखा जाता है और हमें हिरासत में ले लिया जाता है। इसके साथ ही उनके पासपोर्ट की अलग से जाँच की जाती है... कोई नहीं बता सकता कि पंजाब कब सुलगने लग जाए। पंजाब के लोग देशभक्त हैं और राजनीतिक दलों के कार्यकर्ता संयम से क़ाम ले रहे हैं, लेकिन हालात बिगड़ सकते हैं। तीन जगहों पर दंगे हो चुके हैं। मैं अकाली दल से अपील करना चाहूँगा। केंद्र सरकार तो सुनेगी नहीं... पंजाब में आंदोलन शांत हो जाए और हिंदू-सिख एकता बहाल हो जाए तो एक अभियान शुरू होना चाहिए।

उस दौरान पंजाब की हिंसा गरमागरम चर्चा का विषय थी, और वाजपेयी ने पंजाब के लोगों की मुसीबतों की ओर देश का ध्यान दिलाने के लिए संसद का इस्तेमाल मंच के तौर पर करने का एक भी मौक़ा हाथ से जाने नहीं दिया। वह गरजा करते थे और बेबाकी से पंजाब को लेकर श्रीमती गाँधी और उनकी सरकार की नीतियों की धज्जियाँ उड़ाया करते थे। 16 नवंबर 1983 को, उन्होंने उन नरसंहारों का मुद्दा उठाया जो पंजाब में राष्ट्रपति शासन लगाए जाने के बाद (7 अक्टूबर) को हुए थे। उन्होंने कहा कि ताज़ा मामले में धारा 356 लगाया जाना इस बात का एक और उदाहरण है कि देर से उठाया गया सही क़दम भी निष्प्रभावी हो जाता है। वाजपेयी ने काफ़ी पहले यानी 1983 के मध्य में ही राज्य में राष्ट्रपति शासन लगाने की माँग की थी। उन्होंने कहा कि अगर केंद्र ने परिस्थिति से सही तरीक़े से निपटा होता और उग्रवादियों पर समय रहते कार्रवाई की होती तो नौबत यहाँ तक नहीं आती।

उस समय, श्रीमती गाँधी अपनी सत्ता के चरमोत्कर्ष पर थीं और संगठन की दृष्टि से उन्हें चुनौती दे पाना किसी भी विपक्ष के नेता के बस की बात नहीं थी। फिर भी, वाजपेयी ने संसद में उनके ख़िलाफ़ हुंकार भरी, वह जिस खेल को खेल रही थीं उसके ख़तरों से आगाह किया। लोकसभा में, 4 अप्रैल 1984 को दिए अपने भाषण में, वाजपेयी ने काँग्रेस पर भिंडरावाले से गुप्त संबंधों का आरोप लगाया।

> भिंडरावाले का नाम सुनकर भड़कने की क्या ज़रूरत है? यह तो सभी जानते हैं कि 1980 के दशक में हुए चुनाव में वह काँग्रेस पार्टी के लिए काम कर रहे थे। यह भी सब जानते हैं गुरुद्वारा प्रबंधक कमेटी के चुनावों में भिंडरावाले के साथी काँग्रेस के सहयोग से लड़ रहे थे। भिंडरावाले को सरकार की ओर से लिए जाने वाले सारे फ़ैसलों की जानकारी कौन देता है? वह दिल्ली आए लेकिन उन्हें गिरफ़्तार नहीं किया गया। प्रधानमंत्री ने मुंबई में एक साप्ताहिक पत्रिका को इंटरव्यू दिया लेकिन भिंडरावाले के ख़िलाफ़ एक शब्द नहीं कहा। पत्रिका को दिल्ली में इंटरव्यू देते हुए उन्होंने कहा कि हम दोनों संतों हरचरण सिंह लोंगोवाल, पंजाब में उग्रवाद के दौरान अकाली दल के अध्यक्ष, के साथ ही भिंडरावाले से मिलने के लिए तैयार हैं। अगर इससे हल निकलता है, तो मिलिए, लेकिन भगवान के लिए पंजाब की समस्या का हल निकालिए। आने वाले पीढ़ियाँ आपको कभी माफ़ नहीं करेंगी, इसे एक पार्टी का मुद्दा मत बनाइए... सुनो, दिल्ली के शासकों, ध्यान दो। अपना कर्तव्य समझो।

इस समय तक, पंजाब में अपराधों की दर आसमान छूने लगी थी और नागरिकों तथा पुलिस वालों पर उग्रवादी हमले रोज़ाना की बात हो गए थे।

'जैसे जैसे दिन बीत रहे हैं, हालात बद से बदतर हो रहे हैं और बेक़ाबू होते जा रहे हैं। सवाल राजनीतिक दलों के राजनीतिक हित साधने का नहीं है। कभी-कभी भारत की एकता और अखंडता को लेकर बहुत भारी आशंका खड़ी हो जाती है। 28 फ़रवरी को, गृह मंत्री ने हरियाणा-पंजाब की स्थिति को लेकर एक बयान दिया था। मैं उसकी चंद पंक्तियाँ दुहराता हूँ, "मैं इस सदन को आश्वस्त करना चाहता हूँ कि हमारी सरकार क्रूर हिंसा को समाप्त करने के लिए हर संभव क़दम उठाएगी, चाहे इसकी कोई भी क़ीमत चुकानी पड़े।" यह 28 फ़रवरी का बयान है और 28 मार्च को दिल्ली गुरुद्वारा प्रबंधक कमेटी के अध्यक्ष, मनचंदा की हत्या यहीं दिल्ली में, देश की राजधानी में रात के अंधेरे में नहीं बल्कि दिन के उजाले में, किसी सुनसान कोने में नहीं बल्कि भीड़-भाड़ वाली सड़क पर कर दी जाती है। श्री मनचंदा का नाम हिट लिस्ट में था। उन्हें एक सुरक्षाकर्मी दिया गया था। हत्यारों की हिम्मत देखिए। उन्होंने मनचंदा की हत्या की और पकड़े भी नहीं गए बल्कि फरार हो गए। निश्चित रूप से

वे उनका पीछा कर रहे होंगे। सरकार तब क्या कर रही थी? पंजाब की आग अब राजधानी तक आ पहुँची है,' वाजपेयी ने चेताया।

बेशक उनकी भविष्यवाणी सच साबित हुई।

भिंडरावाले से जुड़े उग्रवादी संगठनों के कारण पंजाब जहाँ अराजकता में घिरता चला गया, आम तौर पर यह मान लिया गया कि यह एक दैत्याकार रूप ले चुका है जिसने हाहाकार मचा रखा है। सोते या जागते सैकड़ों बेकसूरों का नरसंहार होने लगा, तब जाकर श्रीमती गाँधी ने इसका संज्ञान लिया, और एक ऐसे ऑपरेशन का आदेश दिया जिसकी क़ीमत उन्हें बाद में अपनी जान देकर चुकानी पड़ी। 3 से 8 जून 1984 तक चले ऑपरेशन ब्लूस्टार का मक़सद अमृतसर के स्वर्ण मंदिर में छिपे आतंकवादियों के साथ ही भिंडरावाले को बाहर निकालना था। सुरक्षाबलों के साथ हुई गोलीबारी में भिंडरावाले और उसके साथी मारे गए।

वाजपेयी ने सेना को इस सफल ऑपरेशन के लिए बधाई दी लेकिन भविष्य में सेना के किसी भी दुरुपयोग से आगाह किया। लोकसभा में 25 जुलाई को दिए अपने भाषण में उन्होंने कहा :

> सेना को बेहद कठिन और संवेदनशील ज़िम्मेदारी सौंपी गई थी। इसने जितने कौशल और साहस के साथ उस ज़िम्मेदारी को निभाया है उसके लिए उसे बधाई दी जानी चाहिए, लेकिन हमें इस बात को नहीं भूलना चाहिए कि सेना का गठन और सुसज्जित करने का काम विदेशी शत्रुओं से लड़ने के लिए किया जाता है। अपने ही देश के लोगों के विरुद्ध उसका इस्तेमाल एक अप्रिय क़दम है, और जहाँ तक संभव हो हमें इससे बचना चाहिए। मैं हरमंदिर साहिब, स्वर्ण मंदिर के गर्भगृह, में सेना की कार्रवाई को लेकर दो बातें कहना चाहूँगा। पहली बात यह है कि ऐसा पहली बार हुआ जब सेना को किसी धार्मिक स्थल पर भेजा गया, और यह आख़िरी बार होना चाहिए। फिर कभी ऐसी स्थिति उत्पन्न नहीं होने देना चाहिए जब हमें अपने ही देशवासियों के ख़िलाफ़ कार्रवाई के लिए सेना को किसी धार्मिक स्थल पर भेजना पड़े। वैसे भी, आंतरिक सुरक्षा की देखभाल करना पुलिस का काम होता है। केंद्रीय रिजर्व पुलिस बल को पुलिस की सहायता के लिए भेजा जा सकता है। सीमा सुरक्षा बल की मदद भी ली जा सकती है। पंजाब में तीनों ही बल विफल हो गए। आख़िर क्यों? चीज़ें यहाँ तक कैसे पहुँच गईं कि सेना को बुलाना पड़ा? पंजाब में एक ऐसी सरकार थी जिसे बर्ख़ास्त करना पड़ा। विधानसभा भंग नहीं की गई है बल्कि इसे निलंबित रखा गया है। प्रशासन पंगु हो गया था। समाज बँट गया था... यहाँ तक कि 'रोटी-बेटी' के रिश्ते भी उस खाई को पाट नहीं सके।

वाजपेयी ने भिंडरावाले के आश्चर्यजनक उदय पर भी रोशनी डाली जो लगभग गुमनामी से निकला और शहीद बन गया। उन्होंने कहा कि भिंडरावाले उन लोगों में शामिल था जिनके ख़िलाफ़ दिल्ली में 1980 में निरंकारी बाबा की हत्या के लिए वारंट जारी किए गए थे, लेकिन गिरफ़्तारी के बाद ढीली-ढाली जाँच के कारण छूट गए थे। वाजपेयी ने कहा कि 5 और 6 जून को अमृतसर में हुई घटना पर कभी गर्व नहीं किया जाएगा। 'मैंने सेना को बधाई दी क्योंकि उन्होंने अपनी जान को जोखिम में डाला। सेना को राजनीतिक निर्देश मानना पड़ता है, लेकिन जिन लोगों ने उस आदेश को जारी किया वे आज कठघरे में खड़े हैं। आख़िर हालात को इस हद तक बिगड़ने ही क्यों दिया गया?' वाजपेयी ने इस बात के लिए सरकार को जमकर खरी-खोटी सुनाई कि उसने भिंडरावाले को लंबे समय तक मनमर्ज़ी चलाने की छूट दे रखी थी, और पंजाबी अलगाववादियों को विदेश से धन मुहैया कराने वालों की जानकारी को भी ज़ाहिर नहीं किया।

31 अक्टूबर 1984 की सुबह 9.30 बजे, श्रीमती गाँधी अपने 1 सफ़दरजंग रोड स्थित घर से 1 अकबर रोड स्थित ऑफ़िस की तरफ़ एक आयरिश टीवी चैनल को इंटरव्यू देने जा रही थीं, तभी उनके दो सुरक्षाकर्मियों, सतवंत सिंह और बेअंत सिंह ने गोली मारकर उनकी हत्या कर दी। दोनों ही सिखों ने स्वर्ण मंदिर को अपवित्र करने का बदला लिया, जो ऑपरेशन ब्लूस्टार के दौरान क्षतिग्रस्त हो गया था। दोनों ने मिलकर उन पर तैंतीस गोलियाँ बरसाईं। तीन चूक गईं, जबकि तेईस गोलियाँ उन्हें छलनी करती हुई निकल गईं, और सात उनके शरीर में धंसी रह गईं।

पंजाब की आग राजधानी तक आ पहुँची थी।

श्रीमती गाँधी की मृत्यु का समाचार, गोली मारे जाने के दस घंटे से भी अधिक समय बाद, शाम की ख़बर में टीवी पर प्रसारित किया गया। अगले कई दिनों तक राजधानी में हिंसा का तांडव चलता रहा जिसमें हज़ारों सिखों को उन गुंडों ने बेरहमी से मार डाला जिन्हें कथित तौर पर सरकार में बैठे कुछ प्रमुख अधिकारियों की शह मिली थी। सरकार ने मौत के आँकड़े को 3000 से भी कम बताया, लेकिन अपुष्ट आँकड़े बताते हैं कि देश की राजधानी में राजनीति से प्रेरित, एक-तरफ़ा दंगे में 8000 से भी अधिक सिख मारे गए थे। श्रीमती गाँधी के बाद तुरंत उनके उत्तराधिकारी और प्रधानमंत्री के रूप में उनके पुत्र, राजीव गाँधी को शपथ दिलाई गई। उन्होंने सिखों के नरसंहार को यह कहते हुए टाल दिया कि 'जब एक बड़ा पेड़ गिरता है, तो धरती हिलती है।'

दिल्ली में सिखों की दर्दनाक स्थिति को लेकर उस समय की सरकार की संवेदनहीनता इस स्तर तक पहुँच गई थी।

वाजपेयी, जो उस समय रायसीना रोड पर रहते थे, ने जब अपने घर के बाहर हंगामे की आवाज़ सुनी तो बाहर निकले और देखा कि सिख टैक्सी ड्राइवरों का एक समूह गुंडों की पूरी फौज के आगे रहम की भीख माँग रहा है जो पेट्रोल, चाकू और डंडों से लैस थी। वह भीड़ के बीच जा पहुँचे और हिंसक भीड़ तथा टैक्सी स्टैंड के उन सिख ड्राइवरों के बीच आकर खड़े हो गए। उन्होंने आक्रोशित भीड़ से कहा, 'आप लोग मेरी लाश पर होकर ही उन्हें हाथ लगा सकते हो।' वे पहले हिचके और फिर उनसे वहाँ से चले जाने को कहा ताकि वे अपना काम कर सकें। उन बेबस सिख ड्राइवरों की हत्या कर सकें।

उस समय तक, वाजपेयी का सुरक्षाकर्मी, जो उस दिन ड्यूटी पर अकेला ही था, पुलिस को फ़ोन करने के लिए भागा ताकि वह घटनास्थल पर तुरंत पहुँचे। इधर अपने इरादे पर अटल वाजपेयी ने पुलिस के आने तक हमलावरों से सिखों की रक्षा की, जो पुलिस के आते ही तितर-बितर हो गए। कुछ दिनों बाद, उनका साहस एक बार फिर देखने को मिला जब प्रसिद्ध कार्टूनिस्ट और पत्रकार राजिंदर पुरी वाजपेयी से मिलने उनके घर आए। उन्हें पता चला कि भीड़ ने एक कार को घेर रखा है। वे भागकर गेट पर पहुँचे। पुरी ने बताया, 'वहाँ कुछ आवारा लड़के और युवक थे जिनके हाथ में पेट्रोल का कैन था और वे एक कार को (जिसमें सिख बैठे थे) घेरकर खड़े थे। वाजपेयी (उन्हें देखते ही) चीख़ उठे।'

इसके कुछ ही समय बाद होने वाले चुनावों में काँग्रेस ने सहानुभूति की लहर को जमकर भुनाया और पर्दे के पीछे से सिख-विरोधी मुहिम को भी भड़काया। सक्रिय और मुख्यधारा की राजनीति में उतरने में वाजपेयी को काफ़ी समय लग गया। उन्हें तब तक इंतज़ार करना पड़ा जब तक कि मौक़ा उन्हें ढूँढ़ता हुआ उन तक नहीं आ गया।

8

1984-91

निष्फल वर्ष

वाजपेयी की उस तसवीर को भला कौन भूल सकता है जो 1984 के चुनावों से ठीक पहले एक सार्वजनिक सभा की है, जिसमें उनका दाहिना हाथ कंधे तक बंधी पट्टी पर टिका था, और टूटा हुआ दाहिना पैर किसी अंतरिक्ष यात्री की तरह बंधा था और टेबल पर रखा था। चुनाव अभियान के दौरान उन्हें चोट लगी थी। यह तसवीर पूरी कहानी बता रही थी कि 1984 का मतलब उनके लिए और भाजपा के लिए क्या था। दोनों ही घायल और लाचार थे।

भाजपा इस उम्मीद के साथ चुनाव प्रचार में उतरी कि वैसे हिंदू जिनके बारे में वाजपेयी अक्सर कहा करते थे कि वे सांप्रदायिक नहीं हैं, जनसंघ के दिनों से अलग हटकर बनाई गई पार्टी की नई सॉफ़्ट-हिंदुत्व की छवि से खुश थे। बेशक, पार्टी ने श्रीमती गाँधी की हत्या के बाद उठी सहानुभूति की लहर का हिसाब-किताब लगा लिया था, लेकिन सिख-विरोधी दुष्प्रचार से हिंदू पलटवार का अंदाज़ा उसे नहीं था।

वाजपेयी ने 1984 का चुनाव ग्वालियर सीट से लड़ा। उससे पहले उन्होंने सिंधिया राजघराने के उत्तराधिकारी, माधवराव सिंधिया से बात की थी। इसी परिवार ने वाजपेयी की शिक्षा का ख़र्च उठाया था। यह परिवार वैसे तो हमेशा से दक्षिणपंथी था, और राजमाता विजयाराजे सिंधिया पहले भारतीय जनसंघ और फिर भाजपा की सदस्य बनीं। इसके साथ ही, वाजपेयी ने ही माधवराव को भारतीय जनसंघ में शामिल कराया था, लेकिन इमरजेंसी के दौरान माधवराव पाला बदलकर काँग्रेस में चले गए, और गुना लोकसभा सीट से तीन बार विजयी हुए। ग्वालियर सीट से अपना नामांकन करने से पहले, वाजपेयी ने माधवराव से पूछा कि क्या इस बार उनका इरादा ग्वालियर से चुनाव लड़ने का है। माधवराव ने इनकार कर दिया, लेकिन आख़िरी समय पर, माधवराव ने भी उसी क्षेत्र से अपना नामांकन दाख़िल कर दिया। इसका

नतीजा यह हुआ कि वाजपेयी अपने ही संरक्षक के बेटे के ख़िलाफ़ उस लोकसभा क्षेत्र में मैदान में थे जहाँ उनके प्रतिद्वंद्वी के पूर्वज कभी राजाओं की तरह शासन करते थे। भारत एक लोकतांत्रिक देश था लेकिन भारतीयों के मन में अब भी राजपरिवार के प्रति सम्मान था और सिंधिया की जीत मानी हुई बात थी।

बाद में, माधवराव लोगों से कहा करते थे कि वाजपेयी ने उन्हें अपने ख़िलाफ़ चुनाव लड़ने की चुनौती दी थी ताकि जनता की नज़र में वह अपनी औकात देख सकें। वाजपेयी ने इस तरह का 'झगड़ालू रवैया' अपनाए जाने को झूठा बता दिया। 'अपने राजनीतिक विरोधियों से बुरा बर्ताव करना मेरे स्वभाव में नहीं है,' उन्होंने कहा और माधवराव के अनुचित व्यवहार पर दुख जताया। हालाँकि, वह इसे 'पीठ में छुरा घोंपना' कहने से बच गए। ग्वालियर में वाजपेयी की हार उस साल देश भर में भाजपा की दुर्दशा का ही एक हिस्सा भर थी।

राजीव गाँधी तब केवल चालीस साल के थे जब क़िस्मत के उलट-फेर ने उन्हें अचानक राजनीतिक परिदृश्य के केंद्र में ला खड़ा किया। वह चुनावों में जवानी के जोश के साथ उतरे। वह नौसिखिए थे, लेकिन नेहरू-गाँधी वंश के उत्तराधिकारी थे, और उनकी माँ की मौत ख़ूनख़राबे में हुई थी। परिणामों ने सबको हैरान कर दिया। 533 सदस्यों वाले सदन में अपनी पार्टी के लिए 404 सीटें जीतकर उत्तर भारत में उन्होंने किसी भी तरह के विपक्ष को नेस्तनाबूद कर दिया था। काँग्रेस के इस नए राजकुमार ने अचानक राजनीति को परियों की कहानी जैसा बना दिया था। भारत अब इतरा रहा था।

भाजपा के लिए, चुनावों में लगा यह झटका किसी दैत्य के पलटवार से कम नहीं था। इसे लोकसभा में सिर्फ़ दो सीटों पर जीत मिली, जिनमें से एक गुजरात की थी जबकि दूसरी आंध्र प्रदेश की जहाँ इसने क्रमशः जनता पार्टी और तेलुगु देशम से गठबंधन किया था। वाजपेयी समेत इसके सारे दिग्गज धराशायी हो गए। काँग्रेस की बात करें तो यह उसका अब तक का सबसे अच्छा प्रदर्शन था, जिसने नेहरू और श्रीमती गाँधी के समय में मिली सफलता को भी पीछे छोड़ दिया था।

इटली के राजनयिक काउंट गलेजो सियानो के गहरे बयान से सच्चा और कुछ नहीं हो सकता, जिसे जॉन एफ़ कैनेडी ने और भी लोकप्रिय बना दिया : जीत के सैकड़ों पालनहार होते हैं, लेकिन हार अनाथ होती है।

वाजपेयी उस अनाथ को गोद लेने के लिए तैयार थे।

वाजपेयी ने तब चुप्पी तोड़ी जब पार्टी के कुछ नेताओं ने चुनावों में सूपड़ा साफ़ होने को लेकर सफ़ाई माँगी। उनकी शिकायत यह थी कि यह हार सिर्फ़ सहानुभूति लहर का परिणाम नहीं थी, बल्कि हिंदुत्व की अपनी मूल विचारधारा से पार्टी के भटकाव के कारण हुई थी। आरएसएस और उसके सहयोगी संगठन विश्व हिंदू

परिषद (वीएचपी) के नेताओं की आपसी बातचीत में वाजपेयी की कड़ी आलोचना हो रही थी। इनका कहना था कि वाजपेयी पार्टी को 'सेकुलर' बनाने का प्रयास कर रहे हैं जिससे काँग्रेस के मुक़ाबले इसकी अपनी पहचान ही नहीं रही, जबकि काँग्रेस चोरी-छिपे धार्मिक कार्ड खेलती रही, और उसने सिख हत्यारों के हाथों श्रीमती गाँधी की हत्या के ख़िलाफ़ भड़की हिंदुओं की भावनाओं को भुना लिया। चुनावों से पहले नानाजी देशमुख का बयान कि श्रीमती गाँधी की मौत का बदला लेने के लिए हिंदुओं को काँग्रेस को वोट देना चाहिए, इसी भावना को दर्शाता था। कुछ अन्य की यह दलील थी कि वाजपेयी के नेतृत्व में भाजपा काँग्रेस की 'बी' टीम बन चुकी है। उस समय तक नानाजी घोर वाजपेयी-विरोधी हो चुके थे जिन्हें पार्टी में पछाड़ने के खेल में वह पिछड़ चुके थे। भले ही उन्होंने ग्रामीण इलाक़ों में मानवतावादी कार्य करने का फ़ैसला कर लिया था, लेकिन यह फ़ैसला भी उन्होंने यह समझने के बाद किया कि वह वाजपेयी को पछाड़ नहीं सकते, जो कई कारणों से उनसे नाराज़ थे, जिसमें 1979 में जनता पार्टी सरकार को बचाने के लिए 'समझौते के फ़ॉर्मूले' के रूप में प्रधानमंत्री पद पर चंद्रशेखर को बिठाने की सलाह भी शामिल थी। नानाजी ने चंद्रशेखर का नाम 'बुजुर्गों के बजाए एक युवा' के रूप में प्रस्तावित किया था जबकि वह वाजपेयी से केवल तीन साल छोटे थे। वाजपेयी ने इसके लिए उन्हें कभी माफ़ नहीं किया।

आरएसएस वाजपेयी की इस रणनीति को आँखें तरेरकर देखता था जिसके अंतर्गत वह भाजपा के वोट आधार को पारंपरिक ब्राह्मणों, बनिया और शहरी मध्यम वर्ग से बढ़ाकर, जनता पार्टी के प्रयोग की तर्ज पर दूसरों को साथ लाने का प्रयास कर रहे थे। 1984 से पहले के आम चुनावों से पहले, विशेष रूप से 1983 में कुछ राज्यों और दिल्ली केंद्र शासित प्रदेश के चुनावों में, गठबंधनों के बाद भी भाजपा का प्रदर्शन उसकी उम्मीदों के मुताबिक़ नहीं हो सका। हरियाणा और आंध्र प्रदेश में इसे ज़्यादा सीटें नहीं मिल सकीं, दिल्ली में नतीजे और भी ख़राब थे। *इंडिया टुडे* में छपी एक रिपोर्ट के मुताबिक़, भाजपा इस वजह से अच्छा नहीं कर सकी क्योंकि आरएसएस ने 'उन भाजपा उम्मीदवारों के पीछे अपने समर्थकों की ताक़त नहीं झोंकी जो उनकी मूल विचारधारा को मानने वाले नहीं थे।'

1984 में भाजपा की बहुत बड़ी हार के बाद भी, वाजपेयी और दूसरे नेताओं ने यह दलील दी कि वे किसी तरह की 'कठोरता' नहीं चाहते थे जिससे ग़ैर-काँग्रेस वोट बँट जाएँ। वाजपेयी के बचाव में आडवाणी जैसे नेता आए और उन्होंने सफ़ाई पेश की। उनका कहना था कि वोट प्रतिशत केवल 1 प्रतिशत घट कर 7.66 हुआ है, 100 से अधिक लोकसभा सीटों पर पार्टी दूसरे नंबर पर आई है और विपक्षी दलों में इसका वोट शेयर सबसे ज़्यादा था, लेकिन वाजपेयी ने इसे सही ठहराने से इनकार कर दिया जिसे उन्होंने भाजपा के नेतृत्व में अपनी विफलता कहा था।

निष्पक्ष रूप से कहें, तो वाजपेयी अपनी पार्टी को उस सबसे बुरे दौर में लेकर आगे बढ़ रहे थे जब काँग्रेस को आश्चर्यजनक रूप से जीवनदान मिला, पहले पुनर्जन्म लेने वाली श्रीमती गाँधी के नेतृत्व में और फिर जब उसका नेतृत्व एक युवा ने संभाला। इसके बावजूद, कट्टर आरएसएस समर्थित नेता, जो पार्टी को सेकुलर राजनीति के अनुकूल बनाने के लिए वाजपेयी की ओर से किए जा रहे ऐसे फेर-बदल से खुश नहीं थे जो उस समय की माँग थी, उनकी सोच यही थी कि हार के लिए नेता को ज़िम्मेदार ठहराया जाना चाहिए। आरएसएस के नेता मान चुके थे कि भाजपा में जनता पार्टी के बहुलवादी मूल्यों को शामिल करने का उनका प्रयोग विफल रहा था। पार्टी के भीतर भी दबे स्वर में ही सही, लेकिन यह विरोध उभरा कि वाजपेयी ने 'भयंकर ग़लतियाँ' की हैं। रेटिंग सर्वेक्षणों में वह काँग्रेस नेतृत्व के स्पष्ट विकल्प बने रहे, लेकिन उनकी पार्टी बहुत नीचे खिसक चुकी थी। सिर्फ़ इस कारण से ही, जनता पार्टी के साथ जुड़े अन्य दलों के नेताओं से मेल-जोल बढ़ाने और सबको साथ जुटाने की अपनी नीतियों के कारण उन्हें संघ के भीतर कड़ी आलोचना का सामना करना पड़ा। दरअसल, भाजपा के तत्कालीन महासचिव, आडवाणी 28 मई 1983 में विजयवाड़ा में चौदह विपक्षी दलों की एक बैठक में शामिल हुए थे, जहाँ वह कर्नाटक के मुख्यमंत्री रामकृष्ण हेगड़े, जम्मू-कश्मीर के मुख्यमंत्री फ़ारुक़ अब्दुल्ला, काँग्रेस (एस) के शरद पवार और मार्क्सवादी कम्युनिस्ट पार्टी के एम बासवपुनैया जैसों के साथ हिल-मिल रहे थे।

इसके ठीक विपरीत, जिस काँग्रेस को उदारवादी पार्टी माना जाता था और जो किसी तराशे गए हीरे की तरह अपनी धर्मनिरपेक्ष छवि को पेश करती है, उसने 1980 से ही सामाजिक निषेध की नीति को अपना रखा था। पंजाब में अकाली सरकार की बर्ख़ास्तगी हिंदू-समर्थक रुख़ को बढ़ावा देने का पहला क़दम था। बाद में, उसने ऐसी परिस्थितियों का निर्माण किया जिसमें भिंडरावाले जैसे उग्रवादियों को पनपने और ग़ैर-काँग्रेसी निर्वाचित प्रतिनिधियों से भिड़ने का मौक़ा मिल गया। भिंडरावाले की दहशत तमाम हदों को पार कर गई। 1984 में, हिंदू वोटों को अपने पक्ष में करने के लिए दिल्ली में सिख-विरोधी दंगों में कई काँग्रेस नेता शामिल हुए। भले ही राजीव गाँधी राजनीति में नौसिखिए थे, लेकिन उन्होंने भी *'हम इस हत्या का बदला लेंगे'* जैसे बयान शायद अहंकारोन्मादी दरबारियों की नई टीम के उकसावे पर दिए।

खैर, वाजपेयी की स्थिति तेज़ी से कमज़ोर होने लगी, और उनकी रणनीति शून्य पर आकर समाप्त हो गई। नई छवि का कोई लाभ नहीं मिला। कट्टर विचारों वाले नेता आरएसएस और उसके राजनीतिक अंग के बीच की खाई को लेकर परेशान थे। कुछ नेताओं ने खुलकर कहा कि भाजपा को अपनी पहचान फिर से बनाने के लिए जी जान से जुट जाना चाहिए जिसमें विचारधारा पर ज़्यादा ज़ोर हो और आरएसएस उसका मार्गदर्शन करे।

इसके लिए, भाजपा को नए नेता की दरकार थी, किसी ऐसे की जो बाज की तरह शातिर हो, कोई ऐसा जो पार्टी के कैडर वाली प्रकृति का ख़याल रखे और आरएसएस से दूर न जाए। वाजपेयी अच्छी तरह जानते थे कि इस भूमिका के लिए कौन सही हो सकता है। कलकत्ता में हुई राष्ट्रीय कार्यकारिणी की बैठक में उन्होंने कहा : 'लोकसभा चुनावों में भाजपा की विफलता के लिए मैं पूरी नैतिक ज़िम्मेदारी लेता हूँ, और पार्टी जो भी सज़ा देना चाहे उसे मैं खुशी-खुशी स्वीकार करने को तैयार हूँ।' दूसरे नेताओं ने जहाँ ऐसी किसी सज़ा को ख़ारिज कर दिया, वहीं वाजपेयी ने आत्ममंथन के बाद इस बात पर ज़ोर दिया कि जिस प्रकार 1973 में आडवाणी ने उनके बाद जनसंघ के अध्यक्ष की ज़िम्मेदारी संभाली थी, उसी तरह एक बार फिर वह इस ज़िम्मेदारी को संभालें। आडवाणी देखते ही देखते आरएसएस की आँखों के तारे बनते जा रहे थे, और मई 1986 में इस पर अंतिम निर्णय हो गया।

यह हिंदू राष्ट्रवादी पार्टी कभी पुराने रूप में नहीं लौट सकी।

जल्दी ही, भाजपा को हिंदुओं के अधिकारों को लेकर कॉंग्रेस की बेरुख़ी के ख़िलाफ़ अभियान छेड़ने का मौक़ा मिल गया। दूसरी तरफ़, राजीव गाँधी, जो राजनीति में नए थे और उन नौसिखिए लोगों से घिरे थे जिन्हें कुल मिलाकर भी ज़्यादा अनुभव नहीं था, एक के बाद एक ग़लत फ़ैसले करते चले गए, जिससे राष्ट्रवादियों को फलने-फूलने का मौक़ा मिल गया।

वाजपेयी मुख्य गतिविधियों से दूर हो गए और आडवाणी धीरे-धीरे हिंदू राष्ट्रवादी संगठन में नंबर एक बनकर उभरने लगे। वाजपेयी के क़रीबी सहयोगियों में से एक बलबीर पुंज बताते हैं कि स्वास्थ्य भी एक कारण था जिसके चलते वाजपेयी ने इस दौरान आराम करने का फ़ैसला किया। दरअसल, उन्हें तले हुए भोजन से दूर रहने की सलाह दी गई थी, लेकिन वह हमेशा से ही उनकी कमज़ोरी था। 1980 के दशक मध्य में एक दिन पुंज वाजपेयी से मिलने पहुँचे और कहा कि उन्हें सूखी चपाती, दाल और सब्ज़ियों वाला लंच करना चाहिए। वाजपेयी की दोस्त, श्रीमती कौल उन दिनों घर की मालकिन थीं, और खाने-पाने के सभी फ़ैसले वही किया करती थीं। हालाँकि, उस दिन वह कहीं बाहर गई हुई थीं। जब खाना परोसा जा रहा था तब वाजपेयी को लगा कि उनके साथी को कुछ गरिष्ठ और स्वादिष्ट दिया जाना चाहिए। उन्होंने रसोइए से कहा कि घी में पूरियाँ तल दे, जबकि श्रीमती कौल होतीं तो इसकी इजाज़त हरगिज़ नहीं देतीं। यह बात किसी से छिपी नहीं थी कि उनकी बेटी नमिता और दामाद रंजन, उनके खाने और दवाइयाँ लेने पर नज़र रखते थे। रसोइए को जब लोई बनाना नहीं आया, तब वाजपेयी उसकी मदद के लिए किचन में गए और कई एकदम सटीक गोल पूरियाँ बेल दीं लेकिन घी में तर और तली पूरियाँ जब परोसी जाने वाली थीं, तभी न जाने श्रीमती कौल अचानक कहाँ से प्रकट

हो गईं और वाजपेयी तथा पुंज को सेहत बिगाड़ने वाले खाने के लिए अपनी जीभ लपलपाने पर जमकर फटकार लगाई। पूरियाँ हटा दी गईं और दोनों को चपाती, दाल और सब्ज़ी से ही काम चलाना पड़ा।

आडवाणी जब पूरी मेहनत के साथ देश भर में पार्टी के स्वयंसेवकों का आधार बढ़ाने के लिए घूम रहे थे और ज़मीनी कार्यकर्ताओं से मिल-जुल रहे थे, तब राज्यसभा के लिए चुने जा चुके वाजपेयी संसद में अपने प्रतिद्वंद्वियों से नोक-झोंक और फ़ब्तियाँ कसने में जुटे थे। 14 जून 1986 को, चुरहट लॉटरी घोटाले पर चर्चा के दौरान, वाजपेयी ने आरोप लगाया कि 1984 में हुई भोपाल गैस त्रासदी में हज़ारों लोगों की मौत के लिए ज़िम्मेदार, यूनियन कार्बाइड कंपनी ने चुरहट स्थित चैरिटी को दान में बहुत बड़ी रक़म दी थी। चुरहट मध्य प्रदेश के एक बड़े नेता का गृह नगर था। वाजपेयी तत्कालीन वित्त मंत्री, वी.पी. सिंह के साथ चैरिटी को टैक्स में रियायत दिए जाने को लेकर बहस कर रहे थे। जाँच के लिए प्रस्ताव पेश करने के दौरान उन्होंने वी.पी. सिंह पर आरोप लगाया, 'एक ख़ास परिवार को फ़ायदा पहुँचाने के लिए बच्चों के कल्याण का बहाना बनाया जा रहा है। बच्चों के कल्याण के नाम पर, करोड़ों रुपयों का फ़र्ज़ीवाड़ा हो रहा है। और एक ही कारण है जिसके चलते वित्त मंत्री जाँच नहीं कर रहे कि जो लोग शामिल हैं... वे उनसे जुड़े हुए हैं।'

काँग्रेस नेता एन.के.पी. साल्वे ने वी.पी. सिंह के बचाव में बोलना शुरू किया और इससे पहले कि वह अपना वाक्य पूरा कर पाते, दूसरे सांसद ने मज़ाक़ में कहा, 'बचाव में साल्वे जी आ गए हैं।' वाजपेयी से रहा नहीं गया और तंज कसते हुए कहा, 'ऑपरेशन साल्वे।'

हँसी-ठहाका जब शांत हुआ, तब साल्वे को कहना पड़ा : 'यह देखकर मन को बड़ा संतोष मिला कि श्री अटल बिहारी वाजपेयी ने प्रस्ताव पेश करते हुए भाषा का प्रयोग संयम से किया और जिससे बहस में कहीं कोई कड़वाहट नहीं आई।'

वाजपेयी ने हमेशा की तरह आख़िर में जोड़ दिया : 'मैं हमेशा ऐसा ही करता हूँ।'

***

1981 में तमिलनाडु में दलित हिंदुओं का बड़े पैमाने पर इस्लाम में धर्मांतरण हुआ। इसने उग्र हिंदुत्व के विकास और हिंदू को नई पहचान देने के लिए बेहद उपयुक्त माहौल तैयार कर दिया। इसके बाद वह अभियान शुरू हुआ जिसका नारा था 'ख़तरे में हिंदुत्व।' उस घटना का फ़ायदा भाजपा को तत्काल भले ही न मिला हो, लेकिन 19 फ़रवरी 1981 को मीनाक्षीपुरम नाम के एक मामूली से गाँव में पल्लर जाति के 800 दलितों का इस्लाम में धर्मांतरण हुआ। इसका दूरगामी प्रभाव पड़ा और काँग्रेस

तथा भाजपा, दोनों ने ही हिंदू प्रतीकों को अपने फ़ायदे के लिए इस्तेमाल किया और बहला-फुसला कर धर्म परिवर्तन करने वाले दूसरे धर्मों के प्रति उनके मन में भय पैदा किया। स्थानीय स्तर पर यह उच्च-जाति की मानसिकता के ख़िलाफ़ एक विद्रोह था, लेकिन राष्ट्रीय स्तर पर, यह हिंदू असुरक्षा का एक प्रतीक बन गया। रहमत नगर बन चुके मीनाक्षीपुरम के दलितों को धर्म-परिवर्तन का फ़ायदा मिला, जिससे उन्हें ज़मींदारों और तेवर जैसी जातियों से सुरक्षा मिली जो उनसे बेहतर मानी जाती थीं। अब समाज में उनकी स्थिति अच्छी हो गई। तमिलनाडु के एक गाँव में की गई इस कार्रवाई से जहाँ किसी दलित को सम्मान मिला वहीं देश भर में यह हिंदूवादी संगठनों के संगठित होने का मुद्दा बन गया। यह मुद्दा बार-बार उछाला जाता रहा।

वाजपेयी राजीव को तब से जानते थे जब वह इंडियन एयरलाइंस में पायलट थे। वह राजीव को एक सरल और अच्छे स्वभाव के व्यक्ति के रूप में देख चुके थे जिन्होंने कभी उन्हें उस समय 'नमस्कार' किया था जब वह विमान से नीचे उतर रहे थे। उस समय वाजपेयी उन्हें पहचान नहीं सके थे। एक और ऐसा अवसर आया जब किसी एयरपोर्ट पर वह राजीव के परिवार और बच्चों से मिले और आश्चर्य कर रहे थे कि यह युवक कितना सीधा-सरल है।

लेकिन प्रधानमंत्री का ताज मिलते ही सबकुछ बदल गिया। राजीव लोकसभा में भाजपा सदस्यों का मज़ाक़ उड़ाने लगे और तीखे तंज भी कसे। इसके बावजूद, वाजपेयी जैसे वरिष्ठ नेताओं के साथ उनका व्यवहार विनम्र ही रहा। वाजपेयी जब भी उनसे मिलने आते तो वह उठकर खड़े हो जाते, और दरवाज़े तक छोड़ने जाते थे। एक इंटरव्यू में, वाजपेयी ने बताया कि जब वह किडनी के इलाज के लिए अमेरिका जाना चाहते थे तब कैसे राजीव ने उनकी मदद की थी। 'राजीव गाँधी जब प्रधानमंत्री थे, तब उन्हें किसी से पता चला कि मुझे किडनी की शिकायत है और विदेश में इलाज कराने जाना है। एक दिन उन्होंने मुझे अपने ऑफ़िस में बुलाया और कहा कि वह मुझे यूएन जाने वाले भारतीय प्रतिनिधिमंडल में शामिल कर रहे हैं और उम्मीद जताई कि इस मौक़े का फ़ायदा मैं अपना इलाज कराने के लिए कर सकूँगा। मैं न्यू यॉर्क गया और उस वजह से ही आज मैं जीवित हूँ,' वाजपेयी ने कहा।

राजीव ने अपने शुरुआती महीनों में अपनी 'मिस्टर क्लीन' की छवि से बड़ा प्रभाव डाला, जबकि ऐसी छवि का दावा वह स्वयं किया करते थे। उनका आदर्शवाद लोगों के बीच देखते ही देखते लोकप्रिय हो गया। उन्होंने भ्रष्टाचार को जड़ से मिटाने की क़सम खाई, विशेष रूप से ऊँचे स्तर पर। मीडिया ने उन्हें बहुत बड़ा बना दिया जिस पर भारत के सबसे युवा प्रधानमंत्री का जादू चल गया था और जिसने उन्हें मसीहा मान लिया था। प्रेस की दुनिया के बड़े कारोबारी रामनाथ गोयनका ने अमेरिकी डॉक्यूमेंट्री के प्रोड्यूसर और पत्रकार जैक ऐंडरसन से कहा, 'मैं अब शांति

से मर सकता हूँ क्योंकि देश अब सुरक्षित हाथों में है।' जून 1985 में, राजीव ने अमेरिकी संसद को संबोधित करते हुए कहा था, 'मैं युवा हूँ। मेरा भी एक सपना है। मैं सशक्त, स्वतंत्र, आत्मनिर्भर और मानवता की सेवा के लिए दुनिया के देशों के बीच पहले पायदान पर खड़े भारत का सपना देखता हूँ।' दिसंबर 1985 में, बॉम्बे में कॉंग्रेस की शताब्दी पर राजीव ने कहा, 'कॉंग्रेस की नीतियों को लेकर करोड़ों सामान्य मज़दूरों में पूरा जोश है, लेकिन वे लाचार हैं क्योंकि उन पर सत्ता के दलाल और उनका प्रभाव हावी है, जो एक जन आंदोलन को सामंती कुलीनतंत्र में बदलने पर तुले हैं।' इस भाषण से जिन लोगों का उत्साह चौगुना बढ़ गया, उनमें पंचानवे वर्षीय ख़ान अब्दुल गफ़्फ़ार ख़ान भी शामिल थे, जिन्हें 'सीमांत गाँधी' के रूप में भी जाना जाता था, जिनकी उस बैठक में दुर्लभ उपस्थिति थी। एक आधुनिकतावादी से इतनी बड़ी उम्मीदों के आगे सब कुछ छोटा दिखने लगा, और देश का हर राजनेता बौना और महत्त्वहीन लगने लगा।

ऐसा लगा मानो किसी जादू की तरह, राजीव देश के भीतर और बाहर एक के बाद एक समझौतों पर दस्तख़त करने लगे। पंजाब, असम, मिज़ोरम, जम्मू-कश्मीर और श्रीलंका की समस्याएँ इन समझौतों पर दस्तख़त करने के बाद बीते समय की बात लगने लगीं।

और फिर उसके बाद वे ग़लतियाँ करने लगे, और उनका हर ग़लत क़दम विपक्ष के लिए एक वरदान था।

एक ऐसा केस जो मील का पत्थर बनने वाला था, उस शाहबानो केस में सुप्रीम कोर्ट ने 1985 में फ़ैसला सुनाया। इसके तहत पाँच बच्चों की बासठ वर्षीय माँ को गुज़र-बसर का हक़ मिला। उसे उसके वकील पति मोहम्मद अहमद ख़ान ने सात साल पहले तलाक़ दे दिया था। कोर्ट ने कहा कि किसी भी भारतीय महिला की तरह उसे गुज़र-बसर का हक है। इस फ़ैसले के बाद मौलवियों और महिलाओं से नफ़रत करने वाले नेताओं ने प्रदर्शन करना शुरू कर दिया। इनमें मुस्लिम समुदाय के प्रमुख नेता शामिल थे। उस समय तक राजीव कुचक्र रचने वालों से घिर चुके थे। इस विषय पर तरह-तरह के सुझावों के प्रभाव में आकर उन्होंने संसद में मुस्लिम महिला (तलाक़ पर अधिकारों की सुरक्षा) अधिनियम, 1986 नाम का एक क़ानून पास कराया ताकि सुप्रीम कोर्ट के आदेश को दरकिनार कर सकें। यह इस्लामी धर्मगुरुओं के सामने शर्मनाक ढंग से घुटने टेकने जैसा था। विडंबना यह थी कि उनकी सरकार के एक युवा मुस्लिम मंत्री, आरिफ़ मोहम्मद ख़ान ने लोकसभा में भावुक बयान दिया, जिसमें उन्होंने कोर्ट के आदेश का पुरज़ोर समर्थन किया। यही नहीं, आगे चलकर अपनी सरकार के पलट जाने के विरोध में कैबिनेट से इस्तीफ़ा भी दे दिया। इसके बाद भारत में समुदायों के बीच संबंध दोबारा पहले जैसे नहीं बन सके।

मुस्लिम उच्च वर्ग के आगे घुटने टेक देने के बाद, ऐसा लगा मानो राजीव ने नाराज़ हिंदू समुदाय को ख़ुश करने के लिए एक के बाद एक कई क़दम उठाए। उन पर भाजपा और दूसरे दलों की ओर से चलाए गए अभियानों का दबाव था जिन्हें लगता था कि देश में हिंदू बहुसंख्यकों की चिंता किसी को भी नहीं थी। फिर उन्होंने अपने सहयोगियों की सलाह पर हिंदुओं को मनाने की कोशिश खुल कर शुरू कर दी। उन्होंने अयोध्या में रामजन्मभूमि-बाबरी मस्जिद का ताला आम लोगों के लिए खुलवा दिया। पौराणिक कथा के अनुसार राम एक राजा थे, और महाकाव्य *रामायण* में बताया गया है कि 10,000 वर्ष पहले वह अयोध्या पर शासन करते थे। वह स्थल जहाँ उनका जन्म होने की बात कही जाती है, उसे मुगल वंश के संस्थापक शहंशाह बाबर ने 16वीं सदी में एक मस्जिद का रूप दे दिया। 1949 से ही, साल में एक बार एक पुजारी को कुछ लोगों की ओर से स्थापित की गई मूर्तियों की पूजा करने की इजाज़त थी। ऐसा कहा जाता है कि उन मूर्तियों को स्थानीय ज़िला प्रशासन की साठगाँठ से मुट्ठी भर लोगों ने स्थापित किया था। 1984 में, वीएचपी ने राम जन्मभूमि पर मंदिर का निर्माण किए जाने की माँग को लेकर बिहार के सीतामढ़ी से उत्तर प्रदेश के अयोध्या तक एक यात्रा निकाली। वीएचपी का आरोप था कि वहाँ बने मंदिर को बाबर ने नष्ट कर मस्जिद का निर्माण कराया था। इस आंदोलन को लेकर ज़बरदस्त जोश पैदा हुआ था लेकिन श्रीमती गाँधी की मौत के कारण इसे वापस ले लिया गया। वाजपेयी इस प्रयास से सहमत नहीं थे क्योंकि उन्हें डर था कि इससे धार्मिक तनाव पैदा हो जाएगा।

राजीव के इस क़दम ने उस आंदोलन को फिर से खड़ा कर दिया जो अब तक शांत पड़ा था। हालाँकि, इस बार वह मुद्दा जो काफ़ी हद तक स्थानीय विवाद था एक देशव्यापी आंदोलन बन गया, जो भाजपा के नए नेतृत्व के लिए ख़ुशी की बात थी। और इन हिंदुओं ने सताए जाने की जो राजनीति खेली उससे निपटने का राजीव को अनुभव नहीं था। उन्होंने उन्हें ख़ुश करने का प्रयास किया क्योंकि रिश्ते में भाई लगने वाले अरुण नेहरू ने उन्हें सुझाव दिया था कि ऐसा करने से हिंदू राष्ट्रवादियों के बढ़ते प्रभाव को कम किया जा सकेगा और उसका लाभ अपने हित में उठाया जा सकेगा। यही कारण था कि बिहार के मुख्यमंत्री सत्येंद्र नारायण सिन्हा ने 1989 के भागलपुर दंगों में पुलिस की संलिप्तता को रोक पाने में विफलता के लिए वहाँ के पुलिस अधीक्षक, कृष्ण स्वरूप द्विवेदी का तबादला कर दिया, तब राजीव गाँधी ने उन्हें फिर से उनके पद पर बिठा दिया था। लेकिन उनकी यह चाल उल्टी पड़ गई।

राजीव ने कुछ और भी ग़लतियाँ कीं। वह अब तक भाजपा को अपना प्रमुख प्रतिद्वंद्वी नहीं मानते थे। उन्हें लगता था कि समस्या पार्टी के भीतर है। राजीव के कुछ मंत्रियों का टकराव उद्योगपतियों से होने लगा था जो अब तक उनके दोस्त बन चुके थे। उनके अंदर असुरक्षा की भावना बहुत बढ़ गई थी, जिसके चलते *इंडिया*

टुडे पत्रिका ने उन्हें 'प्रिंस चार्मिंग बताया जो अब भारतीय राजनीति के किंग लियर' बन गए थे। कैबिनेट में अपने ही सहयोगियों को लेकर मन में पैदा हुए भयंकर भ्रम और काल्पनिक ख़तरों के कारण, उन्होंने अपने कैबिनेट में पहले चार वर्षों के दौरान सत्ताईस बदलाव किए। उनमें सबसे अहम था सुधारों का समर्थन करने वाले वी.पी. सिंह को 1987 में वित्त मंत्रालय से हटाकर रक्षा मंत्रालय की ज़िम्मेदारी सौंपना। कई दूसरी मुश्किलें भी खड़ी हो गईं : पंजाब का संकट गहरा गया जहाँ जिन संत लोंगोवाल के साथ उन्होंने समझौते पर दस्तख़त किए थे उनकी गोली मार कर हत्या कर दी गई। जम्मू-कश्मीर में भी तनाव बढ़ गया। राजीव ने अकाली नेताओं से बात करने से इनकार कर दिया। जातियों के बीच मतभेद और गृह युद्ध से जूझ रहे श्रीलंका में 1000 से अधिक भारतीय सैनिक मारे गए वहाँ शांति बहाल करना मुश्किल हो गया था। उन पर बड़े उद्योगपतियों की सहायता करने के भी आरोप लगे।

लेकिन उनके करियर पर सबसे बड़ा ख़तरा तब मंडराया जब 1987 की गर्मियों दौरान एक रिपोर्ट सामने आई। इसमें कहा गया था कि भारत में शीर्ष राजनेताओं से जुड़े किसी व्यक्ति को स्वीडन की कंपनी, बोफ़ोर्स एबी से तोपों की ख़रीद पर रिश्वत मिली है। संसद में सरकार घिर गई और संसद के बाहर राजीव तूफ़ान में फँस गए। भारतीय और अंतरराष्ट्रीय मीडिया ने इस विवाद को जमकर उछाला, जिसमें काँग्रेस का नेतृत्व करने वाला गाँधी परिवार शामिल था। स्वयं वाजपेयी ने भी इस मौक़े का जमकर फ़ायदा उठाया, जिसमें मिर्च मसाला लगाकर की गई आलोचना के तीखे व्यंग्यबाण चलाए : 'स्वीडन में तोप चली और धमाका दिल्ली में सुनाई पड़ा।'

11 मई 1988 को बोफ़ोर्स तोप सौदे पर चर्चा की शुरुआत करते हुए, वाजपेयी ने काँग्रेस के बयानों और क़दमों में अनेक प्रकार की चूकों और ख़ामियों को सामने रखा, और फिर यह आरोप लगाया कि 64 करोड़ रुपये की रिश्वत दी गई है जिसका कोई काग़ज़ी हिसाब-किताब नहीं है। वाजपेयी ने तंज कसते हुए इस मुद्दे की ओर ध्यान दिलाया कि संसदीय समिति इस नतीजे पर पहुँची है कि पैसे दिए गए, लेकिन उसने यह भी कहा कि यह पैसा किसी भारतीय को नहीं दिया गया, चाहे वह निवासी हो या अनिवासी। 'आपको जब यह मालूम ही नहीं कि यह किसे दिया गया और किसे नहीं, तो आपको यह कैसे पता चला कि यह दिया गया है?' उन्होंने सभापति से पूछा।

वाजपेयी ने काँग्रेस नेता बी. शंकरानंद का मज़ाक़ उड़ाया और उनके बयान की तुलना वेदों के ज्ञान से की, जिसमें ब्रह्म (परमात्मा) को केवल 'नेति, नेति' यानी न यह, न वह से जाना जा सकता है। 'ऐसा लगता है श्री शंकरानंद ने परम ज्ञान प्राप्त कर लिया है। वे भारतीय नहीं हैं, वे अनिवासी भारतीय नहीं है। तो फिर वे हैं कौन? हम नहीं जानते, लेकिन वे अब ब्रह्म-ज्ञानी नहीं रह गए हैं। वे *"माया जाल"* में

फँस गए हैं, लौकिक सुख में उलझ गए हैं,' उन्होंने कटाक्ष किया। उन्होंने मीडिया की ख़बरों में भी मिर्च मसाला लगा दिया : 'अफ़सोस मुझे इस बात का है कि कमीशन लिया गया, कमीशन दिया गया, 64 करोड़ रुपये की बहुत बड़ी राशि का लेन-देन हुआ, लेकिन इसका फ़ायदा किसी भारतीय को नहीं हुआ। इस बात को माना नहीं जा सकता। कमीशन लेना और कमीशन देना हमारा जन्मसिद्ध अधिकार है। कौन है वह तीसरा पक्ष जिसने हमारा हक़ हम से छीन लिया और 64 करोड़ रुपये लेकर चंपत हो गया? अब उसे पकड़ेगा कौन? उनका कहना है, सबूत लाओ... अब हम सबूत कहाँ से लाएँ? इसका पता तो सरकार को लगाना है। पुलिस वाला किसी परिवार से यह नहीं कहेगा, "मैं मानता हूँ कि क़त्ल हुआ है, लेकिन सबूत आप लेकर आओ।" और यह सरकार ऐसी ही बात कर रही है।' आगे उन्होंने कहा, 'ऑडिट ब्यूरो की रिपोर्ट में एक सबूत है। यह "पिटको" कौन है? यह कैसे प्रकट हो गया? इसके कितने अवतार हैं? पिटको और हिंदुजा की कंपनी के बीच "संगम" का यह समझौता क्या है? बोल राधा बोल संगम होगा कि नहीं?'

जल्दी ही, राजीव गाँधी के मंत्रिमंडल के सहयोगी उनके ख़िलाफ़ बगावत का झंडा उठाने वाले थे और 1989 में एकजुट विपक्ष के साथ हाथ मिलाकर उनके विरुद्ध चुनाव लड़ने वाले थे।

इस समय, जिस भाजपा की ताक़त का अंदाज़ा लगाने में राजीव से भारी चूक हुई थी, वह उस व्यापक काँग्रेस-विरोधी गठबंधन की सवारी करते हुए राष्ट्रीय स्तर पर तेज़ी से आगे बढ़ने की तैयारी कर चुकी थी। न केवल इसने काँग्रेस से अलग हुए वी.पी. सिंह, अरुण नेहरू और दूसरे लोगों के धड़े से मेल-जोल बढ़ाना शुरू कर दिया था, बल्कि इसने 'चरमपंथी' हिंदुओं से साठगाँठ का भी फ़ैसला कर लिया था जो अयोध्या में राम मंदिर निर्माण की दिशा में काम कर रहे थे। इस पर फ़ैसले का इंतज़ार काफ़ी समय से हो रहा था, लेकिन इस पर मुहर जून 1989 की भाजपा राष्ट्रीय कार्यकारिणी की बैठक में लगी।

वाजपेयी काँग्रेस-विरोधी ताक़तों यहाँ तक कि वामपंथियों से भी हाथ मिलाने को तैयार थे, लेकिन मंदिर आंदोलन को लेकर वह सहमत नहीं थे, और उन्होंने इससे दूरी बना ली।

वाजपेयी विपक्षी दलों के साथ जुड़ने के तर्क को अच्छी तरह समझते थे, और इस वजह से ही उन ताक़तों के एकजुट होने में अपना पूरा तन-मन लगा दिया। ऐसे समय में जब काँग्रेस-विरोधी दलों की नज़रें वी.पी. सिंह पर टिकी थीं, तब भाजपा के लिए अपने दम पर आगे बढ़ना मुश्किल था। यह वी.पी. सिंह और दूसरे नेताओं की ओर से गठित नई पार्टी, जनता दल के साथ जुड़ने की तैयारी कर रही थी, ताकि आने वाले विधानसभा चुनावों में लाभ उठा सके। भाजपा का एक धड़ा सही

ही सोच रहा था कि जनता दल भी जनता पार्टी की तरह ही बिखर जाएगा, और इसका फ़ायदा अंततः भाजपा जैसी एकजुट पार्टी को मिलेगा।

नवंबर में हुए आम चुनावों में काँग्रेस केवल 197 सीटें जीत सकी और जनता दल को 147 सीटें मिलीं। भाजपा ने पचासी सीटें जीतकर चुनाव विश्लेषकों को हैरान कर दिया। उसने काँग्रेस-विरोधी गुटों के साथ गुप्त समझौते के तहत चुनाव लड़ा था। नेशनल फ़्रंट (एनएफ़) नाम के एक नए फ़्रंट का गठन किया गया, जिसमें तेलुगु देशम, द्रविड़ मुनेत्र कड़गम, असम गण परिषद तथा अन्य दलों ने वी.पी. सिंह को अपना नेता चुना जो भाजपा तथा लेफ़्ट फ़्रंट के बाहरी समर्थन से दिसंबर 1989 में प्रधानमंत्री बने। वी.पी. सिंह जब सत्ता में थे, तब हर मंगलवार को रात के खाने पर वाजपेयी और आडवाणी से मुलाक़ात करते थे, जिसमें इंद्रजीत गुप्त और मार्क्सवादी नेता सोमनाथ चटर्जी जैसे दिग्गज वामपंथी सांसद शामिल रहते थे, और वे अपने सामने की चुनौतियों पर चर्चा किया करते थे।

वी.पी. सिंह की सरकार ने मंडल कमीशन रिपोर्ट को लागू करने का निर्णय लिया, जिसमें सरकारी नौकरियों में अन्य पिछड़े वर्गों के लिए 27 प्रतिशत आरक्षण का प्रस्ताव था। इस फ़ैसले ने भाजपा के साथ उनके संबंधों को तनावपूर्ण बना दिया, लेकिन यह सरकार तब गिरी जब आडवाणी की *रथ यात्रा* को जनता दल नेता और वी.पी. सिंह के विश्वासपात्र लालू प्रसाद ने बिहार के समस्तीपुर में 23 अक्टूबर 1990 को रोक दिया। विश्वास मत में वी.पी. सिंह को 142 मत पक्ष में जबकि 346 मत विपक्ष में मिले और उनकी हार हुई। पीएम बनने की इच्छा रखने वाले चंद्रशेखर, नवंबर 1990 से मार्च 1991 तक कुछ समय के लिए, काँग्रेस के समर्थन से प्रधानमंत्री बने। काँग्रेस ने बाद में यह आरोप लगाते हुए समर्थन वापस ले लिया कि प्रधानमंत्री प्रमुख काँग्रेसी नेताओं की जासूसी करा रहे थे।

इस बीच, भाजपा अपने मंदिर एजेंडा को ज़ोर-शोर से आगे बढ़ा रही थी। अनेक कारणों से वाजपेयी इस फ़ैसले से खुश नहीं थे। वह झगड़े की राजनीति के ख़िलाफ़ थे क्योंकि उन्हें लगता था कि इससे भारतीय समाज बँट जाएगा। उनके अनुसार, इस तरह का आंदोलन पंजाब, असम और जम्मू-कश्मीर, तथा अन्य राज्यों में समस्याओं को फिर से भड़का देगा या हालात बिगाड़ देगा जहाँ उग्रवाद और माओवाद का ख़तरा है। वाजपेयी का यह भी मानना था कि अतीत के गड़े मुर्दे उखाड़ने वाले आंदोलन से दुनिया के सामने भारत की छवि ख़राब होगी।

वाजपेयी कई दूसरे कारणों से भी पार्टी के साथ सहमत नहीं थे। राजीव गाँधी की 'सॉफ़्ट हिंदुत्व रणनीति' आरएसएस को भी पसंद थी जिसके नेता गुपचुप तरीक़े से उनके मिलते थे और उन्हें राजनीति के नुस्खे सुझाते थे। वाजपेयी इस मेल-जोल को लेकर चिंतित थे। यह भी ग़ौर करने वाली बात है कि राजीव ने 1989 के अपने

चुनाव अभियान की शुरुआत अयोध्या से की थी। उन्हें उम्मीद थी कि विवादित ढाँचे का ताला खुलवाकर उसके दरवाज़े लोगों के लिए खोलने और उसके भीतर एक प्रतीकात्मक शिलान्यास की इजाज़त देने से उन्हें हिंदुओं का समर्थन मिलेगा। वाजपेयी ने जहाँ अपने आपको आडवाणी के नेतृत्व वाले मंदिर आंदोलन से दूर कर लिया, वहीं वाजपेयी को राजीव गाँधी से आरएसएस की बढ़ती नज़दीकियाँ भी फूटी आँख नहीं सुहा रही थीं।

वाजपेयी वी.पी. सिंह और मार्क्सवादियों के 'इस्तेमाल करो और फेंक दो' की नीति से भी नाराज़ थे, जो ग़ैर-काँग्रेसी सरकार बनाने में भाजपा की मदद तो चाहते थे, लेकिन भाजपा के नेताओं से अब भी अछूतों जैसा व्यवहार करते थे। उनसे ऐसे छिप-छिपकर मिलते थे जैसे ऐसा करना उनकी पार्टी लाइन का सबसे बड़ा उल्लंघन हो। एक बार जब पश्चिम बंगाल के मुख्यमंत्री ज्योति बसु उनसे और आडवाणी से मिलना चाहते थे, तब उन्होंने मुलाक़ात के लिए उद्योगपति वीरेन शाह के वसंत विहार स्थित घर को चुना जिनकी उन सभी से दोस्ती थी, लेकिन न तो उन्हें कलकत्ता के अपने घर में आने की इजाज़त दी ना ही भाजपा के दोनों नेताओं के दिल्ली स्थित उनके घर पर आने के लिए तैयार हुए। उनका कहना था, 'अगर मेरी पार्टी को पता चल गया तो बहुत बड़ी समस्या खड़ी हो जाएगी।' वामपंथी नेताओं में केवल इंद्रजीत गुप्त ही थे जिन्हें सार्वजनिक रूप से भाजपा नेताओं के साथ दिखने में परहेज़ नहीं था। वाजपेयी को इस तरह का दोहरा रवैया पसंद नहीं था।

इन सबके बावजूद, वाजपेयी ने कभी पार्टी की नई योजनाओं का विरोध आर-पार की लड़ाई की तरह नहीं किया। वह उनके बारे में भला-बुरा कहते थे लेकिन अकेले में। भाजपा के पूर्व महासचिव के.एन. गोविंदाचार्य कहते हैं कि वह एक महत्त्वाकांक्षी राजनेता थे, और उन्हें किसी विषय पर खुलकर बोलने की आदत थी, भले ही वह उसका समर्थन न करते हों। गोविंदाचार्य ने कहा कि 4 अप्रैल 1991 को दिल्ली के बोट क्लब पर वीएचपी और आरएसएस के कार्यकर्ताओं को संबोधित करते हुए वाजपेयी का भाषण सुनकर वह 'नतमस्तक' हो गए जिसमें उन्होंने कहा कि अयोध्या में राम मंदिर के निर्माण से भारतीयों का गौरव बढ़ेगा। इसके बावजूद, जब एक बार उन्होंने आडवाणी को रथ यात्रा का नेतृत्व करते हुए टीवी पर देखा तो उन्हें ऐसा कहते हुए सुना गया, 'देखिए ये है आडवाणी जी की वानर सेना।' उस समय उनके साथ एक पत्रकार थे, जिनके मुताबिक़ उन्होंने यह बात बिना किसी कड़वाहट के कही थी।

स्पष्ट रूप से, वाजपेयी को मुख्य भूमिका से दूर रहने का मलाल था, लेकिन वह उन लोगों में से भी नहीं थे जो हार मान लें और लड़ाई छोड़कर चले जाएँ।

9

1991-95

तूफ़ान का सामना

21 मई 1991 को भारत के दक्षिणी राज्य तमिलनाडु में हुई राजीव गाँधी की हत्या महज़ एक दशक (उनके भाई और उनकी माँ के बाद) के भीतर ही, नेहरू-गाँधी परिवार में हुई तीसरी अस्वाभाविक मौत थी। चेन्नई में पार्टी समर्थक बनकर घूम रहे लिबरेशन टाइगर्स और तमिल ईलम (लिट्टे) के एक आत्मघाती हमलावर ने बम विस्फोट किया जिसमें राजीव गाँधी के साथ-साथ पंद्रह अन्य लोगों की भी मौत हो गई। लिट्टे चीफ़, प्रभाकरण ने दो कारणों से बदला लेने का निश्चय किया था : श्रीलंका में भारतीय शांति सेना की ओर से की गई ज़्यादतियाँ और 1986 में दिल्ली के तमिलनाडु हाउस में राजीव गाँधी की ओर से उसे हिरासत में लिया जाना ताकि लंका की सरकार के साथ शांति वार्ता पर सहमत होने के लिए उस पर दबाव बनाया जा सके। गुरिल्ला यह भी सुनिश्चित कर लेना चाहते थे कि राजीव की सत्ता में वापसी न हो सके और वह उस द्वीपीय देश में मौजूद भारतीय सैनिकों की संख्या को और ना बढ़ा दें।

20 मई से ही कराए जा रहे आम चुनावों को तत्काल जून तक के लिए टाल दिया गया। राजीव गाँधी की हत्या के पहले और बाद के नतीजे काफ़ी अलग-अलग थे। काँग्रेस का प्रदर्शन उन चरणों में बेहतर रहा जहाँ उनकी हत्या के बाद वोट पड़े थे। विपक्षी दलों का एक धड़ा ज़बरदस्त सहानुभूति लहर की उम्मीद कर रहा था, लेकिन 1984 के विपरीत, ऐसे अन्य कारण भी थे जिनका प्रभाव 1991 के जनादेश पर पड़ा। वी.पी. सिंह ने मंडल कमीशन की रिपोर्ट को लागू कर दिया था और मंदिर आंदोलन की ताक़त भी बढ़ गई थी, जिससे महज़ छियालिस वर्ष के पूर्व प्रधानमंत्री की हत्या के बाद जिस 'लहर' की उम्मीद की जा रही थी उसका असर कम हो गया।

कॉंग्रेस किसी तरह सत्ता में आ सकी जबकि भाजपा ने 1984 में महज़ दो सीटों के अपने आँकड़े को 1989 में बढ़ाकर पचासी तक पहुँचाया और 1991 में 120 तक, जो चुनावों में उसके यश के तेज़ और स्थिर तरक्की का प्रमाण थी। उसकी लोकप्रियता में हैरान करने वाली बढ़ोतरी देश की सबसे बड़ी आबादी वाले राज्य, उत्तर प्रदेश में हुई। यह उस राज्य की बात है जहाँ कॉंग्रेस दशकों से एकछत्र राज करती चली आ रही थी, लेकिन उसे जनता दल के बाद तीसरे स्थान पर धकेल दिया गया। 1985 के विधानसभा चुनावों में, कॉंग्रेस को 269 सीट मिली थीं जबकि भाजपा के हिस्से में सिर्फ़ सोलह सीटें आई थीं। राज्य में 1989 में हुए चुनावों में, जनता दल 208 सीटों पर विजयी हुआ था, वहीं कॉंग्रेस को चौरानवे और भाजपा को सत्तावन सीटें मिली थीं, और वह तीसरे स्थान पर थी। हालाँकि, 1991 में भाजपा आम चुनावों के साथ ही हुए विधानसभा चुनावों में मंदिर आंदोलन के साथ उठी ज़बरदस्त भगवा लहर पर सवार होकर 425 सीटों में से 221 सीटें जीत लीं। भाजपा ने कल्याण सिंह को मुख्यमंत्री के लिए चुना, जो लोधी राजपूत समुदाय के एक ग़ैर-यादव ओबीसी नेता थे। भाजपा उनके ज़रिए उच्च जातियों के अपने परंपरागत वोट बैंक का विस्तार निचली जातियों के बीच करना चाहती थी।

राज्यसभा का सदस्य होने के बावजूद, वाजपेयी 1991 का चुनाव लड़े - ऐसा ही उन्होंने 1967 में भी किया था। वह लखनऊ लोकसभा क्षेत्र से चुनाव मैदान में उतरे, जिसका प्रतिनिधित्व उन्होंने 2009 तक किया।

उस समय के वरिष्ठ नेताओं के मुताबिक़, मुख्य विपक्षी दल के सबसे वरिष्ठ नेता होने के कारण यह 'पूर्वनिर्धारित निष्कर्ष' था कि लोकसभा में उन्हें ही विपक्ष का नेता बनाया जाएगा। वह पहले जनसंघ के और फिर भाजपा के संसदीय दल के नेता रह चुके थे, लेकिन उन्हें और पार्टी के कुछ दूसरे नेताओं को भी हैरत हुई, जब आरएसएस ने उस पद के लिए आडवाणी का समर्थन किया जो हिचकिचा रहे थे।

उन्हें जब इस बात की भनक लगी कि आरएसएस के नेताओं के दिमाग़ में क्या चल रहा है, तब आडवाणी को भी लगा कि जब वाजपेयी सदन के सदस्य थे तब उनके लिए विपक्ष का नेता बनना अनुचित होगा। आडवाणी 1989 से 1991 तक लोकसभा में विपक्ष के नेता थे लेकिन उस समय वाजपेयी राज्यसभा के सदस्य थे। आडवाणी ने इस ओर आरएसएस के सरसंघचालक राजेंद्र सिंह, जो रज्जू भैया के नाम से ज़्यादा लोकप्रिय थे, का ध्यान खींचने के लिए तुरंत भाजपा के महासचिव और आरएसएस के प्रचारक गोविंदाचार्य को भेजा। आरएसएस प्रमुख से मिलने के लिए गोविंदाचार्य फ़ौरन विमान में सवार हुए और नागपुर पहुँचे लेकिन संघ प्रमुख ने इस विषय पर एक क़दम भी पीछे हटने से इनकार कर दिया, और कहा, 'आप जानते हैं कि पार्टी यहाँ तक मंदिर आंदोलन (जिसका नेतृत्व भाजपा की तरफ़ से आडवाणी ने किया था) के कारण पहुँची है।'

स्पष्ट रूप से, वाजपेयी को आरएसएस का यह फ़ैसला अच्छा नहीं लगा। भले ही वह बार-बार कह चुके थे कि वह पूरी तरह से संघ के व्यक्ति हैं, लेकिन उनके तौर-तरीक़े और उनकी सोच-समझ कहीं से भी आरएसएस से मेल नहीं खाती थी, जो कई मायने में संकीर्ण सोच और अड़ियल रवैया रखता था। इसका नेतृत्व उच्च जाति वालों के हाथों में ही रहा था, इसने पारिवारिक संबंधों के बारे में पुरानी विचारधारा को आगे बढ़ाया और मांसाहार को घृणा की दृष्टि से ही देखा। वाजपेयी एक अलग ही क़िस्म के संघी थे, जो मांसाहारी भोजन किया करते थे, यहाँ तक कि भैंस का मांस तक खाते थे और उसी तरह, उन्हें व्हिस्की पीना भी पसंद था। उनके घर का माहौल भी ग़ैर-परंपरागत था, और उनके विचार आरएसएस के उलट थे। भाजपा के ही साथ जुड़े विख्यात पत्रकार टी.वी.आर. शेनॉय ने भी स्वीकार किया, 'इसमें कोई शक नहीं कि आरएसएस के लोग उन्हें पसंद नहीं करते थे।'

यही नहीं, वाजपेयी को भाजपा अध्यक्ष बनाने की गुंजाइश भी नहीं थी क्योंकि मुरली मनोहर जोशी हाल ही में उस पद पर बिठाए गए थे। उस समय भाजपा के संगठन में गोविंदाचार्य काफ़ी अहमियत रखते थे। उन्होंने देखा कि वाजपेयी अपमानित महसूस कर रहे थे क्योंकि उन्हें लगता था कि लोकसभा में विपक्ष का नेता उन्हें ही बनना चाहिए था, लेकिन स्वपन दासगुप्त जैसे स्तंभकारों ने आरएसएस नेताओं के एक वर्ग की सोच को सामने रखा था। वह सोच यह थी कि आडवाणी ने ही भाजपा को रथ यात्रा के ज़रिए एक जनआंदोलन में बदला था, नहीं तो भाजपा उससे पहले 'कुछ अच्छे और समझदार लोगों की पार्टी थी, जिन लोगों को सम्मानित तो माना जाता था, लेकिन उनका राजनीति में कोई महत्त्व नहीं था।' यही कारण था कि आरएसएस वाजपेयी को नाख़ुश करने की हद तक जाकर आडवाणी को सम्मान दिलाने पर तुला हुआ था।

1968 में दीनदयाल उपाध्याय की मृत्यु के बाद से ही, वाजपेयी जनसंघ और फिर भाजपा में नंबर 1 की हैसियत रखते थे। और यह बात उनके गले आसानी से नहीं उतर सकती थी कि उनकी ही पार्टी में उन्हें नज़रअंदाज़ कर किसी और को सबसे ऊँचे पद पर बिठा दिया जाए। हालाँकि, आडवाणी के संबंध किसी ज़माने में अपने गुरु रहे वाजपेयी से काफ़ी अच्छे थे। उस समय आरएसएस ने आडवाणी को 1957 में संसदीय कार्यों में वाजपेयी का हाथ बँटाने की ज़िम्मेदारी सौंपी थी। अक्सर जब दोनों के बीच मतभेद हुआ करते थे, तब या तो वाजपेयी आडवाणी और उनकी पत्नी कमला को अपने घर पर बुलाया करते थे या कमला से बात करके ख़ुद आडवाणी के घर जाकर मामला सुलझा लिया करते थे। दोनों ही समान रूप से महत्त्वाकांक्षी थे, और दोनों ही दावा करते थे कि अनेक विषयों पर मतभेदों के बावजूद दोनों अच्छे दोस्त थे। हालाँकि, उस समय दोनों को क़रीब से जानने वाले भाजपा नेताओं का कहना है कि कभी-कभी महीनों तक दोनों के

बीच बातचीत बंद हो जाती थी और सदन में भी बस औपचारिक दुआ-सलाम हुआ करती थी।

वाजपेयी चिढ़ गए, लेकिन इसके साथ ही साथ उन्हें इस बात की खुशी थी कि पार्टी एक छोटे से संगठन की बजाए राष्ट्रीय पार्टी का रूप ले चुकी थी जिसका प्रभाव नए इलाक़ों पर पड़ने लगा था, जिनमें विंध्य से दक्षिण के इलाक़े भी शामिल थे। आरएसएस ने उन्हें जिस तरीक़े से नीचा दिखाने की कोशिश की थी उससे वह भले ही नाराज़ थे लेकिन वह नियमित रूप से भाजपा के 11 अशोक रोड स्थित मुख्यालय जाने लगे। 1992 में अहमदाबाद में हुई राष्ट्रीय कार्यकारिणी की बैठक में उनके मन में दबे भाव पूरी तरह से सामने आ गए जब इस उम्रदराज़ नेता ने चर्चा के बीच में ही गोविंदाचार्य पर हमला बोला और उन्हें 'चाणक्य' की भूमिका निभाने वाला और किसे कौन सा बड़ा पद मिले, यह तय करने के लिए पर्दे के पीछे से खेल खेलने वाला बता दिया। इससे पहले कि गोविंदाचार्य उन पर पलटवार करते, आडवाणी ने हालात को संभालने के लिए बीच-बचाव किया और चर्चा को वहीं समाप्त करने की घोषणा कर दी।

लेकिन कड़वाहट दूर नहीं हुई।

पार्टी के भीतर आडवाणी जिस मायने में वाजपेयी पर बीस साबित होते थे वह था उनका संगठन कौशल, कर्मयोग और कमरतोड़ मेहनत करने की क्षमता जबकि वाजपेयी की शैली कलात्मक तो थी लेकिन उसमें एक सुस्ती रहा करती थी। आडवाणी उस आंदोलन का चेहरा बन गए जिसने उन लोगों को एकजुट कर दिया जिनका कॉंग्रेस से मोहभंग हो चुका था। कॉंग्रेस को लेकर लोगों के मन में ऐसी धारणा बन चुकी थी कि राजीव गाँधी के नेतृत्व में प्रचंड बहुमत मिलने के बावजूद उसने आम आदमी के लिए ज़्यादा कुछ नहीं किया। बाद में बनी जनता दल की सरकारों ने बड़ी-बड़ी बातें कीं लेकिन भाजपा के मुक़ाबले उनकी चमक फीकी रही क्योंकि भाजपा ने तब तक अपना राष्ट्रवादी चेहरा खुलकर दिखा दिया था। उस समय जब देश आर्थिक संकट का सामना कर रहा था तब 'पार्टी विद अ डिफ़रेंस' का भाजपा का नारा लोगों को उसकी तरफ़ खींच रहा था।

इन सबके बीच, वाजपेयी जनता के बीच एक समर्पित भाजपा नेता की तरह काम करते रहे, और सांसद की ज़िम्मेदारियों को भी निष्ठा के साथ निभाते रहे। 23 मार्च 1992 को, लोकसभा में आम बजट पर एक चर्चा के दौरान, उन्होंने वित्त मंत्री मनमोहन सिंह की योजनाओं की कुछ बिंदुओं को लेकर आलोचना की, लेकिन अपने विरोधियों को लेकर उनका लहजा इतना दिलचस्प और सहज रहता था कि बढ़ते उपभोक्तावाद जैसे विषय में भी हास्य का तड़का लगा करता था और लोग हँस पड़ते थे।

'केबल टीवी, स्टार टीवी आ रहा है... वही ऐशो-आराम की चीज़ें (विज्ञापन में) दिखाएँगे। अपनी झोपड़ी में बैठकर लोग उन्हें देखेंगे। भले उनके बच्चों के पीने के लिए दूध न हो, शैंपू ख़रीदे जाएँगे। वही शैंपू, जिसे कलर टीवी पर आकर्षक चेहरे के साथ दिखाया जाएगा, ग़रीबों के घर तक पहुँचेगा,' उन्होंने कुछ हद तक मज़ाक़ उड़ाते हुए अतिशयोक्ति के साथ कहा।

सीपीएम के एक सदस्य, एन.के. चटर्जी बोल पड़े : 'आपको शैंपू और शैंपेन का फ़र्क़ समझना चाहिए।' और दोनों ही पुराने सांसद, जो लोकसभा के बाहर अच्छे दोस्त भी थे, ठहाके लगाने लगे।

काँग्रेस के मनोरंजन भक्त भी कूद पड़े : 'आपने शैंपेन कहा क्या।'

वाजपेयी ने इनकार किया : 'मैंने शैंपेन नहीं कहा। जिन लोगों को शैंपेन पसंद है उन्हें लगा होगा कि मैंने शैंपेन कहा है। *जाकी रही भावना जैसी, प्रभु मूरत देखी तिन तैसी।'* यह सुनते ही जो ठहाके लगे और सबकी ऐसी हँसी छूटी कि सरकार के कामकाज को आगे बढ़ाने के लिए कुछ देर तक रुकना पड़ गया।

लेकिन वाजपेयी यहीं नहीं रुके। उसी भाषण में, जब वह समापन के क़रीब थे, उन्होंने मनमोहन सिंह के भाषण में सुनाए गए शेर का ज़िक्र किया जिसमें उन्होंने नतीजे दिखाने के लिए तीन साल का समय माँगा था। उस नहले के जवाब में वाजपेयी ने दहला मारा :

आह को चाहिए, एक उम्र असर होने तक
कौन जीना चाहता है, तेरी ज़ुल्फ़ के सर होने तक?

मशहूर शायर गालिब की एक ग़ज़ल की इन पंक्तियों में एकतरफ़ा मोहब्बत की बातें हैं, जिनका शाब्दिक अर्थ है : 'एक आह, चाहत या तकलीफ़, का असर दिखने में पूरी उम्र लग जाती है, मैं दुख झेलता रहता हूँ और तुम अपनी लटों को सुलझाती रहती हो...' आम आदमी से किए गए बड़े-बड़े वादों पर वित्त मंत्री पर तंज कसने के अलावा, वाजपेयी मनमोहन सिंह के लंबे बालों का ज़िक्र करना भी नहीं भूले जो भारत में सिखों की पहचान होते हैं। 'असल में सरदारजी की भी ज़ुल्फ़ है,' उन्होंने कहा, 'तो हमें पता नहीं कि उन्हें सुलझाने में कितना वक़्त लगेगा।'

भले ही वाजपेयी मनमोहन सिंह की बस खिंचाई कर रहे थे लेकिन मनमोहन सिंह ने सार्वजनिक रूप से अपनी खिल्ली उड़ाए जाने को गंभीरता से लिया, ख़ास तौर पर इस कारण भी क्योंकि वह एक गंभीर क़िस्म के व्यक्ति हैं, जिनके पास वाजपेयी जैसी वाक्पटुता नहीं है। उन्होंने वाजपेयी की ओर से किए गए 'अपमान' की शिकायत प्रधानमंत्री से की। राव ने वाजपेयी से बात की और कहा कि मनमोहन सिंह ने बजट पर विपक्ष की आलोचना को दिल पर ले लिया है और इस्तीफ़ा देने

की पेशकश कर दी है। वाजपेयी, जो कभी रिश्तों को बनाने में पीछे नहीं रहते थे, उन्होंने तुरंत मनमोहन सिंह से बात की और उनसे कहा कि वह नाराज़ न हों क्योंकि उन बातों को केवल राजनीतिक लाभ लेने के लिए कहा गया था। मनमोहन सिंह मान गए, और इस तरह वाजपेयी ने एक नया दोस्त बना लिया।

***

आडवाणी की जय-जयकार जल्दी ही होने वाली थी। वही थे जिन्होंने अयोध्या में राम मंदिर बनाने के मुद्दे को दृढ़ निश्चय के साथ आगे बढ़ाया था, और हिंदू उग्रपंथियों और समर्थकों की नज़र में, वह उनके सबसे बड़े आदर्श थे। 1990 में वी.पी. सिंह की ओर से मंडल आयोग की सिफ़ारिशों को लागू किए जाने के जवाब में उन्होंने जिस 1000 किलोमीटर की तीस दिनों तक चली सोमनाथ-अयोध्या रथयात्रा की शुरुआत की थी, उसने स्पष्ट रूप से उन्हें एक 'वैकल्पिक एजेंडा के साथ वैकल्पिक नेता' के रूप में स्थापित कर दिया था। वाजपेयी ने धार्मिक आधार पर लोगों के ध्रुवीकरण की नीयत से शुरू किए गए बेलगाम राजनीतिक प्रयास का विरोध किया था। संयोग से, स्वयं आडवाणी ने आगे जाकर यह स्वीकार किया था कि केवल दो विषयों पर उनके और वाजपेयी के बीच बहुत बड़ा मतभेद था और उनमें से एक मुद्दा मंदिर का था।

6 दिसंबर 1992 को, कार सेवकों ने बाबरी मस्जिद के ढाँचे को गिरा दिया। मस्जिद ढहाये जाने की व्यापक स्तर पर निंदा की गई : मीडिया, राजनेता, विदेश के नेताओं और भाजपा के नेताओं को भी लगा कि यह आंदोलन अपनी हद से ज़्यादा आगे चला गया। भले ही इस सारे घटनाक्रम से वाजपेयी दुखी थे लेकिन उन्हें इसके विपरीत बयान देने पड़े और वह इस बात का ख़याल रख रहे थे कि वह किससे क्या कह रहे हैं। वह जब पार्टी कार्यकर्ताओं से बात करते तब पूरी चतुराई के साथ मंदिर आंदोलन के महत्त्व की बात करते थे। कभी-कभी वह दोनों तरह के विचार प्रकट करते थे, यहाँ तक कि संसद में भी हाव-भाव ऐसे ही थे। आडवाणी ने भी उस घटना पर खेद जताया। शायद राजनीतिक मजबूरियों के कारण। वैसे भी, मस्जिद को ध्वस्त कर दिए जाने के बाद, एक झटके में भाजपा के हाथ से वह मुद्दा निकल गया जिससे वह राजनीतिक समर्थन जुटाया करती थी। आडवाणी ने कहा कि वह दिन उनके जीवन का सबसे दुख भरा दिन था और उन्होंने बार-बार कार सेवकों से अपील की थी कि वे मस्जिद को नुक़सान ना पहुँचाएँ। ऐसे कई पत्रकार जो वहाँ मौजूद्र थे वह भी इस तथ्य की पुष्टि करते हैं कि आडवाणी ने माइक के ज़रिए उत्पात मचा रहे लोगों से अपील की थी कि वे शांत हो जाएँ लेकिन उन पर कोई असर नहीं पड़ा।

बाबरी मस्जिद को जिस शाम गिराया गया उस शाम वाजपेयी लखनऊ में थे, लेकिन वह उसी रात लौट आए जबकि कई दक्षिणपंथी नेता पूरी रात जश्न मनाते रहे। कल्याण सिंह और आडवाणी ने अपने-अपने संवैधानिक पदों से इस्तीफ़ा दे दिया। मस्जिद गिराए जाने की नैतिक ज़िम्मेदारी स्वीकार करते हुए, कल्याण सिंह ने मुख्यमंत्री पद और आडवाणी ने विपक्ष के नेता का पद छोड़ दिया। आडवाणी को झाँसी के पास हिरासत में ले लिया गया जहाँ उन्होंने *इंडियन एक्सप्रेस* के लिए दो हिस्सों की एक सीरीज लिखी, जिसमें भाजपा का रुख़ साफ़ किया। एक हेडलाइन कह रही थी 'भाजपा धर्मनिरपेक्षता के प्रति समर्पित' और दूसरी 'इस बार मुलायम की भूमिका में अर्जुन सिंह।' आडवाणी ने लिखा :

> बुनियादी राजनीतिक सूझ-बूझ होती तो प्रधानमंत्री (पी.वी. नरसिंहराव) 6 दिसंबर के बाद अविवेकी क़दमों को उठाने से परहेज़ करते, जिनमें आरएसएस और वीएचपी को प्रतिबंधित करना, राजस्थान, हिमाचल प्रदेश और मध्य प्रदेश की सरकारों को बर्ख़ास्त करना, और ढहा दी गई 'मस्जिद' का फिर से निर्माण करने का वादा शामिल था। लेकिन इतिहास भी अपने आप को अनोखे तरीक़े से दोहराता है। अगर श्री वी.पी. सिंह पर छोड़ दिया जाता तो 1990 की रथयात्रा को नहीं रोकते, लेकिन जनता दल की अंदरूनी राजनीति ने उन्हें मजबूर कर दिया। अपने आप को मुसलमानों का श्री मुलायम सिंह से भी बड़ा रहनुमा साबित करने के लिए, वी.पी. ने श्री लालू प्रसाद यादव से कहा कि उत्तर प्रदेश के मुख्यमंत्री से पहले वही कार्रवाई कर दें। श्री यादव ने वही किया जो उनसे कहा गया, और वी.पी. के कार्यकाल को समय से पहले समाप्त करने का कारण बने। उसी दौरान, श्री अर्जुन सिंह ने श्री नरसिंहराव के लिए मुलायम सिंह जैसी भूमिका निभाई। उनकी निंदा भी उसी तर्ज पर थी।

देखते ही देखते, पूरे देश में और ख़ास तौर पर अर्ध-शहरी इलाक़ों में दंगे भड़क गए। भाजपा और महाराष्ट्र में उसकी सहयोगी शिवसेना जैसे सहयोगी दलों ने भड़काऊ बयानबाज़ी शुरू कर दी जिसमें मुसलमानों से कहा गया कि वे अयोध्या की घटना से सबक़ सीख लें।

इस दौरान, लोगों को वाजपेयी कहीं नज़र नहीं आ रहे थे। ऐसा कहा जाता है कि वह इस घटनाचक्र से बेहद चिंतित थे। उनके क़रीबी लोगों ने संवाददाताओं को बताया कि उन्हें लगता है कि यह भारतीय लोकतंत्र पर लगा एक बहुत बड़ा धब्बा है। उन्होंने मीडिया में कोई भी बयान नहीं दिया। हालाँकि, अयोध्या में मस्जिद गिराए जाने से एक दिन पहले कारसेवकों के साथ एक निजी बैठक में उन्होंने जो कुछ कहा उससे कहीं भी ऐसा नहीं लगा कि इस घटना को लेकर उन्हें कोई दर्द

था या कोई वेदना थी। उनके बयान की रिकॉर्डिंग एक दशक से भी अधिक समय के बाद सामने आई थी। उनके हावभाव हौसला बढ़ाने वाले थे और उनका भाषण इशारों-इशारों में बहुत कुछ कहने वाला और कोर्ट के आदेशों (जिसने निर्माण रोक दिया था लेकिन धार्मिक गतिविधियों को चलने दिया) पर तंज कसने वाला था। भीड़ के बीच से उठने वाले जोशीले नारों के बीच, उन्होंने मज़ाक़-मज़ाक़ में ही कह दिया कि अनुष्ठान के लिए 'धरती को समतल करना होगा,' जिससे यह साफ़ होता है कि कैसे वाजपेयी अलग-अलग वर्ग के लोगों से अलग-अलग क़िस्म की बातें करते थे, जो न केवल उनकी चालाकी भरे बल्कि काफ़ी हद तक टकराव से दूर रहने वाले रवैये को भी दिखाता है।

वास्तव में, जब उन्हें हिंदू कट्टरपंथियों की शरारतपूर्ण प्रवृत्तियों को बढ़ावा देना होता था, तब वाजपेयी उन्हें उकसाने का कोई मौक़ा नहीं चूकते थे। उन्होंने ऐसा तब तक करना जारी रखा जब तक कि प्रधानमंत्री नहीं बन गए और अपना उदारवादी रुख़ दिखाना शुरू नहीं किया। उनके कई पूर्व सहयोगियों के अनुसार, वाजपेयी ने इस मामले में बड़ी महारत हासिल कर ली थी। इस तरह के मौक़ों पर, वह लुभाने-रिझाने में बेहतरीन साबित होते थे और हिंदी में अपने ज़बरदस्त ज्ञान का भरपूर उपयोग करते थे। इस प्रकार, एक ऐसे संगठन में खुद को बनाए रखने के लिए अपने उल्लेखनीय कौशल का इस्तेमाल करते थे जहाँ कठोर विचारधारा के प्रदर्शन से सम्मान मिलने में देर नहीं लगती थी। इसका ही एक उदाहरण है दिवंगत विनायक दामोदर सावरकर का गुणगान करने वाला उनका दिलचस्प भाषण। सावरकर, जो हिंदू महासभा के विवादित नेता थे जिनके ख़िलाफ़ गाँधी की हत्या के मामले में चार्जशीट दायर की गई थी लेकिन अपराध में शामिल होने के पुख़्ता सबूत के अभाव में उन्हें रिहा कर दिया गया था। 'सावरकर में ऊँचाई (क़द) भी थी और गहराई भी... वह तीर भी थे और तलवार भी, वह दृढ़ता, धीरज और बलिदान का दूसरा नाम थे। वह दूरदर्शी थे, समाज निर्माता और समाज सुधारक थे जो सामाजिक बुराइयों के ख़िलाफ़ साहस के साथ लड़े,' जोशीले वाजपेयी ने उन शब्दों को आवेगहीन स्वर दिया जिन्हें धर्मनिरपेक्ष मंचों पर कभी कहा नहीं जाएगा।

मुद्दा जब धर्मांतरण का आया, तब भी उन्होंने ऐसे ही कौशल का परिचय दिया, और बिना हिंसा तथा हो-हंगामे के धर्म बदलने वालों की घर वापसी का एक नरम तरीक़ा सुझाया। यही कारण है कि वह धर्मांतरणों से लड़ने के लिए आरएसएस के हिंसक तौर तरीक़ों को पसंद नहीं करते थे।

अपनी सार्वजनिक छवि को बेदाग़ रखते हुए, आख़िर में वाजपेयी अपनी रणभूमि लोकसभा में जमकर गरजे। अयोध्या में मची तबाही के ग्यारह दिन बाद, 17 दिसंबर को उन्होंने प्रधानमंत्री नरसिंहराव के नेतृत्व वाली काँग्रेस सरकार पर तीखा प्रहार

किया। राव स्वयं एक चतुर राजनेता थे और विवादित धर्मगुरु चंद्रास्वामी के चेले। वैसे राव और वाजपेयी के बीच राजनीति से बाहर आपसी सम्मान और एक-दूसरे की सराहना करने वाला रिश्ता था (राव ने एक बार वाजपेयी को अपना गुरु कहा था और आगे चलकर 1993 में उन्होंने वाजपेयी को उस भारतीय प्रतिनिधिमंडल का नेता बनाकर जिनेवा में भेजा था, जहाँ उन्हें कश्मीर को मानवाधिकार का मुद्दा बनाने की माँग कर रहे पाकिस्तान को करारा जवाब देना था), लेकिन संसद में अपने हमलों के शिकार को वाजपेयी कभी बख़्शते नहीं थे। वाजपेयी ने शुरुआत में ही कह दिया कि वह अविश्वास प्रस्ताव के लिए कोई कारण नहीं दे रहे क्योंकि उनका यह मानना है कि 6 दिसंबर की घटना के बाद पूरा देश एक राजनीतिक धर्मसंकट की स्थिति में है जिस घटना के लिए उन्हें खेद है।

वाजपेयी ने सदन में कहा कि जब आडवाणी रथ यात्रा पर निकले, तब उनके मन में भी कई तरह के संदेह थे, लेकिन शब्दों के खेल में माहिर, वाजपेयी ने काँग्रेस सरकार और उत्तर प्रदेश की पिछली मुलायम सिंह यादव की सरकार को जमकर खरी-खोटी सुनाई, जिन्होंने उनके मुताबिक़, मंदिर आंदोलन से 'मनमाने' तरीक़े से निपटते हुए हिंदुओं की भावनाओं को ठेस पहुँचाई और यह ऐलान भी कर दिया था कि एक विशेष समुदाय को हथियार उठाने का अधिकार है, जिनके निशाने पर स्पष्ट रूप से कारसेवक ही थे। उन्होंने अपने साथियों को सही ठहराने में ज़्यादा वक़्त नहीं गँवाया, सिवाय इतना कहने के कि उन्होंने सत्ता के पदों से इस कारण त्याग-पत्र दिया क्योंकि वे कारसेवकों को मनाने में नाकाम रहे जिन्होंने क़ानून अपने हाथों में ले लिया था, और फिर उन्होंने इस संकट को गंभीर बनाने के लिए भाजपा के विरोधियों पर निशाना साधा जो हिंदुओं की भावनाओं के प्रति असंवेदनशील थे।

वाजपेयी ने विषय से परे जाकर, हालाँकि बिना किसी तर्क के, मीडिया की ओर से ख़ुद को उदार और आडवाणी को कड़ा रुख़ वाला बताने की विवेचना पर सवाल उठाए और जब इस विषय से वापस लौटे तो मुलायम पर बरसे। शब्दों के जादूगर वाजपेयी अपने पूरे फ़ार्म में दिख रहे थे। जनता दल (तब मुलायम की पार्टी) के छोटे सिंह यादव ने जब यह कहते हुए आपत्ति जताई कि उनके नेता सदन में मौजूद नहीं हैं और उनका नाम नहीं लिया जाना चाहिए, तो वाजपेयी ने पलट कर कहा कि आडवाणी भी सदन में नहीं हैं। उन्होंने कहा, 'अगर मेरे सम्मानित साथी को श्री मुलायम सिंह यादव का (मेरी ओर से) नाम लिए जाने पर दुख पहुँचा है, तो मैं कहूँगा कि तत्कालीन मुख्यमंत्री नाम से मुलायम थे लेकिन उनके कृत्य बड़े क्रूर थे।'

वाजपेयी, जो अक्सर निजी बातचीत में 'जो बीत गया सो बात गई' और 'गड़े मुर्दे उखाड़ने से कुछ हासिल नहीं होगा' के सिद्धांत पर चला करते थे, ने वहीं सार्वजनिक रूप से अपनी पार्टी का पूरी ताक़त के साथ बचाव किया। उन्होंने अयोध्या की घटना पर पूरे देश में और देश के बाहर दी जा रही प्रतिक्रिया को 'अनावश्यक

प्रतिक्रिया' करार दिया। फिर उन्होंने अपनी बात को विस्तार से रखा, 'हमने दुनिया को नहीं बताया कि वह एक विवादित ढाँचा था। बार-बार कहा गया कि वहाँ एक मस्जिद थी। हमने कभी स्पष्ट नहीं किया कि मस्जिद के ढाँचे के साथ वहाँ एक मंदिर भी है जिसमें नमाज और पूजा हो रही थी और यह कि यह विवाद पिछले 500 वर्षों से चला आ रहा था। पूरी दुनिया में इस तरह के अनगिनत उदाहरण हैं। रूस ने जब वारसा पर क़ब्ज़ा कर लिया तब वहाँ एक चर्च बनाया। पोलैंड जब स्वतंत्र हुआ तो उसने सबसे पहले उस चर्च को ध्वस्त किया। इतिहास इसका गवाह है। जब (इतिहासकार अर्नोल्ड) टायनबी भारत आए तब उन्होंने हम पर तंज कसा कि यह केवल भारत में ही संभव है कि किसी मंदिर को गिराकर वहाँ मस्जिद बना दी जाए। हमने विश्व में दुष्प्रचार को होने दिया।'

वाजपेयी जानते थे कि यह उनकी ताक़त है : भाषण देना और अपनी पार्टी के लिए प्रचार करना जो अयोध्या की घटना के बाद एक राजनीतिक संकट से घिर गई थी। उत्तर प्रदेश समेत, भाजपा की कई सरकारों को बर्ख़ास्त कर राष्ट्रपति शासन लगा दिया गया था। उन्हें बस अपने फ़ार्म में आना था और जिस काम में वह माहिर थे उसे बेहतरीन ढंग से आगे बढ़ाना था। उन्होंने इस मौक़े को हाथों-हाथ लिया और नागरिक स्वतंत्रता के पुरज़ोर हिमायती बन गए।

अपने लंबे भाषण में, उन्होंने मंदिर मुद्दे, धर्मनिरपेक्षता और संघवाद से जुड़े तमाम विषयों की विस्तार से चर्चा की। उन्होंने शाहबानो केस का मुद्दा भी उठाया, और उसे 'इंदौर की एक बुजुर्ग महिला' कहा तथा अल्पसंख्यकों के तुष्टिकरण के लिए कॉंग्रेस को जमकर खरी-खोटी सुनाई। सदन में उनके क्रोध की सीमा नहीं थी, और उसी उत्तेजना के बीच उन्होंने राव सरकार को निशाने पर लेते हुए कहा कि उसने 'ढाँचा गिराए जाने से पैदा हालात को गोलियों से नियंत्रित' करने का प्रयास किया।

प्रधानमंत्री राव ने पहले यूपी सरकार को बर्ख़ास्त किया, और एक हफ़्ते बाद, जब हिंदू-मुस्लिम दंगे देश के दूसरे हिस्सों में फैल गए, तब उन्होंने उसी प्रकार के संवैधानिक प्रावधानों के तहत मध्य प्रदेश, राजस्थान और हिमाचल प्रदेश की भाजपा सरकारों को भी बर्ख़ास्त कर दिया। राव का फ़ैसला उस वक़्त आया जब उन्हें कॉंग्रेस पार्टी के भीतर से अपने नेतृत्व को कड़ी चुनौती मिल रही थी। उस वक़्त एक अल्पमत की सरकार चला रहे राव ने अप्रत्याशित भुगतान संतुलन संकट का सामना कर रहे देश को उबारने के लिए उदारीकरण को लागू किया था और वित्त मंत्री के रूप में बिलकुल उपयुक्त व्यक्ति, डॉ. मनमोहन सिंह को चुना था ताकि उस देश में पहले चरण के सुधारों को आगे बढ़ाया जाए जहाँ दुनिया की आबादी का पाँचवाँ हिस्सा रहता है।

जहाँ तक वाजपेयी की बात है, तो राव की कार्रवाई ने भाजपा के भीतर उन्हें अपनी धूमिल होती छवि को फिर से चमकाने में किसी दैवीय शक्ति के जैसा काम किया। संसद में उन्होंने कहा कि काँग्रेस के नेतृत्व वाली सरकार भाजपा-शासित राज्यों से भेदभाव कर रही है। 'अब प्रश्न पूछे जा रहे हैं कि महाराष्ट्र, गुजरात और पश्चिम बंगाल में कितने लोग मारे गए। लेकिन यह मत भूलिए कि जो भी मारा गया, वह एक भारतीय था। शोकाकुल परिवारों के प्रति मेरी पूरी सहानुभूति है। सरकार ने कुछ संगठनों पर पाबंदी लगा दी और भाजपा की सरकारों को बर्ख़ास्त कर दिया। ऐसा क्यों? उनका दोष क्या है?... क़त्ल हुआ नहीं लेकिन फाँसी की सज़ा दे दी गई... आँकड़े बताएँगे कि उत्तर प्रदेश, मध्य प्रदेश और राजस्थान में होने वाले सांप्रदायिक दंगों की संख्या काफ़ी कम है और वे जहाँ कहीं भड़के भी तो पुलिस ने सख़्त कार्रवाई करते हुए उन्हें कुचल दिया। किसी हिंदू या मुसलमान में कोई फ़र्क़ नहीं किया गया। हर एक को सुरक्षा देना ही हमारी सरकारों का धर्म है। इस संबंध में कोई सांप्रदायिकता नहीं हो सकती है।'

वाजपेयी ने अपने सधे हुए भाषण को नया मोड़ देकर और भी दिलचस्प बना दिया। 'अगर धृतराष्ट्र दुर्योधन और दुःशासन से घिरा हो, तो चाहकर भी वह न्याय के पथ पर नहीं चल सकता...'

वाजपेयी ने इस प्रस्ताव पर हुई चर्चा का जवाब 21 दिसंबर 1992 को भी दिया, और अपनी पार्टी पर लगे आरोपों को चुनौती दी तथा इस संबंध में बोलने वाले विभिन्न दलों के प्रतिनिधियों पर पलटवार किया। उन्होंने सरकार को चेतावनी दी कि अगले चुनाव में वह अपनी पार्टी के साथ इससे भी ज़्यादा संख्या बल के साथ वापसी करेंगे। 'सरकार को अभी भारत के लोगों की भावनाओं का अंदाज़ा नहीं है। अगर यह सोचती है कि हमारी पार्टी का सफ़ाया हो जाएगा, तो मैं पूरे हौसले के साथ कहता हूँ कि मेरी ओर से लाए गए अविश्वास प्रस्ताव के बाद माननीय प्रधानमंत्री लोकसभा को भंग कर दें और जाकर एक नया जनादेश लेकर आएँ। लोग जो फ़ैसला सुनाएँगे उसका पता उन्हें भी चल जाएगा।'

स्पष्ट रूप से वाजपेयी बड़ी चतुराई के साथ अपने पुराने ऐश्वर्य को फिर से हासिल करने का प्रयास कर रहे थे, और जब पार्टी को उनकी ज़रूरत थी तब वह डटकर उसके बचाव में खड़े हो गए। इससे फ़र्क़ नहीं पड़ता था कि उनके विरोधियों की नज़रों में उनकी 'उदार छवि' पर दाग़ लग रहे हैं। पूर्व लोकसभा स्पीकार सोमनाथ चटर्जी जैसे विरोधी, जो सीपीएम के दिग्गज नेता थे, जिन्हें उम्मीद थी कि कद्दावर और स्पष्ट समझ वाले वाजपेयी 'कलंकित करने वाली घटना' की निंदा करेंगे।

वाजपेयी एक बात बड़ी अच्छी तरह जानते थे कि राजनीति में कोई भी बात बिना संदर्भ मायने नहीं रखती : गंभीर संकट की घड़ी में, उन्हें अपनी पार्टी का

बचाव करना था। उनके सहयोगी उन्हें पार्टी के एक क्रांतिकारी के रूप में देखते हैं जब पार्टी अपने चरम पर रहा करती थी, और एक ऐसे व्यक्ति के रूप में मानते थे जो पार्टी के बुरे दिनों में, ख़ास तौर पर वह जनता की नज़रों में गिर जाती थी, तब संकट से उबारने के लिए उन पर ही भरोसा किया जा सकता था।

बीच-बीच में तमाशे के कुछ पलों को छोड़ दें तो वह शांत स्वभाव के ही थे, लेकिन एक राजनेता ही नहीं बल्कि एक व्यक्ति के रूप में भी वाजपेयी बेहद बहादुर थे। भाजपा के नेता बलबीर पुंज को आज भी याद है कि वाजपेयी के साथ 1990 के दशक में हिमाचल प्रदेश की विमान यात्रा के दौरान उन्हें किस मुश्किल को झेलना पड़ा था। वे दिल्ली से धर्मशाला जाने के लिए 'बेहद छोटे से विमान' में सवार थे जहाँ वाजपेयी को एक सार्वजनिक सभा को संबोधित करना था। भाजपा के कद्दावर नेता जब ऊँघ रहे थे, तब एक पायलट पुंज के पास आया और उसने बड़ा विचित्र प्रश्न किया, 'क्या आप धर्मशाला को पहचान सकते हैं?'

पुंज ने कहा, 'कोशिश कर सकता हूँ। लेकिन हुआ क्या है?'

को-पायलट ने कहा, 'हम एक छोटे से शहर के ऊपर हैं। शायद यह धर्मशाला है। हमारा संपर्क एटीसी से कट गया है और मेरा सिस्टम काम नहीं कर रहा। हमारे नक़्शे काफ़ी पुराने हैं, दूसरे विश्व युद्ध के ज़माने के।'

हैरान-परेशान पुंज ने वाजपेयी को जगाया जिन्होंने अपनी आँखों को थोड़ा सा खोला और फिर से सो गए। 'चिंता मत करो। सब ठीक हो जाएगा।'

कुछ देर बाद पुंज को-पायलट के पास गए और उससे पूछा कि क्या 'प्रगति' है।

जवाब मिला, 'कुछ भी नहीं।'

अगले आधे घंटे तक, पुंज ख़ामोश रहे, उनका दिल चिंता के साथ ज़ोर-ज़ोर से धड़कता रहा, जबकि वाजपेयी आराम से खर्राटे ले रहे थे, मानो उन्हें कुछ पता ही न हो।

जल्दी ही, उनके नीचे की तसवीर बदल गई, और पहाड़ की बजाए घना कोहरा दिखने लगा। सारे यात्रियों को उस 'संकट' का आभास हो गया और सभी में एक दहशत थी।

अपनी सीट और कॉकपिट के बीच भाग रहे पुंज ने आख़िरकार वाजपेयी को फिर से जगाया और बोले, 'वाजपेयी जी, हालात बिगड़ गए हैं। क्या करें?'

'चिंता मत करो। यह कल के पहले पन्ने की ख़बर होगी। वे हमें ताबूत में हमारे घर ले जाएँगे,' वाजपेयी ने अपनी आँखों में एक चमक के साथ कहा।

पुंज घबराहट के साथ बोले, 'यह आपके लिए कहा जा सकता है, अटलजी, पर मेरा क्या होगा।'

वाजपेयी ठहाके लगाकर हँस पड़े और कहा, 'जब तक इतिहास मुझे याद रखेगा तब तक तुम्हें भी याद रखा जाएगा, क्योंकि तुम मेरे दोस्त हो।'

दोनों ही इस कहानी को सुनाने के लिए ज़िंदा बच गए। किसी तरह, देर शाम, पायलट कुल्लू में विमान उतारने में कामयाब रहा। हालाँकि, उन्हें जहाँ जाना था उससे वह काफ़ी दूर था। अलसाए वाजपेयी मौत से डरने वाले पुंज को चिढ़ाते हुए विमान से बाहर निकले।

***

देखते ही देखते, दंगे देश के कुछ और हिस्सों को अपनी चपेट में लेने वाले थे। बॉम्बे में, बाबरी मस्जिद गिराए जाने से मुसलमानों के गुस्से के कारण हिंदू गुटों के साथ उनकी झड़प हुई जो जश्न में रैलियाँ निकाल रहे थे, और आगे चलकर, आधिकारिक दस्तावेज़ों के मुताबिक़, हिंदुओं की भीड़ ने कुछ बड़े नेताओं के उकसावे पर सघन मुस्लिम आबादी वाले इलाक़ों में जमकर उत्पात मचाया। दिसंबर 1992 और जनवरी 1993 में, कम से कम 900 लोग उस हिंसा में मारे गए जिसने भारत की व्यावसायिक राजधानी को उसके घुटनों के बल ला दिया। मुसलमानों के घरों और कारोबारों को निशाना बनाने वाली जवाबी कार्रवाई के बाद, बॉम्बे में जन्मे डॉन दाऊद इब्राहिम के निर्देश पर उसके गुर्गों ने 12 मार्च 1993 को, बॉम्बे में तेरह अलग-अलग जगहों पर इतने ही बम धमाके किए, जिनमें 300 लोग मारे गए। राष्ट्रीय स्तर पर, पार्टी के भीतर मचे घमासान के दिन-ब-दिन तेज़ होने से काँग्रेस अराजकता के माहौल में डूबती जा रही थी। सीपीएम के एक सदस्य की ओर से लाए गए अविश्वास प्रस्ताव ने हालात को भाँपने में माहिर, राव के कान खड़े कर दिए और उन्हें अपनी अल्पमत वाली सरकार ख़तरे में नज़र आने लगी। इस संकट से उबरने के लिए, उनकी सरकार ने झारखंड मुक्ति मोर्चा और जनता दल के दस सांसदों को घूस के तौर पर मोटी रक़म दी ताकि वे उस प्रस्ताव के ख़िलाफ़ मतदान करें। बाद में फली एस. नरीमन ने *इंडिया टुडे* में लिखा कि 'यदि इतिहास "उन सारी बातों का सार होता जिन्हें टाला जा सकता था," तो साल 1993 को उन घिनौनी घटनाओं का साल माना जाना चाहिए जिन्हें टाला जा सकता था : इसी साल भारत में भ्रष्टाचार को संस्था का रूप दे दिया गया।' 28 जुलाई को, राव के ख़िलाफ़ प्रस्ताव चौदह मतों से गिर गया।

दक्षिण से आने वाले, प्रधानमंत्री नरसिंह राव ने पार्टी में मानव संसाधन मंत्री अर्जुन सिंह समेत उत्तर से आने वाले अपने प्रतिद्वंद्वियों को बड़ी होशियारी के

साथ हाशिए पर धकेल दिया था। हालाँकि इस कारण, विंध्य के उत्तर में काँग्रेस का संगठनात्मक ढाँचा काफ़ी कमज़ोर हो गया था। यही वह दौर भी था जब विपक्ष ने दक्षिण में, और ख़ास तौर पर आंध्र प्रदेश में अपना प्रभाव काफ़ी बढ़ा लिया था, जहाँ एन.टी. रामाराव के नेतृत्व में तेलुगु देशम पार्टी (टीडीपी) ने 1994 के चुनावों में विधानसभा की 294 में से 216 सीटें जीतकर ज़बरदस्त जीत हासिल की जबकि पिछले चुनावों में 181 सीटें जीतने वाली काँग्रेस पार्टी की शर्मनाक हार हुई और उसे महज़ छब्बीस सीटें मिलीं। 1995 में दलित समर्थक बहुजन समाज पार्टी (बीएसपी) और मुलायम के नेतृत्व वाली समाजवादी पार्टी (एसपी) का मज़बूत गठजोड़ जैसे ही टूटा, भाजपा उत्तर प्रदेश में अपने शानदार प्रदर्शन को लेकर आश्वस्त हो गई। भाजपा ने कुछ महीने तक अपने समर्थन से बीएसपी की मायावती को मुख्यमंत्री बने रहने दिया और फिर समर्थन वापस ले लिया। वैसे भी, राज्य में भाजपा के लिए एक प्रबल संभावना दिखाई दे रही थी।

उस वर्ष, आडवाणी भाजपा के अध्यक्ष बने और ऐसा दूसरी बार हुआ, तथा वाजपेयी को लोकसभा में विपक्ष के नेता का सम्मानजनक पद मिला, जो एक प्रकार से उस काँग्रेस सरकार को मुँह चिढ़ाने जैसा था जो अंदरूनी झगड़ों और घोटालों से बुरी तरह जूझ रही थी। कुछ दिनों की शांति के बाद, वह फिर से गरजने के लिए तैयार थे। आडवाणी ने जहाँ मैदान में मोर्चा संभाला और पार्टी की कमान संभाली, वहीं वाजपेयी अब अपने ही अनोखे अंदाज़ में अपनी कार्यशैली को आगे बढ़ा रहे थे। अमेरिका के अपने आधिकारिक दौरे के बीच में उन्होंने एक ब्रेक लिया और ग्रैंड कैनियन तथा तथा डिज़्नीलैंड घूमने निकल गए। इस दौरान उनके विश्वासपात्र साथी, पूर्व वकील और लंबी-घनी मूँछों वाले शिव कुमार उनके साथ थे, जिन्हें संघ ने 1968 में दीनदयाल उपाध्याय की दुःखद मृत्यु के फ़ौरन बाद वाजपेयी के साथ रहने की ज़िम्मेदारी सौंपी थी। आडवाणी के कठोर और अनुशासित तौर-तरीक़ों के विपरीत, वाजपेयी एक मौज-मस्ती करने वाले व्यक्ति थे जो ऐसे दौरे का लुत्फ़ उठाने का कोई मौक़ा नहीं छोड़ते थे। शिव कुमार उन दिनों की याद करते हुए कहते हैं कि उनहत्तर वर्ष की आयु में भी वह डिज़्नी के झूलों का मज़ा किसी बच्चे की तरह खुश होकर लेते थे, धैर्य से कतार में खड़े रहते थे और उनके धोती-कुर्ता की जगह पतलून और शर्ट ने ले ली थी। इस दौरे पर और इसके साथ-साथ अमेरिका के दूसरे दौरे पर भी, वाजपेयी अपने सुरक्षाकर्मियों के साथ न्यू यॉर्क की सड़कों पर टहलने निकल जाते थे, उनके लिए ड्रिंक्स और आइसक्रीम ख़रीदा करते थे, खिलौनों के मॉल श्वार्ज तथा पालतू जानवरों की दुकानों में जाकर अपनी प्यारी नातिन निहारिका (नमिता और रंजन की बेटी) के लिए तोहफ़े, तथा अपने दो कुत्तों, सैसी और सोफ़ी, तथा ऋतु नाम की बिल्ली के लिए गले के पट्टे और स्नैक्स ख़रीदा करते थे। वह

समय निकालकर मिसेज कौल की बड़ी बेटी, नंदिता नंदा से मिलने भी जाते थे, जो अमेरिका में अपने पति के साथ रहती थीं।

भाजपा में जैसी स्थितियाँ थीं, उनके मुताबिक़ वाजपेयी अभी नंबर 2 पर ही रहने वाले थे, लेकिन वह जानते थे कि भारत के संदर्भ में एक ब्राह्मण होने के क्या फ़ायदे उन्हें मिल सकते थे, और उन दिनों वह अपने लिए बेहतर सौदा हासिल कर सकते थे। उनके साथी तथा प्रतिद्वंद्वी आडवाणी से ज़्यादा अच्छी तरह और कोई नहीं जानता था कि वाजपेयी में एक ऐसा आकर्षण था जिसका कोई जोड़ नहीं था।

10

1995-98

भाग्यशाली सितारा

साल 1995 के नवंबर माह की 12 तारीख़। मुंबई की रात सुहानी थी, लेकिन भाजपा के महासचिव के.एन. गोविंदाचार्य उस वक़्त भी दिन की गर्मी का अहसास कर रहे थे, जो जितना घटनापूर्ण था उतना ही नाटकीय भी। वह होटल में आडवाणी के कमरे में दाख़िल हुए और वह सवाल कर ही दिया जो उन्हें पिछले कुछ घंटे से परेशान कर रहा था। *'आपने ये क्यों किया?'*

दोनों ही जानते थे कि इस सवाल का मतलब क्या है। कुछ देर की चुप्पी के बाद, आडवाणी ने अनमने ढंग से जवाब दिया कि इसे करना ही होगा। वह दादर के शिवाजी पार्क में उस दिन की गई हैरान करने वाली घोषणा का ज़िक्र कर रहे थे। किसी को भी उम्मीद नहीं थी कि वह ऐसा करेंगे। यही कारण था कि कुछ पलों की शांति के बाद तालियों की गड़गड़ाहट गूँजने लगी थी। यह घोषणा 11 से 13 नवंबर के दौरान चले महाअधिवेशन के दूसरे दिन उनके भाषण के अंत में की गई थी। पार्टी की राष्ट्रीय परिषद का तीन दिनों का पूर्ण अधिवेशन महालक्ष्मी रेसकोर्स ग्राउंड पर चल रहा था, लेकिन 12 नवंबर की शाम, सारे प्रतिनिधि अपने नेताओं को सुनने के लिए दादर आए थे।

यहीं पर आडवाणी ने भाजपा अध्यक्ष के रूप में एक ऐसा बयान दिया जो उनके राजनीतिक करियर को पूरी तरह से नई दिशा देने जा रहा था। भाजपा के राजनीतिक विस्तार, पार्टी के गठन के बाद से लेकर बीते पंद्रह वर्षों के दौरान आए उतार-चढ़ावों पर चर्चा के बाद, उन्होंने ऐलान किया कि 1996 के लोकसभा चुनावों में, वाजपेयी भाजपा के प्रधानमंत्री पद के उम्मीदवार होंगे।

'हम अगला आम चुनाव श्री अटल बिहारी वाजपेयी के नेतृत्व में लड़ेंगे और वही हमारे प्रधानमंत्री पद के उम्मीदवार होंगे। कई वर्षों से, न केवल हमारे पार्टी के कार्यकर्ता बल्कि आम आदमी भी यह नारा लगा रहा है, *"अगली बारी अटल बिहारी।"* मुझे पूरा विश्वास है कि भाजपा अटलजी के प्रधानमंत्रित्व में अगली सरकार का गठन करेगी,' आडवाणी ने ऐलान कर दिया। ज़बरदस्त जयघोष के बीच, भाषण की समाप्ति के तुरंत बाद, वाजपेयी पूरे जोश में अपनी जगह से उठ खड़े हुए और उन्होंने कहा कि चुनावों के बाद वह नहीं बल्कि आडवाणी प्रधानमंत्री बनेंगे। इसके जवाब में आडवाणी ने कहा कि घोषणा पहले ही की जा चुकी है। यह दोनों के लिए एक भावुक पल था, लेकिन यह स्पष्ट था कि उस समय पार्टी के निर्विवादित नेता, आडवाणी ने फ़ैसला कर लिया था : वाजपेयी प्रधानमंत्री पद के उम्मीदवार होंगे।

यह उस घटना के कुछ महीने पहले की बात है जब आडवाणी मनी लॉन्ड्रिंग केस में फँस गए थे जो उनके राजनीतिक करियर के लिए बहुत बड़ा झटका साबित होने वाला था। जैन-हवाला स्कैंडल में विभिन्न दलों के वरिष्ठ नेता शामिल थे जिन पर चार हवाला दलालों से कथित तौर पर पैसे लेने का आरोप था। भले ही आडवाणी ने कुछ हद तक अपनी खोई प्रतिष्ठा को हासिल कर लिया था, लेकिन इसमें कई साल लग गए।

नवंबर 1995 में की गई आडवाणी की घोषणा ने न केवल पार्टी के भीतर उनके प्रतिद्वंद्वियों को, बल्कि उनके अपने क़रीबी सहयोगियों को भी चौंका दिया था, और इस वजह से ही गोविंदाचार्य भी कुछ हद तक निराश थे। पार्टी अनुशासन का अक्षरशः पालन करने वाले गोविंदाचार्य चाहते थे कि आडवाणी को पहले इस पर मंथन करना चाहिए था और फिर प्रक्रिया का पालन करना चाहिए था। गोविंदाचार्य ने उनसे कहा कि उन्हें बयान देने से पहले पार्टी नेतृत्व से या संघ से बात कर लेनी चाहिए थी। इस पर आडवाणी ने पूछा, 'अगर वे ना कह देते तो?'

गोविंदाचार्य ने कहा कि दूसरा विकल्प भी था - वाजपेयी को कुछ समय तक रुकने को कहा जा सकता था ताकि वह उस भूमिका के लिए ज़रूरी कठिन साधना के साथ तैयारी कर सकें। आडवाणी ने कोई जवाब नहीं दिया।

यह बात आज तक साफ़ नहीं हो सकी है कि ऐसा क्या था जिसने आडवाणी को पीएम के लिए वाजपेयी के नाम का ऐलान करने के लिए प्रेरित किया। आडवाणी कई बार कह चुके हैं कि उन्होंने यह अध्यक्षीय घोषणा पूरी ईमानदारी के साथ की थी क्योंकि उन्हें लगता था कि वाजपेयी ही पार्टी के सबसे करिश्माई नेता थे, भले ही पार्टी के भीतर शायद उनकी अपनी लोकप्रियता बढ़ गई थी। वह यह भी कह चुके हैं कि कुछ लोगों की ओर से उनकी मंशा पर सवाल उठाए जाने से उन्हें चोट पहुँची थी। आडवाणी कैंप के कई लोगों को लगता था कि वाजपेयी के साथ

कम से कम चार वर्षों तक चले कड़े संघर्ष के बाद आख़िर में उनके नेता पीछे हट गए। अपनी बढ़ती लोकप्रियता के बावजूद, आडवाणी में आत्मविश्वास की कमी थी, ऐसी दलील भी दी जाती है।

भाजपा अध्यक्ष के रूप में अपना फ़ैसला लेने से पहले आडवाणी ने वाजपेयी से भी बात नहीं की थी। दरअसल, आडवाणी ही कह चुके हैं कि वाजपेयी ने उनसे पूछा था, *'क्या घोषणा कर दी आपने? कम से कम मुझ से तो बात कर करते।'* आडवाणी ने जवाब दिया था, *'क्या आप मानते अगर हमने आपसे पूछा होता?'*

गोविंदाचार्य ने जब उनसे कहा कि उनकी घोषणा समय से बहुत पहले कर दी गई है तब वह चुप्पी साध गए थे और इस कारण कई सवाल उठते हैं कि उन्होंने ऐसा क्यों किया। शायद जो दिखती है, बात उससे कहीं बड़ी हो सकती है। क्या वह जानते थे कि वह घपला सामने आना वाला है? क्या उन्हें लगता था कि देश की जनता के बीच वाजपेयी अधिक स्वीकार किए जाने वाले नेता हैं? 'जहाँ तक दूसरे प्रश्न की बात है, तो इसमें कोई शक नहीं है। आडवाणी जी भी इसे अच्छी तरह जानते थे,' बाद में भाजपा के नेताओं के बीच कानाफूसी में ऐसी बातें होती थीं।

यह बात सही थी। लेकिन समय से पहले पीएम उम्मीदवार के उनके ऐलान में कुछ ऐसी बात थी, जैसा किसी भी ग़ैर-काँग्रेसी पार्टी ने पहले नहीं किया था।

उस समय तक आडवाणी के उदय को लेकर काफ़ी कुछ कहा गया था कि वह भाजपा के सबसे ताक़तवर और प्रभावी संगठन कौशल रखने वाले नेता थे। आडवाणी ने इसके बलबूते ही दादर की उस शाम सभी को और विशेष रूप से वाजपेयी को चौंका दिया था।

इस बीच, दिग्गज काँग्रेस नेता और स्वर्गीय इंदिरा गाँधी के विश्वासपात्र, माखनलाल फोतेदार ने इस घोषणा को एक साजिश के परिणाम के रूप में देखा। संस्मरणों पर आधारित अपनी पुस्तक, *द चिनार* में फोतेदार ने दावा किया कि तत्कालीन प्रधानमंत्री नरसिंह राव आडवाणी को फूटी आँख नहीं सुहाते थे, भले ही सबके सामने वह उनकी तारीफ़ों के पुल बाँधते थे, उनकी प्रशंसा उस समय तक भारत के सबसे अच्छे प्रधानमंत्री के रूप में किया करते थे। फोतेदार भी ऐसे किसी मौक़े की ताक में थे जिसमें राव को सत्ता से बाहर किया जा सके। फोतेदार ने लिखा है, 'राव के लिए उनकी (आडवाणी की) घोर नफ़रत ही शायद मेरे ऊपर उनके भरोसे की एक वजह थी। मैं उनकी इस भावना को खुलकर महसूस कर सकता था। मैं इतना भोला नहीं था कि उस मौक़े को नहीं भुनाता, लेकिन मैं नहीं चाहता था कि भाजपा ताक़तवर हो जाए या आडवाणी (एक कट्टरपंथी) की ताक़त बढ़ जाए।' उन्होंने दावा किया कि माहौल तब बनना शुरू हुआ जब भाजपा के वरिष्ठ नेता, कृष्ण लाल शर्मा से उनकी मुलाक़ात हुई, जो आडवाणी के क़रीबी सहयोगी थे। बिहार के लालू

प्रसाद और मुलायम सिंह को लेकर शर्मा ने संसदीय समिति की एक बैठक में कहा कि वे जातिवादी नेता हैं। तभी फोतेदार बीच में कूद पड़े और कहा कि 'हम ब्राह्मणों से ज़्यादा जातिवादी' कोई हो ही नहीं सकता। शर्मा ने उनकी हाँ में हाँ मिलाई और हँसने लगे। 'इस तरह की बातचीत से हम दोनों के बीच का रिश्ता मज़बूत होने लगा। धीरे-धीरे शर्मा उन मुद्दों की चर्चा खुलकर करने लगे जो भाजपा को परेशान कर रहे थे और ऐसा ही एक मुद्दा ये था कि राव कैसे आडवाणी को फँसाना चाहते थे।' फोतेदार ने आगे बताया :

> शर्मा के साथ एक बार एक गंभीर चर्चा के दौरान, मैंने उनसे कहा कि आडवाणी के लिए राव की जगह लेना मुश्किल होगा क्योंकि उन्हें एक कट्टर नेता के रूप में देखा जाता है और इस कारण वह वाजपेयी जितने स्वीकार्य नहीं हैं, जिन्होंने खुद को नेहरू के साँचे में ढाल रखा है। इसलिए, अगर भाजपा सचमुच सत्ता में आना चाहती है, तो उसे आडवाणी को नहीं बल्कि वाजपेयी को प्रधानमंत्री पद के उम्मीदवार के तौर पर पेश करना चाहिए। अंदर ही अंदर, मैं कभी नहीं चाहता था कि भाजपा सत्ता में आए लेकिन मैं यह समझता था कि आडवाणी के मुक़ाबले वाजपेयी के चलते समस्या ज़्यादा नहीं होगी। कुछ बैठकों के बाद मैं शर्मा को इस बात के लिए राज़ी कर सकता था कि वह आडवाणी को इस बात के लिए मनाएँ कि वो वाजपेयी का नाम प्रस्तावित करें... इतिहास में ऐसे पल आए हैं जिन्हें समझा पाना मुश्किल है। यह भी उनमें से एक था क्योंकि शर्मा ने अंत में आडवाणी को वाजपेयी का नाम प्रस्तावित करने के लिए राज़ी कर लिया था। राव के ख़िलाफ़ दिल में पल रही नफ़रत के चलते आडवाणी ने वाजपेयी का समर्थन किया जो 13 दिन की सरकार के प्रधानमंत्री बने और फिर 1998 तथा 1999 में दोबारा चुनकर आए और छह साल तक सत्ता में रहे।

संयोग से काँग्रेसी प्रधानमंत्री राव के रिश्ते वाजपेयी और आरएसएस नेता भाऊराव देवरस से अच्छे थे। भाऊराव देवरस आरएसएस के सरसंघचालक रह चुके दिवंगत बालासाहेब देवरस के छोटे भाई थे।

1980 के दशक के आख़िर और '90 के दशक की शुरुआत तक आडवाणी भाजपा में एक तरह से 'सुप्रीम लीडर' बन चुके थे और वाजपेयी तथा उनके रिश्ते अच्छे थे। भले ही आगे चलकर वाजपेयी को अपने महत्त्व को कम किए जाने की शिकायत रहने लगी। आडवाणी की मुंबई घोषणा का वाजपेयी पर ख़ुश करने वाला असर हुआ जो अब निश्चिंत थे कि बीते दशकों में आडवाणी ने भले ही पार्टी को ऊँचाई तक ले जाने में केंद्रीय भूमिका निभाई थी, फिर भी वह दूसरे नंबर पर रहने के लिए तैयार थे। 1996 के स्कैंडल ने सत्ता का समीकरण वाजपेयी के हक़ में तैयार

कर दिया, जिसमें आडवाणी ने यह ऐलान किया कि जब तक अदालतें उन्हें बेदाग़ साबित नहीं करतीं तब तक वह चुनाव नहीं लड़ेंगे।

ऐसा लग रहा था मानो भविष्य तय करने वाली सारी ताक़तों ने जो भी साजिशें कीं वह सब वाजपेयी के हक़ में ही गईं।

***

जनवरी 1996 में सामने आया हवाला कांड, आडवाणी और कई दूसरे दलों के नेताओं के लिए भी घोर शर्मिंदगी की एक वजह बन गया। उस समय के लगभग ही, बाबरी मस्जिद को ढहाए जाने के एक दिन पहले वाजपेयी ने कारसेवकों के सामने जो भाषण दिया था, अगर वह जैन-हवाला टेप की तरह लीक हो गया होता, तो वाजपेयी के सामने भी बहुत बड़ी दुविधा खड़ी हो जाती, लेकिन उस वक़्त, उनकी स्पीच के टेप सामने नहीं आए। ऐसा कहा जाता है कि पार्टी की एक बैठक में, आडवाणी जिस मुश्किल में पड़ गए थे उस हाल में उन्हें देखकर वाजपेयी भावुक हो गए और रोने लगे थे। वहीं, पार्टी के भीतर कुछ लोग ऐसे भी हैं जिन्होंने कहा कि वाजपेयी ने ऐसा महज़ दिखाने के लिए किया, और इस तरह के आरोपों से भाजपा के इस बुजुर्ग नेता को गहरी चोट पहुँची। इस बीच, पत्रकार और पूर्व आरएसएस सदस्य तथा एबीवीपी के नेता राम बहादुर राय ने कहा कि 1995 की शुरुआत में ही उनके पास वाजपेयी का फ़ोन आया था जब वह आडवाणी के हवाला दलालों से संबंधों पर जानकारी माँग रहे थे। राय ने उस पूरी ख़बर को विस्तार से समझाया जिसे उन्होंने ही दो साल पहले *जनसत्ता* अख़बार में उजागर किया था। राय ने कहा कि जब भाजपा के दो नेता हवाला कांड के मुख्य आरोपी एस.के. जैन के घर पार्टी के लिए चंदा माँगने पहुँचे, तो उसने कहा था, 'अगर आप एल.के. आडवाणी को मेरे घर ले आएँ तो मैं आपको बहुत बड़ी रक़म दूँगा।'

आडवाणी के लिए जो बहुत बड़ा झटका था वही वाजपेयी के लिए भगवान को ओर से मिला वरदान।

इस तरह की बातें की जाने लगीं। यह केस बरसों से खिंचता चला आ रहा था। 16 जनवरी 1996 को, भारत की सर्वश्रेष्ठ जाँच एजेंसी, केंद्रीय अन्वेषण ब्यूरो (सीबीआई) ने अदालतों से कुछ बहुत ही वरिष्ठ राजनेताओं के ख़िलाफ़ चार्जशीट दाख़िल करने की अनुमति माँगी जिनके बारे में उसने कहा कि उन्होंने हवाला दलाल एस.के. जैन की ओर से खोले गए अवैध रास्ते से पैसा हासिल किया। एस.के. जैन विदेशी कंपनियों के साथ सौदेबाज़ी में दलाली करता था। आडवाणी, बलराम जाखड़, वी.सी. शुक्ला, माधवराव सिंधिया और शरद यादव जैसे कुछ प्रमुख नेताओं का नाम आया था। जैन डायरी में कुल 115 नाम थे।

कोर्ट से सीबीआई को 6 सितंबर को हरी झंडी मिल गई और उस दिन आडवाणी अपने सी 1/6 पंडारा पार्क स्थित आवास पर थे। उनके घर पर मौजूद लोगों में एस. गुरुमूर्ति, राम जेठमलानी, सुषमा स्वराज, प्रमोद महाजन और शत्रुघ्न सिन्हा शामिल थे। आडवाणी कैंप के लिए यह आदेश बहुत बड़ा झटका था, जिसे उम्मीद थी कि मामले की सुनवाई कर रही अदालत उनके ख़िलाफ़ केस को ख़ारिज कर देगी। वैसे भी, सीबीआई उस आरोप के समर्थन में पर्याप्त सबूत जुटाने में नाकाम रही थी कि आडवाणी ने जैन बंधुओं से 60 लाख रुपये लिए थे।

आडवाणी ने तुरंत ही यह तय कर लिया कि जब तक इन आरोपों से बरी नहीं हो जाते तब तक वह चुनाव नहीं लड़ेंगे। (बाद में 1998 में, आरोपों को सबूतों की कमी के आधार पर ख़ारिज कर दिया गया।) उनके पार्टी के सहयोगियों और आरएसएस ने आडवाणी से कहा कि वह 1996 का चुनाव लड़ें। वाजपेयी ने भी उनसे मैदान में उतरने की अपील की, लेकिन उन्होंने इनकार कर दिया।

इसके बाद जो चुनाव हुए, उसने भाजपा को तेरह दिनों की सरकार दी, और फिर तरह-तरह के राजनीतिक दलों ने गठबंधन बनाया जिसने जनता दल के नेता और कर्नाटक के तत्कालीन मुख्यमंत्री, देवेगौड़ा को अप्रत्याशित रूप से प्रधानमंत्री बना दिया। तथाकथित धर्मनिरपेक्ष दलों ने 1980 के दशक के आख़िर में बने नेशनल फ्रंट की तर्ज पर, संयुक्त मोर्चा के नाम से एक गठबंधन खड़ा किया था, जिनकी पहली पसंद थे पश्चिम बंगाल के दिग्गज मुख्यमंत्री, ज्योति बसु, जो उस पद पर 1977 से ही बने हुए थे। ज्योति बसु की दोस्ती बड़े-बड़े लोगों से थी, और स्वाभाविक रूप से कॉंग्रेस में भी उनके दोस्त थे। वह एक समृद्ध भद्रलोक के नेता थे जो दिल्ली और अन्य जगहों के नामी-गिरामी लोगों के बीच लोकप्रिय थे। उस गठबंधन के लिए बसु सबसे बेहतरीन विकल्प थे जिसे वह अपना चेहरा बना सकता था, और उसने वही किया भी। लेकिन, उनकी ही पार्टी, सीपीएम के युवा और विचारधारा की दृष्टि से कड़ा रुख़ अपनाने वाले प्रकाश करात और सीताराम येचुरी जैसे सदस्यों ने उन्हें पीएम बनाने के प्रस्ताव के ख़िलाफ़ बगावत कर दी और इसे सीधे तौर पर ख़ारिज कर दिया। उनके रुख़ से पार्टी के ही वरिष्ठ कॉमरेड हैरान रह गए जिन्हें उम्मीद थी कि बसु का पीएम बनना पार्टी के घटते असर को बढ़ाने और उसका आधार नए इलाक़ों तक बढ़ाने का सुनहरा मौक़ा हो सकता था।

इसके बाद कुछ और दौर की बातचीत चली, जिसमें वी.पी. सिंह तथा जी.के. मूपनार के नाम पर चर्चा हुई, और फिर देवेगौड़ा का नाम चर्चा के बाद तय कर दिया गया। सीपीएम तथा कॉंग्रेस के बाहरी समर्थन की मदद से 318 सांसदों का उन्हें साथ मिला, और 1 जून 1996 को प्रधानमंत्री के रूप में उन्हें शपथ दिलाई गई। उस समय राव कॉंग्रेस अध्यक्ष थे और देवेगौड़ा से उनके अच्छे संबंध थे। हालाँकि,

जल्दी ही काँग्रेस के भीतर राव की लोकप्रियता घटने वाली थी जिन पर आरोप लगे कि चुनावों में पार्टी के ख़राब प्रदर्शन के लिए वही ज़िम्मेदार थे। कुछ महीनों के भीतर ही, राव की जगह सीताराम केसरी को काँग्रेस का अध्यक्ष बना दिया गया जिनका शुरुआत से ही देवेगौड़ा से छत्तीस का आँकड़ा था। देवेगौड़ा और केसरी के बीच झगड़े की शुरुआत 1997 में उस वक़्त हुई जब काँग्रेस नेता ने उत्तर प्रदेश के राज्यपाल, रोमेश भंडारी को हटाने की माँग की।

उसके कुछ समय बाद ही, मार्च 1997 में काँग्रेस ने देवेगौड़ा सरकार से समर्थन वापस ले लिया। उस वक़्त तक देवेगौड़ा की सरकार को सत्ता में आए एक साल भी नहीं हुआ था। देवेगौड़ा ने अपनी सरकार को बचाने के लिए अपने पूरे राजनीतिक कौशल का इस्तेमाल किया, और सांसदों की आवश्यक संख्या को जुटाने के जी-तोड़ प्रयास किए। दूसरी तरफ़, केसरी ने पीएम के तौर पर किसी दूसरे नेता का समर्थन करने के लिए क़ानून के जानकारों से विचार-विमर्श किया। उस समय, अस्पताल में भर्ती वी.पी. सिंह ने दख़ल दिया और पीएम पद के लिए जी.के. मूपनार का नाम सुझाया और कहा कि काँग्रेस तथा जनता दल से एक-एक उप-प्रधानमंत्री बनाया जाए। उनके 'समझौता पैकेज' में केसरी को भारत का राष्ट्रपति बनाए जाने की बात शामिल थी। केसरी इस जाल में नहीं फँसे क्योंकि उनके लिए देवेगौड़ा एक विलेन थे जिन्होंने काँग्रेस के कई नेताओं के ख़िलाफ़ भ्रष्टाचार के मामलों में जाँच बिठाकर समस्या खड़ी कर दी थी। इसके अलावा उन्होंने बोफ़ोर्स केस के साथ ही, 1993 का केसरी के निजी चिकित्सक, डॉक्टर तँवर की हत्या का केस भी खुलवा दिया था। केसरी जानते थे कि देवेगौड़ा की मदद से राव उनके ख़िलाफ़ साजिश का कोई भी मौक़ा नहीं गँवाएँगे। केसरी ने जब सुना कि अपने वफ़ादारों के वोट जुटाने के साथ ही, राव अपने दोस्त वाजपेयी को अपने भरोसे में लेंगे जिससे भाजपा अविश्वास प्रस्ताव पर वोट के दौरान ग़ैर-हाज़िर रहे और देवेगौड़ा आसानी से जीत दर्ज कर लें, तो वह होश खो बैठे। आख़िर में, क़िस्मत ने ऐसा खेल खेला कि केसरी जीते और देवेगौड़ा की हार हुई।

चूँकि काँग्रेस यह माँग कर रही थी कि प्रधानमंत्री गठबंधन के भीतर का ही कोई होना चाहिए, इसलिए सरकार में शामिल सारे दलों ने अपने बीच से ही किसी की खोज शुरू कर दी ताकि चुनाव को टाला जा सके। आख़िर में, देवेगौड़ा के विदेश मंत्री, इंद्रकुमार गुजराल का नाम सामने आया। उस समय की ख़बरों के मुताबिक़, वह संयुक्त मोर्चा में जारी सिरफुटौव्वल के बीच 'सबसे कम अस्वीकार्य' नेता थे। गाँधी-नेहरू परिवार से उनकी क़रीबी के चलते भी उन्हें पीएम का पद हासिल करने में आसानी हुई।

गुजराल को उनके बेहद कोमल और कभी-कभी निष्फल कूटनीतिक सिद्धांतों के लिए जाना जाता था। प्रधानमंत्री के रूप में अपने कार्यकाल के दौरान

वह काँग्रेस नेतृत्व का भरोसा जीतने के लिए लगातार उनकी मान-मनुहार में जुटे रहे। इसके साथ ही, वह विवादों से बचते रहे और भ्रष्ट लोगों को सज़ा दिलाने में सुस्ती दिखाई। उन पर आरोप लगे कि उन्होंने उस सीबीआई अधिकारी का तबादला कर दिया जिसने बिहार के तत्कालीन मुख्यमंत्री और उनके सहयोगी, लालू प्रसाद यादव को बेनकाब कर दिया था। लालू ने इस दावे के साथ सरकारी ख़ज़ाने से करोड़ों रुपये निकाल लिए थे कि उनसे पशु और चारा ख़रीदा गया है, जबकि ऐसा नहीं किया गया था। आगे चलकर यह *चारा घोटाला* के नाम से जाना गया। इसके साथ ही, केसरी के दबाव में आकर उन्होंने उत्तर प्रदेश में राष्ट्रपति शासन लगा दिया, जहाँ उस समय भाजपा सत्ता में थी। उनकी सिफ़ारिश को राष्ट्रपति के.आर. नारायणन ने वापस लौटा दिया और बाद में उस राज्य के हाई कोर्ट ने भी उसे ख़ारिज कर दिया था। उन्होंने द्रविड़ मुनेत्र कड़गम (डीएमके) को संयुक्त मोर्चा सरकार से बाहर करने से इनकार कर दिया जबकि राजीव गाँधी की हत्या की जाँच कर रहे जैन आयोग ने पाया था कि उस दल ने लिट्टे का साथ दिया था। उन्होंने दिसंबर 1997 में ऐसा करने से इनकार कर दिया जिससे संकट और गहरा गया। काँग्रेस ने जल्दी ही उनकी सरकार से समर्थन वापस ले लिया, जिससे केंद्र में आख़िरी ग़ैर-काँग्रेस, ग़ैर-भाजपा गठबंधन की सरकार गिर गई।

फ़रवरी 1998 चुनावों का समय था, और 'तीसरा मोर्चा' के प्रयोग ने जिस प्रकार एक के बाद एक अस्थिरता का माहौल बनाया तथा काँग्रेस ने ऐसे गठबंधनों के साथ जैसा रवैया अपनाया उससे लोग भड़के हुए थे। 1996 में अपने दमदार भाषण से अपनी वापसी की ज़मीन तैयार कर चुके वाजपेयी को अब ज़्यादा से ज़्यादा लोग भारतीय राजनीति के एक वैकल्पिक चेहरे के तौर पर देखने लगे थे। यह सब गुजराल सरकार के गिरने के बहुत पहले ही लगने लगा था। उनमें भावी प्रधानमंत्री की संभावनाओं को लेकर चर्चा पहले से ही ज़ोर-शोर से चल रही थी।

भारतीय लोकतंत्र पर दिल्ली स्थित इंडिया इंटरनेशनल सेंटर में 1997 के आख़िर में एक चर्चा के दौरान, सियासत की मदद से अपनी हैसियत बढ़ाने की ताक में जुटे कुछ लोग, जिनमें ज़्यादातर बनिया और पंजाबी थे, बेचैनी भरे माहौल का मुद्दा उठा रहे थे। काँग्रेस, जनसंघ और बाद में भाजपा के भीतर इन दो गुटों के बीच की कुख्यात प्रतिद्वंद्विता सार्वजनिक मंच पर भी खुलकर सामने आ जाया करती थी। उस समय ऐसा लगा कि वे सारे मुद्दों पर असहमत थे सिवाय वाजपेयी के। वाजपेयी के ख़िलाफ़ वे एक भी शब्द सुनने को तैयार नहीं थे। उस शख़्स की आलोचना का संकेत देने वाला शब्द भी शोर-शराबा कर दबा दिया जाता था।

वाजपेयी की एक अच्छा काम करने वाले, सभी धर्मों और राजनीतिक विचारधारा के लोगों की पसंद नरमपंथी, अल्पसंख्यकों के अपने धर्म का पालन करने

के अधिकारों से सहानुभूति रखने वाले, सॉफ़्ट हिंदुत्व के हिमायती के रूप में पहचान कोई अतिशयोक्ति नहीं थी। खुशवंत सिंह ने भारत के भाजपा के पहले प्रधानमंत्री की तारीफ़ की लेकिन यह हैरानी भी जताई कि इतने अच्छे व्यक्ति ने अपना जीवन एक ख़राब पार्टी में क्यों बिताया। यही ऐसी टिप्पणी थी जिससे वामपंथी भी सहमत थे जो न चाहते हुए भी उनकी प्रशंसा किया करते थे।

1996 में प्रधानमंत्री के रूप में अपने पहले कार्यकाल के कुछ ही समय बाद, इंडिया टीवी चैनल के कार्यक्रम *आप की अदालत* में, जिसे हिंदी के विख्यात पत्रकार रजत शर्मा होस्ट करते हैं, वाजपेयी को अपने बारे में की जाने वाली इन बातों का जवाब देने का मौक़ा मिला। उन्होंने यह समझाने का प्रयास किया कि इस तरह की छवि बनाने की कोशिश सही नहीं है। उन्होंने साफ़ दिल से और उस आत्मविश्वास के साथ अपनी बात रखी जो उस व्यक्ति के लिए स्वाभाविक है जिसे अपने सहयोगियों से काफ़ी बेहतर माना जाता है। 'सच कहूँ तो मैं सरदार खुशवंत सिंह का काफ़ी सम्मान करता हूँ। वह एक बेहतरीन लेखक हैं। वह जो भी लिखते हैं मुझे पढ़ने में बड़ा मज़ा आता है। मैं उनकी प्रशंसा का आभारी हूँ लेकिन मैं उनकी इस बात से सहमत नहीं हूँ कि मैं एक अच्छा आदमी हूँ, लेकिन ग़लत पार्टी में हूँ। अगर मैं सच में एक सही व्यक्ति हूँ, तो मैं ग़लत पार्टी में कैसे हो सकता हूँ? और अगर मैं ग़लत पार्टी में हूँ, तो फिर मैं सही व्यक्ति नहीं हूँ। अगर फल अच्छा है, तो पेड़ ख़राब नहीं हो सकता।'

उनकी आवाज़ संयत थी क्योंकि वह जानते थे कि क़रीब पचास दर्शकों के बीच में उन्हें अपनी बात गरजकर या चीख़कर कहने की ज़रूरत नहीं थी। और उसके बिना भी कार्यक्रम में तालियों में गड़गड़ाहट गूँजने लगी।

देखा जाए, तो वाजपेयी के भीतर कटाक्ष करने और कभी-कभी अपने ऊपर हँसने की क्षमता चुटकुलों को भी पीछे छोड़ देती है। एक बार जब किसी प्रशंसक ने उनसे अटल रहने को कहा, तो वह झट से बोले, *'अटल तो हूँ लेकिन न भूलिए कि साथ-साथ बिहारी भी हूँ।'* उनका मज़ाक़ कभी-कभी ईशनिंदा की हद तक भी चला जाता था। एक बार रामविलास पासवान ने, जो तब राजनीतिक प्रतिद्वंद्वी थे, जोशीले अंदाज़ में कहा कि उनके नाम में 'राम' है जबकि भाजपा के नाम में नहीं है, तब वाजपेयी ने पलटवार किया, *'पासवानजी, हराम में भी राम होता है।'* वाजपेयी अपने चुटीले वाक्यों और तंज को दोहराते नहीं थे ताकि उनका प्रभाव कहीं कम न हो जाए। 1993 में काफ़ी हो हल्ले के साथ जब मुरली मनोहर जोशी अपनी एकता यात्रा पर निकले, जिसे *इंडिया टुडे* ने 'निरर्थकता की गाथा' करार दिया था, और वाजपेयी के एक चुटीले वाक्य को बार-बार दोहराया तब यह बात उन्हें पसंद नहीं आई। पाकिस्तान के एक नेता ने जब दावा किया कि कश्मीर पाकिस्तान का अभिन्न

अंग है, तब वाजपेयी ने करारा जवाब दिया और कहा, 'अगर कश्मीर पाकिस्तान का अभिन्न अंग है, तो पाकिस्तान भारत का अभिन्न हिस्सा है।' जोशी ने जब इस वाक्य का इस्तेमाल बार-बार किया, तब नाराज़ वाजपेयी ने एक मित्र से कहा, 'इस तरह के चुटीले वाक्य एक या दो दफ़े ही बोले जाते हैं, दिन-रात दोहराए नहीं जाते।'

वाजपेयी को शिकारी बाजों की पार्टी में एक शांत कबूतर के रूप में देखे जाने की आदत पड़ चुकी थी। विद्वानों ने अक्सर कहा है कि उन्हें नरमपंथी के रूप में दिखाना उनकी लोकप्रियता का इस्तेमाल ढाल के तौर पर करना रणनीति का हिस्सा था जबकि उनकी पार्टी वह सबकुछ करती रही जिससे हिंदू बहुसंख्यकों का ध्रुवीकरण उसके पक्ष में हो जाए, लेकिन पलट कर किया गया वाजपेयी का सवाल सीधा सा था : वह उस आंदोलन से खुद को अलग कैसे कर सकते थे जिसका नेतृत्व दशकों से किया था? उन्हें उनकी पार्टी से अलग रखकर कैसे देखा जा सकता है? वैसे भी, 1980 में जब भाजपा का गठन किया गया था तब वह उसके पहले अध्यक्ष थे और वह उसके पहले के संगठन, भारतीय जनसंघ से 1951 में उसके अस्तित्व में आने के कुछ साल बाद ही जुड़ गए थे।

हालाँकि यह स्पष्ट है कि वाजपेयी जवाब देते हुए थोड़ा रक्षात्मक और सही मायने में विनम्र रहा करते थे। वह भी इस सच्चाई को जानते थे जिसे कई बार दोहराया गया है : यही कि गठबंधन की गलाकाट दुनिया में वह अपनी पार्टी के तुरुप का पत्ता थे। अक्सर जिस 'उपयोगिता' के मूल्य की बात बार-बार कही और समझी जाती है वह एक ऐसा अभेद्य कवच था जिसने उन्हें पहली पंक्ति में रखा, पार्टी की पारंपरिक सोच पर सवाल करने, और कभी विफल न होने के क़ाबिल बनाया।

11

1998-99

बम, बस, बजट

सबकी राह चाहे अलग-अलग हो, लेकिन दिल्ली में तो कम से कम सबकी मंज़िल एक ही होती है, राजपथ। नई सरकार के गठन का दावा पेश करने के लिए उस चौड़े रास्ते से होकर भारत के राष्ट्रपति से मिलने जाना किसी भी शीर्ष भारतीय राजनेता की सबसे बड़ी इच्छा होती है। कुछ चुनावों में उस असाधारण पद तक पहुँचने में मिली नाकामी ने 1990 के दशक के आख़िर तक काँग्रेस को बेचैन कर दिया था। तब कुछ पारिवारिक क़रीबियों और समर्थकों ने दिवंगत राजीव गाँधी की पत्नी, सोनिया गाँधी से आग्रह किया कि वे 1998 के चुनाव प्रचार में उतरें ताकि पार्टी को उसके दुर्दिन से उबारा जा सके। उन्होंने चुनाव प्रचार की शुरुआत श्रीपेरंबुदूर से की, जहाँ उनके पति की हत्या कर दी गई थी। ऐसा कहा जाता है कि कुछ समर्थक तो भावुक होकर रो पड़े थे जब सोनिया ने उनके अनुरोध को स्वीकार कर लिया था। कुछ पलों तक उनके मुँह से शब्द तक नहीं निकल रहे थे। चापलूस काँग्रेसियों ने जो दलील दी उसके मुताबिक़, नेहरू-गाँधी परिवार में ही भीड़ को आकर्षित करने की क्षमता है। इसके अलावा वह पार्टी में गुटबाज़ी को क़ाबू में कर सकता है। सोनिया ने पार्टी की प्राथमिक सदस्यता 1997 में कलकत्ता में आयोजित पार्टी के पूर्ण अधिवेशन में ली थी। उनसे उम्मीद की जा रही थी कि वह मुसीबतों से घिरी हुई और बूढ़ी होती पार्टी में जान फूँक दें। दक्षिणपंथी राजनीति की तरफ़ जनता का झुकाव और शहरी वोटरों के बीच वाजपेयी की बढ़ती लोकप्रियता काँग्रेस को परेशान कर रही थी, जिसने फ़रवरी-मार्च के चुनावों में यह दिखाने में एड़ी-चोटी का ज़ोर लगा दिया कि भाजपा आधुनिक, धर्मनिरपेक्ष देश के उस सपने की विपरीत दिशा में ले जाने वाली पार्टी है जिसे महात्मा गाँधी और जवाहरलाल नेहरू ने देखा था।

लेकिन भाजपा का उदय रोके नहीं रुक रहा था क्योंकि काँग्रेस कमज़ोर पड़ चुकी थी और ग़ैर-काँग्रेस, ग़ैर-भाजपा वाला 'तीसरा मोर्चा' गुटबाज़ी में उलझा था। इसके विरोधी जहाँ तितर-बितर हो चुके थे, वहीं भाजपा ने अपने चुनाव घोषणा-पत्र में कट्टर राष्ट्रवाद को ज़ोरदार तरीक़े से पेश किया। मैनिफ़ेस्टो में किए गए वादों की लंबी-चौड़ी फ़ेहरिस्त में अयोध्या में राम मंदिर का निर्माण शामिल था, जो बेहद गर्माया हुआ मुद्दा था, जिसने उस समय तक देश के विभिन्न हिस्से के लोगों का ध्यान व्यापक स्तर पर खींचा था। राष्ट्रवाद की भावना को उद्वेलित करने के उद्देश्य से ही समान नागरिक क़ानूनों को लागू करना, जिसे लेकर मुसलमानों को डर था कि निकाह, तलाक़ और पैतृक संपत्ति पर अधिकारों से जुड़ी उनकी धार्मिक मान्यताओं पर हमला होगा - तथा जम्मू-कश्मीर के मुसलमानों को विशेष अधिकार देने वाले अनुच्छेद 370 को हटाने जैसी बातों को शामिल किया गया था। भाजपा के चुनावी घोषणा पत्र ने यह वचन भी दिया कि पार्टी देश को परमाणु शक्ति बनाने की राह पर ले जाएगी, जो कट्टर-राष्ट्रवाद का खुला प्रदर्शन था।

बेहद गरमागरम और हिंसक प्रचार का शोर जब थमा और 2 मार्च को चुनाव परिणाम सामने आए, तब भाजपा ने लोकसभा में सबसे बड़े राजनीतिक दल की अपनी हैसियत को बनाए रखा। यही नहीं 1989 के मुक़ाबले इस बार अपनी संख्या में सुधार करते हुए उसे 182 सीट तक पहुँचा दिया। और 1996 की तुलना में, वाजपेयी के नेतृत्व में भाजपा कहीं ज़्यादा सहयोगियों को अपनी ओर आकर्षित कर सकी, जिनमें तमिलनाडु में जे. जयललिता के नेतृत्व वाली आल इंडिया द्रविड़ मुनेत्र कड़गम (एआईडीएमके) भी शामिल थी। कुछ सहयोगियों का मानना था कि भाजपा की ताक़त, विशेष रूप से वाजपेयी के नेतृत्व में, संयमित होगी और इस मुक़ाबले कम आक्रामक होगी जितना कि वह विपक्ष में रहते हुए थी। ख़ास तौर पर सहयोगियों को यह भरोसा भी दिया गया था कि समान नागरिक संहिता जैसे विवादित मुद्दों में 'गुंज़ाइश' रखी जाएगी। नई सरकार के गठन में तमिलनाडु की भूमिका अहम थी जहाँ भाजपा के नेतृत्व वाले तेरह पार्टियों के संघीय गठबंधन, राष्ट्रीय जनतांत्रिक गठबंधन को उनतीस सीटें मिली थीं। एआईडीएमके ने जहाँ अठारह, भाजपा ने तीन, पट्टाली मक्कल काची ने चार, मरुमलार्ची द्रविड़ मुनेत्र कड़गम (एमडीएमके) ने तीन और सुब्रह्मण्यम स्वामी की जनता पार्टी ने एक सीट हासिल की थी। इसे राज्य के एक निर्दलीय का समर्थन भी प्राप्त हुआ था। इस संघीय गठबंधन में शामिल अन्य दल थे समता पार्टी, बीजू जनता दल, शिरोमणि अकाली दल, तृणमूल काँग्रेस, शिव सेना, लोक शक्ति, हरियाणा विकास पार्टी और मिजो नेशनल फ्रंट। आंध्र प्रदेश के मुख्यमंत्री चंद्रबाबू नायडू सरकार में शामिल नहीं हुए, लेकिन उन्होंने बाहर से सरकार को अपनी तेलुगु देशम पार्टी का समर्थन देने पर सहमति जताई।

बेशक, कुछ गड़बड़ियाँ शुरू हो गईं थीं।

जैसे ही भाजपा नेतृत्व नई सरकार के गठन के लिए संख्या बल को लेकर आश्वस्त हुई, वैसे ही बेहद अहम सहयोगी, जयललिता ने यह कह कर तूफ़ान खड़ा कर दिया कि वाजपेयी और आडवाणी के सामने दिल्ली में हुई बैठक में उन्हें अपमानित किया गया। यह हैरान करने वाला था, और अगले चार दिनों तक वाजपेयी तथा अन्य लोगों को उन्होंने अधर में लटकाए रखा। वे चिंता के साथ इस इंतज़ार में थे कि वह समर्थन की चिट्ठी जारी करेंगी, क्योंकि राष्ट्रपति के.आर. नारायणन ने 1996 जैसी स्थिति से बचने के लिए पूर्व शर्त के रूप में सरकार का गठन करने वाली पार्टी से उसकी माँग की थी।

जयललिता को अपने और अपनी पार्टी के सहयोगियों के साथ किए गए सलूक से ठेस पहुँची थी। उन्होंने यह भी आरोप लगाया था कि भाजपा के नेतृत्व वाले गठबंधन में दक्षिण-विरोधी भावना है। मार्च की शुरुआत में वाजपेयी के घर पर हुई एक बैठक में, जब जयललिता ने कावेरी जल-विवाद ट्रिब्यूनल के अंतरिम फ़ैसले का मुद्दा उठाया, तब उनके मुताबिक़ जब वह अपनी बात रख रही थीं तब लोक शक्ति पार्टी के नेता रामकृष्ण हेगड़े ने उन्हें बार-बार टोका और अपनी धौंस दिखाने की कोशिश की जबकि उनके पास केवल तीन सांसद थे। जयललिता का कहना था कि न तो वाजपेयी ने और ना ही आडवाणी ने उन्हें रोकने की कोशिश की। वह इस बात से भी नाराज़ थीं कि उनके सिवाय गठबंधन में शामिल तमिलनाडु के किसी भी अन्य दल को उस बैठक में नहीं बुलाया गया था। वाजपेयी ने उन्हें मनाने के लिए आनन-फानन में जसवंत सिंह को चेन्नई भेजा। भाजपा की ओर से संकट को दूर करने की पुरज़ोर कोशिशों के बाद, जयललिता पिघलीं और आख़िर में एनडीए के समर्थन की चिट्ठी ज़ारी की। चिट्ठी मिलने के बाद वाजपेयी ने अपनी चिरपरिचित मुस्कान और आधी खुली आँखों के साथ कहा, 'चिट्ठी आ गई।'

जयललिता की तरफ़ से बार-बार धौंस दिखाने के कारण वाजपेयी सरकार संकटों में घिरती रही। एक बार जब संपादक विनोद मेहता, जो अब इस दुनिया में नहीं हैं, वाजपेयी से मिलने उनके घर पर गए, तब प्रधानमंत्री के चेहरे पर कुछ ज़्यादा ही चिंता दिखी। वाजपेयी वैसे तो लंबे विराम लेने के लिए मशहूर थे लेकिन उस दिन की उनकी चुप्पी बेहद गंभीर और कष्टदायी थी। मेहता ने उनसे पूछा कि कौन सी चिंता उन्हें खाए जा रही है। उस समय भी वाजपेयी मज़ाक़ करना नहीं भूले और कहा, 'आपके बाद, जयललिता जी मुझसे मिलने आ रही हैं।' और फिर मंद-मंद मुस्कराने लगे।

गठबंधन ने सारे सहयोगियों के साथ विचार-विमर्श के बाद एक न्यूनतम साझा कार्यक्रम तैयार किया था, फिर भी दक्षिण से जुड़े विभिन्न विवादित मुद्दों को लेकर एआईएडीएमके सरकार को समय-समय पर बंधक बना लिया करती थी। यहाँ तक

कि वाजपेयी के लिए भी इससे निपटना मुश्किल हो जाता था। अयोध्या, समान नागरिक संहिता और अनुच्छेद 370 को भाजपा के नेतृत्व वाले गठबंधन के 'शासन के राष्ट्रीय एजेंडा' से बाहर रखा गया था।

कुछ ही समय बाद, जयललिता ने यह माँग कर दी कि केंद्र उनके प्रतिद्वंद्वी एम. करुणानिधि के नेतृत्व वाली द्रविड़ मुनेत्र कड़गम (डीएमके) की तमिलनाडु सरकार को बर्ख़ास्त कर दे। उनकी अन्य माँगों में केंद्रीय कैबिनेट से राम जेठमलानी और रामकृष्ण हेगड़े को निकाला जाना तथा चेन्नई स्थित एक निजी टेलीविजन चैनल के ख़िलाफ़ कार्रवाई शामिल थी। वह यह भी चाहती थीं कि सुब्रह्मण्यम स्वामी को एनडीए के महत्त्वपूर्ण संयोजन समिति का हिस्सा बनाया जाए।

मुख्य विपक्षी दल, कॉंग्रेस पार्टी के भीतर भी एक बड़ी उठा-पटक मची थी। चुनावों में हार के कुछ ही दिनों के भीतर, पार्टी अध्यक्ष केसरी को इस्तीफ़ा देने पर मजबूर कर दिया गया ताकि सोनिया गाँधी के कमान संभालने का रास्ता साफ़ हो जाए। मार्च के मध्य में, उन्हें पार्टी अध्यक्ष पद के लिए चुन लिया गया।

वाजपेयी ने एक बार फिर जसवंत सिंह को चेन्नई भेजा, और इस बार जयललिता को कुछ बातें 'साफ़-साफ़' बताना था कि 18 अप्रैल को उन्होंने एक चिट्ठी लिख कर जितनी माँग की है, उन सभी को माना नहीं जा सकता है। सरकार इससे ज़्यादा और कुछ नहीं कर सकती थी कि संचार मंत्री बूटा सिंह को हटा दिया जाए जिन्हें वह हेगड़े तथा जेठमलानी के साथ-साथ बर्ख़ास्त करने की माँग कर रही थीं। जयललिता की दलील थी कि चूँकि उनकी पार्टी से भूतल परिवहन मंत्री सेदापट्टी आर. मथैया को भ्रष्टाचार के एक मामले में चार्जशीट के बाद इस्तीफ़ा देना पड़ा था, इस कारण सभी दाग़ी मंत्रियों को बाहर का रास्ता दिखाया जाना चाहिए। इससे पहले, भाजपा ने अपने अन्य संकटमोचकों, तमिलनाडु के प्रभारी और वरिष्ठ उपाध्यक्ष, जना कृष्णमूर्ति, तथा राजस्थान के मुख्यमंत्री भैरों सिंह शेखावत को जयललिता को मनाने के लिए चेन्नई भेजा था। जयललिता ने कैबिनेट में शामिल अपने तीन मंत्रियों को कह रखा था कि अगर वाजपेयी ने कोई कार्रवाई नहीं की तो वे इस्तीफ़े की चिट्ठी के साथ तैयार रहें। सरकार इस बात को लेकर भी सतर्क थी कि अप्रैल में कॉंग्रेस की नई अध्यक्ष सोनिया गाँधी से मुलाक़ात करने वाले स्वामी कथित तौर पर एनडीए सरकार को गिराने का प्रयास कर रहे हैं।

वाक्पटु सिंह ने, अंग्रेज़ी भाषा पर अपनी अद्‌भुत पकड़ के साथ अपनी बात को इतनी ख़ूबसूरती के साथ जयललिता को समझा दिया कि जयललिता को भी अहसास हो गया कि अपने ख़िलाफ़ वित्तीय घपलों के तमाम मामलों के कारण उन्हें इस वक़्त विस्फोट करने की बजाए चुपचाप सबकुछ देखते रहना होगा। सिंह की

मुलाक़ात 'सुप्रीमो' कही जाने वाली एआईएडीएमके चीफ़ के साथ चेन्नई से साठ किलोमीटर दूर एक हॉलिडे रिज़ॉर्ट में हुई और उन्होंने बताया कि बातचीत सफल रही है। जयललिता की तरफ़ से कुछ भी नहीं गया जबकि उन्होंने यह आदत बना ली थी कि वाजपेयी से बात करने से पहले ही अपनी माँगों को जगज़ाहिर कर दिया करती थीं। इस बीच, जेठमलानी जैसे लोगों ने स्वामी पर हमले करने शुरू कर दिए थे कि वही तमिलनाडु की नेता को अनुचित माँग करने के लिए उकसा रहे थे, जिसके चलते वह ऐसा न होने पर सरकार से समर्थन वापस लेने की धमकी दे रही थीं। स्वामी वाजपेयी को पसंद नहीं करते थे और इसकी चर्चा हर तरफ़ हो रही थी। उन्होंने कहा कि सार्वजनिक जीवन में शुचिता के लिए एनडीए में ऐसे मंत्री नहीं होने चाहिए जिनके ख़िलाफ़ उनकी सरकार जाँच कर रही हो। स्वामी ने कहा, 'भले ही जेठमलानी के ख़िलाफ़ कोई चार्जशीट नहीं, फिर भी उनके ख़िलाफ़ एक जाँच चल रही है। गृह मंत्री लालकृष्ण आडवाणी की जाँच भी एक आयोग हवाला कांड में, कर रहा है, इसलिए सिर्फ़ चार्जशीट किए गए लोगों तक कार्रवाई को सीमित रखना काफ़ी नहीं है। अपनी ही सरकार कभी सही तरीक़े से जाँच नहीं कर सकती है।'

यह सच है कि स्वामी की ओर से सरकार पर हमला करने के लिए जयललिता को उकसाया जाना वाजपेयी के गले की हड्डी बन गया था, जो उनके अपने व्यवहार से भी स्पष्ट होता था, लेकिन उन्होंने जयललिता के इर्द-गिर्द होने वाली सारी बातों की जानकारी रखी, साथ ही अपनी सरकार में जारी गतिविधियों को लेकर सतर्क थे। वित्त मंत्री यशवंत सिन्हा के अनुसार, वाजपेयी अनमने से दिखते थे लेकिन उन्हें अपनी सरकार के हर हिस्से में हो रही छोटी सी बात भी मालूम रहती थी। एक बार, एआईडीएमके के जूनियर मंत्री जब कुछ ज़्यादा ही पीछे पड़ गए, तब सिन्हा ने तय किया कि वह नरम रुख़ अपनाएँगे और चेन्नई जाकर जयललिता से मिलेंगे। रवाना होने से पहले, उन्होंने वाजपेयी से इजाज़त माँगी और उन्हें तुरंत अपनी रज़ामंदी दे दी। सिन्हा विमान से दक्षिण के उस महानगर तक पहुँचे और बेहद दोस्ताना रवैया दिखा रहीं जयललिता से कुछ घंटों तक बातचीत की। वह जब निकलने लगे, तब अपने स्वभाव के विपरीत जयललिता गर्मजोशी दिखाते हुए उन्हें दरवाज़े तक छोड़ने के लिए आईं। उस समय कुछ एक गार्ड और ड्राइवर ही मौजूद थे जब उन्होंने अपने परिधान के भीतर से एक लिफ़ाफ़ा निकाला और उसे सिन्हा को थमा दिया। उन्होंने लिफ़ाफ़ा लिया और चले गए।

दिल्ली पहुँचने तक, सिन्हा को लिफ़ाफ़े का ख़याल भी नहीं आया, और उन्होंने उसे खोलने और देखने की ज़हमत भी नहीं उठाई कि उसके भीतर क्या था। उन्होंने उसे अगले दिन अपने दफ़्तर में खोला। इसके भीतर बहुत अच्छी तरह से मोड़ा गया काग़ज़ था, जिसमें जयललिता के ख़िलाफ़ चल रहे सभी वित्तीय तथा अन्य मामलों को सूचीबद्ध किया गया था। उन्होंने कहा भले ही कुछ नहीं लेकिन उनके हाव-भाव

से स्पष्ट था कि वह इन मामलों को ख़ारिज किए जाने की माँग कर रही थीं। सिन्हा ने उस लिस्ट पर सरसरी निगाह डाली और उसे रद्दी की टोकरी में डाल दिया। कुछ ही घंटे के भीतर, वह प्रधानमंत्री कार्यालय में अपने चेन्नई दौरे की जानकारी देने के लिए मौजूद थे। सिन्हा ने जयललिता की गर्मजोशी और प्रसन्नचित्त रहने के बारे में बताना शुरू किया तो वाजपेयी बिना कुछ कहे पूरे ध्यान से उन्हें सुनते रहे। उन्होंने जब बोलना बंद किया, तब वह यह देखकर हैरान थे कि वाजपेयी अब भी उनकी तरफ़ उम्मीद भरी नज़रों से देख रहे थे। एक मुस्कान के साथ, वाजपेयी ने उनसे पूछा, 'आपने लिफ़ाफ़े के बारे में कुछ नहीं बताया?' सिन्हा को अहसास हुआ कि वह बताना भूल गए हैं। वह हैरान थे कि वाजपेयी को लिफ़ाफ़े की बात कैसे पता चली। सिन्हा सोच रहे थे, 'वह सबकुछ जानते हैं।'

इस दौरान, वाजपेयी के दामाद रंजन भट्टाचार्य का नाम मीडिया के एक हलके में किसी ऐसे व्यक्ति के रूप में सामने आने लगा जो गठबंधन के सहयोगियों से मित्रता बढ़ा रहे थे। उन सहयोगियों में जयललिता और टीडीपी के चंद्रबाबू नायडू शामिल थे जिनसे उनकी मुलाक़ात बीच-बीच में क्रमशः चेन्नई और हैदराबाद में हुआ करती थी। हालाँकि, दिल्ली यूनिवर्सिटी के विख्यात श्रीराम कॉलेज ऑफ़ कॉमर्स के छात्र रह चुके, भट्टाचार्य ने एक इंटरव्यू में इन आरोपों को यह कहते हुए ख़ारिज कर दिया, 'मैं अपने ही काम से इन दोनों ही जगहों पर जा चुका हूँ लेकिन अब कतराता हूँ क्योंकि आपके जैसे लोग इसमें राजनीतिक मंशा को देखने लगे हैं।' वाजपेयी भट्टाचार्य को इतना पसंद करते थे कि उन्हें न तो उनकी और ना ही पीएमओ के अधिकारियों, ब्रजेश मिश्रा और एन.के. सिंह की आलोचना बर्दाश्त थी। उस समय ही, आरएसएस कार्यकर्ताओं को यह तिकड़ी खटकने लगी क्योंकि उन्हें लगता था कि इन तीनों ने प्रधानमंत्री को अपने शिकंजे में ले रखा है। भट्टाचार्य पर पैसे लेकर उद्योगपतियों और राजनेताओं से प्रधानमंत्री की मुलाक़ात कराने के आरोप भी लगे। उन्होंने इन आरोपों को यह कहते हुए ख़ारिज कर दिया कि निहित स्वार्थ वाले लोगों ने इन्हें गढ़ा है। भाजपा के भीतर से भी उन पर इस बात को लेकर तीखे हमले किए गए कि एक प्रकार से वही 7 रेस कोर्स रोड स्थित प्रधानमंत्री के कार्यालय को 'चला' रहे हैं। उन्होंने यह कहते हुए इसका पुरज़ोर खंडन किया कि उनका ऑफ़िस दिल्ली के ग्रेटर कैलाश में है ना कि रेस कोर्स रोड पर। उन्होंने कहा कि जब से 'बापजी' प्रधानमंत्री बने हैं, तब से उनके लिए कुछ भी नहीं बदला है और 1983 में अपनी शादी के बाद से ही वह उनके साथ रह रहे हैं। उनकी पत्नी वाजपेयी को 'बापजी' कहकर बुलाती थीं। उन्होंने कहा कि 1996 से वह वाजपेयी के साथ चुनाव प्रचार के दौरान जाने लगे क्योंकि पार्टी के नेताओं ने ही यह सलाह दी थी कि इतने थका देने वाले चुनाव प्रचार के दौरान परिवार का कोई व्यक्ति उनके साथ होना चाहिए ताकि वह समय-समय पर खाना और दवाइयाँ लेते रहें। 1996

में वाजपेयी ने कुछ नियुक्तियाँ की जिनमें से एक में उन्होंने भट्टाचार्य को ऑफ़िसर ऑन स्पेशल ड्यूटी बना दिया। 1998 आते-आते, जैसा कि *इंडिया टुडे* ने अपनी रिपोर्ट में बताया, शानदार कपड़े पहनने वाले, चेन स्मोकिंग करने वाले भट्टाचार्य बेहद लोकप्रिय हो गए, जिन्हें उकसाने में उनकी पत्नी नमिता का हाथ था, जो एक 'ताना मारने वाली महिला थीं।' मीडिया में उनकी आलोचना रेस कोर्स रोड को सत्ता का एक स्वायत्त केंद्र बनाने के कारण हुई तथा उन पर मीडिया को अपने पक्ष में करने के आरोप लगे। इन सारी साजिशों और एक-दूसरे के ख़िलाफ़ शब्दों के बाण चलाए जाने के बीच, वाजपेयी की सबसे बड़ी प्राथमिकता इस देश के लोगों के बीच गर्व की एक भावना को पैदा करना था। वैसे भी, वह इस धारणा को पुख़्ता करना चाहते थे कि उनकी पार्टी सही में पार्टी विद अ डिफ़रेंस है, और भारत के प्राचीन ज्ञान तथा ऐश्वर्य का अंतहीन बखान किए जाने के बाद, स्वाभाविक रूप से उन बढ़ा-चढ़ाकर कही गई बातों के बाद ऐसे ही क़दम की उम्मीद की जा सकती थी।

प्रधानमंत्री राव को परमाणु परीक्षण करने की जल्दी थी और वह इसे 1995 के अंत तक कर देना चाहते थे, लेकिन अमेरिकी सैटेलाइट ने जब पोखरण में गतिविधियों का पता लगाया और वह अमेरिका के दबाव में आ गए, तब उन्हें अगले मौक़े तक रुकना पड़ा। इस दौरान भारतीय वैज्ञानिकों के पास हाइड्रोजन बम को तैयार करने का समय था। उन्होंने परमाणु परीक्षणों के प्रयास को संभवतः इस कारण आगे नहीं बढ़ाया क्योंकि वह 1996 का चुनाव हार गए। इस प्रकार यह ज़िम्मेदारी आख़िरकार वाजपेयी पर आ गई, जिन्होंने भारत की परमाणु क्षमताओं को विकसित करने में राव के प्रयासों की दिल खोलकर प्रशंसा की थी। वाजपेयी के आदेश पर 11 मई 1998 को परमाणु परीक्षण किए गए।

पदभार संभालने के दो महीने के भीतर, वाजपेयी ने पाँच परमाणु विस्फोट कर पूरी दुनिया को हैरान कर दिया। विदेशी सैटेलाइट की नज़र से बचने के लिए वैज्ञानिक रात में काम किया करते थे, और सैटेलाइट की पकड़ से बचते हुए काम करने का प्रशिक्षण ले चुकी आर्मी की एक इंजीनियरिंग कोर ने भी अपनी भूमिका बख़ूबी निभाई। राव के प्रयासों के कारण तैयारियाँ पहले से ही ज़ोर-शोर से चल रही थीं। वरिष्ठ पत्रकार राज चेंगप्पा ने लिखा था, 'पाकिस्तान ने जहाँ बलूचिस्तान के सुदूर चगाई हिल्स में परमाणु परीक्षण किया था, वहीं भारत के पास पोखरण में की गई अपनी गतिविधियों को छिपाने का कोई रास्ता नहीं था। हल्के रेगिस्तानी और मामूली रूप से ऊबड़-खाबड़ इलाक़े में, बड़ी मुश्किल से कंधे तक की ऊँचाई वाली झाड़ियाँ उग सकती थीं। यह झाड़ियाँ भी घनी नहीं थीं और रेत के टीलों की तरह ही उनके पीछे जासूसी सैटेलाइट से छिपना मुमकिन नहीं था, लेकिन 58 इंजीनियरों के पास तैयारी के लिए डेढ़ साल का समय था। उन्हें दर्जन भर रेजिमेंट ने अपना बेशक़ीमती अनुभव भी दिया जिन पर छड़ों के रखरखाव की ज़िम्मेदारी थी। बीच-बीच

में गतिविधियों में तेज़ी दिखाई देती थी जिसने अमेरिका को परीक्षणों को लेकर सतर्क कर दिया था, और ऐसा सही मायने में तीन बार हुआ, 1982, 1995 और फिर 1997 में। हर बार भारतीयों को यही सबक़ मिला कि क्या नहीं करना है।' उन्होंने जनरल वी.पी. मलिक के बयान का हवाला दिया, जिन्होंने कहा कि, 'कई साल तक हमारे सैनिकों ने रेगिस्तान में बेहतरीन काम किया, लेकिन अब तक हम इसके बारे में किसी को कुछ बता नहीं सकते थे।'

सत्ता संभालते ही, प्रधानमंत्री वाजपेयी ने इसमें शामिल वैज्ञानिकों और कुछ अन्य अधिकारियों से बातचीत की। उनकी सरकार के भीतर भी, कुछ एक लोग ही थे जिन्हें उन परीक्षणों की जानकारी थी, और उन्हें भी इस घटना के बस कुछ ही देर पहले बताया गया था। वाजपेयी तथा वैज्ञानिकों के अलावा, केवल उनके राष्ट्रीय सुरक्षा सलाहकार (एनएसए) और प्रधान सचिव को ही काफ़ी पहले से इसकी जानकारी थी। इसका कारण यह था कि वाजपेयी मानते थे कि अगर आपने किसी बात को दो से ज़्यादा लोगों को बताई, तो वह गुप्त नहीं रह जाएगी। कुछ समय बाद, वित्त मंत्री यशवंत सिन्हा को इन योजनाओं की जानकारी दी गई ताकि वह प्रतिबंधों के कारण पैदा होने वाले वित्तीय संकट से निपटने की तैयारी कर सकें। कुछ समय तक तो सिन्हा के होश उड़े हुए थे और उन्हें अकेले में ही दिन-रात एक करना पड़ा क्योंकि वह अपने किसी भी अधिकारी के साथ परमाणु परीक्षणों के बारे में बात नहीं कर सकते थे। कुछ अन्य लोगों को भी इन परीक्षणों की भनक लगी लेकिन तब तक ज़्यादातर तैयारियाँ की जा चुकी थीं। इनमें गृह मंत्री लालकृष्ण आडवाणी, रक्षा मंत्री जॉर्ज फ़र्नांडिस, योजना आयोग के उपाध्यक्ष, जसवंत सिंह, और प्रधानमंत्री के राजनीतिक सलाहकार, प्रमोद महाजन शामिल थे।

11 मई 1998 की दोपहर में, दिल्ली के सभी सातों प्रमुख व्यक्ति प्रधानमंत्री के 7 रेस कोर्स रोड स्थित आवास में बैठे थे, जहाँ वाजपेयी कुछ ही दिनों पहले, 7 सफ़दरजंग रोड निवास से शिफ़्ट हुए थे। और तब दोपहर 4 बजे से ठीक पहले, जब वाजपेयी ने सुना कि तीन भूमिगत परमाणु परीक्षण सफल हुए हैं, सबसे पहले उन्होंने वैज्ञानिकों को बधाई थी। विशेष रूप से, डॉ. ए.पी.जे. अब्दुल कलाम को जो रक्षा अनुसंधान और विकास संगठन (डीआरडीओ) के प्रमुख थे, आर. चिदंबरम को, जो परमाणु ऊर्जा विभाग (डीएई) के प्रमुख थे, डीएई के अनिल काकोदकर तथा डॉ. के. संतानम को जो डीआरडीओ के मुख्य सलाहकार थे।

कुछ समय बाद, वाजपेयी अपने घर से बाहर आए, तब तक प्रमोद महाजन ने लॉन में तिरंगा लगवा दिया था, और मीडिया को बता चुके थे कि तीन टेस्ट किए जा चुके हैं, जिनमें एक विखंडन उपकरण, एक कम क्षमता वाले उपकरण और एक थर्मोन्यूक्लियर उपकरण (हाइड्रोजन बम) से किया गया था। सभी परीक्षण सफल

हुए थे। उन्होंने यह भी बताया कि विस्फोट की क्षमता उम्मीद के मुताबिक़ थी और वातावरण में किसी भी प्रकार का विकिरण नहीं फैला था। दो दिन बाद, राजस्थान के रेगिस्तान में दो और परमाणु परीक्षण किए गए। भारत ने दूसरी बार परमाणु उपकरणों का परीक्षण किया था, पहली बार इसे श्रीमती गाँधी के प्रधानमंत्रित्व काल में 1974 में किया गया था। उस समय, वाजपेयी ने परीक्षणों के लिए उन्हें बधाई दी थी। हालाँकि, यह एक विडंबना थी क्योंकि यह नेहरूवादी सोच के विपरीत थी जो परमाणु हथियारों की होड़ को बढ़ाने में अपनी तरफ़ से किसी भी प्रकार का योगदान नहीं करना चाहते थे।

वाजपेयी इस बात से खुश थे कि न तो विदेशी ख़ुफ़िया एजेंसियों ना ही दूसरे देशों को भारत की ओर से किए जाने वाले परमाणु परीक्षणों की भनक लगी थी। बेहद उच्च स्तर की इस गोपनीयता का फ़ायदा मिला। सरकार ने जासूसी उपग्रहों को गुमराह करने के लिए सैन्य टुकड़ियों को राजस्थान की ओर कूच करने का आदेश दिया ताकि ऐसा लगे कि उनका परीक्षणों से कोई लेना-देना नहीं है। यहाँ तक कि कलाम जैसे वैज्ञानिकों को भी सेना की वर्दी पहननी पड़ी थी ताकि जासूसी उपग्रहों को किसी भी गड़बड़ी की आशंका न हो जाए। चूँकि सैन्य टुकड़ियों की गतिविधियाँ आम तौर पर सीमा के आस-पास होती रहती थीं, इस कारण उपग्रहों ने इसे गंभीरता से नहीं लिया।

वाजपेयी ने 1996 में ही परमाणु उपकरणों के परीक्षण की दिशा में काम करना शुरू कर दिया था जब वह तेरह दिन की सरकार का नेतृत्व कर रहे थे और डॉ. काकोदकर ने उन्हें तैयारियों से जुड़ी बेहद अहम जानकारी दी थी जो राव और उनके बाद के समय से ही चलती चली आ रही थीं। उस साल अपने कार्यकाल के चौथे दिन, वाजपेयी ने अपने अधिकारियों से कहा कि वे कलाम को उनसे मिलने के लिए बुलाएँ। आनन-फानन में उन्हें पता लगाना शुरू किया कि कलाम कहाँ हैं, और तब बेहद कुशल स्पेशल प्रोटेक्शन ग्रुप के तत्कालीन निदेशक, श्यामल दत्ता ने विख्यात वैज्ञानिक का पता लगाया जो दक्षिण भारत के किसी सुदूर इलाक़े में थे। दत्ता आगे चलकर इंटेलिजेंस ब्यूरो के निदेशक बने। कलाम को तुरंत एक विशेष विमान में बिठाकर दिल्ली लाया गया। वाजपेयी और कलाम के बीच गुप्त बैठक हुई, और कलाम बाहर निकले तो उनके चेहरे से खुशी झलक रही थी। लेकिन तभी, सरकार गिर गई। कलाम बेचैन हो उठे। उन्होंने पीएमओ के एक अधिकारी को बताया था कि अगर वाजपेयी कुछ हफ़्ते और सत्ता में रह जाते, तो वह 'इसे कर दिखाते।' उस अधिकारी का कहना है, 'उनकी आँखों में आँसू थे।'

पोखरण II के बाद, संसद में दिए अपने भाषण में वाजपेयी को आरोपों का सामना करना पड़ा कि देश की सुरक्षा को कोई ख़तरा नहीं था और परीक्षण

अनावश्यक थे, तथा इसके नकारात्मक परिणाम होंगे। उन्होंने कहा कि 1974 में जब इंदिरा गाँधी देश की प्रधानमंत्री थीं और परमाणु कार्यक्रम की घोषणा की थी तब विपक्ष ने उनकी प्रशंसा की थी और वह विपक्ष का हिस्सा थे। 'हम विपक्ष में थे, फिर भी हमने ख़ुशियाँ मनाई थीं, हमने उनके फ़ैसले का स्वागत किया था क्योंकि ऐसा देश की सुरक्षा के लिए किया गया था। उस समय कैसा ख़तरा था? क्या आप अपनी सुरक्षा के क़दम तब उठाते हैं जब ख़तरा सामने खड़ा होता है? तैयारी से ख़तरा दूर भागता है... हथियार अपनी रक्षा के लिए भी होते हैं। हमने ऐसा युद्ध को टालने के लिए किया है।' उन्होंने संसद को यह भरोसा भी दिलाया कि भारत 'पहले इस्तेमाल न करने' की नीति के प्रति समर्पित है, और भारत ग़ैर-परमाणु राष्ट्रों के ख़िलाफ़ परमाणु हथियारों का इस्तेमाल नहीं करेगा। उन्होंने कहा कि भारत को दो महाशक्तियों (अमेरिका और सोवियत संघ) के उदाहरण से सीख लेनी चाहिए जो अपनी तैयारियों और हथियारों से भरे भंडार के कारण पारंपरिक खुल्लम-खुल्ला युद्ध के बिना भी साथ-साथ रह सके। उन्होंने एक वादे के साथ अपनी बात को पूरा किया : 'पिछले 13 महीनों में, हमने अंतरराष्ट्रीय समुदाय के दबाव में आकर कोई भी फ़ैसला नहीं किया, और भविष्य में भी हम ऐसा कभी नहीं करेंगे।'

परमाणु हथियारों के परीक्षण के बाद हिंदू राष्ट्रवादी संगठनों की तरफ़ से कट्टर राष्ट्रवाद की हुंकार भरी गई, जिसके आगे विरोध करने वालों की कमज़ोर आवाज़ दबकर रह गई। जिस किसी ने भी सरकार की प्राथमिकता पर प्रश्न किया उसे रातों-रात देशद्रोही करार दिया जाने लगा। उकसाने वाली राजनीतिक बयानबाज़ी से सियासत में अपनी जगह बनाने वाले शिवसेना के नेता बाल ठाकरे ने कहा कि भारत ने दुनिया को दिखा दिया कि हिंदू 'हिजड़े' नहीं हैं। आडवाणी और जॉर्ज फ़र्नांडिस जैसे नेताओं ने भी बड़े-बड़े बयान दिए, हालाँकि तुलनात्मक रूप से उनके सुर काफ़ी नरम थे लेकिन उन्हें उकसाने और जोश बढ़ाने वाला माना गया।

लेकिन यह ख़ुशी ज़्यादा दिनों तक नहीं रही क्योंकि पोखरण II के एक ही हफ़्ते बाद, पाकिस्तान ने 28 मई को परमाणु उपकरण का परीक्षण कर दिया। इतिहासकार रामचंद्र गुहा ने इस घटना को 'गर्व से भरे देशभक्ति के गुब्बारे' में छेद किए जाने और उसे पिचकाए जाने के रूप में बताया। भले ही इस परीक्षण को भाजपा के एक प्रधानमंत्री ने कराया, लेकिन यह पहले से ही तय हो चुका था क्योंकि व्यापक परमाणु परीक्षण प्रतिबंध (सीटीबीटी) पर हस्ताक्षर करने के दबाव का सामना कर रही उस समय की या बाद की किसी भी सरकार ने ऐसा किया ही होता। वैसे किसी भी लिहाज़ से, भारत ने नई विश्व व्यवस्था में अपनी शक्ति का प्रदर्शन किया तो भाजपा को स्पष्ट रूप से शहरों से मिलने वाली सकारात्मक प्रतिक्रिया का लाभ मिला। इस प्रकार की दलील दी जा रही थी कि देश को शीत युद्ध के अपने सहयोगी, सोवियत संघ के 1980 के दशक के आख़िरी वर्षों में हुए पतन के कारण

उत्पन्न सुरक्षा की नई चुनौतियों से निपटने के लिए अपनी सैन्य शक्ति का प्रदर्शन करना ज़रूरी हो गया था।

इस कारण यह एक बड़ा राजनीतिक क़दम था, लेकिन जिन परिस्थितियों में भारत ने इन परीक्षणों को किया उन पर विवाद छिड़ गया।

परीक्षणों के कुछ ही दिनों के भीतर, रक्षा मंत्री जॉर्ज फ़र्नांडिस ने चीन को 'नंबर 1 ख़तरा' बता दिया और कहा कि चीन के साथ अपनी समस्याओं को कम कर के बताना भारत के हित में नहीं है। यह वही जॉर्ज फ़र्नांडिस थे जिन्होंने 1977 में जनता पार्टी की सरकार के दौरान आईबीएम और कोका-कोला को निशाने पर ले लिया था और उन्हें देश के बाहर फेंक दिया था। चीन को लेकर फ़र्नांडिस के बयान का असर यह हुआ कि महीने भर के भीतर भारत ने शब्दों और गतिविधियों के ज़रिए पाकिस्तान और चीन का ध्यान अपने परमाणु कौशल की ओर आकर्षित कर लिया था।

अस्थिरता के उलट, स्थिरता की मिसाल के रूप में देखें, तो दो शत्रुओं की परमाणु क्षमताओं के कारण उनके बीच छोटी-मोटी झड़प भले ही हो जाए लेकिन सीधे, पूर्ण युद्ध की आशंका कम हो जाती है, तो भारत ने परीक्षण कर शायद एक ग़लत रणनीतिक क़दम उठा लिया था। भारत और पाकिस्तान के मामले में, परमाणु परीक्षणों के बाद दोनों देशों के बीच हिंसा में ज़बरदस्त तेज़ी आई जबकि पूर्व सोवियत संघ और अमेरिका के बीच ऐसा नहीं हुआ था जो इस बात को लेकर सतर्क रहा करते थे कि उनके बीच की लड़ाई एक हद से आगे न बढ़ जाए।

अमेरिका और रूस के बीच के विवादित मुद्दे भारत और पाकिस्तान के बीच के मुद्दों से काफ़ी अलग हैं। दोनों ऐसे पड़ोसी हैं जिनके बीच सीमा को लेकर भयंकर विवाद हैं। 1998 के परमाणु परीक्षणों के बाद से ही, भारत को अनेक युद्ध जैसी परिस्थितियों का सामना करना पड़ा है क्योंकि पाकिस्तान ने इसे निशाना बनाने के लिए आतंकवादियों का इस्तेमाल किया है। इसलिए, उस परमाणु युग के पहले चरण के उलट जिसमें सोवियत संघ और अमेरिका शामिल थे, भारत और पाकिस्तान के बीच परमाणु युग के दूसरे चरण में होने वाली भिड़ंत खुल्लम-खुल्ला युद्ध का भी रूप ले सकती है। विशेष रूप से अगर कट्टरवाद तथा गहराई तक बैठी दुश्मनी की भावना को समझा जाए तो इससे इनकार नहीं किया जा सकता है। पाकिस्तान ने हमेशा ही भारत के साथ छद्‌मयुद्ध के तरीक़े ढूँढ़ निकाले हैं, ख़ास तौर पर उसने जिहादियों का इस्तेमाल किया है। चूँकि यह पाकिस्तान के वजूद में आने के बाद से ही उसकी सैन्य रणनीति की मुख्य विशेषता है, इसलिए विदेशी नीति के अनेक जानकार इस बात की आशंका जताते हैं कि पाकिस्तान के नॉन-स्टेट प्लेयर्स और भारतीय सेना के बीच होने वाली मुठभेड़ सीधे और खुले युद्ध का रूप से सकती है।

रक्षा मामलों के जानकार पॉल एस. कपूर तथा सुमित गांगुली का कहना है कि पाकिस्तान के भीतर छोटे-छोटे लेकिन गहरे घाव करने की पुरानी योजना के बजाए, नई दिल्ली तेज़ी के साथ पाकिस्तान के बड़े भू-भाग पर कई छोटे-छोटे हमले करने की तैयारी कर रहा है। दोनों जानकारों का कहना है, 'भारतीयों को लगता है कि उनका यह नया तरीक़ा, जिसे अक्सर कोल्ड स्टार्ट कहा जाता है, उसके मुताबिक़ वे पाकिस्तान को अपनी सुरक्षा की तैयारी का मौक़ा दिए बिना ही या फिर इससे पहले कि अंतरराष्ट्रीय समुदाय भारत को आक्रामक हमले से रोक दे, भविष्य में होने वाले किसी उकसावे से कुछ दिन पहले ही हमला बोल देंगे। इस प्रकार, भारतीय सेना को आक्रामक क़दम उठाने पर मजबूर करने वाली पाकिस्तान की असंयमित युद्ध रणनीति उसी तबाही के आने की बड़ी वजह बन गई है जिसे टालने के लिए इतनी तैयारी की गई थी। तबाही मतलब, भारत-पाकिस्तान के बीच सैन्य संघर्ष।'

उनकी दलील है कि जिन परमाणु हथियारों की बात युद्ध के टालने के साधन के रूप में की जाती है, जैसा कि शीत युद्ध में हुआ था, वह भारतीय उपमहाद्वीप पर लागू नहीं होती। कपूर कहते हैं, 'मुझे लगता है परमाणु हथियारों का रोकने के साथ-साथ उकसाने वाला प्रभाव भी होता है। इसमें अगर-मगर की बात नहीं होती। दक्षिण एशिया में, पाकिस्तानी परमाणु हथियार भारत को तरह-तरह से युद्ध छेड़ रहे पाकिस्तान को सबक़ सिखाने के लिए पूर्ण सैन्य युद्ध के अभियान को छेड़ने से रोकते हैं। दूसरी तरफ़, वे पाकिस्तान को क्षेत्रीय यथास्थिति को पहले मुक़ाबले कहीं अधिक आक्रामकता के साथ चुनौती देने का हौसला देते हैं। इसलिए परमाणु हथियार रोकते भी हैं और हौसला भी बढ़ाते हैं। बेशक, अपने रोकने की क्षमता के कारण वे हौसले को क़ाबू में रखते हैं। मुझे नहीं लगता कि इससे यह मतलब निकाला जाए कि परीक्षण भारत की एक रणनीतिक भूल थी। पाकिस्तान को पहले से ही एक परमाणु संपन्न देश मान लिया गया था जो अपने परमाणु हथियारों को सक्रिय करने से बस कुछ क़दम ही पीछे था। इसलिए परीक्षण ने पाकिस्तान की परमाणु हैसियत को ज़ाहिर और पुख़्ता कर दिया, लेकिन रणनीतिक दृष्टिकोण से, मुझे नहीं लगता कि इससे बाक़ी चीज़ों पर कोई ज़्यादा फ़र्क़ पड़ा हो।'

कुछ अन्य लोग भी भारतीय सुरक्षा व्यवस्था की उस दलील पर प्रश्न करते हैं जिसके मुताबिक़ परमाणु हथियार इसके परमाणु-संपन्न शत्रुओं से सीधे पारंपरिक युद्ध को टालने का काम करते हैं। चूँकि भारत और चीन के बीच बड़े पैमाने के युद्ध का कोई कारण नहीं है, भले ही सीमा पर तनातनी हो सकती है, वहीं परमाणु प्रतिरोध की चीन के साथ भारत के संबंधों में कोई भूमिका नहीं है। यहाँ तक कि 1962 में भी, चीन ने एकतरफ़ा युद्धविराम की घोषणा की थी और भारत के बड़े हिस्सों पर क़ब्ज़ा जमाने के लिए व्यापक युद्ध छेड़ने का प्रयास नहीं किया था। जानकारों का मानना है कि परमाणु हथियारों के बिना पाकिस्तान कभी इस तरह के ग़ैर-ज़िम्मेदार

तरीक़े से व्यवहार करेगा, वैसे भी, पाकिस्तान की तुलना में भारत की ताक़त ज़्यादा है और इसमें कोई शक नहीं है। भारत की आबादी पाकिस्तान के मुक़ाबले सात गुना अधिक है, इसकी अर्थव्यवस्था नौ गुना समृद्ध है और इसकी ज़मीन चार गुना बड़ी है, जबकि इसके व्यापक सामाजिक तथा वित्तीय विकास और तकनीक में दक्षता का कहना ही क्या। पाकिस्तान के पास परमाणु हथियार नहीं होते, तब भी वह इतना बेवकूफ नहीं कि भारत के साथ पारंपरिक युद्ध शुरू कर दे। पाकिस्तान की ओर से इस तरह के 'उकसावे' तो उस वक़्त से अप्रत्याशित रूप से बढ़ गए हैं, जब से दोनों देशों ने परमाणु हथियारों का परीक्षण किया है।

आस्ट्रेलियाई यूनिवर्सिटी के एंड्र्यू बी. कैनेडी जैसे विद्वानों ने उन परिस्थितियों के बारे में बताया है जब 1990 के दशक के आख़िर में भारत परमाणु हथियारों के परीक्षण की कगार पर था लेकिन आर्थिक मुद्दों पर विचार करने के बाद अपने क़दम पीछे खींच लिए थे।

> 1996 में जब भाजपा सत्ता में आई, तब प्रधानमंत्री अटल बिहारी वाजपेयी ने परीक्षण करने की दिशा में कुछ शुरुआती फ़ैसले किए, लेकिन विश्वास मत का परिणाम आने तक उसे टाल दिया, जिसमें उनकी सरकार की हार हुई थी। फिर देवेगौड़ा संयुक्त मोर्चा गठबंधन की सरकार के मुखिया बनकर सत्ता में आए, और उन्होंने जून की शुरुआत में परीक्षण करने पर विचार किया लेकिन उन्होंने भी ऐसा न करने का ही फ़ैसला किया। राव की तरह ही, देवेगौड़ा को आर्थिक परिणामों की चिंता सता रही थी। आगे चलकर देवेगौड़ा के बाद अप्रैल 1997 में इंद्र कुमार गुजराल संयुक्त मोर्चा की सरकार में प्रधानमंत्री बने। बाद में गुजराल ने बताया कि उन्होंने भी परीक्षण करने के प्रश्न के गुण-दोषों पर विचार किया था लेकिन 'दंड' भुगतने की स्थिति ने उन्हें ऐसा करने से रोक दिया।

इसी संदर्भ में अनेक विश्लेषकों का कहना है कि वाजपेयी ने परमाणु हथियारों के परीक्षण के नतीजों पर ज़्यादा सोच-विचार नहीं किया। उनका कहना है कि सामरिक दृष्टि से वह सही थे, लेकिन रणनीतिक रूप से ऐसा नहीं था। बेशक ऐसे भी लोग हैं जो कहते हैं कि उन पर राव के रहस्यमयी संदेश, *'सामग्री तैयार है'* का कुछ ज़्यादा ही असर हो गया। वहीं, कुछ अन्य लोग भी हैं जो कहते हैं कि भारत की ओर से अपनी सुरक्षा को देखते हुए परमाणु परीक्षण करना सही था क्योंकि शीत-युद्ध के समय का उसका साथी, सोवियत संघ अब रहा नहीं था जबकि पाकिस्तान और चीन से ख़तरा कई गुना बढ़ गया था। इस तरह की और भी दलीलें दी जाती हैं, लेकिन इस पर कोई विवाद नहीं हो सकता कि दूसरे परमाणु युग का सृजन वाजपेयी ने ही किया।

दुनिया के कई देशों तथा संयुक्त राष्ट्र ने भारत और पाकिस्तान की ओर से किए गए परमाणु परीक्षणों की निंदा की, वहीं वाजपेयी घरेलू मोर्चे पर भी समस्याओं से घिर गए। भारतीय उद्योग जगत तथा जयललिता को ख़ुश रखने के लिए परमाणु परीक्षण काफ़ी नहीं थे।

1 जून 1998 को, जब सिन्हा ने संघीय बजट पेश किया, उस दिन शेयर बाज़ार धड़ाम हो गया, जिसने सरकार को कुछ बजट प्रावधानों को रोल बैक करने के लिए मजबूर कर दिया। जयललिता ने एक बार फिर अपना सिर उठाया, और जुलाई में केंद्र सरकार से कहा कि वह दो दिनों के भीतर कावेरी के पानी की आपूर्ति पर सुप्रीम कोर्ट के आदेश का पालन करे अन्यथा 'भयंकर नतीजे' भुगतने को तैयार रहे। वाजपेयी सरकार जहाँ एक गंभीर संकट में थी और कावेरी का पानी साझा करने वाले अन्य राज्यों से बातचीत में जुटी थी ताकि सबकी रज़ामंदी से कोई हल निकल सके, वहीं जयललिता ने एक और दावा ठोक दिया, जिसने उनके समर्थन पर निर्भर एनडीए सरकार के गिरने के आसार पैदा कर दिए। यह गतिरोध एक महीने से भी अधिक समय तक बना रहा और अगस्त के आख़िरी हफ़्ते में वाजपेयी सरकार बेहद मुश्किल दौर से गुज़र रही थी। उस समय तक, जयललिता इस झगड़े को और आगे नहीं बढ़ाना चाहती थीं जबकि उन्होंने जंग का ऐलान कर रखा था। इसकी वजह शायद यह थी कि चीज़ें उस तरह नहीं हुईं जैसा वह चाहती थीं। भाजपा के संकटमोचक भी आक्रामक हो चुके थे, जिन्होंने तमिलनाडु के कुछ दलों को अपने पक्ष में कर लिया था, जिनमें एमडीएमके के वाइको और पट्टाली मक्कल काची के.एस. रामदास शामिल थे। उस समय की ख़बरें बताती हैं कि उन्होंने इस वजह से एनडीए से समर्थन वापस नहीं लिया क्योंकि उन्हें नया गठबंधन बनाने को लेकर कॉंग्रेस से कोई भरोसा नहीं मिला था।

बिना बात इतना बखेड़ा खड़ा कर दिया गया था।

पत्रकार टी.वी.आर. शेनॉय ने इस विवाद में आख़िरी कील यह कह कर ठोक दी कि कावेरी में इतना पानी है कि कर्नाटक और तमिलनाडु, दोनों की ज़रूरतें पूरी हो सकती हैं। सबसे बड़ा सच यह है कि कर्नाटक एक सीमा से अधिक पानी को रोक नहीं सकता क्योंकि अगर उसने ऐसा किया तो बाढ़ आ जाएगी। शेनॉय लिखते हैं, 'लेकिन कर्नाटक का कोई भी नेता ऐसा खुलकर नहीं कहता। इससे तमिलनाडु के नेताओं को राज्य के साथ अन्याय की बात कहकर अपनी राजनीति चमकाने का मौक़ा मिल जाता है।'

इस बीच, ऐसा कहा जाता है कि भाजपा नेता प्रमोद महाजन ने भी जयललिता की प्रतिद्वंद्वी डीएमके से समर्थन को लेकर संपर्क साधा था। जहाँ तक जयललिता की बात है, तो वह प्रवर्तन निदेशालय के निदेशक, एम.के. बेजबरुआ, वित्त सचिव

मोंटेक सिंह अहलूवालिया, राजस्व सचिव एन.के. सिंह तथा अन्य आला अधिकारियों के तबादलों को पलटवाना चाहती थीं। प्रधान सचिव ब्रजेश मिश्रा को खुद इस खींचतान में दख़ल देना पड़ा था। जयललिता का कहना था कि तमिलनाडु स्थित एक शक्तिशाली समाचार संगठन ने बेजबरुआ का तबादला कराने की लॉबिंग की थी। जयललिता ने जल्दी ही इस सिलसिले में अपनी पार्टी के एक नेता से मिश्रा के नाम चिट्ठी लिखवाई और इस तरह की 'लॉबिंग' का 'प्रमाण' दिया। असल में जयललिता इस बात से अपमानित महसूस कर रही थीं कि उनकी चिट्ठी का जवाब मिश्रा ने दिया जबकि वह वाजपेयी से जवाब की उम्मीद कर रही थीं, इस वजह से उन्होंने अपने एक नेता से मिश्रा को जवाब दिलवाया।

वाजपेयी ने जिस साल बागडोर संभाली उस साल देश कई घरेलू समस्याओं से घिरा था, और फिर उनके ऊपर तलवार की धार पर चल रहे गठबंधन के नेतृत्व की ज़िम्मेदारी थी। लेकिन हमेशा की ही तरह कभी हिम्मत न हारने वाले, वाजपेयी ने एक मित्र से कहा, 'लगातार संकट झेलने के कारण आपको उसकी आदत पड़ जाती है।'

***

उस साल भारत के पश्चिमी तट से एक भयंकर तूफ़ान टकराया जिसके कारण मची तबाही में, 10,000 से भी ज़्यादा लोग मारे गए, जिनमें से ज़्यादातर गुजरात के लोग थे। रातों-रात समुद्री तट पर बसे कई समुदायों का अता-पता भी नहीं चला। 9 जून को, चक्रवात पोरबंदर से टकराया और संपत्ति को भारी क्षति पहुँची, जिससे सरकार को अरबों का नुक़सान हुआ। इस प्राकृतिक आपदा के कारण हुई क्षति की भरपाई के लिए बीमा कंपनियों को ₹1300 करोड़ अदा करने पड़े। इस बीच, कश्मीर में आतंकवाद की ताज़ा घटनाओं में अचानक तेज़ी आ गई जहाँ आतंकियों ने एक के बाद एक निर्दोष लोगों की हत्या की कई वारदातों को अंजाम दिया, जिनका शिकार होने वालों में एक बारात भी शामिल थी। उन्होंने कुछ महीनों के दौरान कई हमले किए। प्रतिबंधित आतंकी संगठन हिजबुल मुजाहिदीन के एक कमांडर, अली मोहम्मद डार की मौत के बाद हिंसा एक बार फिर भड़क गई।

वाजपेयी सरकार को उस वक़्त एक बड़ी शर्मिंदगी का सामना करना पड़ा जब उसने बिहार में राष्ट्रपति शासन की सिफ़ारिश की, जिसे राष्ट्रपति के.आर. नारायणन ने ख़ारिज कर दिया। बिहार में उस समय लालू प्रसाद यादव की पत्नी, राबड़ी देवी का शासन था। केंद्र के साथ ही, राज्य के तत्कालीन राज्यपाल, सुंदर सिंह भंडारी ने यह प्रस्ताव राष्ट्रपति नारायणन को भेजा था। भंडारी पहले आरएसएस में रह चुके थे। दिलचस्प बात यह है कि उस समय वाजपेयी भारत में नहीं थे जब

नारायणन ने तीन पन्नों वाली अपनी टिप्पणी उन्हें भेजी, जिसमें सिफ़ारिश के संवैधानिक औचित्य पर प्रश्न किया गया था। नारायणन ने लिखा कि 'अनुच्छेद 356 लागू करने के लिए आवश्यक पूर्व शर्त, यानी, राज्य में संवैधानिक प्रशासन के विफल हो जाने को संतोषजनक रूप से स्पष्ट नहीं किया गया है... बिहार में अनुच्छेद 356 के अंतर्गत कार्रवाई करना तब अविवेकपूर्ण होगा जब केंद्र द्वारा राज्य को चेतावनी देने, निर्देश जारी करने और स्पष्टीकरण माँगने जैसे प्राथमिक क़दम नहीं उठाए गए हैं।' राष्ट्रपति ने यह भी कहा कि 'राबड़ी देवी के नेतृत्व वाली सरकार को विधानसभा में बहुमत का समर्थन प्राप्त है और बोम्मई केस में सरकारिया आयोग के जिस अंश की चर्चा है उसे ध्यान में रखना होगा।' भाजपा कई मायनों में उलझन में फँस गई थी, जिसने नारायणन को लेकर अपने पहले की टिप्पणियों में उन्हें 'लोकतंत्र का रक्षक' कहा था जब उन्होंने भाजपा-शासित उत्तर प्रदेश में राष्ट्रपति शासन लगाए जाने की ऐसी ही सिफ़ारिश को लौटा दिया था।

भाजपा की मुश्किलें बढ़ चुकी थीं। नवंबर 1998 में भाजपा को चुनावी झटके लगे, जिसमें वह दिल्ली, राजस्थान और मध्य प्रदेश जैसे अहम राज्यों में हार गई। दिल्ली में उसकी जितनी बुरी हार हुई थी उसकी आशंका नहीं थी और हार के बाद सत्ताधारी दल में तूफ़ान खड़ा हो गया, जिसका नेतृत्व उस समय कुशाभाऊ ठाकरे कर रहे थे। राष्ट्रीय राजधानी में, भाजपा का प्रदर्शन किसी भी हिंदुत्ववादी पार्टी का तीन दशकों में सबसे ख़राब प्रदर्शन था। पार्टी उन सीटों पर भी हार गई जो भाजपा के पूर्ववर्ती जनसंघ के समय से ही उसके गढ़ माने जाते थे, जिनमें सदर बाज़ार और पटेल नगर शामिल थे। 1993 के दिल्ली चुनाव में, भाजपा को दो-तिहाई बहुमत मिला था, और 1998 में उसका सूपड़ा साफ़ हो गया था जिसके एक नहीं अनेक कारण थे। उनमें प्याज जैसी ज़रूरी चीज़ों की क़ीमतों पर नियंत्रण कर पाने की विफलता, तथा दिल्ली भाजपा के भीतर सिरफुटौव्वल शामिल थे। काँग्रेस की बात करें, तो यह धरती को हिला देने वाली जीत थी, जिसमें उसने सत्तर सीटों में से इक्यावन पर जीत हासिल की थी, जबकि भाजपा को महज़ पंद्रह सीटें मिली थीं। दिल्ली में मिली हार के साथ ही राजस्थान में लगे झटके और अपने ही घर मध्य प्रदेश में कामयाबी हासिल करने में ठाकरे की विफलता ने केंद्र में सत्ताधारी गठबंधन के नेता को झकझोर दिया था, जो इन हिंदी भाषी प्रदेशों को अपना गढ़ समझते थे।

कुछ दिनों बाद ही वाजपेयी सरकार को देश के अलग-अलग इलाक़ों, ख़ास तौर पर मैंगलोर में होने वाली हिंसा के लिए कड़ी आलोचना का सामना करना पड़ा। लेकिन सबसे बड़ा विवाद तब खड़ा हुआ जब रक्षा मंत्री जॉर्ज फ़र्नांडिस ने नौसेना प्रमुख, एडमिरल विष्णु भागवत को बर्ख़ास्त करने का फ़ैसला किया। उन्हें बर्ख़ास्त करने का आदेश 30 दिसंबर को जारी किया गया, और जैसे ही नौसेना प्रमुख भागवत को आदेश मिला, वो अपनी वकील पत्नी, नीलोफ़र भागवत के साथ

राष्ट्रपति से मिलने पहुँचे। राष्ट्रपति ने दंपति की बातों को ध्यान से सुना। वहाँ से, नीलोफ़र सीधे मीडिया के सामने पहुँच गईं और मंत्री तथा भागवत के उत्तराधिकारी, वाइस एडमिरल सुशील कुमार पर कई गंभीर आरोप लगा डाले। इस मामले में वामपंथी दल भी कूद पड़े। सीपीआई के नेता ए.बी. बर्धन ने भागवत को 'राजनीति के भगवाकरण' का शिकार बता दिया। कई शिक्षाविदों ने भी भागवत का समर्थन किया जबकि वाजपेयी के मुताबिक़ उन्हें बर्ख़ास्त करना सेना के ऊपर नागरिक शासन की श्रेष्ठता को फिर से साबित करना था। प्रधानमंत्री ने कहा कि भागवत को 'सुरक्षा बलों पर कैबिनेट के नियंत्रण की स्थापित प्रणाली का जानबूझकर विरोध करने' पर निष्कासित किया गया है। रक्षा मंत्रालय ने उन पर तरह-तरह के आरोपों की बौछार कर दी : अंडमान द्वीप समूह में गुप्त ऑपरेशन लीच, अपने सहयोगियों से दुष्टतापूर्ण व्यवहार तथा उनका सामान्य तौर पर झगड़ालू स्वभाव। विचित्र बातों से भरी रक्षा मंत्रालय की चिट्ठी में लिखा था, 'नेवी एक्ट 1957 की धारा 15(1) में प्रदत्त अधिकारों का प्रयोग करते हुए, राष्ट्रपति एडमिरल विष्णु भागवत को नौसेना की सेवा में बनाए रखने की अपनी इच्छा को वापस लेते हैं क्योंकि उनका विश्वास उनके नौसेना प्रमुख बने रहने की उपयुक्तता से उठ गया है और उन्हें तत्काल प्रभाव से उनकी सेवाओं से मुक्त किया जाता है।'

चाहे सरकार का यह फ़ैसला सही था या नहीं, वाजपेयी सरकार लगातार विवादों को न्यौता देती चली जा रही थी।

साल 1999 में विभिन्न राज्यों के जनजातीय इलाक़ों में ईसाइयों पर हमले की घटनाएँ हुईं। शुरुआत गुजरात से हुई, और फिर इस बात से हौसला बुलंद होने के बाद कि केंद्र में एक हिंदुत्ववादी दल सत्ता में है, संदिग्ध हिंदू उग्रपंथियों ने एक आस्ट्रेलियाई ईसाई धर्मप्रचारक, ग्राहम स्टेन्स, उनके दो बेटों, दस साल के फ़िलिप और छह साल के टिमोथी को उस वक़्त जलाकर मार डाला जब वे अपने ट्रेलर में सो रहे थे। ओड़िशा के ग़रीबों में भी सबसे ग़रीब ज़िलों तथा कोढ़ के मरीज़ों के बीच काम कर रहे, अट्ठावन साल के स्टेन्स तथा उनके बेटों की जघन्य हत्या अंतरराष्ट्रीय सुर्खियों में आ गई, जिसने वाजपेयी की चिंता और भी बढ़ा दी। स्टेन्स की हत्या 23 जनवरी 1999 की रात दारा सिंह के नेतृत्व में आई भीड़ ने कर दी। दारा सिंह का आरोप था कि स्थानीय संथाली भाषा बहुत अच्छी तरह बोलने वाले तथा क्योंझर ज़िले के मनोहरपुर गाँव में रह रहे स्टेन्स ऐसे ईसाई धर्मप्रचारक थे जो लोगों का धर्म-परिवर्तन कर रहे थे। यह ऐसा आरोप था जिसे उनकी विधवा ग्लैडिस ने ख़ारिज कर दिया। इस घटना से पूरा देश सन्न रह गया और राष्ट्रपति नारायणन ने इन हत्याओं को 'सदियों से चली आ रही सहिष्णुता और सद्भाव का भयंकर पतन' करार देते हुए कहा कि इन हत्याओं को दुनिया के कुकृत्यों की फ़ेहरिस्त में गिना जाएगा।

वाजपेयी ने इसे एक 'वीभत्स घटना' कहा और तुरंत तीन सदस्यों वाली कैबिनेट की एक टीम मोहरपुर रवाना की तथा सुप्रीम कोर्ट के जज के नेतृत्व में न्यायिक जाँच की घोषणा की, लेकिन जनजातीय क्षेत्रों में फैल रही सांप्रदायिक हिंसा पर नियंत्रण कर पाने में विफलता के कारण सरकार की बदनामी हुई। ऐसी ख़बरें आने लगीं कि ईसाइयों पर होने वाले हमलों में कट्टरपंथी भाजपा कार्यकर्ताओं का ही हाथ है। एक हफ़्ते के भीतर, केंद्रीय पर्यटन और संसदीय मामलों के मंत्री, मदन लाल खुराना ने ईसाइयों पर हो रहे हमले के विरोध में कैबिनेट से इस्तीफ़ा दे दिया। यह अपने आप में ही बेगुनाह लोगों की जान बचाने में सरकार की नाकामी का क़बूलनामा था।

इस बीच, वाजपेयी सरकार बिहार की राबड़ी देवी सरकार को बर्ख़ास्त करने में कामयाब हो गई। ऐसा नहीं था कि वाजपेयी अनुच्छेद 356 के दुरुपयोग पर तुले थे, बल्कि सरकार पर अपनी सहयोगी समता पार्टी का ज़बरदस्त दबाव था जिसके नेता जॉर्ज फ़र्नांडिस और नीतीश कुमार चाहते थे कि केंद्र राष्ट्रीय जनता दल (आरजेडी) के नेतृत्व वाली सरकार को जल्द से जल्द बर्ख़ास्त कर दे। राबड़ी को उनके पति लालू प्रसाद ने उस वक़्त गद्दी पर बिठाया था, जब उन्हें चारा घोटाले में फँसने के बाद मुख्यमंत्री पद छोड़ना पड़ा था।

वाजपेयी अच्छी तरह जानते थे कि समता पार्टी के आगे झुकने की एक बड़ी क़ीमत चुकानी पड़ेगी। उन्होंने अपने एक क़रीबी सहयोगी से कहा था कि बिहार की मुख्यमंत्री को विधायक दल का समर्थन हासिल है, ऐसे में यह क़दम बुद्धिमानी भरा नहीं था। उन्होंने स्वीकार किया था कि 'हमारे सामने एक बड़ी मुश्किल आने वाली है।'

जैसी उम्मीद थी, उसी के मुताबिक़ 12 फ़रवरी को केंद्र सरकार के आदेश को 8 मार्च को वापस ले लिया गया। एनडीए सरकार ने भाँप लिया कि राज्यसभा में उसके लिए ज़रूरी संख्या जुटाना संभव नहीं है, जिससे राबड़ी देवी सरकार फिर से बहाल हो जाएगी। राज्यसभा में राष्ट्रपति की सिफ़ारिश पर मुहर लगवा पाने में विफलता से घमंड चूर-चूर हुआ, और गृह मंत्री लालकृष्ण आडवाणी ने लोकसभा में एक संक्षिप्त बयान दिया : 'केंद्रीय कैबिनेट की आज सुबह बैठक हुई और यह फ़ैसला किया गया कि बिहार में राष्ट्रपति शासन को वापस ले लिया जाए। राष्ट्रपति आज शहर में नहीं हैं और वह रात तक लौटेंगे। राज्य से राष्ट्रपति शासन वापस लिए जाने की औपचारिकताएँ उसके बाद पूरी कर ली जाएँगी।' सरकार को अपना फ़ैसला तब पलटना पड़ा जब काँग्रेस ने बिहार पर उसके प्रस्ताव का समर्थन करने को लेकर बातचीत से इनकार कर दिया। दिलचस्प रूप से, इस तथ्य के बावजूद कि कुछ सहयोगियों से वह इस बात पर हामी भर चुके थे कि बिहार पर प्रस्ताव को

'सम्मानजनक विकल्प' के तौर पर वापस ले लिया जाए, वाजपेयी खुद 7 मार्च को सोनिया गाँधी से मिले और उन्होंने भारत के इस पूर्वी राज्य में क़ानून-व्यवस्था की स्थिति के ध्वस्त हो जाने की दलील देकर उनकी पार्टी का समर्थन माँगा। राष्ट्रपति शासन लागू किए जाने के फ़ैसले को संसद के दोनों सदनों में दो महीने के भीतर पारित कराना होता है। यह घोषणा छह महीने तक वैध रहती है, बशर्ते संसद इसे आगे बढ़ाने का फ़ैसला न करे।

इससे पहले, वाजपेयी ने दो दिनों का पाकिस्तान दौरा किया था, जब 19 फ़रवरी 1999 को 'सदा-ए-सरहद' नाम से दिल्ली-लाहौर बस को चलाने की शुरुआत के लिए सीमा पार गए थे। इसे दो पारंपरिक प्रतिद्वंद्वियों के बीच एक ऐतिहासिक पल के रूप में बताया जा रहा था। दिन की शुरुआत एक नाटकीय घटना के साथ हुई, जब प्रधानमंत्री अमृतसर जाने के लिए अपने विशेष विमान में अपने सहयोगियों के साथ सवार हुए, जिनमें जसवंत सिंह भी शामिल थे। जैसे ही विमान उड़ने वाला था, विमान के बाहर निकलने का द्वार दोबारा खोला गया। जसवंत सिंह ने जब पूछा कि क्या बात है, तो वाजपेयी के सहायक ने उन्हें डरते-डरते बताया : 'मैं उनकी सुनने की मशीन भूल आया हूँ!' चूँकि भारतीय प्रधानमंत्री अपने पाकिस्तानी समकक्ष से अपने सुनने की मशीन के बग़ैर न तो ठीक से मुलाक़ात कर सकते थे ना बात कर सकते थे, इसलिए एक कार को रेस कोर्स रोड से एयरपोर्ट तक दौड़ाया गया जिसके लिए ट्रैफ़िक पुलिस के जवान सुबह की भीड़-भाड़ वाले समय में भी रास्ता साफ़ कराने में जुट गए। उधर, पीएम और उनकी लाहौर पार्टी विमान में इंतज़ार कर रही थी।

वाघा में सीमा पार करते ही पाकिस्तान के प्रधानमंत्री नवाज़ शरीफ़ ने वाजपेयी का स्वागत किया, और बाद में दोनों एक हेलीकॉप्टर में सवार होकर लाहौर पहुँचे। विडंबना यह थी कि वाजपेयी जिस बस के लिए वहाँ गए थे वह लाहौर नहीं पहुँच सकी क्योंकि पाकिस्तान की सरकार आतंकवादी गुटों के हमले का जोखिम मोल लेना नहीं चाहती थी। बाद में, वाजपेयी अपने सम्मान में लाहौर के किले में दिए गए एक भोज में भारतीय प्रतिनिधिमंडल के साथ शरीक हुए। और जैसा कि उन्होंने पहले भी किया था, अन्य स्थलों के अलावा मीनार-ए-पाकिस्तान तथा महाराजा रणजीत सिंह की समाधि पर भी गए। वह जब लाहौर में थे, तब उन्होंने एक ऐसा भाषण दिया जिसने वहाँ मौजूद पाकिस्तानियों के दिल को छू लिया। बाद में, शरीफ़ ने वाजपेयी से मज़ाक़ में कहा, *'वाजपेयी साहब, अब तो आप पाकिस्तान में भी चुनाव जीत सकते हैं।'* मीनार-ए-पाकिस्तान के विज़िटर बुक में, वाजपेयी ने लिखा : 'एक स्थिर, सुरक्षित और समृद्ध पाकिस्तान भारत के हित में है। पाकिस्तान में किसी को भी यह शक न रहे। भारत तहे दिल से पाकिस्तान का भला चाहता है।'

सच में, पाकिस्तान के साथ शांति के लिए बातचीत की पहल करने पर विदेश नीति के जानकारों के एक वर्ग ने वाजपेयी की तारीफ़ की। हालाँकि, कई अन्य लोगों का मानना था कि यह महज़ एक पब्लिसिटी स्टंट था जिसके पीछे अंतरराष्ट्रीय दबाव काम कर रहा था ताकि दोनों देश परमाणु परीक्षणों के बाद उत्पन्न तनाव को कम करने के लिए साथ बैठें।

वाजपेयी के दौरे से पहले, पाकिस्तान के कुछ शहरों में विरोध प्रदर्शन हुए क्योंकि इस्लामी गुटों को डर था कि राजनेताओं के साथ आने से पाकिस्तान अपने मूल एजेंडा, विशेष रूप से कश्मीर के मामले से भटक जाएगा, जो दोनों देशों के बीच विवाद की जड़ बना हुआ है। लाहौर में 'वाजपेयी वापस जाओ' के पोस्टर लगे थे, और कुछ अन्य शहरों में इस्लाम को मानने वालों ने हाल ही में शुरू की गई बस सेवा को फ़िज़ूल बताने के लिए बसों के पुतले जलाए, लेकिन वाजपेयी के क़दम से कई लोग खुश भी हुए। लाहौर स्थित एक प्रकाशक ने वाजपेयी के दौरे के उपलक्ष में उर्दू में अनुवाद की गई उनकी कविताओं की एक किताब प्रकाशित की। कई विश्लेषकों ने सुनहरे रंग की बस में किए गए इस सफ़र को ऐतिहासिक अवसर बताया। वाजपेयी ने कहा यह दौरा 'संक्षिप्त लेकिन ठोस' रहा। उन्होंने कहा कि वाघा में उनका आना दक्षिण एशिया के इतिहास का एक 'निर्णायक पल' था।

21 फ़रवरी को लाहौर में जारी प्रेस रिलीज़ के अनुसार, वाजपेयी-शरीफ़ वार्ता में द्विपक्षीय संबंधों, दक्षिण एशियाई क्षेत्रीय सहयोग संघ (सार्क), तथा अंतरराष्ट्रीय चिंता से जुड़े तमाम मुद्दों पर व्यापक बातचीत हुई। वे इस बात पर सहमत हुए कि दोनों देशों के विदेश मंत्री परमाणु विषय से संबंधित मुद्दों समेत आपसी मतभेद के सभी मुद्दों पर बातचीत के लिए समय-समय पर मिलते रहेंगे। दोनों पक्ष वीज़ा तथा यात्रा के मामलों को और उदार बनाने के लिए बातचीत करेंगे। 21 फ़रवरी की लाहौर उद्घोषणा का ज़बरदस्त स्वागत किया गया। उसने द्विपक्षीय संबंधों को लेकर व्यापक सिद्धांत निर्धारित किए, जिनमें कई बड़े-बड़े लक्ष्यों को साधने की बात की गई।

वाजपेयी 22 फ़रवरी को दिल्ली लौटे, उन्हें घटनाओं की भनक तक नहीं थी, एक जो उनके गठबंधन को झकझोरने वाली थी और दूसरी देश की सुरक्षा को।

3 अप्रैल को, जयललिता ने एक बार फिर नौसेना प्रमुख की बर्ख़ास्तगी पर एक संसदीय जाँच बैठाने की माँग रखी। दो दिन बाद, उन्होंने वाजपेयी से कहा कि वह रक्षा मंत्री फ़र्नांडिस को हटा दें। सरकार ने जब साफ़ तौर पर उनकी माँगों को ख़ारिज कर दिया, तब उन्होंने कैबिनेट से अपने दो मंत्रियों को बाहर निकाल लिया। 14 अप्रैल वाजपेयी सरकार के लिए बेहद मुश्किलों भरा दिन साबित हुआ, जब एआईएडीएमके ने खुद को वाजपेयी सरकार से अलग कर दिया, जिसके बाद

नारायणन के लिए ज़रूरी हो गया कि वह प्रधानमंत्री से कहें कि वह लोकसभा में विश्वास मत प्राप्त करें। भाजपा ने इससे पहले कहा था कि विपक्ष अविश्वास प्रस्ताव लेकर आए। पत्रकार इंदर मल्होत्रा ने लिखा, '26 जनवरी, 1950 को जब संविधान अमल में आया (पहली लोकसभा 1951-52 में निर्वाचित हुई थी), तब से ही मैंने संसद की ख़बरें दी हैं या उसे क़रीब से देखा है, लेकिन इतना तनावपूर्ण और विषाक्त विश्वास मत कभी नहीं देखा।'

आख़िर में, जब वोटों की गिनती हुई, तब एनडीए के पक्ष में 269 और विपक्ष में 270 वोट पड़े थे, यानी एक वोट से उसकी हार हुई थी। उस समय जब स्क्रीन पर नतीजे दिखाए गए, तब वाजपेयी ने एक पल के लिए उसे देखा और फिर उसका मज़ाक़ उड़ाते हुए उसे सलाम किया। उन्हें समझ में आ गया कि उनकी हार हुई है। वह शांत रहे और फिर कमरा नंबर 10 की ओर बढ़ गए, जो संसद में पीएम का कक्ष होता है। वहाँ, जब विजयाराजे सिंधिया उनके सामने रोने लगीं, तब उन्होंने उन्हें ढाँढस बंधाया। उनके लिए खुद अपने आँसुओं को रोक पाना भी मुश्किल हो रहा था। 'हम एक वोट से हार गए, केवल एक वोट से,' उन्होंने आडवाणी से कहा।

भले ही उन्हें इस्तीफ़ा देना पड़ा, लेकिन वाजपेयी ने अपनी भाषण कला का भरपूर प्रयोग यह समझाने के लिए किया कि उन्हें राजनीतिक लोभ का शिकार बनाया गया है। अगर बीएसपी ने अपना फ़ैसला नहीं पलटा होता और वाजपेयी के ख़िलाफ़ वोट नहीं दिया होता, तो उनकी सरकार बच जाती।

वह सरकार जिसे तीन ब - बम, बस और बजट (फ़रवरी 1999 का यशवंत सिन्हा का उद्योगप्रिय बजट) पर गर्व था, उसके पतन का दर्द इस बात से और बढ़ गया कि वाजपेयी बेहद मामूली अंतर से हारे थे क्योंकि गिरिधर गोमांग (जो अब भाजपा नेता हैं) ने वाजपेयी के ख़िलाफ़ वोट दिया था जिन्हें 17 फ़रवरी 1999 को ओड़िशा का मुख्यमंत्री बनाया गया था लेकिन मुख्यमंत्री बनने के बाद भी उन्होंने सांसद के पद से इस्तीफ़ा नहीं दिया था। इसके अलावा, बारामूला से नेशनल कॉन्फ्रेंस के नेता और सांसद, सैफुद्दीन सोज़ ने पार्टी व्हिप के ख़िलाफ़ जाकर उस विश्वास मत के विरुद्ध वोट दिया जिसे प्रधानमंत्री वाजपेयी ने पेश किया था। सोज़ को अगले ही दिन नेशनल कॉन्फ्रेंस के अध्यक्ष डॉ. फ़ारुक़ अब्दुल्ला ने पार्टी से जीवन भर के लिए बर्ख़ास्त कर दिया, जबकि सोज़ गर्व से सबको बता रहे थे कि उन्होंने एक 'सांप्रदायिक' सरकार को गिरा दिया।

अनुभवहीन सोनिया गाँधी के नेतृत्व वाली काँग्रेस पार्टी ने कहा कि लोकसभा में उसे 272 सदस्यों का समर्थन है और उसने सरकार बनाने का दावा कर दिया। सोनिया की उम्मीद दिन-ब-दिन कम होती चली गई, विशेष रूप से जब सदन में बीस सांसदों वाली समाजवादी पार्टी के नेता मुलायम सिंह यादव ने ऐलान कर दिया

कि वह काँग्रेस का समर्थन नहीं करेंगे। काँग्रेस का विरोध करने के लिए उन्हें जॉर्ज फ़र्नांडिस ने तैयार किया था। वह भी इस शर्त पर कि भाजपा फिर से सरकार बनाने का दावा नहीं करेगी, बल्कि चुनाव में उतरेगी। इसका मतलब था कि सोनिया गाँधी राष्ट्रपति के सामने केवल 233 सांसदों के नाम दे सकती थी। 25 अप्रैल तक यह स्पष्ट हो गया कि वह सरकार बनाने के लिए ज़रूरी संख्या नहीं जुटा सकेंगी और राष्ट्रपति नारायणन ने वाजपेयी से कहा कि लोकसभा को भंग करना ही एकमात्र रास्ता बचा है। भाजपा के प्रमुख नेताओं और सहयोगियों से बातचीत के बाद वाजपेयी इस प्रस्ताव पर सहमत हो गए।

26 अप्रैल को, सदन भंग कर दिया गया और वाजपेयी को कार्यवाहक प्रधानमंत्री बने रहने को कहा गया, जो आम तौर पर एक शांत अवधि होती है, लेकिन वाजपेयी के मामले में ऐसा नहीं हुआ। और हुआ यह कि एक युद्ध छिड़ गया।

12

1999

युद्ध से लाभ

वाजपेयी और नवाज़ शरीफ़ जब एक दूसरे से वाघा में गले मिल रहे थे और हेलीकॉप्टर से लाहौर पहुँचने के बाद प्रेम और आशा का अद्भुत प्रदर्शन करते हुए महाद्वीप में चिरस्थायी शांति के वचन दे रहे थे, उस समय पाकिस्तानी सेना ने लड़ाकों को जम्मू-कश्मीर के लद्दाख क्षेत्र के करगिल ज़िले में स्थित भारतीय ज़मीन पर भेज रखा था जहाँ वे क़ब्ज़ा जमा कर बैठे थे। भारतीय नेताओं को इस बारे में चार महीने बाद पता चला, लेकिन पाकिस्तानी अधिकारियों की ओर से हाल ही में किए गए खुलासों के मुताबिक़ यह बात सामने आई है कि शरीफ़ को इसके बारे में पहले से ही पता था, जबकि शरीफ़ इस आरोप का पुरज़ोर खंडन करते हैं।

मई 1999 में, जैसे ही उन्हें भारतीय ज़मीन पर घुसपैठ की जानकारी मिली, वाजपेयी ने शरीफ़ को फ़ोन किया और पूछा, *'नवाज़ साहब, यह क्या हो रहा है?'* उन्होंने नवाज़ से कहा कि फ़रवरी में लाहौर में इक्कीस तोपों की सलामी दिए जाने के बाद उनकी पीठ में छुरा घोंप दिया गया। जवाब में पाकिस्तान के प्रधानमंत्री ने कहा कि उन्हें कुछ नहीं मालूम था कि क्या चल रहा है। नए आर्मी चीफ़ परवेज़ मुशर्रफ़ ने प्रशिक्षित मुजाहिदीनों को करगिल में भेजा था जिसकी ओर से उठाए गए इस क़दम की जानकारी उन्हें नहीं थी। वास्तव में, वाजपेयी के विदेश मंत्री, जसवंत सिंह ने बात में बताया कि शरीफ़ के क़दमों का अंदाज़ा आसानी से लगाया जा सकता था। सिंह ने लिखा, 'उन्होंने जिस प्रकार वैसा ही रवैया दिखाया उससे मैं हैरान रह गया : बैठकों में शांति और समझौता तथा सौहार्द, और बाद में कड़वाहट और निंदा, यहाँ तक कि टकराव और युद्ध की बातें।'

भारतीयों को हमेशा से ही इस बात को लेकर संदेह रहा है कि पाकिस्तान के नागरिक प्रशासन के पास शांति की प्रक्रिया को आगे बढ़ाने की कितनी क्षमता है, ख़ास तौर पर जब कुख्यात जासूसी एजेंसी इंटर सर्विस इंटेलिजेंस (आईएसआई) और सेना ही अक्सर देश को अपने इशारे पर चलाती है। वहाँ की सरकार जहाँ भारत के साथ संबंधों को सामान्य बनाने की दिशा में आगे बढ़ रही थी, वहीं पाकिस्तान की ओर से हाल ही में परमाणु क्षमता प्राप्त कर लेने के बाद बढ़े हौसले के साथ मुशर्रफ़ के नेतृत्व वाली सेना ने भारत और पाकिस्तान के क़ब्ज़े वाले कश्मीर के बीच की नियंत्रण रेखा को पार करने का दुस्साहस किया। उसने सामरिक दृष्टि से महत्त्वपूर्ण श्रीनगर को सैन्य छावनी वाले शहर लेह से जोड़ने वाले हाईवे पर बम बरसाना शुरू कर दिया। इससे पहले के कुछ महीनों के दौरान, पाकिस्तान-प्रशिक्षित भाड़े के आतंकियों ने पूरे बटालिक, द्रास और मुश्कोक सेक्टरों के ऊबड़-खाबड़ इलाक़े में 16,000 से 18,000 फ़ीट की ऊँचाई तक बंकर खोद लिए। भारतीय सेना को बटालिक के काकरथांग में पेट्रोलिंग के दौरान, 6 मई 1999 को घुसपैठ, या संदिग्ध गतिविधियों के बारे में पता चला। उससे पहले, स्थानीय चरवाहों ने इस छिट-पुट आबादी वाले क्षेत्र के कुछ हिस्सों में बंकरों को देखा था, जो ख़ास तौर पर जुब्बार चोटी पर थे, और जो बाद में क़रीब तीस पाकिस्तानी सैनिकों की क़ब्र बन गई। सबसे पहले ताशी नामग्याल, मोरुप सेरिंग और अली रज़ा स्टानबा नाम के चरवाहों ने पंजाब रेजिमेंट के अधिकारियों को बताया कि बाहरी लोग वहाँ आकर ठहरे हैं। इन चरवाहों का इरादा उतनी ऊँचाई पर अपनी भेड़ों को चराना नहीं था, बल्कि पर्वतीय बकरियों को चुरा कर लाना था। उन्होंने अपनी दूरबीनों से देखा तो कुछ लोग दिखे जो पठानी सूट में थे। अजनबियों के बारे में पता लगाने वाली गश्ती दलों को अपनी जान गँवानी पड़ी। स्पष्ट रूप से उन्हें उम्मीद नहीं थी कि उनका सामना हथियारों से लैस लोगों से होगा।

इस हालात की सच्चाई तो तब सामने आई जब 12 मई को जॉर्ज फ़र्नांडिस उन चोटियों के दौरे पर पहुँचे। मई के अंत तक भारतीय सेना ने घुसपैठियों को वहाँ से खदेड़ना शुरू कर दिया, जिसके कारण परमाणु हथियारों से लैस दोनों पड़ोसी बड़े पैमाने के युद्ध की कगार पर आ गए। पाकिस्तानी सेना सोच रही थी कि इस डर से कि कहीं परमाणु हथियारों का इस्तेमाल न हो कम तीव्रता वाला यह संघर्ष किसी बड़े युद्ध का रूप नहीं लेगा, लेकिन इससे कश्मीर के विवादित मुद्दे की ओर दुनिया का ध्यान खींचने की एक ख़तरनाक चाल ज़रूर चली जा सकती है। पाकिस्तानी सेना और आईएसआई को लग रहा था कि कश्मीर का मुद्दा अंतरराष्ट्रीय मंचों पर ठंडा होता चला जा रहा था।

आगे चलकर सेंटर फ़ॉर लैंड वारफ़ेयर स्टडीज़ की ओर से 'भविष्यवाणी, भारतीय खुफ़िया तंत्र और करगिल संकट' नाम से किए गए एक अध्ययन ने बताया

कि रिसर्च ऐंड एनालिसिस विंग (रॉ) ने अक्टूबर 1998 के अपने आकलन में चेतावनी दी थी कि पाकिस्तान की सेना 'सहयोगियों (जिहादियों के संदर्भ में) के संभव समर्थन से एक सीमित तेज़ हमला' कर सकती है। इसका मतलब था कि भारतीय एजेंसियों ने जहाँ करगिल संकट से पहले पाकिस्तान के इरादों का सटीक अंदाज़ा लगा लिया था, वहीं वे 'इसका अनुमान नहीं लगा सके कि किस ख़ास तरीक़े से उन्हें अंजाम दिया जाएगा।'

24 मई को, वाजपेयी पांडिचेरी में एक बिजली संयंत्र का उद्घाटन करने पहुँचे थे जहाँ उन्होंने अपने चिरपरिचित चुटीले अंदाज़ में कहा कि जयललिता के बाद वह आतंकियों से 'करगिल में मिली एक नई चुनौती' का सामना कर रहे हैं जो भारत की ज़मीन पर क़ब्ज़ा करने और वहीं डटे रहने पर तुले हैं। उसी दौरान, भारतीय वायु सेना (आईएएफ़) के प्रमुख, ए.वाई. टिपनिस कश्मीर के सीमावर्ती इलाक़ों में वेश बदल कर घूम रहे थे ताकि वायु सेना की हमला करने वाली टुकड़ियों को तैयार कर सकें।

26 मई को भारत ने त्वरित कार्रवाई की, और 'ऑपरेशन विजय' के तहत एक बड़े हमले के साथ घुसपैठियों को खदेड़ने के लिए अतिरिक्त तोपों और सैनिकों को भेजा, तथा वायु सेना के लड़ाकू विमानों को हिमालय की चोटियों पर स्थित उनके कैंपों को निशाना बनाने की ज़िम्मेदारी सौंपी।

इस आक्रमण में पाकिस्तान की सेना का हाथ उस समय साबित हो गया जब भारतीय वायु सेना के दो लड़ाकू विमानों को धरती से हवा में मार गिराने वाली मिसाइलों से मार गिराया गया। ये अमेरिका-निर्मित स्टिंगर्स मिसाइल ही हो सकती थीं और जिन्हें पाकिस्तान की सेना ने ख़रीदा था। 1971 के बाद, पाकिस्तान की सेना का यह पहला आक्रमण था। इस प्रकार के जवाबी हमलों का मक़सद भारत को सदमा पहुँचाना था। एक भारतीय फ़्लाइट लेफ़्टिनेंट, के. नचिकेता को पकड़ लिया गया तथा एक स्क्वाड्रन लीडर, ए. आहूजा की हमले में मौत हो गई। जल्दी ही भारत ने हमला तेज़ कर दिया, जिसमें द्रास के क़रीब लेह-श्रीनगर सड़क के सामने के टाइगर टाइगर हिल तथा प्वाइंट 4590 पर क़ब्ज़ा जमाए दुश्मनों को निशाना बनाया गया। पाकिस्तानी सेना ने भारत में इन घुसपैठों को सर्दियों के दौरान बढ़ावा दिया था, जब भारतीय सेना आम तौर पर इन ख़तरनाक इलाक़ों की अपनी अग्रिम चौकियों से हट जाती है और गर्मियों में फिर से उन पर लौटती है।

पाकिस्तान की सेना का उद्देश्य स्पष्ट रूप से कश्मीर मुद्दे का अंतरराष्ट्रीयकरण करना था। 26 और 29 मई 1999 को मुशर्रफ़ और चीफ़ ऑफ़ जनरल स्टाफ़, लेफ़्टिनेंट जनरल मुहम्मद अज़ीज़ ख़ान के बीच हुई बातचीत के अंशों के लीक होते ही पाकिस्तान की मंशा को लेकर कोई शक नहीं रह गया। मुशर्रफ़ उस वक़्त चीन में थे और अज़ीज़ ख़ान पाकिस्तान में।

26 मई को, जब मुशर्रफ़ ने उनसे ज़मीनी हालात की जानकारी ली, तो अज़ीज़ ख़ान ने कहा, 'ज़मीनी हालात में कोई बदलाव नहीं हुआ है। उन्होंने रॉकेट दागने और बमबारी करने की शुरुआत कर दी है... आज काफ़ी ऊँचाई तक बमबारी की गई है।'

अज़ीज़ ने भारतीय बमबारी पर कुछ बातें बताईं, जो कि उनके मुताबिक़ सीमा को पार कर पाकिस्तान के इलाक़ों तक पहुँच गई थी। इसके बाद दोनों के बीच शरीफ़ को लेकर बात हुई और यह बताया गया कि उन्हें हालात की जानकारी कहाँ जाकर दी गई है। जवाब में अज़ीज़ ख़ान ने कहा, 'मियाँ साहब के ऑफ़िस में।' कुछ समय बाद, मुशर्रफ़ ने कहा, 'कल भी मैंने उनसे कहा था कि बातचीत का रास्ता खुला रखें, बाक़ी ज़मीन पर हालात में कुछ बदलाव नहीं होना है।'

पाकिस्तान को उम्मीद थी कि लेह और श्रीनगर के बीच संपर्कों को काट दिए जाने से, वह भारतीय सेना की ओर से होने वाली सप्लाई को रोक देगा जिससे सियाचिन ग्लेशियर में उसका रह पाना मुश्किल हो जाएगा। मुशर्रफ़ चाहते थे कि वह हीरो बनकर उभरेंगे और कश्मीर मुद्दे पर बातचीत में उनका पलड़ा भारी रहेगा। इस लड़ाई के पीछे उनका ही दिमाग़ था, जिसमें लेफ्टि. जनरल अज़ीज़ ख़ान जैसे लोग शामिल थे। साथ ही, उत्तरी इलाक़ों के सेना कमान के प्रमुख लेफ्टि. जनरल जावेद हसन, तथा 10वीं कोर के प्रमुख, लेफ्टि. जनरल महमूद अहमद भी उनका साथ दे रहे थे।

वाजपेयी उलझन में पड़े थे क्योंकि पाकिस्तान तेज़ी से आगे बढ़ रहा था। उसने इस लड़ाई की तैयारी पहले से कर ली थी। इस डर से कि हालात ना बिगड़ जाएँ, अंतरराष्ट्रीय जनमत भारत की ओर से अपनी वायु सेना के इस्तेमाल के विरुद्ध था। पाकिस्तान पर भी बिल क्लिंटन प्रशासन ने दबाव बनाया कि वह भारत की ज़मीन से पीछे हट जाए।

भारतीय वायु सेना को पाकिस्तानी फौज के क़ब्ज़े वाले हिस्सों को पूरी दक्षता के साथ निशाना बनाना था लेकिन ऐसा एलओसी को पार किए बिना ही करना था, जो उन इलाक़ों को देखते हुए पायलटों के लिए बेहद मुश्किल था। एक बार फिर, पाकिस्तान ने साफ़ कर दिया कि वह पीछे नहीं हटेगा क्योंकि उसे मालूम था कि उसकी परमाणु क्षमता उसका बचाव करेगी। वैसे भी, पाकिस्तानी सेना ने 'पाकिस्तानी बम के जनक,' भोपाल में जन्मे पाकिस्तानी भौतिकविद और इंजीनियर, ए.क्यू. ख़ान के साथ गुपचुप सहयोग, विदेशी प्रयोगशालाओं से तकनीक चुराने तथा अपने यूरेनियम संवर्धन को बढ़ाने में यूँ ही नहीं किया था।

वाजपेयी ने अपने वश में मौजूद सारे संसाधनों का इस्तेमाल किया। यहाँ तक कि *बिज़नेस ऐंड पॉलिटिकल ऑब्ज़र्वर,* जिसके मालिक अंबानी थे, उसके एडिटर,

आर.के. मिश्रा को तीन बार पाकिस्तान भेजा ताकि कोई समझौता हो सके। मिश्रा पर्दे के पीछे रहकर सरकार के संदेश पहुँचा रहे थे। 12 जून को, पाकिस्तान के विदेश मंत्री, सरताज अज़ीज़ ने उड़ान भरी और अपने भारतीय समकक्ष, जसवंत सिंह से बातचीत के लिए भारत आए। यह मुलाक़ात कुछ ख़ास नहीं रही, ख़ास तौर पर इस वजह से क्योंकि सिंह ने मुशर्रफ़ और उनके जूनियर, अज़ीज़ ख़ान के बीच हुई बातचीत का टेप एक दिन पहले ही जारी किया था।

विशेष रूप से, वाजपेयी की ओर से अमेरिकी राष्ट्रपति बिल क्लिंटन को भेजी गई चिट्ठी ही थी जिसने कूटनीतिक स्तर पर इतना दबाव बनाया कि पाकिस्तानी सेना और लड़ाकों के पीछे हटने की शुरुआत हुई। ब्रजेश मिश्रा ने अपने अमेरिकी समकक्ष, सैंडी बर्गर को इसे 16 जून को ईमेल किया था। इसमें लिखा था कि अगर पाकिस्तान ने अपने सैनिकों को वापस नहीं बुलाया तो उनके पास पाकिस्तान पर हमला करने के सिवाय कोई चारा नहीं रह जाएगा। उस समय तक भारत पहले ही 100 सैनिकों को गँवा चुका था। यह लड़ाई तब ख़त्म हुई जब क्लिंटन की मध्यस्थता के बाद पाकिस्तान पीछे हटा।

इस बीच, इस तरह के आरोप सामने आए कि साउथ ब्लॉक ने ख़ुफ़िया एजेंसियों की तरफ़ से शुरुआत में ही करगिल क्षेत्र से आई जानकारियों को गंभीरता से नहीं लिया, जीत की ख़ुशी के बीच इस तरह की शिकवे-शिकायत की बातें दबकर रह गईं। इस बात को याद रखना चाहिए कि अपनी परमाणु क्षमता के बल पर ही पाकिस्तान ने इस तरह की घुसपैठ को अंजाम दिया था। छल और आक्रामकता की इस कार्रवाई ने ही भारत को इस पलटवार, और 1972 के शिमला समझौते के कुछ प्रावधानों को तोड़ने के लिए मजबूर किया। उस समझौते की एक धारा कहती है, '17 दिसंबर, 1971 को हुए युद्ध विराम के बाद जो नियंत्रण रेखा जम्मू-कश्मीर में बनी है, उसका सम्मान दोनों ही पक्षों को करना होगा भले ही दोनों पक्षों के दावे कुछ भी हों। आपसी मतभेदों और क़ानूनी व्याख्या के बावजूद, कोई भी पक्ष इसे एकतरफ़ा रूप से बदलने की कोशिश नहीं करेगा। दोनों पक्ष इस रेखा के उल्लंघन में धमकी या बल का प्रयोग करने की बात नहीं करेंगे।'

कुछ ही हफ़्तों के भीतर, सेना प्रमुख, वी.पी. मलिक ने किसी सैनिक की तरह दंभ के साथ कहा, 'कुछ लोग हमारे राजनीतिक और सैन्य सामर्थ्य की परीक्षा लेना चाहते हैं, लेकिन उन्हें एहसास हो जाएगा कि ऐसे हालात में हमारी ओर से की जाने वाली कार्रवाई का अंदाज़ा लगाने में उनसे भारी भूल हुई है।'

सच है। वाजपेयी सरकार ने गड़बड़ की थी और अपनी प्रतिक्रिया में भी देरी कर दी थी। अधिकारियों पर लाहौर घोषणा से बने सद्भाव के झूठे माहौल की खुमारी छाई थी। इतनी सारी मुश्किलों के बावजूद, ऑपरेशन विजय सफल रहा था

जिसे पाकिस्तान के उस ऑपरेशन बद्र के ख़िलाफ़ चलाया गया, जिसे पैगंबर मोहम्मद की बद्र की लड़ाई (सन् 624 में 13 मार्च को लड़ी गई थी) का नाम दिया गया था। वाजपेयी ने यह महत्त्वपूर्ण फ़ैसला भी लिया कि जितने भी जवानों ने बलिदान दिया था उन सभी के पार्थिव शरीर को उनके घरों तक भेजा जाएगा और पूरे सैन्य सम्मान के साथ उनका अंतिम संस्कार किया जाएगा। यह व्यक्ति तथा राष्ट्रीय स्तर पर एक प्रतीकात्मक कार्य था। जब भी किसी सैनिक का शरीर देश के सुदूर कोने में उसके शहर में दफ़नाए जाने या शवदाह के लिए पूरे सम्मान के साथ पहुँचता, तब पूरे ज़िले में एकता और देशभक्ति की वह भावना पैदा होती थी, जिसमें खोने के साथ-साथ गर्व की भी भावना होती थी।

व्यक्तिगत तौर पर वाजपेयी के लिए, यह युद्ध एक दुखदायी घटना थी, जो शरीफ़ से फ़ोन पर हुई उनकी बातचीत के सुर से ही साफ़ था, लेकिन उन्होंने अपने आप को जल्दी ही संभाल लिया और इस संकट से पूरे जोश और संयम के साथ निपटने में जुट गए। बाद में आर्मी चीफ़ वी.पी. मलिक ने कहा कि 1999 में भारतीय सेना पाकिस्तान के इलाक़े में घुसने के लिए तैयार थी, लेकिन वाजपेयी ने उन्हें रोक दिया था। इस कारण, करगिल युद्ध अगर पाकिस्तान के लिए एक ज़बरदस्त सैन्य हार नहीं था, तो भी राजनीतिक और कूटनीतिक हार तो था ही। पाकिस्तानी सैनिकों की वापसी तब शुरू हुई जब जुलाई की शुरुआत में शरीफ़ की मुलाक़ात क्लिंटन से हुई और उन्होंने इस लड़ाई को ख़त्म करने का वादा किया। जैसा कि लेखिका क्रिस्टीन फ़ेयर ने लिखा है, 'पाकिस्तान को इसका नुक़सान यह हुआ कि इसके बाद से ही अमेरिका का झुकाव भारत की तरफ़ होने लगा और आख़िर में अमेरिका-भारत के बीच उस सामरिक साझेदारी की शुरुआत हुई जब जॉर्ज डब्लू. बुश अमेरिका के राष्ट्रपति थे और वाजपेयी भारत के प्रधानमंत्री।'

चौहत्तर दिनों तक चले करगिल युद्ध के बाद संसद में एक भाषण में वाजपेयी ने इस मामले में भारत का रुख़ साफ़ करने के लिए कविता का रास्ता चुना। प्रभावशाली कविता में, उन्होंने 'पड़ोसी' पर भारत की कड़े संघर्ष से प्राप्त स्वतंत्रता में 'आग लगाने' के प्रयास का आरोप लगाया। उन्होंने अमेरिकी समर्थन की तरफ़ इशारा किया जिसने पाकिस्तान को इतना घमंडी बना दिया था कि उसने मान लिया था कि वह भारत को हरा सकता है। साथ ही, उन्होंने इस बात पर भी तंज कसा कि अमेरिकी हथियार और डॉलर दुनिया के सामने उसे सही ठहराने के काम नहीं आएँगे, ना ही आने वाली तबाही से उसे बचा सकेंगे :

धमकी जिहाद के नारों से हथियारों से कश्मीर कभी हथिया लोगे यह मत समझो

हमलों से अत्याचारों से संहारों से भारत का शीश झुका लोगे ये मत समझो

उन्हें सुनने वालों ने, यहाँ तक कि विपक्ष ने भी तालियाँ बजाई और नारे लगाए। यह एक भावुक पल था।

भारत जब तक देशभक्ति की लहर में डूबा था तब तक इस बात की परवाह नहीं थी कि करगिल युद्ध एक कूटनीतिक विजय था या सैन्य विजय। अगले आम चुनाव में महज़ तीन महीने बाक़ी थे। वरिष्ठ अधिकारियों ने जब बेशर्म पब्लिसिटी स्टंट की शिकायत की तब वाजपेयी ने अपनी पार्टी के कार्यकर्ताओं से कहा कि वे चुनाव के पोस्टरों में सेना को ना दिखाएँ। इस बार, वाजपेयी ने आगे आकर नेतृत्व किया।

13

1999-2004

स्पष्ट प्राथमिकताएँ

वाजपेयी ने 1999 के चुनाव में बिना थके प्रचार किया, और हमेशा की ही तरह मज़ेदार किस्से-कहानियाँ सुनाने वाले शख़्स की भाँति अपने पूरे फ़ार्म में थे। उन दिनों कर्नाटक के बेल्लारी में दिया गया उनका भाषण सुर्ख़ियों में था। बेल्लारी में सुषमा स्वराज काँग्रेस अध्यक्ष सोनिया गाँधी को चुनौती दे रही थीं। वाजपेयी एक हेलीकॉप्टर से वहाँ पहुँचे। वह करगिल विजय से तरोताज़ा थे। सुषमा स्वराज और एनडीए में दूसरी सबसे बड़े दल, तेलुगु देशम पार्टी के चंद्रबाबू नायडू के साथ वह जब मंच पर पहुँचे तो उनका स्वागत देश के हीरो की तरह तालियों की गड़गड़ाहट और जय-जयकार से हुआ। यह सबकुछ इतनी देर तक चला कि उन्हें कुछ कहने से पहले कई मिनट तक इंतज़ार करना पड़ा। उन्होंने किसी तरह बोलना शुरू किया, और उनके हर वाक्य में जब भी स्वराज के समर्थन की बात आती तो वहाँ मौजूद भीड़ ज़बरदस्त हर्षध्वनि करती थी।

कुछ महीने पहले अगर भाजपा को अपनी सरकार एक वोट से गँवानी पड़ी थी, तो 1999 के सितंबर-अक्टूबर के चुनावों में उसे 1998 के मुक़ाबले एक सीट ज़्यादा मिली। इसे 182 सीटें मिलीं, लेकिन वाजपेयी के नेतृत्व में अनेक प्रकार के दलों वाले गठबंधन के रूप में इसका प्रदर्शन काफ़ी अच्छा रहा। इसे 306 सीटों के साथ आसानी से बहुमत मिल गया जबकि काँग्रेस का आँकड़ा 1998 के मुक़ाबले पहली बार सोनिया गाँधी के नेतृत्व में लड़े गए इस चुनाव में घटकर 114 पर आ गया, जबकि 1998 में इक्कीस सीटें मिली थीं। भाजपा के लिए 1998 की तुलना में वोट शेयर में आई गिरावट को समझा पाना आसान था क्योंकि इसने गठबंधन के नेता के रूप में अपना जाल काफ़ी फैला दिया था, जिसमें अपने सहयोगियों के बीच सीटों के बँटवारे में इसने उदारता दिखाई थी।

तीसरी बार, वाजपेयी राष्ट्रपति भवन में थे, जहाँ प्रधानमंत्री पद की शपथ ले रहे थे। पहले तेरह दिन और फिर तेरह महीने की दो छोटे-छोटे कार्यकालों वाली सरकार चलाने के बाद, ऐसा लग रहा था कि इस बार वह कार्यकाल पूरा करेंगे और ऐसा करने वाले पहले ग़ैर-काँग्रेसी प्रधानमंत्री बन जाएँगे। शपथग्रहण समारोह में मौजूद काँग्रेस के नेता थके-हारे दिख रहे थे, जिन्हें इस बात को मानना पड़ा कि वाजपेयी की लोकप्रियता के आगे उनकी पार्टी का कोई भी नेता टिक नहीं पाया, ख़ास तौर पर सोनिया गाँधी जिनके 'विदेशी मूल' को लेकर चुनावों में काफ़ी चर्चा हुई। यहाँ तक कि काँग्रेस के भीतर भी इस बात को लेकर विरोध हुआ। शरद पवार, पी.ए. संगमा और तारिक अनवर, उच्च-स्तरीय काँग्रेस वर्किंग कमेटी के तीन ऐसे सदस्य थे जिन्होंने तब 'हाँ' में जवाब दिया था जब सोनिया ने पूछा था कि क्या उनका 'इटली मूल का होना' चुनावों में पार्टी पर बुरा असर डालेगा। उनमें से सबसे वरिष्ठ नेता, पवार ने सावधान किया था कि एनडीए उनके 'विदेशी' होने के टैग को प्रचार में मुद्दा बनाएगा। यही इन तीन नेताओं के निलंबन की तात्कालिक वजह बन गया, जिन्होंने बाद में एक नई पार्टी, राष्ट्रीय काँग्रेस पार्टी (एनसीपी) का गठन किया, जिसने बेशक बाद में काँग्रेस के साथ पहले महाराष्ट्र में और फिर केंद्र में गठबंधन कर लिया।

दिलचस्प रूप से, जिन्हें 2014 के चुनावों को प्रधानमंत्री की बजाए अपनी तरह का पहला 'राष्ट्रपति शैली' का चुनाव कहने का शौक़ है, वे यह भूल जाते हैं कि 1998 की तरह ही 1999 का चुनाव राष्ट्रपति शैली की चुनावी लड़ाई थी, जिसमें पीएम पद के उम्मीदवार के रूप में वाजपेयी एनडीए के मुखौटा थे, जिनका मुक़ाबला काँग्रेस की 'स्टार' सोनिया गाँधी से था।

विख्यात पत्रकार (अब राज्यसभा के सदस्य) स्वपन दासगुप्त ने बहुत पहले ही अगस्त 1999 में *इंडिया टुडे* में छपे लेख में देश के मूड को बता दिया था :

> साल भर पहले, जब अपने स्वतंत्रता दिवस के भाषण के बाद वह लड़खड़ा गए थे, वाजपेयी एक ऐसे व्यक्ति थे जो सब कुछ गँवा बैठे थे। लेकिन वह जब लाल किला से अपने दूसरे भाषण की तैयारी कर रहे हैं, तब सत्ता में एकदम अलग ही प्रधानमंत्री वाजपेयी बैठे दिख रहे हैं। भाजपा का वह निर्विवाद नेता और करगिल का हीरो जिसकी लोकप्रियता की तुलना इंदिरा और राजीव के उनकी पराकाष्ठा के दिनों से की जा सकती है। ऐसा संसदीय चुनाव जिस पर राष्ट्रपति चुनाव जैसे मुक़ाबले की छाप है, वाजपेयी की छवि देखकर लगता है जैसे वही एक उम्मीदवार हैं।
>
> संघ परिवार में अपने विरोधियों से लेकर जनता दल (यूनाइटेड) जैसे अपने नए सहयोगियों तक, प्रधानमंत्री एक विशालकाय गठबंधन के लिए

> संसाधन का जुगाड़ करने वाले व्यक्ति बन गए थे। लोगों में गठबंधनों के प्रति अविश्वास अब भी बना हुआ था लेकिन वाजपेयी के प्रति प्रेम ने उन्हें अपने वश में कर रखा था। यह वाजपेयी का आख़िरी चुनाव हो सकता था लेकिन इस चुनाव में निश्चित रूप से उनका ही बोलबाला था। एक लिहाज़ से, कुछ और मायने नहीं रखता था। करगिल से पहले वाजपेयी अन्य नेताओं जैसे ही थे। करगिल के बाद वह इतने बड़े नेता बन गए जो अपने काम और नेतृत्व के दम पर वोट माँग रहे थे।

अपनी लोकप्रियता के चरम पर पहुँचे, वाजपेयी ने 13 अक्टूबर को पीएम पद की शपथ ली, लेकिन यह एक विडंबना ही थी, जिसे भुलाया नहीं जा सकता कि एक दिन पहले ही, 12 अक्टूबर को, पाकिस्तान में मुशर्रफ़ के नेतृत्व में तख़्तापलट हुआ जिससे प्रधानमंत्री शरीफ़ को हटा दिया गया और जेल में डाल दिया (बाद में, उन्हें सऊदी अरब भेज दिया गया जहाँ वह निर्वासन में रहे)। पाकिस्तान को लेकर कुछ हद तक जुनून रखने वाले, लालकृष्ण आडवाणी ने लिखा कि "दुनिया देख सकती है कि विफल देश पाकिस्तान और भारत के जीवंत विचार के बीच क्या अंतर है।"

लेकिन आनंद मना रही नई सरकार की शुरुआत अच्छी नहीं रही। अपने पचहत्तरवें और पीएम रहते पहले जन्मदिन से एक दिन पहले ही वाजपेयी को एक बुरी ख़बर मिली।

24 दिसंबर 1999 की दोपहर, नेपाल की राजधानी, काठमांडू के त्रिभुवन इंटरनेशनल एयरपोर्ट से इंडियन एयरलाइंस के एक विमान ने उड़ान भरी और दिल्ली के लिए रवाना हुआ। विमान में 178 यात्री और चालक दल के ग्यारह सदस्य सवार थे। विमान जैसे ही भारतीय वायुक्षेत्र में दाख़िल हुआ, शाम के क़रीब 5.30 बजे, अचानक ही मास्क लगाए एक आदमी आया और उसने विमान को उड़ा देने की धमकी दी। उसके चार साथी और भी थे, सभी ने लाल रंग का मास्क लगा रखा था, और विमान के चार अलग-अलग कोनों पर ऐसे पोज़ीशन ले रखी थी, जैसा फिल्मों में दिखाया जाता है। इन हाईजैक करने वालों के नेता ने पायलट, कैप्टन देवी शरण से कहा कि विमान को लाहौर की तरफ़ मोड़ दें। दिलचस्प रूप से, पाकिस्तान अच्छी तरह जानता था कि अगर उसने अगवा किए गए भारतीय विमान को लैंड करने की इजाज़त दे दी तो उसके नतीजे कितने गंभीर हो सकते हैं, इसलिए उसने पायलट को उतरने की इजाज़त नहीं दी। चूँकि काठमांडू-दिल्ली की उड़ान कम समय की होती है, इसलिए विमान में इतना ईंधन नहीं था कि वह चक्कर लगाता रहे। इसलिए, पाटलट शरण ने हाईजैकर्स को समझाया कि वे फिर से ईंधन लेने के लिए विमान को अमृतसर एयरपोर्ट पर उतरने दें, और वे इसके लिए राज़ी हो गए।

इस तरह आईसी 814 तेल भरने के लिए टारमैक पर खड़ा था। भारतीय एयरपोर्ट के अधिकारियों को समझ नहीं आ रहा था कि वे क्या क़दम उठाएँ। एक अधिकारी जो उस समय वहाँ मौजूद था, याद करता हुआ कहता है कि सारे अधिकारी बिना किसी नेतृत्व के इधर-उधर भाग-दौड़ कर रहे थे जिन्हें न कोई निर्देश मिल रहे था ना ही किसी को कुछ सूझ रहा था। किसी ने दिल्ली में अधिकारियों को बताया, लेकिन प्रधानमंत्री किसी विमान में थे और उनसे एक घंटे बाद ही संपर्क किया जा सकता था। कुछ लोगों का कहना है कि भारतीय वायु सेना ने, जिसे हाईजैकिंग की जानकारी थी, उसने पीएम के विमान के पायलट से बात करने की परवाह नहीं की, जिसमें एक सैटेलाइट फ़ोन ज़रूर होगा। कुछ अन्य लोगों की दलील है कि वायु सेना के अधिकारी किसी भी सूरत में पीएम से संपर्क नहीं कर सकते थे क्योंकि वायु सेना की पुराने बोइंग में सैटेलाइट फ़ोन की सुविधा नहीं थी।

वाजपेयी जब तक दिल्ली में लैंड करते, तब तक शाम के 7 बज चुके थे, और जैसा कि उस समय की रिपोर्ट पुख़्ता तौर पर बताती है, एनएसए ब्रजेश मिश्रा टारमैक पर पीएम का इंतज़ार कर रहे थे।

उस समय प्रधानमंत्री के सलाहकार की ज़िम्मेदारी निभा रहे पत्रकार कंचन गुप्ता ने इस अराजकता और भ्रम की स्थिति को लेकर लिखा है। बेशक, उन्होंने सरकार की प्रतिक्रिया को सही ठहराया कि पहली प्राथमिकता ज़िंदगियों को बचाना था। नौ साल बाद उस घटना को याद करते हुए, गुप्ता ने लिखा :

> अमृतसर के राजा सांसी एयरपोर्ट के अधिकारियों को हताशा में फ़ोन किए गए कि किसी भी तरह दोबारा तेल भरने से रोका जाए और विमान को उड़ने न दिया जाए। अधिकारियों ने ज़रा सी भी चतुराई नहीं दिखाई। अगर मुझे सही-सही याद है तो एक पल ऐसा आया जब गुस्से में आकर जसवंत सिंह ने फ़ोन पकड़ा और एक अधिकारी से गुहार लगाई, 'कोई भारी वाहन ले जाओ, तेल का ट्रक या रोड रोलर या कुछ जो तुम्हारे पास है, और उसे रनवे पर ले जाकर खड़ा कर दो।' लेकिन कुछ नहीं किया गया।
>
> जसवंत सिंह खुद भी याद करते हुए कहते हैं, 'मैं टेलीफ़ोन पर चीख़ रहा था, भाषा की सारी शालीनता भूल गया था... और सीधे-सीधे ऐसी बात कह रहा था जिन्हें अच्छी तरह समझा जा सकता था।' उन्होंने कहा था, 'अब तो कुछ कर लो। भगवान की ख़ातिर, कुछ तो करो। लेकिन... विमान अमृतसर से जाना नहीं चाहिए।' उस दिन दोपहर में ही उनकी पोती का जन्म हुआ था और वह उसके साथ समय बिता रहे होते। उन्हें जब पहले बताया गया था कि यह 'सामान्य हाईजैकिंग' की घटना है तब उन्हें लगा था कि इसमें पूरी रात लग जाएगी।

लेकिन इस संकट से निपटने वालों की ओर से निर्णय न ले पाने और उनकी अक्षमता को देखते हुए, उन्हें बाद में ही एहसास हुआ कि यह किसी भी तरह से सामान्य घटना नहीं थी।

गुप्ता के अनुसार, सबसे कुशल नेशनल सिक्योरिटी गार्ड (एनएसजी), जिस पर बंधक बनाए जाने की स्थितियों से निपटने की ज़िम्मेदारी है, उसे आईसी 814 को हाईजैक किए जाने की ख़बर आते ही सतर्क कर दिया गया था, और किसी भी आपात स्थिति से निपटने के लिए तैयार रहने को कहा गया था। अब तक, गृह मंत्रालय को भी यह सूचित कर दिया गया था कि लाहौर में उतरने की इजाज़त न मिलने के बाद एक विमान अमृतसर की तरफ़ बढ़ रहा है। 'इसके बावजूद, आईसी 814 अमृतसर में क़रीब पौन घंटे तक खड़ा रहा लेकिन एनएसजी कमांडो विमान तक नहीं पहुँचे। इस बारे में दो तरह की बातें कही जाती हैं कि एनएसजी कमांडो क्यों नहीं पहुंचे : पहली, वे किसी विमान के इंतज़ार करते रह गए जिससे उन्हें दिल्ली से अमृतसर ले जाया जा सके। दूसरी, वे मानेसर और दिल्ली एयरपोर्ट के बीच ट्रैफ़िक में फँस गए। सच्ची कहानी क्या है ये आज तक पता नहीं चली!' गुप्त ने लिखा।

हाईजैकर्स धीरज खो रहे थे। उन्होंने एक यात्री का गला रेत दिया जो अपनी नई नवेली दुल्हन के साथ काठमांडू से हनीमून मनाकर आ रहा था। फिर उन्होंने पायलट के माथे पर बंदूक टिका दी और कहा कि वह विमान को उड़ा ले जाए। लगभग ख़ाली टंकी के साथ वह विमान को उड़ा ले गया।

लाहौर में, पाकिस्तान ने रनवे की बत्तियाँ बुझा दीं, इसके बाद भी पायलट किसी भी हाल में लैंड करने का मन बना चुका था। और उसने ऐसा किया भी। विमान के लैंड करते ही, पाकिस्तान ने दोबारा तेल भरने का ऑफ़र दिया, लेकिन पायलट से कहा कि वह तेल भरने के तुरंत बाद विमान को उड़ा ले जाए क्योंकि वह नहीं चाहता था कि किसी भारतीय विमान की हाईजैकिंग में उसका नाम आए।

हाईजैकर्स के इशारे पर विमान दुबई की ओर बढ़ गया। इस दौरान जिस रुपिन कात्याल पर चाकू से वार किया गया था, इलाज न मिलने पर उसकी मौत हो गई। यूएई भी इस संकट का सामना नहीं करना चाहता था। इसलिए उसने विमान को उतरने की इजाज़त नहीं दी। लेकिन जसवंत सिंह और यूएई में भारत के राजदूत, के.सी. सिंह ने अपने सामर्थ्य का इस्तेमाल करते हुए लैंडिंग की इजाज़त को लेकर पूरा ज़ोर लगा दिया, जिसके बाद यूएई के अधिकारियों के ज़रिए हाईजैकर्स से बातचीत की शुरुआत हुई। इसका नतीजा यह हुआ कि तेरह महिलाओं और ग्यारह बच्चों को रिहा कर दिया गया। रुपिन कात्याल का शव ले जाने दिया गया, लेकिन उनकी पत्नी को उतरने की इजाज़त नहीं दी गई।

क्रिसमस की सुबह, विमान ने दुबई से उड़ान भरी और कंधार की ओर बढ़ गया, जो अफ़गानिस्तान में तालिबान के नियंत्रण वाला इलाक़ा था। जल्दी ही, बंधक बनाए गए यात्रियों के रिश्तेदारों ने प्रधानमंत्री के आवास के बाहर डेरा डाल दिया, जहाँ दुनिया भर की मीडिया वैन और टीवी पत्रकार मौजूद थे, और उनके ज़रिए वे सरकार से अपने सगे-संबंधियों को ज़िंदा वापस लाने की माँग कर रहे थे।

देखते ही देखते रिश्तेदारों का विरोध और मीडिया पर चल रहा बवाल चरम पर पहुँच गया, जिसमें जसवंत सिंह जैसे मंत्रियों को अक्सर शोर-शराबे से चुप कर दिया जाता था। आगे चलकर सरकार ने अपने क़दमों को सही ठहराने के लिए इसी हंगामे और शोर-शराबे वाली स्थिति का उदाहरण दिया।

उस समय तक तालिबान के कमांडर मुल्ला उमर ने अपने सहयोगी और 'विदेश मंत्री' मुत्तवकील के ज़रिए बातचीत की शुरुआत कर दी थी। सभी हाईजैकर पाकिस्तानी नागरिक थे। उनकी माँग जल्दी ही भारत को बता दी गई : उनकी धमकी थी कि अगर भारत नहीं चाहता कि विमान को उसमें सवार सारे बंधकों के साथ वे बम से उड़ा दें तो भारत के विभिन्न जेलों में बंद छत्तीस आतंकवादियों को रिहा कर दिया जाए। बंधक बनाए लोगों के कुछ रिश्तेदारों ने उदाहरण दिया कि 1989 में वी.पी. सिंह की सरकार में गृह मंत्री मुफ़्ती मोहम्मद सईद की बेटी, रुबिया सईद को छुड़ाने के लिए भारतीय जेलों में बंद आतंकियों को रिहा किया गया था।

अगले तीन दिनों में सरकार हाईजैकर्स के साथ एक समझौता करने में कामयाब हो गई। हाईजैकर नॉन-स्टेट ऐक्टर्स, यहाँ तक कि पाकिस्तान सरकार के इशारे पर काम कर रहे थे। उनके साथ भारत सरकार का समझौता देश में भावनाओं में आए उबाल के बीच हुआ जिसे मीडिया में दिखाया जा रहा था। विपक्षी दल भी कह रहे थे कि कोई भी क़ीमत इतनी बड़ी नहीं जिसे चुकाकर बंधकों को सुरक्षित और जीवित वापस नहीं लाया जा सकता। हाईजैकर तीन आतंकियों - मौलाना मसूद अज़हर, मुश्ताक अहमद जरगर और अहमद उमर शेख की रिहाई के बदले बंधकों को रिहा करने पर तैयार हो गए। ये सभी भारत की जेलों में बंद थे।

कंधार के लिए दो विमान भेजे गए जिनमें से एक में वाजपेयी ने जसवंत सिंह को भेजा। कंधार वह प्राचीन अफ़गानी शहर है जिसे लेकर भारतीय रचनाओं में कई कहानियाँ और मिथकों की चर्चा है। अमृतसर में जहाँ भारत की प्रतिक्रिया के नाम पर कुछ नहीं हुआ, वहीं कंधार में विमान के चारों तरफ़ मौजूद तालिबानी लड़ाकों की तसवीरें लगातार टीवी स्क्रीनों पर चल रही थीं।

अगले दिन जसवंत सिंह ने तीन खूँखार आतंकवादियों को सौंपा, और 161 बंधकों के साथ वापस लौटे। बंधकों ने काठमांडू से उड़ान भरने के बाद हाईजैकर्स के क़ब्ज़े में आठ दिन और सात रातें बिताई थीं। नए साल के दिन, भारत लौटने पर

राहत महसूस कर रहे रिश्तेदारों ने उन्हें घेर लिया और उनका शुक्रिया अदा किया, लेकिन आतंकियों के आगे 'घुटने टेक देने' को लेकर जल्दी ही उन्हें आलोचनाओं का भी सामना करना पड़ा।

सरकार के भीतर भी आरोप-प्रत्यारोप शुरू हो गए, जिसमें कुछ कट्टर विचार रखने वालों ने शीर्ष नेतृत्व पर इस मामले से निपटने में भारी गड़बड़ी का आरोप लगाया, लेकिन वाजपेयी के सहयोगियों की मानें तो उन्होंने जो कुछ भी किया उसे लेकर उन्हें कहीं कोई संदेह नहीं था। उनकी दलील थी कि अमृतसर एयरपोर्ट पर विमान को रोक दिया जाता तो बंधकों के जीवित बचने की गारंटी नहीं दी जा सकती थी। इसके बावजूद, उन पर अकुशल होने तथा ठोस निर्णय लेने में कमी या निर्णय न ले पाने के गंभीर आरोप लगे।

मार्च 2000 में विलियम जेफ़रसन क्लिंटन के भारत दौरे के बाद अमेरिका ने पाकिस्तान की ओर से थोपे गए करगिल युद्ध और ज़बरदस्त उकसावे के बावजूद भारत के संयम बनाए रखने की तारीफ़ की। उप विदेश मंत्री, स्ट्रोब टालबट ने विदेश मंत्री जसवंत सिंह को एक चिट्ठी लिखी जिसमें पूरे संकट के दौरान नैतिकता पर टिके रहने के लिए भारत की प्रशंसा की। उन्होंने इस बात के लिए भारत की पीठ थपथपाई कि बदला लेने के लिए उसने पाकिस्तानी इलाक़े में प्रवेश नहीं किया। दरअसल, सच यह है कि अमेरिकी खुफ़िया एजेंसी को इस बात के प्रमाण मिले थे कि पाकिस्तानी अपने परमाणु हथियारों को तैनात करने की तैयारी कर रहे थे। इसने भारत को टैंकों, तोपों तथा अन्य भारी हथियारों को सीमा पार जाकर हमले की तैयारी के लिए मजबूर कर दिया। करगिल युद्ध के दौरान क्लिंटन के भारत समर्थक रुख़ का खुलासा बाद में तब हुआ जब सीआईए के विश्लेषक ब्रूस रिडेल ने सैंडी बर्गर की मृत्यु पर लेख लिखा। सैंडी उस समय क्लिंटन के राष्ट्रीय सुरक्षा सलाहकार थे। रिडेल ने लिखा : 'चार जुलाई की सुबह, सीआईए ने अपने टॉप-सीक्रेट डेली ब्रीफ़ में लिखा कि पाकिस्तान अपने परमाणु हथियारों को तैनात करने और उनके इस्तेमाल की तैयारी कर रहा है। यह ख़ुफ़िया जानकारी पुख़्ता थी। व्हाइट हाउस में अमेरिकी राष्ट्रपति के दफ़्तर में मूड बेहद गंभीर था। बर्गर ने क्लिंटन से कहा कि वह शरीफ़ (जिन्होंने करगिल युद्ध के दौरान क्लिंटन से मिलने की इच्छा जताई थी) की बात सुनें लेकिन सख़्त रहें। इस संकट की शुरुआत पाकिस्तान ने की थी और अब उसे बिना किसी मुआवज़े के ख़त्म करना ही होगा। प्रधानमंत्री से राष्ट्रपति को यह बात साफ़ तौर पर कहनी पड़ेगी कि इस संकट को बढ़ने से केवल तभी रोका जा सकता है जब पाकिस्तान पीछे हट जाए।'

रिडेल ने आगे लिखा, 'सैंडी क्लिंटन को किसी से भी कहीं ज़्यादा अच्छी तरह समझते थे। उनका स्वाभाविक रुख़ समझौते का रास्ता ढूँढ़ने का था। इस बार, कोई

समझौता संभव नहीं था, बिना शक पाकिस्तान को पीछे हटना ही होगा... और यह काम कर गया। शरीफ़ अपने सैनिकों को वापस बुलाने पर सहमत हो गए। बाद में इसकी क़ीमत उन्हें अपनी कुर्सी गँवाकर चुकानी पड़ी : सेना ने उनका तख़्तापलट कर दिया और उन्हें एक दशक का समय सऊदी अरब में निर्वासित जीवन जीते हुए बिताना पड़ा। लेकिन दक्षिण एशिया में परमाणु युद्ध का ख़तरा टल गया।' जहाँ तक भारत की बात है तो वह तब तक पलटवार न करने पर सहमत हो गया जब तक अमेरिकी पाकिस्तानियों को कश्मीर में भारत वाले हिस्से से पूरी तरह लौट जाने के लिए राज़ी नहीं कर लेते।

शीत युद्ध की समाप्ति के बाद विश्व व्यवस्था में बदलाव के कारण भी यह ज़रूरी हो गया कि अमेरिका भारत के क़रीब आए। भारत के सहयोगी, सोवियत संघ के पतन के बाद, अमेरिकियों के पास अपने दशकों पुराने मतभेदों को बनाए रखने का कोई कारण नहीं था, और सच यही था कि भारत ने आर्थिक सुधारों को अपना लिया था जिसका मतलब था कि अमेरिकी कंपनियाँ अब दुनिया के सबसे बड़े बाज़ारों में से एक भारत में कारोबार कर सकती थीं जहाँ मध्यम वर्ग तेज़ी से बढ़ रहा था। भारत जब तेज़ी से विकास कर रहा था तब अमेरिकी कंपनियाँ उस मौक़े को चूकना नहीं चाहती थीं। क्लिंटन के भारत दौरे से बाईस साल पहले, जब ज़िम्मी कार्टर भारत आए थे, तब वाजपेयी मोरारजी देसाई सरकार में विदेश मंत्री थे। उस समय भारत की अर्थव्यवस्था ने दुनिया के लिए दरवाज़े काफ़ी हद तक बंद कर रखे थे और सरकार ने आईबीएम तथा कोका-कोला को बाहर का रास्ता दिखा दिया था।

हालाँकि, साल 2000 का भारत एक उभरती आर्थिक महाशक्ति था। बिल क्लिंटन का यह दौरा तसवीरों के ज़रिए हर तरफ़ छाया रहा और भारत का रुख़ निश्चित रूप से बदला हुआ था जिसने अमेरिका को प्राथमिकता दी थी। इस महाद्वीप में क्लिंटन के दौरे का कार्यक्रम भी इसका सबूत था : उन्होंने एक दिन बांग्लादेश में बिताया, पाँच दिन भारत में गुज़ारे और पाकिस्तान में महज़ पाँच घंटे ही रुके। बदलते समीकरणों पर *द इकोनॉमिस्ट* ने 'द एलिफ़ेंट ऐंड द पेकीनीज' शीर्षक से एक लेख में लिखा :

> शून्य का आविष्कार करने बाद शायद पहली बार, भारत के पास बेचने के लिए कोई ज़बरदस्त चीज़ थी जिसमें सारा मुनाफ़ा वह अपने पास रख सकता था। सारी चीज़ें भारत को बाक़ी की दुनिया के साथ गहराई से जोड़ रही हैं तथा अमेरिका के साथ उसके संबंध ख़ास तौर पर नए तरीक़े से बढ़ रहे हैं। सॉफ़्टवेयर निर्यात एक साल में 50 प्रतिशत की दर से बढ़ रहा है, और उनमें से लगभग दो-तिहाई अमेरिका जा रहा है। इनमें से ज़्यादातर की सर्विस भारतीयों द्वारा अस्थायी वर्क वीज़ा के ज़रिए उपलब्ध

> कराई जाती है। भारत को इनमें से एक तिहाई हिस्सा मिलता है, और उसे उम्मीद है कि क्लिंटन उन्हें बढ़ा देंगे। भारतीय कंपनियाँ अमेरिकी स्टॉक एक्सचेंज में लिस्टेड हैं। भारतीय अमेरिकी लोग, जो तेज़ी से अमीर हो रहे समुदाय का हिस्सा हैं, भारत की ओर से अमेरिका में लॉबिंग कर रहे हैं और अपनी मातृभूमि में निवेश कर रहे हैं। तेज़ दिमाग़ वाले भारतीयों के लिए दुनिया भर में बोली लगाने का संग्राम छिड़ गया है।

जहाँ तक वाजपेयी की बात है, तो वह 1998 से ही अमेरिका के साथ संबंध बेहतर करने की कोशिशों में जुटे हैं जब परमाणु परीक्षण किए गए थे, ताकि वे भारत के ख़िलाफ़ पाबंदियों को हटवा सकें और दोनों देशों के संबंध बेहतर हो सकें। पाबंदियों का मतलब था कि अमेरिका भारत को मानवीय प्रकृति की चीज़ों के सिवाय किसी भी तरह की आर्थिक मदद नहीं देगा। ना ही वह क़र्ज़ और क़र्ज़ की गारंटी देगा। कुछ रक्षा और तकनीक के उपकरणों के निर्यात पर भी पाबंदी होगी। यही कारण है कि वाजपेयी ने परमाणु परीक्षणों के फ़ौरन बाद जसवंत सिंह को अमेरिकी अधिकारियों से मिलकर भारत का रुख़ साफ़ करने के लिए भेजा था। इसके बाद टालबट तथा सिंह के बीच कई दौर की बातचीत हुई, जिससे संबंध बेहतर हुए और अविश्वास कम हुआ। क्लिंटन जब तक भारत आए, तब तक अमेरिकी प्रशासन का रुख़ पोखरण II को लेकर नरम पड़ चुका था, और उसने भारत के ख़िलाफ़ पाबंदियों को कुछ हद तक कम कर दिया था। उस लिहाज से, मार्च में क्लिंटन का भारत दौरा प्रधानमंत्री को जीत का मीठा स्वाद चखाने वाला दौरा था।

क्लिंटन भारत में काफ़ी सहज महसूस कर रहे थे हालाँकि उनके दौरे से ठीक पहले जम्मू-कश्मीर के छत्तीसिंहपुरा में पैंतीस सिखों का नरसंहार कर दिया गया था। गंभीर बातचीत में शामिल होने के साथ ही, उन्होंने संसद में एक ज़बरदस्त और जानकारी से भरपूर भाषण देने के अलावा राजस्थान के रणथंभौर में बाघ को देखने, ताज महल घूमने, मुंबई में एक उद्योगपति से मिलने, तथा हैदराबाद की 'साइबर सिटी' के तकनीकी जानकारों को प्रभावित करने का समय भी निकाला।

इसका श्रेय वाजपेयी को जाता है जो अमेरिका के साथ संबंधों को बढ़ाने पर यक़ीन रखते थे, भले ही भारत जैसे विशाल, ख़ुशहाल लोकतंत्र की बजाए अमेरिका पाकिस्तान के साथ लेन-देन और सामरिक गठजोड़ को हमेशा से आगे बढ़ाता चला आ रहा था। वाजपेयी के साथ बेहद क़रीब रहकर काम करने वाले लोगों ने कहा कि वाजपेयी कभी बहुत गहराई तक भले न उतरे हों लेकिन वह विदेश नीति को अच्छी तरह समझते थे। इस नए मेल-जोल में भारतीय-अमेरिकी समुदाय के बढ़ते वर्चस्व का भी अच्छा-खासा योगदान था। भारत के प्रति अमेरिकी सोच में बदलाव एक ऐसे देश को लेकर अमेरिका के सम्मान से भी आया जो अपने शत्रु

के साथ किसी बड़े संघर्ष की प्रतिकूल परिस्थिति में फँसने के बावजूद उससे निपट लेता है।

साल 2000 में हालात को पूरी तरह से बदल देने वाला क्लिंटन का इस महाद्वीप का दौरा कुछ हद तक उस प्रयास का भी परिणाम था। जहाँ तक अमेरिकियों की बात है, तो उन्होंने भारत में आपसी लाभ के लिए भारी निवेश का वचन दिया।

***

विदेश संबंधों के अलावा, वाजपेयी देश में भी राजनीतिक तथा व्यक्तिगत संबंधों के बीच संतुलन बिठाने में व्यस्त थे। पीएमओ उनके घर, और उनके परिवार का एक विस्तृत हिस्सा बन गया। ख़ास तौर पर रंजन भट्टाचार्य अहम रोल अदा करने वालों में शामिल हो गए। वे सभी वाजपेयी के 7 रेस कोर्स रोड स्थित आधिकारिक आवास पर रह रहे थे। नमिता की बेटी निहारिका (नेहा भी कहते हैं) उनके साथ रहती थी और वाजपेयी की आँखों का तारा थी। नमिता और रंजन सभी प्रकार के मेहमानों की मेहमाननवाज़ी किया करते थे, जिनमें मीडियाकर्मी भी शामिल थे, और शहर में लोगों के बीच उठने-बैठने वाली एक मशहूर जोड़ी बन गए थे। भट्टाचार्य के अलावा, पीएमओ एन.के. सिंह और ब्रजेश मिश्रा द्वारा 'नियंत्रित' किया जाता था। ये तीनों ही वाजपेयी के सबसे क़रीबी सहयोगी माने जाते थे। इस तथ्य को *आउटलुक* पत्रिका ने मार्च 2001 की कवर स्टोरी में भी प्रकाशित किया, जिसका शीर्षक था 'रिगिंग द पीएमओ' (पीएमओ में हेराफेरी)। इसमें कुछ निर्णयों की जानकारी थी जिनमें कारोबारियों के एक चुनिंदा समूह को 'बेशर्मी से फ़ायदा' पहुँचाया गया था। विशेष रूप से हिंदुजा और रिलायंस को। इस लेख में इस तिकड़ी के ख़िलाफ़ गंभीर साक्ष्य थे, जिनमें वरिष्ठ नौकरशाह, ई.ए.एस. सरमा का विस्तृत बयान शामिल था।

लेख प्रकाशित होते ही, वाजपेयी ने पत्रिका के संपादक, विनोद मेहता को चाय पर बुलाया। उन्होंने इशारों में बताया कि एन.के. सिंह जहाँ इतने आवश्यक नहीं थे, वहीं मिश्रा और भट्टाचार्य को कुछ भी नहीं कहा जा सकता था। इस बीच, मेहता की टीम एक और खुलासा प्रकाशित करने के लिए तैयार थी। इसे प्रकाशित करने से रोकने के लिए उन्हें मिश्रा के फ़ोन आने लगे। इसके बावजूद, दूसरा लेख 'वाजपेयीज़ एच्लीज़ हील' (वाजपेयी की कमज़ोर नस) प्रकाशित हुआ जिसमें इस बात की चर्चा थी कि कैसे पीएमओ में इस तिकड़ी का सिक्का चलता है, तथा भट्टाचार्य जिन सरकारी सौदों में शामिल थे उनकी लिस्ट दी गई थी, जैसे ₹58,000 करोड़ का नेशनल हाईवे प्रोजेक्ट, और ₹20,000 करोड़ का रिलायंस हिरमा पावर प्रोजेक्ट।

क़रीब दो महीने बाद, *आउटलुक* के मालिक, कारोबारी राजन रहेजा के दफ़्तरों पर इनकम टैक्स के छापे पड़े। यह कार्रवाई देश के बारह शहरों और 120 परिसरों

तक तक फैल गई, जिनमें *आउटलुक* के दफ़्तर शामिल थे। मेहता ने पीएमओ, राष्ट्रपति, प्रेस काउंसिल ऑफ़ इंडिया तथा विपक्ष के नेता, सोनिया गाँधी को भारतीय प्रेस पर हमले को लेकर गुस्से से भरी चिट्ठी लिखी। एडिटर्स गिल्ड ने एक कड़ा बयान जारी किया, कॉंग्रेस पार्टी के प्रवक्ता ने छापेमारी की निंदा की, तथा विभिन्न स्तंभकारों और पत्रकारों के संघ *आउटलुक* के समर्थन में आ गए।

रहेजा को आईटी अधिकारियों के कारण हर दिन जितनी परेशानी झेलनी पड़ रही थी और जितना अपमान सहना पड़ रहा था उससे त्रस्त होकर, आख़िरकार मेहता ने ब्रजेश मिश्रा को फ़ोन किया और मिलने का समय माँगा। मिश्रा ने हैरान रह जाने का नाटक किया, और कहा कि उन्हें रहेजा और *आउटलुक* पर पड़ रहे छापे की कोई जानकारी नहीं है। मेहता को मजबूर किया गया कि वह मिश्रा से माफ़ी माँगें तभी रहेजा को और परेशान नहीं किया जाएगा। मिश्रा ने वित्त मंत्री, यशवंत सिन्हा को फ़ोन किया। चौबीस घंटे के भीतर उत्पीड़न बंद हो गया। बाद में, मेहता जब भी वाजपेयी से मिलते, उनके मन में एक शंका ही रहती थी : 'एक नेता जो देश का नेता बनना चाहता है उसमें उच्च स्तर की नैतिकता होनी चाहिए। क्या वाजपेयी में थी? मुझे लगता है, इस पर एक बड़ा प्रश्नचिह्न है,' उन्होंने लिखा।

***

एक एक कर कई महीने बीत रहे थे, वहीं पाकिस्तान के ख़िलाफ़ देश की भावना में उबाल आता जा रहा था जिसका श्रेय पाकिस्तान-समर्थित आतंकी हमलों को जाता है। ऐसे पर्याप्त और अनेक कारण थे जिनके चलते भारत को पाकिस्तान के ख़िलाफ़ कड़ा रुख़ अपनाना चाहिए था और सीधे शब्दों में बात करनी चाहिए थी। साल 2000 की जुलाई में, पाकिस्तान के उकसावे पर कश्मीरी अलगाववादियों ने हिंसा की कई वारदातों को अंजाम दिया। उन्होंने आरोप लगाया कि भारतीय सुरक्षा बल उग्रवादी संगठन, हिजबुल मुजाहिदीन को ग़लत तरीके से एक बार फिर निशाना बना रहे हैं। वाजपेयी ने जवाब दिया कि सरकार बातचीत के लिए तैयार है। उसी साल दिसंबर में, संदिग्ध लश्कर-ए-तैयबा के आतंकियों ने लाहौरी गेट की तरफ़ से अत्याधुनिक राइफ़लों के साथ लाल किले पर हमला कर दिया, और वहाँ के सैन्य इलाक़े में दाख़िल हो गए।

लेकिन प्रधानमंत्री किसी भी घटना को इस उपमहाद्वीप में शांति लाने के रास्ते में आने नहीं देना चाहते थे। साल 2001 की शुरुआत में, भारत गुजरात में आए भयंकर भूकंप से मची तबाही से जूझ रहा था। भूकंप की तीव्रता रिक्टर स्केल पर 7.9 मापी गई थी और उसका केंद्र भुज में था, जब वाजपेयी और जनरल मुशर्रफ़ के बीच बातचीत हुई। पाकिस्तान अपनी सीमा से लगते भारत के इस पश्चिमी राज्य

में राहत अभियान चलाने में मदद पर सहमत हो गया। फ़ोन पर हुई इस बातचीत से गतिरोध को ख़त्म करने में मदद मिली और बातचीत के फिर से शुरू होने के संकेत दिखने लगे।

समस्याएँ आती रहीं, लेकिन वाजपेयी बातचीत को फिर से शुरू करने का कोई भी मौक़ा छोड़ना नहीं चाहते थे। इस बीच, ऐसे कई क्लिप सामने आ गए जिनमें सत्ता के महत्त्वपूर्ण पदों पर बैठे उनकी पार्टी के कई लोगों को फ़र्ज़ी हथियार कंपनियों से रिश्वत लेते दिखाया गया था। इससे उनकी सरकार और पार्टी भारी परेशानी में घिर गई। इस घटना के बाद रक्षा मंत्री जॉर्ज फ़र्नांडिस को इस्तीफ़ा देना पड़ा। भाजपा की भी भारी बदनामी हुई और इसके अध्यक्ष, बंगारू लक्ष्मण जिन्हें ऐसी ही एक फ़र्ज़ी कंपनी से पैसे लेते कैमरे में क़ैद किया गया था, उन्हें पद छोड़ना पड़ा।

हालाँकि, इन सबके बीच पाकिस्तान से पर्दे के पीछे के माध्यमों से बातचीत जारी थी, और जून के मध्य में, वाजपेयी ने ऐलान किया कि मुशर्रफ़ जुलाई में भारत आएँगे।

1999 की लाहौर घोषणा पहले ही बीते समय की बात हो चुकी थी। वाजपेयी के साथ इस पर हस्ताक्षर करने वाले पाकिस्तानी नेता अब सत्ता में नहीं थे, जिन्हें जनरल मुशर्रफ़ ने अपदस्थ कर दिया था। और 14 जुलाई को भारत आने से पहले, खुद को पाकिस्तान के राष्ट्रपति के रूप में स्थापित कर लिया था। महज़ दो वर्षों में राजनीतिक परिदृश्य पूरी तरह से बदल चुका था और जैसा कि जसवंत सिंह ने कहा था कि दुर्भाग्य से करगिल में मारे गए सैनिकों की लंबी लिस्ट में 'स्थायी रूप से अनाथ पाकिस्तान के अनुभवहीन लोकतंत्र' की हत्या भी शामिल हो गई थी। इतना ही नहीं, मुशर्रफ़ ने ही 1999 की सर्दियों में भारत में घुसपैठ का आदेश दिया था जो किसी भी हद तक जाकर कश्मीर मुद्दे को अंतरराष्ट्रीय मंच पर उठाना चाहते थे।

लेकिन राजनीति शास्त्र के छात्र रह चुके, वाजपेयी भी अच्छी तरह जानते थे कि 'अगर आप शांति चाहते हैं, तो आपको दोस्तों से नहीं, अपने दुश्मनों से बात करनी चाहिए।' उनके सामने एक नहीं कई चिंताएँ थीं। लंबी बातचीत और इस समझौते के बाद भी कि सुरक्षा बल बिना उकसावे के नुक़सान पहुँचाने वाली कोई कार्रवाई नहीं करेंगे, कश्मीर में उत्पात फिर से शुरू हो गया था।

उच्च स्तर की बातचीत के बाद, भारत ने पाकिस्तान की तरफ़, एक बार फिर दोस्ती का हाथ बढ़ाने का फ़ैसला किया। मुशर्रफ़ के साथ होने वाली बातचीत को सफल बनाने की तैयारियों के एक हिस्से के तौर पर, भारत ने कई तरह के क़दम उठाए, जिनमें भारतीय शैक्षणिक संस्थानों में पाकिस्तानी छात्रों को स्कॉलरशिप देने, भारतीय समुद्री सीमा में घुस आने वाले मछुआरों की जेल से रिहाई, दोनों देशों के कलाकारों और लेखकों के बीच मुलाक़ात जैसी कई बातें शामिल थीं। इस तरह के

उपायों के बाद हुए मुशर्रफ़ के दौरे पर दुनिया की नज़रें टिकी थीं।

मुशर्रफ़ जिस दिन दिल्ली पहुँचे, वे उस दिन रस्मी समारोहों में शामिल हुए। महात्मा गाँधी को श्रद्धांजलि देने राजघाट गए जहाँ महात्मा गाँधी का अंतिम संस्कार किया गया था और वहीं उनकी समाधि है। पाकिस्तान उच्चायोग में उनका स्वागत किया गया, और वह नहरवाली गली से भी गुज़रे जहाँ पाकिस्तान के राष्ट्रपति का परिवार बँटवारे से पहले रहता था और बँटवारे के बाद पाकिस्तान चला गया था।

साल 2001 की 15 जुलाई को, मुशर्रफ़ समेत भारत आया प्रतिनिधिमंडल आगरा के लिए निकला जहाँ के लग्ज़री होटल अमरविलास में उन्हें ठहराया गया। उस दिन दोनों नेताओं के बीच उच्च-स्तरीय बातचीत हुई। अगली सुबह क़रीब नौ बजे, अमरविलास के रीगल बालरूम में मुशर्रफ़ कुछ चुनिंदा वरिष्ठ संपादकों से मिले। मीडिया से बातचीत में, उन्होंने चिंता जताई कि कुछ भारतीय नेता कश्मीर मुद्दे को महत्त्व नहीं दे रहे हैं। उन्होंने कहा कि भारत की सूचना-प्रसारण मंत्री, सुषमा स्वराज को जब उन्होंने मीडिया से सारे मुद्दों पर बातचीत करते सुना, जिनमें व्यापार, सीमा-पार से आतंकवाद, परमाणु मुद्दे, युद्धबंदियों के मुद्दे थे, बस कश्मीर विवाद नहीं था, जबकि भारतीय प्रधानमंत्री के साथ बातचीत में वह मुख्य मुद्दा था, तो उन्हें बड़ा सदमा पहुँचा। मुशर्रफ़ ने इस बात पर ज़ोर दिया कि कश्मीर मुख्य मुद्दा है और उस क्षेत्र में शांति को सुनिश्चित करने के लिए इसे सभी प्रकार से हल किया जाना चाहिए। स्पष्ट रूप से वह उस समय चिढ़ गए थे जब दिल्ली में आडवाणी ने उनसे कुख्यात अंडरवर्ल्ड डॉन दाऊद इब्राहिम के पाकिस्तान में होने को लेकर सवाल कर दिया था। मुशर्रफ़ हैरान रह गए लेकिन उन्होंने उस आरोप को ख़ारिज कर दिया था।

पैंतीस संपादकों के साथ मुलाक़ात में मुशर्रफ़ की जबान कैंची की तरह चल रही थी। यह मुलाक़ात क़रीब डेढ़ घंटे तक चली। भारतीय टीम इस राजनयिक चूक को नज़रअंदाज़ नहीं करना चाहती थी। भाग्य से, आगरा शिखर सम्मेलन विफल हो गया क्योंकि दोनों देशों के विदेश मंत्री साझा बयान पर सहमत नहीं हो सके। इसके मसौदे को भारतीय नेतृत्व ने ख़ारिज कर दिया।

लौटते समय सिगार पीते हुए निकल रहे मुशर्रफ़ चिड़चिड़े दिख रहे थे। बाद में उन्होंने बातचीत के विफल होने का ठीकरा गृह मंत्री आडवाणी पर फोड़ दिया। उन्होंने दावा किया, 'मैंने आगरा (2001 में), छोड़ते समय वाजपेयी साहब को बताया : आज आप और मैं दोनों ही अपमानित किए गए हैं क्योंकि कोई है जो हम से ऊपर है, हम से ऊपर बैठ कर हम जो तय कर रहे हैं उस पर वीटो लगा सकता है।' "लेकिन कुछ साल बाद, उन्होंने आडवाणी को नहीं बल्कि एक और व्यक्ति, विवेक काटजू को खेल बिगाड़ने का ज़िम्मेदार ठहराया, जो तब विदेश मंत्रालय के ईरान-पाकिस्तान-अफ़गानिस्तान डिविजन में संयुक्त सचिव थे। काटजू

ने इस आरोप पर कोई जवाब नहीं दिया था। साफ़ तौर पर, करगिल युद्ध के बाद का माहौल बेहद गर्म था, और मुशर्रफ़ की ओर से 'सस्ती लोकप्रियता' की रणनीति उस शिखर सम्मेलन के लिए घातक सिद्ध हुई। वह दूसरों पर आरोप मढ़ सकते हैं, लेकिन बातचीत के विफल होने की कुछ ज़िम्मेदारी तो उन्हें भी स्वीकार करनी होगी।

अफ़सरों का कहना था कि मुशर्रफ़ को वाजपेयी के तौर-तरीक़े, उनकी लंबी ख़ामोशी और ध्यान से सुनने की आदतों की जानकारी नहीं थी। उन्हें लगा कि अधिकारियों के सामने या फिर उनकी ग़ैर-मौजूदगी में आमने-सामने की बातचीत में उन्हें जो कुछ भी कहा, उस पर भारतीय पीएम ने चुप्पी साधे रखी क्योंकि वह मुशर्रफ़ की बेबाकी से प्रभावित हुए थे। मुशर्रफ़ ने वाजपेयी को कम आँक कर अपना ही नुक़सान किया। असल में वाजपेयी ने ही आख़िरी फ़ैसला किया था। यह कि अगर भारत को जिन मुद्दों को लेकर समस्या है उन पर ज़ोर नहीं दिया गया, और पिछले समझौतों का सम्मान नहीं हुआ तो साझा बयान जारी नहीं होगा।

पाकिस्तान साल 2001 और 2002 की शुरुआत में भारत को निशाना बनाता रहा। शायद उसका हौसला परमाणु हैसियत के कारण बढ़ा हुआ था, जिसने उसे खुल्लम-खुल्ला युद्ध से कुछ हद तक बचा रखा था। सबसे दुस्साहसी हमला 13 दिसंबर 2001 को हुआ, जिसे लश्कर-ए-तैयबा और जैश-ए-मोहम्मद के आतंकियों ने अंजाम दिया। सुबह 11.30 बजे फ़र्ज़ी एंट्री पास लगी एक कार में सवार होकर पाँच हथियारबंद आतंकी नई दिल्ली में संसद परिसर में दाख़िल हुए। इसके बाद हुई गोलीबारी में, सभी पाँच आतंकवादी मारे गए। उनमें से एक ने अपनी कमर में बंधे बमों से धमाका किया। पाकिस्तान ने तुरंत इस हमले की निंदा की, लेकिन भारत ने इसके लिए पाकिस्तान को ज़िम्मेदार बताया, जिससे तनाव और बढ़ गया। भारत ने लगभग एक साल के लिए सीमा पर सैनिकों की भारी तैनाती कर दी जिसे ऑपरेशन पराक्रम के नाम से जाना गया। पाकिस्तान की ओर से राज्य-प्रायोजित आतंकवाद से मुक़ाबला करने के लिए नई दिल्ली ने नए क़ानून भी पारित किए। साल भर बाद संसद के संयुक्त सत्र में आतंकवाद निवारण अधिनियम (पोटा) को पास कर दिया गया।

आगरा शिखर सम्मेलन के ठीक बाद, वाजपेयी को घरेलू मुद्दों से भी जूझना पड़ा। भले ही उन्हें सीधी चुनौती किसी से नहीं मिल रही थी, फिर भी उन्हें लग रहा था कि भाजपा में उनका महत्त्व धीरे-धीरे कम हो रहा है। साल 2001 के मध्य में, पार्टी के भीतर अपने विरोधियों का मुँह बंद करने के लिए, वाजपेयी ने धमकी दी कि वह प्रधानमंत्री पद से इस्तीफ़ा दे देंगे। उस साल जुलाई के आख़िर में, जब भाजपा के सांसद पीसीओ-एसटीडी बूथों के आवंटन को लेकर उनके मंत्री रामविलास पासवान के विरोध में खड़े हो गए थे, तब भाजपा ने जसवंत सिंह को संकेत दिया

था कि वह बोलना चाहते हैं। भाजपा नेता प्रमोद महाजन जानना चाहते थे कि वह क्या कहना चाहते हैं, और जब जसवंत सिंह ने पता लगाया, तो उन्हें चौंकाने वाला जवाब मिला। हैरान-परेशान महाजन जब तक हालात को क़ाबू में करने की कोशिश करते, तब तक वाजपेयी ने बोलना शुरू कर दिया था : 'मुझे लगता है कि मैं एनडीए को एकजुट रखते हुए नहीं चला सकूँगा और प्रधानमंत्री होने के नाते मैं इसकी पूरी ज़िम्मेदारी लेता हूँ। मैं पद छोड़ना चाहता हूँ और आप लोग मेरी जगह पर किसी और को चुन लें। मुझे बताया गया कि मैं बूढ़ा हो गया हूँ और बीमार भी रहता हूँ। इससे पहले कि लोग कहें कि मुझे चले जाना चाहिए, मैं अपने आप ही रिटायर होना चाहता हूँ।' वाजपेयी भाजपा के 200 में से लगभग अस्सी सांसदों को संबोधित कर रहे थे जो संसद की एनेक्सी में इकट्ठा हुए थे। अपनी बात समाप्त करने के बाद वह बाहर निकल गए। स्वपन दासगुप्त जैसे राजनीतिक विश्लेषकों का मानना था कि कई कारणों से उन्हें ऐसा क़दम उठाने के लिए मजबूर होना पड़ा। उनमें से एक आडवाणी की बढ़ती लोकप्रियता थी। हालाँकि, आख़िर में भाजपा के आला नेताओं ने वाजपेयी को मना लिया।

***

7 अप्रैल, 2002। वाजपेयी चिंतन की मुद्रा में थे जब उन्होंने सिंगापुर और कंबोडिया की अपनी पाँच दिन की आधिकारिक यात्रा से पहले संवाददाताओं से बातचीत की। उन्होंने मीडिया को बताया कि उनका दौरा दक्षिण-पूर्व एशियाई देशों के संघ (आसियान) और एशिया-प्रशांत क्षेत्र पर भारत की पैनी नज़र को दर्शाता है।

उनका आधिकारिक बयान इस प्रकार था :

> विविध आर्थिक, वैज्ञानिक और प्रौद्योगिकी के क्षेत्र में सहयोग तथा नियमित उच्च-स्तरीय बातचीत से सिंगापुर के साथ हमारे राजनीतिक और आर्थिक संबंध मज़बूत हुए हैं। मुझे उम्मीद है कि मैं प्रधानमंत्री गोह चोक टॉन्ग तथा सिंगापुर के अन्य नेताओं के साथ विभिन्न द्विपक्षीय और क्षेत्रीय महत्त्व के मुद्दों पर बातचीत कर सकूँगा। मुझे सिंगापुर के कारोबार तथा व्यवसाय जगत के सभी प्रकार के प्रतिनिधियों से बातचीत का अवसर भी मिलेगा। दक्षिण-पूर्व एशियाई अध्ययन के संस्थान में वार्षिक सिंगापुर व्याख्यान में, मैं आसियान और एशिया-प्रशांत क्षेत्र को लेकर भारत के दृष्टिकोण को रखूँगा।
>
> कंबोडिया के साथ, हम अपने पारंपरिक ऐतिहासिक संबंधों का नवीनीकरण करेंगे जो गुट-निरपेक्ष आंदोलन में हमारी समान सदस्यता तथा अनेक वैश्विक मुद्दों पर हमारे दृष्टिकोण की समानता के कारण स्वतंत्रता

> प्राप्त करने के बाद के युग में और भी समृद्ध हुए हैं। महामहिम किंग नरोदम सिंहानुक और प्रधानमंत्री हुन सेन के साथ मैं द्विपक्षीय और क्षेत्रीय मुद्दों पर अपनी राजनीतिक बातचीत को सुदृढ़ करने के लिए उठाए जाने वाले क़दमों पर चर्चा करूँगा, जिससे हमारे आर्थिक सहयोग में नई जान फूँकी जा सके और हमारा आध्यात्मिक तथा सांस्कृतिक लगाव और बढ़े।
>
> मैं सिएम रीप स्थित उस मशहूर मंदिर परिसर को देखने जा रहा हूँ, जहाँ अंकोर वाट का मंदिर है।

टेक-ऑफ़ के कुछ ही देर बाद, विमान में सवार रंजन भट्टाचार्य वाजपेयी के विनिवेश मंत्री अरुण शौरी के पास आए। 'शौरीजी, चलिए उनसे मिलकर आते हैं। बापजी बड़े गुस्से में हैं।'

शौरी ने देखा कि पीएम नाराज़ हैं और उनका चेहरा लटका हुआ और गंभीर मुद्रा में हैं। ऐसा लगा जैसे उनका राजपाट छिन गया हो।

जल्दी ही, शौरी को समझ आ गया कि पीएम एक बहुत बड़ी वजह : गुजरात से नाराज़ थे।

27 फ़रवरी 2002 को, गोधरा में मुस्लिम आबादी वाले इलाक़े के कुछ लोगों ने साबरमती एक्सप्रेस की कुछ बोगियों में आग लगा दी थी। इस ट्रेन में तीर्थाटन के लिए प्रसिद्ध शहर, अयोध्या से आने वाले तीर्थयात्री सवार थे। भयंकर दंगे भड़के गए, जिसमें ज़्यादातर मुसलमानों को निशाना बनाया गया। एक हफ़्ते तक हिंसा जारी रही।

गुजरात में मार-काट और लूटपाट ने वाजपेयी का नाम ख़राब किया था। ऐसा इस कारण भी हुआ था क्योंकि गुजरात में भाजपा का शासन था, जहाँ एक ऐसा मुख्यमंत्री कुर्सी पर बैठा था जिसने कथित तौर पर हिंसा पर क़ाबू पाने के लिए पर्याप्त क़दम नहीं उठाए थे। वाजपेयी पर आरोप लग रहे थे कि वह मुख्यमंत्री नरेंद्र मोदी को हटाने में विफल रहे, जिन्होंने कथित तौर पर उस मुस्लिम नेता को फ़ोन पर डाँट दिया था जिसने उस वक़्त उन्हें मदद के लिए फ़ोन किया था जब उसके घर के बाहर भीड़ इकट्ठा हो गई थी। कुछ घंटे बाद, भीड़ ने उस मुस्लिम नेता की पीट-पीटकर हत्या कर दी, और आरोप है कि मोदी ने पुलिस बल से कहा था कि हिंसा को जारी रहने दो।

उस समय, मोदी उस विलेन की तरह थे जिसके कारण केंद्र सरकार को भारी शर्मिंदगी झेलनी पड़ी। मोदी ने एक प्रेस कॉन्फ़्रेंस में सार्वजनिक रूप से वाजपेयी को झड़पने की भी हिम्मत दिखाई थी जहाँ वह प्रधानमंत्री के साथ बैठे थे। रिपोर्टर ने वाजपेयी से पूछा था कि दंगों के बाद वह मुख्यमंत्री से क्या कहना चाहेंगे। नियंत्रित नाखुशी के साथ, वाजपेयी ने कहा था कि मोदी को 'राजधर्म का पालन करना

चाहिए।' उन्होंने बताया कि राजधर्म एक सारगर्भित शब्द है, और सत्ता में बैठे किसी व्यक्ति के लिए, इसका अर्थ यह है कि वह समाज में उच्च और निम्न वर्ग के लोगों के बीच या किसी भी धर्म के लोगों के साथ भेदभाव न करे। वाजपेयी को अपने बारे में कुछ तीखा कहने से रोकने की कोशिश में, मोदी वाजपेयी की ओर मुड़े, प्रयास किया कि उनकी नज़र उनसे मिले और धमकी भरे अंदाज़ में कहा, *'हम भी वही कर रहे हैं, साहब।'* वाजपेयी के सुर अचानक बदल गए और उन्होंने कहा, 'मुझे विश्वास है नरेंद्र भाई भी वही कर रहे हैं।' भारत में क़ानून-व्यवस्था का मामला राज्य के अधिकार क्षेत्र में आता है। जाँच टीमों और अदालतों ने मोदी को अब इन आरोपों से बरी कर दिया है। लेकिन ऐसी किताबें प्रकाशित हुई हैं जिनमें बताया गया है कि साक्ष्यों को कैसे मिटाया गया।

अप्रैल में अपने तीन दिनों के विदेश दौरे से पहले, जब वाजपेयी अहमदाबाद के शाह आलम कैंप में गए, जहाँ दंगों से विस्थापित हुए 9000 मुसलमानों को रखा गया था, तब एक महिला की बात सुनकर वह भावुक हो गए जिसने कहा था कि उनका जीवन नर्क बन गया है जिससे अब वही उन्हें बचा सकते हैं।

वाजपेयी अब सिंगापुर की उड़ान पर थे, और उन्हें यह चिंता सता रही थी कि देश के बाहर उन्हें और भी अधिक अपमान का सामना करना पड़ेगा। उनकी व्यथा यह थी : ऐसे समय में मुझे विदेश क्यों जाना पड़ रहा है?

शौरी ने पीएम को सुझाव दिया कि वह आडवाणी से बात करें, जो अब उप प्रधानमंत्री बन चुके थे। उनसे इस परिस्थिति से निपटने की संभावनाओं पर बात करें, चाहे इसके लिए मोदी को हटाना ही क्यों न पड़े। लेकिन उस 'समझाने-बुझाने' वाली बातचीत के बाद भी, वाजपेयी के चेहरे पर खुशी नहीं थी। उन्होंने शौरी से कहा कि वह इस बारे में आडवाणी से बात करेंगे।

वे सिंगापुर पहुँचे। पहले दिन कई प्रकार की व्यस्तता थी, जिनमें गणमान्य व्यक्तियों के साथ रस्मी मुलाक़ातें शामिल थीं। उनमें पूर्व शासक ली कुआन यू से मुलाक़ात भी शामिल थी।

गुजरात का मुद्दा सिंगापुर दौरे के तीसरे और आख़िरी दिन एक इंटरव्यू में सामने आया। जिस पत्रकार ने वाजपेयी से सवाल किया उसने पहले बताया कि सिंगापुर के लोगों को सांप्रदायिक दंगों की जानकारी है। उसका इशारा साफ़ तौर पर गुजरात के हाल के दंगों की तरफ़ था जो भाजपा के शासन में हुए थे। फिर उसने अपना सवाल दागा : 'और भारत में इस प्रकार की घटनाएँ इक्का-दुक्का नहीं हैं, बल्कि कई बार घटी हैं। इस संबंध में सिंगापुर भारत से क्या सीख सकता है और आप क्या बता सकते हैं?'

उत्तर देने से पहले वाजपेयी कुछ देर तक मौन रहे और दाहिने हाथ से अपने माथे को खुजाया, जिससे गुजरात के दंगों को लेकर उठने वाले सवालों पर उनकी मुश्किल साफ़ तौर पर सामने आ जाती थी। फिर, नपे-तुले शब्दों और पूरी तरह से आधिकारिक बयान लगने वाले शब्दों में, उन्होंने कहा, 'भारत में जो भी हुआ वह दुर्भाग्यपूर्ण था। दंगों को नियंत्रित कर लिया गया है। यदि गोधरा स्टेशन पर, साबरमती एक्सप्रेस के यात्रियों को ज़िंदा नहीं जलाया जाता, तो शायद गुजरात की त्रासदी को टाला सकता था। यह साफ़ है कि इस घटना के पीछे कोई साज़िश थी। चिंता की बात यह भी है कि इस साज़िश को लेकर पहले से कोई खुफ़िया जानकारी नहीं थी। लोकतंत्र में सतर्कता आवश्यक होती है। हम सतर्क हैं। और कोई भी यदि छोटी-छोटी घटनाओं को अतीत की तरह अनदेखा नहीं करता, तो निश्चित रूप से वह आतंकवाद से लड़ने में सफल होगा।'

स्पष्ट रूप से, वह बचाव की मुद्रा में थे, और उस मुद्दे ने उन्हें बेहद परेशान कर रखा था।

भारत के प्रधानमंत्री की असहज स्थिति को भाँपते हुए, इंटरव्यू करने वाले ने बातचीत को वाजपेयी के कवित्व के कौशल की दिशा में मोड़ दिया। इंटरव्यू करने वाले ने उन्हें आगरा सम्मेलन के बाद दिए गए उनके बयान की याद दिलाई, जिसमें उन्होंने कहा था कि वह फिर से कविताएँ लिखेंगे। 'क्या अब आपकी ऐसी कोई योजना है?'

वाजपेयी ने संभलते हुए कहा, 'नहीं, आगरा के नतीजे अच्छे नहीं थे। मुझे वहाँ से ऐसी कोई प्रेरणा नहीं मिली कि मैं कोई कविता लिखूँ।'

इंटरव्यू जब पाकिस्तान की ओर जाने लगा, तब वाजपेयी धीरे-धीरे अपनी सहज स्थिति में आए। शांति की बातचीत पर किए गए एक सवाल का जवाब उन्होंने अपनी चिरपरिचित व्यंग्यात्मक शैली में दिया, 'हम हमेशा से ही बातचीत के पक्ष में रहे हैं। मैं लाहौर गया था, लेकिन इसके बदले करगिल मिला। फिर भी हमने जनरल मुशर्रफ़, को आगरा बुलाया, लेकिन ताज महल की खूबसूरती माहौल को बेहतर नहीं बना सकी। भारत हमेशा से ही बातचीत के पक्ष में रहा है। हम सभी मुद्दों पर बातचीत करना चाहते हैं लेकिन माहौल को पहले सकारात्मक बनाना होगा। आपसी विश्वास का एक संकट है। आख़िर किस कारण बातचीत की जाए? सिर्फ़ बातचीत करने के लिए? या फिर जिन तत्वों के कारण दोनों देशों के बीच संबंध बिगड़ते हैं, पहले उन्हें समाप्त करने के लिए बातचीत होनी चाहिए? मुझे विश्वास है कि पाकिस्तान की नीति बदलेगी, और भविष्य हम फिर से अच्छे पड़ोसियों की तरह रह सकेंगे।'

प्रतिनिधिमंडल उस दिन कंबोडिया के लिए निकलता, उससे पहले ही शौरी ने वाजपेयी से पूछा कि क्या उनकी बातचीत आडवाणी से हुई है। प्रधानमंत्री परेशान

दिख रहे थे, लेकिन उन्होंने बताया कि उनकी बातचीत अब तक आडवाणी से नहीं हुई है, जो मोदी के गुरु हैं।

उसी दिन, 9 अप्रैल को, वाजपेयी की मुलाक़ात कंबोडिया के प्रधानमंत्री हुन सेन तथा अन्य अधिकारियों से हुई। उन्होंने नोम पेन में हुए समारोह में भाषण भी दिया। अगले दो दिनों तक, प्रधानमंत्री ने अपने कंबोडियाई समकक्ष के साथ अनेक समझौतों पर दस्तख़त किए, और ऐलान किया कि भारत कंबोडिया के लोगों, विशेष रूप से बाढ़-पीड़ितों के लिए 10,000 टन चावल देगा। वह प्रसिद्ध अंकोर वाट मंदिर भी गए, जहाँ शौरी ने पाया कि वाजपेयी का ध्यान कहीं और है और वह ख़यालों में खोए हैं। उन्होंने एक बार फिर वाजपेयी से पूछा कि उनकी बात आडवाणी से हुई या नहीं। उन्होंने ना में ही जवाब दिया।

वाजपेयी के नेतृत्व वाला भारतीय शिष्टमंडल 11 अप्रैल को लौट आया। अगले दिन, भाजपा के वरिष्ठ नेता गोवा में होने वाली राष्ट्रीय कार्यकारिणी की बैठक में शामिल होने वाले थे।

शौरी घर गए और स्नान किया। वह एक किताब पढ़ रहे थे तभी उन्हें ब्रजेश मिश्रा का फ़ोन आया। उन्होंने पूछा कि वह गोवा का टिकट ले चुके हैं या नहीं। शौरी ने कहा कि वह ले चुके हैं। 'प्लीज़ उन्हें कैंसिल कर दें। आप प्रधानमंत्री और उप प्रधानमंत्री के साथ पीएम के विमान में जाएँगे।' मिश्रा ने इस बात पर ज़ोर देते हुए कहा कि अगर वह नहीं गए, तो वाजपेयी और आडवाणी अकेले में विमान में कोई बात नहीं करेंगे।

शौरी जब विमान में सवार हुए, तब वाजपेयी पहले ही खिड़की के किनारे बैठे थे, और उनके सामने टेबल के उस पार खिड़की वाली सीट पर आडवाणी बैठे थे। विदेश मंत्री, जसवंत सिंह भी वहाँ थे।

विमान ने उड़ान भरी और कुछ मिनटों बाद, वाजपेयी ने टेबल से एक अख़बार उठाया और उसे इस तरह पूरी तरह खोलकर अपने सामने कर लिया कि उन्हें आडवाणी का चेहरा बिलकुल भी न दिखाई दे। कुछ देर बाद, आडवाणी ने भी एक अख़बार उठाया और पढ़ने लगे। शौरी और जसवंत सिंह ने एक दूसरे को देखा और गहरी साँस ली।

फिर शौरी ने अचानक ऐसा कुछ किया जिस पर वह खुद भी हैरान थे। उन्होंने वाजपेयी के हाथ से अख़बार को खींचा और कहा, 'वाजपेयी जी, अख़बार बाद में भी पढ़ा जा सकता है। आप आडवाणी जी से कह क्यों नहीं देते जो कहना चाहते हैं?'

वाजपेयी ने अख़बार नीचे रख दिया, और अपने ही अंदाज़ में उन्होंने कह दिया जो कुछ कहा जाना था। पहला, वेंकैया नायडू भाजपा अध्यक्ष के रूप में जना कृष्णमूर्ति की जगह लेंगे। फिर उन्होंने कहा, 'मोदी को जाना होगा।' विमान जब तक

गोवा में उतरा, तब तक फ़ैसला हो चुका था : मोदी हटाए जाएँगे।

इस घटना पर जसवंत सिंह का कहना कुछ और ही है। उन्होंने बताया कि वाजपेयी ने जब कहा कि मोदी को जाना होगा, तब आडवाणी ने उनका विरोध नहीं किया, फिर बाद में कहा, 'राज्य में अराजकता फैल जाएगी।'

***

आठ महीने पहले, सितंबर 2001 के आख़िर में, अंदरूनी सिरफुटौव्वल के बाद, यह तय किया गया था कि केशुभाई पटेल को हटाकर मोदी को गुजरात का मुख्यमंत्री बनाया जाएगा।

1 अक्टूबर को, वाजपेयी ने मोदी को दिल्ली आकर मिलने को कहा, जहाँ मोदी ने अपने पिछले तीन साल बिताए थे। पिछली मुलाक़ात से लेकर अब तक मोदी का शरीर थोड़ा भारी हो गया था। वाजपेयी ने कुछ ज़्यादा ही 'पंजाबी भोजन' को लेकर उनसे मज़ाक़ किया था और फिर काम की बात पर आ गए थे। वाजपेयी ने मोदी से कहा कि उन्हें गुजरात का मुख्यमंत्री बनाकर भेजा जा रहा है ताकि वह राज्य को 2002 में होने वाले चुनाव के लिए तैयार कर सकें। मोदी ने तुरंत ही 'ना' में जवाब दे दिया। वाजपेयी अपनी बात पर अड़े रहे क्योंकि केशुभाई प्रशासन से जनता नाराज़ थी क्योंकि राज्य के लोगों को लगता था कि 2001 के भूकंप के बाद उसने लोगों के लिए कुछ भी नहीं किया। सरकार के कुछ लोग भ्रष्ट बिल्डरों के साथ मिल गए थे और घटिया स्तर के निर्माण में संलिप्त थे। उनमें से कुछ के सिर पर केशुभाई का हाथ था। मोदी ने वाजपेयी से कहा कि चूँकि वह महासचिव के रूप में दिल्ली में रहकर कई राज्यों के प्रभारी की भूमिका निभाते रहे हैं, इस कारण स्थानीय राजनीति से वह कट गए हैं।

फिर भी वह राज्य में हर महीने दस दिन बिताने के लिए तैयार थे। हालाँकि, जब उनके गुरु आडवाणी ने उन्हें समझाया, तब थोड़ी देर बाद वह सीएम का पद स्वीकार करने के लिए तैयार हो गए। आडवाणी जानते थे कि मोदी में प्रशासनिक अनुभव की कमी थी, लेकिन वह उन्हें बहुत पसंद करते थे।

आख़िरकार, 7 अक्टूबर 2001 को मोदी को गुजरात के मुख्यमंत्री पद की शपथ दिलाई गई।

***

अप्रैल 2002 में पणजी में राष्ट्रीय कार्यकारिणी की बैठक शुरू हुई। कुछ देर बाद, मोदी मंच पर आए और कहा कि दंगों के मुद्दे पर वह मुख्यमंत्री पद को छोड़ना चाहते हैं। तुरंत ही, हर तरफ़ से लोग उठ खड़े हुए और कहा कि ऐसा करने की

कोई ज़रूरत नहीं है। यह सबकुछ योजनाबद्ध तरीक़े से किया गया था या नहीं, इस बारे में शौरी निश्चित तौर पर कुछ नहीं कह सकते, लेकिन, उनके अनुसार, वाजपेयी को लगा कि यह विद्रोह है।

जैसे ही यह अहसास हुआ कि सबकुछ योजना के मुताबिक़ नहीं हो रहा था, शौरी उठे और उन्होंने बताया कि विमान में आडवाणी और वाजपेयी के बीच क्या बातचीत हुई थी और कैसे उसके बाद उस फ़ैसले पर सहमति बनी थी, लेकिन प्रतिनिधियों की नारेबाजी चलती रही : 'हम ऐसा होने नहीं देंगे! मोदी को हटाना ठीक नहीं!'

वाजपेयी ने फ़ौरन हालात को भाँप लिया, और कहा, 'इस पर बाद में फ़ैसला लेंगे।'

किसी ने ज़ोर से कहा, 'इस पर बाद में फ़ैसला नहीं हो सकता, इस पर अभी फ़ैसला होना चाहिए।' और इसी तर्ज पर नारेबाज़ी शुरू हो गई।

शौरी ने ग़ौर किया कि आडवाणी ने अब तक कुछ नहीं कहा था जबकि वह अच्छी तरह जानते थे कि वाजपेयी मोदी को हटाने के पक्ष में थे।

मामले को अलग ही मोड़ लेते देख, वाजपेयी चुप रह गए और उन्होंने टकराव के रास्ते को छोड़ दिया। शायद अपनी सारी बहादुरी के बावजूद, वह इस बात को लेकर चिंतित थे कि युवा नेता सार्वजनिक रूप से उनकी सत्ता को चुनौती दे रहे हैं।

वह इस अपमान को कभी भूल नहीं सके।

***

1970 के दशक के बाद, वाजपेयी एक के बाद एक कई स्वास्थ्य समस्याओं से घिर गए। इनमें उनके पीठ का दर्द और एक गुर्दे में आई ख़राबी शामिल थी जिसे सर्जरी के बाद हटाना पड़ा था। नई सदी में भी उनकी स्वास्थ्य समस्याएँ बनी रहीं। साल 2000 में, सेलिब्रिटी सर्जन चितरंजन सिंह राणावत ने मुंबई के ब्रीच कैंडी हॉस्पिटल में प्रधानमंत्री के घुटने की सर्जरी की, जिसकी चर्चा मीडिया में छाई रही। इसके बाद भी समस्याएँ बनी रहीं। 2003 में, वाजपेयी ने ब्रेन स्कैन से इनकार कर दिया क्योंकि उन्हें 'मशीन के अंदर जाने' से डर लगता था। यदि पीछे पलट कर देखें, तो उस समय उन्होंने ऐसा किया होता, तो डॉक्टरों को पहले ही बीमारियों का पता चल गया होता, और 2009 में वह उस पक्षाघात से बच गए होते जिसके कारण उनके बोलने की क्षमता समाप्त हो गई।

जून 2002 में, *टाइम* मैगज़ीन ने वाजपेयी की कथित स्वास्थ्य समस्याओं को लेकर कई बातें खुल्लम-खुल्ला लिख दीं। बताया जाता है कि सारी जानकारी

आडवाणी कैंप के एक वरिष्ठ भाजपा नेता ने लेखक एलेक्स पेरी को दी थी। एक अंतरराष्ट्रीय पत्रिका में छपी ख़बर को देख कर वाजपेयी ख़ुद भी बहुत दुखी हुए क्योंकि इसने उनकी छवि को धूमिल किया और 'परमाणु हथियारों पर नियंत्रण' रख पाने की उनकी क्षमताओं पर सवाल उठाया था। इसके माध्यम से उस व्यक्ति की एक नकारात्मक छवि पेश की गई थी जो दो साल बाद चुनावों में अपनी पार्टी का नेतृत्व करने वाला था। उस ख़बर का पहला पैराग्राफ़ मिसाल के तौर पर पेश है :

> जवानी के दिनों में वह पियक्कड़ की तरह पिया करते थे और 74 की उम्र में भी रात को व्हिस्की के एक या दो जाम का लुत्फ़ उठाते हैं। भारत का यह नेता अपने घुटनों (जिन्हें गठिया के कारण बदल दिया गया था) के लिए दर्दनिवारक दवाएँ लेता है और उसके मूत्राशय, जिगर तथा बाक़ी बचे एक गुर्दे में समस्या है। तले हुए भोजन और वसा से भरपूर मिठाइयों के प्रति उनका प्रेम उनके कॉलेस्ट्रॉल को बिगाड़कर रख देता है। अपने डॉक्टरों की सलाह पर वह हर दिन दोपहर के समय तीन घंटे तक सोते हैं। इसके साथ ही, उन्हें लंबी-लंबी चुप्पियों, दिमाग़ के ऊपर से निकलने वाली बड़बड़ाहटों और बैठकों में अक्सर सो जाने की समस्या है।'

एक और पैराग्राफ़ देखिए :

> इस कारण, अटल बिहारी वाजपेयी परमाणु हथियारों पर नियंत्रण की दृष्टि से उपयुक्त उम्मीदवार नहीं होंगे, लेकिन चार साल तक दादा-नाना के उम्र और तजुर्बे वाले भारतीय प्रधानमंत्री ने इस महाद्वीप को युद्ध में जाने से बचाए रखा। इसके बावजूद कि वह हिंदू समर्थक भारतीय जनता पार्टी (भाजपा) के नेता हैं, जिसमें चरमपंथी भरे हैं, वाजपेयी ने पड़ोसी और प्रतिद्वंद्वी पाकितान के साथ शांति के प्रयासों को पूरी लगन के साथ आगे बढ़ाया। यहाँ तक कि 1999 में पाकिस्तान की सांस्कृतिक राजधानी की यात्रा भी की, जबकि अतीत के खूनी इतिहास को दफ़न करने और एक अच्छे माहौल को बनाने की शुरुआत की उनकी कोशिश रंग नहीं ला सकी। भारत-पाकिस्तान सीमा पर ऑपरेशन पराक्रम के दौरान भारी तादाद में सैनिकों की तैनाती के संबंध में, जो दिसंबर 2001 से अक्टूबर 2002 तक बनी रही, पर जब 10 लाख सैनिक एक-दूसरे के सामने पूरी तरह सतर्क खड़े हों, तो शांति संभव नहीं लग रही थी। उन जोखिम भरे दिनों के दौरान ही, वाजपेयी का नेतृत्व उतना भरोसा पैदा करता नहीं दिख रहा था। वह कमज़ोर अविवाहित व्यक्ति डगमगाया और खोया-खोया लगता है, वृद्ध साधु से कहीं ज़्यादा एक आम बूढ़ा आदमी। वह नाम भूल जाते हैं, यहाँ तक कि लंबे समय से सहयोगी रहे और वर्तमान विदेश मंत्री जसवंत

> सिंह का नाम भी याद नहीं रहता, और हाल की कई बैठकों में वह भ्रमित और विचलित दिखाई पड़े। पश्चिमी देश के एक विदेश मंत्री के साथ एक बैठक के बाद, उस बैठक में शामिल एक राजनयिक ने कहा कि वह 'आधे मृत' दिख रहे थे। श्रीनगर में शायद ही कभी कोई प्रेस कॉन्फ्रेंस होती है, लेकिन वहाँ भी पिछले महीने हुई प्रेस कॉन्फ्रेंस में प्रधानमंत्री पोडियम पर लड़खड़ाने लगे। भारतीय टीवी पत्रकारों से कहा गया कि वे उनके कमर से ऊपर की फ़िल्म बनाएँ ताकि यह दिखाई न दे कि उन्हें सवालों को समझने में किस तरह की दिक्कत आ रही है, और गृह मंत्री लालकृष्ण आडवाणी को बार-बार उनके कानों में फुसफुसा कर सवालों को समझाने की ज़रूरत पड़ रही थी। इसके बाद भी वाजपेयी सवालों के जवाब देने में गड़बड़ कर रहे थे। भाजपा के एक कार्यकर्ता ने कहा कि 'वह जब ठीक होते हैं तब उनका दिमाग़ तेज़ चलता है लेकिन ऐसा कुछ घंटों के लिए ही हो पाता है।' एक पश्चिमी राजनयिक ने इस बात को आगे बढ़ाया : 'उनके स्वास्थ्य को लेकर कई सारी बातें होती हैं। उनकी कुछ आदतें उनकी व्यक्तिगत शैली का हिस्सा हैं, लेकिन कुछ एक निश्चित तौर पर विचित्र सी हैं।' नवंबर 2003 में, वाजपेयी के साथ रूस की यात्रा पर जाने वाले पत्रकारों ने भी बताया कि भारतीय प्रधानमंत्री को राष्ट्रपति व्लादीमीर पुतिन के साथ बातचीत में कुछ भी समझ नहीं आ रहा था क्योंकि वह अपने सुनने की मशीन भारत में ही भूल आए थे।

इस तरह की बातों के बावजूद, उन लोगों को कहीं कोई शक नहीं था कि वाजपेयी की सतर्कता और अपनी सरकार तथा पार्टी के भीतर चल रही गतिविधियों का पता लगा लेने की उनकी क्षमता रत्ती भर भी कमी नहीं हुई है।

आडवाणी के उप प्रधानमंत्री बनने के कुछ महीनों के भीतर ही, वाजपेयी ने उन्हें अपने घर पर बुलाया था। आडवाणी को जब वाजपेयी के रेस कोर्स रोड स्थित आवास से आए फ़ोन पर बताया गया कि वह उनसे रात के नौ बजे मिलना चाहते हैं, जबकि जल्दी सोने वाले वाजपेयी के लिए वह आधी रात से कम नहीं था, तो वह हैरान रह गए।

वह जब वहाँ पहुँचे, तो प्रधानमंत्री ने उनसे एक वरिष्ठ पत्रकार को तुरंत बुलाने को कहा, जो वाजपेयी के जैसे ही व्यक्ति थे और अक्सर उनके घर पर उनका आना-जाना लगा रहता था। वाजपेयी एक अफ़वाह से नाराज़ थे जो लगातार फैल रही थी : यह कि उन्होंने उस समय के अपने एकमात्र प्रतिद्वंद्वी आडवाणी को 'लात मार दी है।' एनडीए के एक सहयोगी, नीतीश कुमार ऐसा कह रहे थे। कई अन्य सहयोगी कह रहे थे कि दिखावटी पद देकर आडवाणी के साथ अच्छा सलूक नहीं किया गया है, और इसके पीछे वाजपेयी की धूर्तता है।

वाजपेयी आडवाणी के सामने एक और खुलासा कर रहे थे : यह कि आडवाणी को प्रधानमंत्री की साजिशों का शिकार दिखाया जाए ताकि अंदर ही अंदर चल रहे किसी 'षड्यंत्र' को सही ठहराया जा सके। प्रधानमंत्री ने आडवाणी पर आरोप नहीं लगाया, लेकिन वह तेज़ी से फैल रही इन अफ़वाहों को लेकर चिंतित थे। उन्हें लग रहा था कि इन सबके पीछे कोई न कोई ज़रूर है।

केंद्रीय मंत्री ने वाजपेयी से कहा कि उन्हें इस बारे में ज़्यादा परेशान होने की ज़रूरत नहीं है। इस पर पीएम ने कहा कि वह बस बता रहे हैं कि एक योजना है जिसके तहत उन्हें पीएम पद से हटा कर आडवाणी को बिठाया जाएगा। वह नहीं जानते थे कि इसके पीछे कौन है, लेकिन उन्हें इस योजना पर यक़ीन हो गया था। इससे पहले आरएसएस के एक नेता ने उनसे कहा था कि वह भारत के राष्ट्रपति बन जाएँ, और पीएम की भूमिका आडवाणी के लिए छोड़ दें। उनकी कैबिनेट के दो मंत्रियों ने कहा था कि यदि वे ऐसे किसी प्रस्ताव को स्वीकार करते हैं तो दोनों मंत्री उप प्रधानमंत्री बनने के लिए तैयार हैं। वाजपेयी ने इस मंत्री से कहा, 'बन जाने दीजिए उन्हें। लेकिन चीज़ें उतनी आसान नहीं जितनी दिखती हैं। गठबंधन को चलाने की बात करना आसान है लेकिन चलाना मुश्किल। इसके लिए कई तरह के कौशल की ज़रूरत पड़ती है।'

आडवाणी वाजपेयी की शंकाओं को अफ़वाह बताकर घर लौट आए थे, लेकिन कई महीने बाद, उन्हें पता चला कि निश्चित तौर पर इस तरह का एक प्रस्ताव था और इसके पीछे जो लोग थे उन्हें 'मात दे दी गई थी।'

यशवंत सिन्हा जैसे मंत्री अक्सर कहते हैं कि वाजपेयी में अपनी सरकार और पार्टी के भीतर चल रही गतिविधियों की जानकारी रखने की क्षमता थी। कई बार, वह अड़ जाते थे और आरएसएस का कहा भी नहीं मानते थे। सिन्हा कहते हैं, 'उनमें यह एक गुण था। उन्हें सारी बातों की जानकारी रहती थी और वह जहाज़ के असली कप्तान थे। यही नहीं, वह एक सच्चे लोकतांत्रिक व्यक्ति थे, जिसके कारण वह कैबिनेट में चर्चाओं की अनुमति दिया करते थे।' चर्चा होती थी, लेकिन आख़िर में वाजपेयी की ही चलती थी।

एनसीपी के नेता शरद पवार ने भी कहा है कि निर्णय लेने और सही-ग़लत की बेहतरीन सूझ-बूझ की इस क्षमता के कारण ही वाजपेयी तमाम मुश्किलों से उबरते रहे। पवार कहते हैं, महत्त्वपूर्ण पदों पर नियुक्तियों जैसे मुद्दे पर निर्णय लेने के लिए वाजपेयी विपक्ष के नेताओं को भी बुलाया करते थे। उन्हें ऐसी ही एक बैठक की बात याद है जिसमें आडवाणी और उनके बीच एक महत्त्वपूर्ण पद के लिए किसी एक नाम पर सहमति नहीं बन पा रही थी। पवार की बात सुनने के बाद, वाजपेयी ने आडवाणी से कहा था, *'लालजी, हम लोग सत्ता में अभी आए हैं। इनको सत्ता का हमसे*

ज़्यादा तजुर्बा है। इनका कहना मान लेते हैं।' वाजपेयी में श्रेष्ठता और ज़िम्मेदारी की यही भावना थी जिसके कारण वह उस समय भी अपने मंत्रियों के समर्थन में खड़े रहते थे जब उनके मंत्रियों को सुधारों का विरोध करने वाले आरएसएस के सहयोगी संगठन, स्वदेशी जागरण मंच और भारतीय मजदूर संघ निशाना बनाया करते थे।

यह उनकी बौद्धिक स्वायत्तता के कारण ही हुआ कि वाजपेयी ने 2003 में अमेरिकी तथा अन्य देशों के सैनिकों के साथ-साथ भारतीय सैनिकों को इराक नहीं भेजा। अमेरिका की पैरवी करने वाले समर्थक और उनके अपने वरिष्ठ अधिकारी अमेरिका की इस दलील से सहमत हो गए थे कि भारत के लिए वैश्विक परिदृश्य पर छा जाने का यह सुनहरा अवसर है। वाजपेयी ने उन सभी की बात सुनी लेकिन इस बात पर अड़ गए कि भारत इस तरह के भू-राजनैतिक जाल में फँसने की बेवकूफी नहीं करेगा और अपने सैनिकों की बलि उस देश में चढ़ने नहीं देगा जिसके साथ उसके संबंध इतने अच्छे हैं।

***

प्रधानमंत्री के रूप में अपने कार्यकाल की समाप्ति के दौरान, वाजपेयी राजस्थान, छत्तीसगढ़ और मध्य प्रदेश जैसे राज्यों में मिली चुनावी जीत से उत्साहित थे, लेकिन उनके भीतर हवा के रुख़ को भाँपने और लोगों को समझने की जो शुरुआती क्षमताएँ थीं उनमें अब कमी दिख रही थी। सतर्क रहने के अपने व्यवहार के विपरीत, वह कुछ लोगों पर आँख मूँदकर भरोसा करने लगे थे। आडवाणी को लेकर भी वह थोड़ा अपमानजनक हो गए थे, और अक्सर अपने उप प्रधानमंत्री के लिए 'पंडारा पार्क' शब्द का इस्तेमाल करते थे, जो दिल्ली में उस स्थान का नाम है जहाँ साल 2002 में 30 पृथ्वीराज रोड पर शिफ़्ट करने से पहले आडवाणी रहा करते थे।

दोनों व्यक्तियों के बीच एक प्रकार का शीतयुद्ध चरम पर था जबकि पहले दोनों के संबंध बहुत अच्छे थे। उसी दौरान अयोध्या में मंदिर-मस्जिद के झगड़े को सुलझाने के लिए एक प्रस्ताव आया। यह मुद्दा कुछ समय तक ठंडे बस्ते में डाल दिया गया था। उस योजना की सफलता का श्रेय आडवाणी को मिल सकता था। निश्चित तौर पर, वाजपेयी के कुछ क़रीबी लोग इस संभावना को हज़म नहीं कर पा रहे थे।

1999 में आडवाणी ने गृह मंत्री का पद संभाल लिया था। उनके आशीर्वाद से एक छोटे से समूह ने अयोध्या के विवादित मुद्दे का समाधान ढूँढ़ने का काम शुरू कर दिया था। लगभग तीन साल तक इस काम को जारी रखने के बाद प्रगति के संकेत दिखने लगे। उपाय यह था कि ईरान से एक अयातुल्लाह यानी शिया मौलवी को लाया जाए जो उस विवादित स्थल पर अपना दावा पेश करें जहाँ बाबरी मस्जिद खड़ी थी। इस योजना का क़ानून की दृष्टि से यह लाभ था कि अगर इस पर शियाओं ने दावा

नहीं किया तो केवल सुन्नी ही इसके हक़दार रह जाएँगे। चूँकि शिया समुदाय से किसी ने भी इस पर अपना दावा पेश नहीं किया था, इसलिए मस्जिद की जगह पर सुन्नी बोर्ड ने दावा कर दिया था। नई योजना के पीछे तर्क यह था कि कुछ शियाओं से उस ज़मीन पर दावा पेश कराया जाए, जिसे अदालत में कोई भी सुन्नी बोर्ड चुनौती नहीं दे सकता। वहीं, सुन्नी बोर्ड आज भी मस्जिद बनाने की वकालत कर रहा है।

चूँकि शिया इस बारे में अपनी धारणा को लेकर ज़्यादा कट्टर हैं कि जिस स्थान को नष्ट कर दिया गया है वहाँ किसी प्रकार की मस्जिद नहीं बन सकती है, इसलिए किसी अयातुल्लाह को इस बात के लिए मनाना आसान होगा कि वहाँ एक मंदिर का निर्माण किया जाए।

इस प्रकार की योजना पर जहाँ काम चल रहा था, और एक व्यक्ति जो इस योजना का हिस्सा था वह तेहरान के लिए उड़ान भर चुका था ताकि वह शिया धर्मगुरुओं का समर्थन प्राप्त कर सके। उसका कहना है कि यह काम 75 प्रतिशत तक हो चुका था, तभी सरकार के शीर्ष पर बैठे किसी व्यक्ति ने इस मुद्दे का हल निकालने के लिए 'हिंदुत्व के कई सारे स्वयंभू रखवालों' को बीच में लाकर अड़ंगा डाल दिया। खेल इससे भी बिगड़ा कि उत्तर प्रदेश के कुछ शिया नेता यह शेखी बघारने लगे कि कुछ नेताओं के साथ अकेले में उनकी बातचीत चल रही है और वे 'अयोध्या के मामले को सुलझाने' के क़रीब हैं।

नए-नए विचारों के सामने आते ही, वीएचपी के नेताओं ने ऐसे ही फ़ॉर्मूले की माँग वाराणसी और मथुरा के 'नष्ट' किए गए मंदिरों के लिए भी करनी शुरू कर दी, जिससे मामला और उलझ गया। इन प्रयासों में शामिल एक व्यक्ति का कहना है : 'जल्दी ही उस योजना ने स्वाभाविक रूप से दम तोड़ दिया। कोई था जिसे यह बात अच्छी नहीं लग रही थी कि अयोध्या के मामले को सुलझाने का श्रेय आडवाणी को मिले।'

साफ़ तौर पर, वाजपेयी के सलाहकार अच्छे नहीं थे, और उनकी ही पार्टी के भीतर का प्रतिद्वंद्वी खेमा ब्रजेश मिश्रा और अनेक उद्योगतियों से संबंध रखने वाले प्रमोद महाजन तथा उनके दामाद, रंजन भट्टाचार्य को पसंद नहीं करता था। पत्रकार टी.वी.आर. शेनॉय कहते हैं, 'चूँकि उनका स्वास्थ्य अच्छा नहीं रहता था इस कारण उन्हें शारीरिक रूप से और अन्यथा भी मुट्ठी भर लोगों पर काफ़ी हद तक निर्भर रहना पड़ता था। और इस वजह से ही सबकुछ नियंत्रण से बाहर हो गया।' वाजपेयी को क़रीब से जानने वाले और दूसरे कई लोग भी इस कथन की पुष्टि करते हैं।

और फिर, ऐसे ही सलाहकार थे जिन्होंने 2004 में उन्हें समय से पहले चुनाव कराने के लिए राज़ी किया था। उनका यह मानना था कि उस समय तक वाजपेयी की आभा बढ़ चुकी थी और भाजपा की लहर चल रही थी। उनका कहना था कि

वाजपेयी जीत के हक़दार हैं क्योंकि एक राजनेता के रूप में उन्होंने पाकिस्तान के साथ संबंधों को सामान्य बनाने के लिए अथक परिश्रम किया और जिनकी देखरेख में देश की अर्थव्यवस्था तेज़ी से विकसित हो रही थी। उन्हें इससे बेहतर सुझाव की ज़रूरत थी।

14

उस रात भी सुकून नहीं

2004 में पार्टी की हार पर भाजपा के साथ-साथ राजनीति के पंडितों ने कई तरह के कारण गिनाए। आरएसएस का एक धड़ा वाजपेयी को ओछा दिखाने में एक विचित्र प्रकार के सुख का अनुभव कर रहा था। उसका कहना था कि वाजपेयी के 'नरम' राजनीतिक रुख़ और सुधारवादी दृष्टिकोण के कारण आर्थिक असमानता बढ़ गई जिसका दुष्परिणाम ग्रामीण इलाक़े के लोगों को झेलना पड़ा और यही चुनाव में सूपड़ा साफ़ होने की वजह बन गया। उनका कहना था कि प्रमोद महाजन की ओर से महँगाई के बीच समृद्धि और तरक्की का सच्चाई से कोसों दूर 'इंडिया शाइनिंग' के प्रचार अभियान से जो शोर मचाया गया, वह उल्टा असर कर गया क्योंकि इससे न तो आशा भरी नज़रों से देख रहा मध्यम वर्ग सहमत था ना ही निम्न वर्ग। वाजपेयी समर्थक नेताओं ने जिन बातों को दोषी ठहराया उनमें शामिल थे - एक के बाद एक पड़े अकाल, गुजरात दंगों के कारण देश भर में अल्पसंख्यकों का ध्रुवीकरण, पाला बदलने के लिए तैयार बैठे लोगों का दुराव, सहयोगियों का ख़राब प्रदर्शन, विशेष रूप से आंध्र प्रदेश और तमिलनाडु में, वगैरह-वगैरह।

वे जहाँ इन दावों पर टिके थे, वहीं हताश और निराश दिख रहे वाजपेयी नए प्रधानमंत्री, मनमोहन सिंह के शपथग्रहण में पहुँचे, जिन्हें 22 मई 2004 को शपथ दिलाई गई। उन्नासी साल के नेता स्पष्ट रूप से बीमार दिख रहे थे और उनकी चाल भी लड़खड़ाई हुई थी। वह जिस हाल में वहाँ पहुँचे थे, उसे देखकर किसी को भी संदेह नहीं था कि उनके जीवन के सबसे अच्छे दिन बीत चुके थे। काँग्रेस के एक नेता जब उनके पास गए और उनके पैर छुए, तो सोनिया गाँधी को अच्छा नहीं लगा। फटकार लगाते हुए, उन्होंने उस काँग्रेसी नेता को बता दिया कि उसने जो किया वह ठीक नहीं था। उनके बेटे राहुल गाँधी ने भी उस घटना पर अप्रिय टिप्पणी की। शानो-शौकत वाले लोगों की उस दुनिया में, वाजपेयी अब एक ऐसे शक्तिहीन नेता थे जो अपने जीवन के सूर्यास्त को देख रहे थे।

लेकिन इतिहास भी तुलना के ज़रिए, वर्तमान को अपने ही विचित्र तरीक़े से देखता है। इस लिहाज से, वाजपेयी का इतिहास बार-बार अपने आप को कभी स्मृतियों, कभी संदर्भों तो कभी झटकों के तौर पर प्रबल रूप से दोहराता रहता है। ग्वालियर के एक छोटे से शहर के स्कूल टीचर के बेटे से लेकर, आर्य समाज का सदस्य बनने, आरएसएस की पूर्णकालिक सदस्यता, जनसंघ का नेता, सांसद, भाजपा के संस्थापक अध्यक्ष, विपक्ष के नेता और फिर पहले ग़ैर-काँग्रेसी प्रधानमंत्री बनने तक जिसने अपना कार्यकाल पूरा किया, वाजपेयी के सबसे अच्छे वर्ष सर्वश्रेष्ठ थे, विशेष रूप से उनका आख़िरी दौर, जिसमें वह इस उपमहाद्वीप में मुख्य भूमिका में थे, आसमान को छूने के जैसा था। उन्होंने अपने आप को जिस प्रकार हिंदुत्व के लिए लड़ने वाले एक जुझारू नेता से परिवर्तित कर एशिया क्षेत्र में शांति दूत के रूप में ढाला वह ग़ौर करने के क़ाबिल था। यहाँ तक वह एक-एक पायदान को पार कर पहुँचे थे, और बीच-बीच में उन्होंने ऊटपटाँग बयान भले ही दिए हों, लेकिन अंत में वह टेफ़लॉन की परत वाले अचल और अक्षत वाजपेयी ही रहे।

प्रधानमंत्री के रूप में उनका कार्यकाल उथल-पुथल भरा रहा जिसमें परमाणु-शस्त्र से लैस पाकिस्तान लगातार भारत के साथ कम तीव्रता वाले संघर्ष में शामिल रहा। कम से कम दो ऐसे मौक़े आए जब शत्रुतापूर्ण संबंधों वाले दोनों पड़ोसी खुल्लम-खुल्ला युद्ध की तरफ़ बढ़ते दिखे। इसके बावजूद, वाजपेयी ने बुनियादी ढाँचे के विकास पर पूरा ध्यान लगाया, जिसमें सड़कों की वह विशाल परियोजना शामिल थी जिसने पूरे देश में वस्तुओं और सेवाओं के आने-जाने को पहले की तुलना में सुगम बना दिया। स्वर्णिम चतुर्भुज योजना के लिए, उन्होंने एक नया फ़ॉर्मूला अपनाया : परियोजनाओं का वित्त-पोषण सड़क उपकर के ज़रिए किया गया। पीछे पलटकर देखें, तो ऐतिहासिक ग्रैंड ट्रंक रोड का निर्माण करने वाले, सोलहवीं शताब्दी के सूरी वंश के बादशाह शेरशाह सूरी के बाद वह पहले भारतीय शासक थे जिन्होंने एक ऐसी विशालकाय सड़क परियोजना की शुरुआत की जिसने भारत को पूरब से पश्चिम तक और उत्तर से दक्षिण तक आपस में जोड़ दिया। 'भारतीय विकास का दशक' नाम के साल 2011 के अपने लेख में, निरूपम बाजपेयी और जेफ़री डी. सैक्स ने वाजपेयी और उनकी सरकार की कई योजनाओं को गिनाया है, जिन्हें भारत के विकास के लिए पथप्रवर्तक माना जाता है। लेखकों के मुताबिक़, 'स्वतंत्र, भारत में कभी एक दशक तक चला ऐसा लंबा दौर नहीं आया जब सामान्य तौर पर पूरे भारत का और विशेष रूप से ग्रामीण भारत के विकास के लिए इतनी सामयिक, अत्यावश्यक, बड़े पैमाने की सार्वजनिक योजनाओं को इतने सारे महत्त्वपूर्ण क्षेत्रों में शुरू किया गया हो।' उन्होंने आगे लिखा, 'पहला, सड़क के क्षेत्र में, स्वर्णिम चतुर्भुज परियोजना और प्रधानमंत्री ग्रामीण सड़क योजना की शुरुआत साल 2000 में की गई। दूसरा, 2001 में शिक्षा के क्षेत्र में सर्वशिक्षा अभियान शुरू

किया गया। तीसरा, पेयजल के क्षेत्र में, स्वजलधारा योजना को 2002 में शुरू किया गया। चौथा, स्वास्थ्य क्षेत्र में, राष्ट्रीय ग्रामीण स्वास्थ्य मिशन (एनआरएचएम) को 2005 में शुरू किया गया। पाँचवाँ, ग्रामीण विद्युतीकरण के क्षेत्र में, राजीव गाँधी ग्रामीण विद्युतीकरण योजना, और छठा, ग्रामीण बुनियादी संरचना क्षेत्र में, कुछ अन्य योजनाओं के साथ ही भारत निर्माण की शुरुआत की गई थी। हमारा यह मानना है कि पिछले एक दशक में इन सारी योजनाओं की एक साथ हुई शुरुआत में परिणाम देने की क्षमता है और कुछ मामलों में उन्होंने परिणाम देना शुरू भी कर दिया है तथा इस कारण ही उन्हें सार्वजनिक क्षेत्र तथा क्षेत्रीय सुधारों के लिए उच्च स्तरों पर अधिक ख़र्च से सुदृढ़ करने की आवश्यकता है ताकि सेवा प्रदान करने की दिशा में सुधार हो सके।'

प्रधानमंत्री के रूप में वाजपेयी ने कर प्रणाली को भी सुव्यवस्थित किया, और राजकोषीय ज़िम्मेदारी तथा बजट प्रबंधन अधिनियम लेकर आए जिससे राजस्व और राजकोषीय घाटा को व्यवहार्य स्तरों तक रखा जा सके ताकि अर्थव्यवस्था की सेहत में सुधार हो। उन्होंने सुधार के कई क़दमों की शुरुआत की, जिनमें भारतीय उद्योग की बढ़ती चुनौतियों का सामना करने के लिए बीमा जैसे क्षेत्रों में विदेशी निवेश की सीमा को बढ़ाया जाना शामिल था। वही थे जिन्होंने दूरसंचार कंपनियों को एक ऐसी योजना की शुरुआत कर बड़ी राहत दी, जिसमें सरकार की संपदा मानी जाने वाली वायु तरंगों के उपयोग के बदले वे एकमुश्त फ़ीस की बजाए राजस्व का एक हिस्सा दे सकते थे। इससे उन्हें अपना विस्तार करने का एक बड़ा अवसर मिला। यह उनकी ही टेलीकॉम नीति थी जिसने कॉल्स की दरों को कम किया और निजी कंपनियों को ऐसी सेवाएँ प्रदान करने का अवसर दिया जिन पर पहले सरकार का एकाधिकार था। यह वाजपेयी की ही सोच थी जिसके कारण देश में मोबाइल फ़ोन के उपयोग में तेज़ी से वृद्धि हुई। 2004 में जब उन्होंने पद छोड़ा, तब तक देश में मोबाइल फ़ोन कनेक्शन ने फ़िक्स्ड लाइन कनेक्शन को संख्या की दृष्टि से पीछे छोड़ दिया था। यदि आज हम हाथों में स्मार्टफ़ोन लेकर ओड़िशा के पारादीप से आइसलैंड के रेक्ज्याविक में लंबी दूरी के फ़ोन कॉल आराम से कर रहे हैं, तो इस बात को याद रखना चाहिए कि इस क्रांति में वाजपेयी का भी हाथ था। आसा दोरोन और रॉबिन जेफ़री की मशहूर किताब *सेल फ़ोन नेशन* 1995 के उन दिनों से लेकर हाल के वर्षों तक भारत की सेल फ़ोन क्रांति का वर्णन करती है जब तत्कालीन दूरसंचार मंत्री, सुखराम ने उस समय के पश्चिम बंगाल के मुख्यमंत्री, ज्योति बसु को पहला मोबाइल फ़ोन कॉल किया था। दोनों लेखकों ने पुरानी पड़ चुकी दूरसंचार नीतियों से मुक्ति दिलाने का श्रेय वाजपेयी को दिया। दोनों ने लिखा : 'पिछली टेलीकॉम नीतियों से पीछा छुड़ाने और संभावनाओं से भरपूर मोबाइल फ़ोन के कारोबार में निजी पूँजी को आने से रोकने वाली बाधाओं को दूर करने में वाजपेयी की भाजपा सरकार को

(1995 के बाद) और भी छह साल लग गए। एक बार ऐसा होते ही चमत्कार करने वाले आँकड़े सामने आए। साल 2003 में, भारत में 1 करोड़ तीन लाख मोबाइल फ़ोन उपयोगकर्ता थे। 2008 तक इनकी संख्या 2 करोड़ 61 लाख तक पहुँच गई जो पाँच वर्षों में 20 गुणा वृद्धि थी। साल 2013 तक, यह आँकड़ा तीन गुणा हो गया और 8 करोड़ 68 लाख तक जा पहुँचा।'

उनके शासन के दौरान एक ऐसा भी दौर आया जब ज़्यादा से ज़्यादा भारतीयों के पास ख़र्च करने लिए एक अच्छी-खासी आय थी, या नहीं भी तो कम से कम वे इसकी उम्मीद कर सकते थे, जिससे उनके राजनीतिक दृष्टिकोण में एक बड़ा बदलाव आया। धनी लोग जैसे-जैसे और धनी होते गए, वैसे-वैसे ग़रीबों के बीच बेचैनी और परेशानी बढ़ने लगी। उनमें अपनी मुश्किलों को दूर करने दूसरों के बराबर आने की इच्छा बढ़ गई। सत्ताधारी वर्ग की नीतियाँ पहले की तुलना में व्यवसाय समर्थक होती चली गईं, जिसके कारण नई राजनीतिक समस्याएँ खड़ी हो गईं।

हालाँकि, वाजपेयी आरएसएस और इसके समर्थक समूहों के दबाव का मुक़ाबला करते रहे। पुरानी सोच से अलग जाने के कारण संघ और ऐसे समूह उनके मंत्रियों और कभी-कभी खुद उन्हें अपने तीखे हमले का शिकार बनाने से नहीं चूकते थे। वह उनसे बात करने के लिए तैयार थे, लेकिन झुकना मंजूर नहीं था। वह लोकतांत्रिक प्रधानमंत्री थे जो हर पक्ष को सुनते थे और फिर अपना फ़ैसला सुनाते थे। प्रधानमंत्री के रूप में उच्च आर्थिक विकास का मतलब यह भी था कि विदेशी निवेश कई गुना बढ़ गया था। एक ऐसा व्यक्ति जिसने अपनी जवानी में स्वदेशी की राजनीति को अपनाया और इंदिरा गाँधी के साथ बैंकों के राष्ट्रीयकरण पर सहमत था, उसके रुख़ में यह एक बड़ा बदलाव था। असल में, उन्होंने अपनी राजनीतिक प्राथमिकताओं के साथ ही आर्थिक दृष्टिकोण के मामले में पुरानी बातों को भूलने की एक कवायद की। जो कभी एक नेहरूवादी था जो शीत युद्ध के दौरान परमाणु हथियारों का जखीरा बनाने के ख़िलाफ़ आवाज़ उठाया करता था, वही इस धारणा के साथ नई विश्व व्यवस्था में परमाणु क्षमता प्राप्त करने का समर्थन कर रहा था कि 'शक्ति ही शक्ति का सम्मान करती है।' 1980 के दशक में नेली नरसंहार से पहले जो असम में मुस्लिम विरोधी भड़काऊ भाषण देने वाले फ़ायरब्रांड नेता थे। वही, इक्कीसवीं सदी में गुजरात में सांप्रदायिक नफ़रत की गंदी राजनीति पर बेहद निराश हुए थे। जम्मू-कश्मीर के विशेष दर्जा का विरोध करने वाले वैचारिक उन्मादी एस.पी. मुखर्जी के विपरीत, वाजपेयी ने 'जम्मू-कश्मीर की तरक्की के लिए इन्सानियत और जम्हूरियत' को अहम बताकर घाटी में प्रेम की राजनीति का उपदेश दिया। लाल किले की प्राचीर से स्वतंत्रता दिवस के अवसर अपने एक भाषण में वाजपेयी ने कहा, 'बाहरी और आंतरिक पहलुओं के लिहाज से, जम्मू-कश्मीर की समस्या का स्थायी हल निकालने के लिए हम सिर्फ़ बीते समय के पुराने रास्तों पर

ही नहीं चलेंगे। सोच को बदलना होगा और उससे बाहर निकलना होगा।' 2004 में वह एक बार फिर पाकिस्तान को बातचीत की टेबल पर लेकर आए और भारत की उस चिंता को सामने रखा, जिसे 2001 में इस्लामाबाद ने ठुकरा दिया था, जिसके कारण आगरा शिखर सम्मेलन विफल साबित हुआ था।

लेकिन कुछ आदतें इतनी आसानी से पीछा नहीं छोड़तीं : वाजपेयी को यह बर्दाश्त नहीं था कि कोई उन्हें *विकास पुरुष* और आडवाणी को *लौह पुरुष* कहकर नीचा दिखाए। उन्हें ऐसा कहने वाली की मंशा में थोड़ी खोट नज़र आई और वह 'दोहरे मुखौटे' के इस दृष्टिकोण को पचा नहीं पाए। जब तक वह वहाँ थे, एकमात्र पहचान उन्हीं की थी। आडवाणी काफ़ी हद तक उनकी इच्छा के आगे झुक जाते थे और खुद को नंबर 2 मानते थे, जिसका उनके खेमे के नेताओं को बड़ा दुख था। शायद, कुछ अन्य बातों के अलावा, आडवाणी नानाजी देशमुख की हालत को भूल नहीं सकते थे, जिनमें बेहतरीन संगठन कौशल था, लेकिन मुख्यधारा की राजनीति के आगे उन्हें घुटने टेकने पड़े और वाजपेयी से मतभेदों के कारण उन्हें अपना रास्ता अलग करना पड़ा। देशमुख भलाई करने वाले व्यक्ति थे, लेकिन उन्हें आरएसएस नेतृत्व को लंबी-चौड़ी चिट्ठियों में अपना दुखड़ा रोकर ही संतोष करना पड़ा।

वाजपेयी अपने आलोचकों और विरोधियों के प्रति जितना निष्ठुर अपनी जवानी के दिनों में थे उतनी की कठोरता करियर के अंत तक बनी रही। वेंकैया नायडू को जहाँ अपने लौह पुरुष-विकास पुरुष के बयान को वापस लेना पड़ा, वहीं कभी भाजपा के चाणक्य कहे जाने वाले गोविंदाचार्य को वाजपेयी को मुखौटा कहने के कारण सक्रिय राजनीति से संन्यास लेना पड़ा। बेशक, वाजपेयी में महत्त्वाकांक्षा कूट-कूटकर भरी थी, और पार्टी में भीतरघात करने वालों को वह बख़्शते नहीं थे। अपने पूरे करियर के दौरान, अपने दुश्मनों के लिए उनका दोहरा चेहरा था। वह टकराव के बिना ही विरोधियों को परास्त कर देते थे। दूसरी तरफ़, उनके उदार रुख़ के कारण भाजपा की ओर नए-नए सहयोगी आकर्षित होते रहे। इस बात को साबित करने के लिए कि भाजपा भी सहयोगी बना सकती है और सत्ता में आ सकती है, उन्होंने दोस्त बनाने के लिए मान-मनौवल और दयालुता की भावना का असाधारण परिचय दिया।

उनके कार्यकाल विवादों से अछूते नहीं रहे। वाजपेयी सरकार में 1998 से 2004 के बीच वित्त और विदेश मंत्रालय जैसे दो प्रमुख विभागों की ज़िम्मेदारी संभालने वाले यशवंत सिन्हा स्वीकार करते हैं कि उनके समय में अनेक बेईमान उद्योगपतियों की पैठ पीएम के दफ़्तर तक हो गई थी। सिन्हा कहते हैं, 'उन्हें दूर रखने में, वाजपेयी उतने सफल नहीं रहे... लेकिन जब भी उनके संज्ञान में कोई बात आती थी, तब वह कार्रवाई करते थे। उदाहरण के लिए, उन्होंने अंबानियों के क़रीबी माने जाने वाले प्रमोद महाजन को दूरसंचार मंत्रालय से हटा दिया था।' लेकिन उनके

दामाद, रंजन भट्टाचार्य और मित्र तथा राष्ट्रीय सलाहकार, ब्रजेश मिश्रा को कोई छू भी नहीं सकता था। यह एक बुरी बात थी जिसके चलते उनके कैबिनेट में ही तनाव हो जाया करता था और उनके मंत्री अक्सर उनके 'असंवैधानिक' अधिकारों की शिकायत किया करते थे। उदार होने के कारण, वाजपेयी अपने दोस्तों को उपकृत कर दिया करते थे। उन्होंने घुटनों की सर्जरी करने वाले सर्जन को राष्ट्रीय सम्मान दे दिया।

लेकिन अपने छह साल के कार्यकाल के अंत में, उनका प्रभाव उस पार्टी में काफ़ी तेज़ी से कम हुआ जिसके वह संस्थापक अध्यक्ष थे। वह अपनी पसंद के उम्मीदवार, कृष्णकांत को भारत का राष्ट्रपति नहीं बना सके, और उन्हें अपनी पार्टी की इच्छा के आगे झुकना पड़ा। आडवाणी जो कभी उनके क़रीबी सहयोगी थे, उनकी ताक़त बढ़ने के साथ ही उन्हें लगने लगा कि नंबर एक का उनका दर्जा उसी तरह खिसकने लगा जैसा कि 1980 और '90 के दशक के आख़िर में हुआ था। वह व्यक्ति जिसने अपने आप को तेज़ी से बदला था और परिस्थितियों के अनुसार ख़ुद को ढालने की आदत ने जिसे सत्ता के शीर्ष तक पहुँचाया था, वह अमेरिका के 9/11 के हमले के बाद बदली राजनीतिक परिस्थितियों को भाँपने में शायद विफल रहा। यह ऐसी घटना थी जिसने कई तरह की कार्रवाई, विशेष रूप से मुसलमानों के ख़िलाफ़ दुष्प्रचार और उनके प्रति नफ़रत को सही ठहराने का अवसर दे दिया, जिन्हें अब तक राजनीतिक रूप से सही नहीं माना जाता था।

साल 2005 तक, भूलने की बीमारी ने वाजपेयी पर अपना असर दिखाना शुरू कर दिया। देखते ही देखते इस बीमारी ने उन्हें लाचार बना दिया। वह बातों को भूलने लगे, लेकिन यह भी आशंका रहती थी कि कहीं वह ऐसा जानबूझकर तो नहीं करते थे। साल 2005 में जब वह बिहार गए थे, तब उनसे कहा गया था कि वह नीतीश कुमार को मुख्यमंत्री पद का उम्मीदवार बनाने की औपचारिक घोषणा करें। वह राज्य में एक रैली को संबोधित कर रहे थे। उनके सहायक ने उन्हें काग़ज़ की पर्ची पकड़ाई ताकि वह उस महत्त्वपूर्ण घोषणा को कर सकें, लेकिन उन्होंने ऐसा नहीं किया। शायद उन्होंने कुछ सोचकर ऐसा नहीं किया। शायद वह ऐसा करना बस भूल गए।

दिसंबर 2005 में वाजपेयी उसी शिवाजी पार्क में सक्रिय राजनीति से रिटायर हो गए, जहाँ 1995 में, आडवाणी ने ऐलान किया था कि वह प्रधानमंत्री पद के उम्मीदवार होंगे। दस साल बाद, उन्होंने आडवाणी के हाथों में कमान सौंप दी। उन्होंने आडवाणी और प्रमोद महाजन को भाजपा के राम-लक्ष्मण की जोड़ी बताया, लेकिन जिस शिद्दत के साथ उन्होंने पार्टी के भीतर राजनीति के क़ायदे-क़ानून तय किए थे उनमें इतनी तेज़ी से बदलाव आ चुका था था कि अब सरपरस्त भी बदल गए थे और उनकी प्राथमिकताएँ भी पूरी तरह से अलग हो चुकी थीं।

साल 2009 में स्ट्रोक का शिकार होने के बाद से ही, वाजपेयी ने बिस्तर पकड़ लिया। पूरी तरह से लाचार वाजपेयी अब लुटियंस की दिल्ली के 6ए कृष्ण मेनन मार्ग आवास में रहते हैं। उनसे मिलने-जुलने वालों में उनके पारिवारिक मित्र और अप्पा घटाटे जैसे क़रीबी दोस्त शामिल हैं, और उनका कहना है कि वह उन्हें सुन और समझ सकते हैं, भले ही बोल न सकें। साल 2015 में, राष्ट्रपति प्रणब मुखर्जी ने उन्हें देश का सर्वोच्च नागरिक सम्मान, भारत रत्न दिया। अटल की जीवन साथी, राजकुमारी कौल का निधन 2014 में हो गया। उनके सिवाय, उनके परिवार के सारे सदस्य उनके साथ थे क्योंकि अटल तब तक लगभग निष्क्रिय हो सके थे। एक कवि हृदय वाला राजनेता अपनी जीवन संगिनी को अंतिम विदाई नहीं दे सका, या फिर यह कहना ज़्यादा सही होगा कि उनके बीच का संबंध इतना सूक्ष्म था कि मृत्यु जैसी छोटी घटना उन्हें कभी जुदा नहीं कर सकती थी।

वाजपेयी संसद के लिए अपने भाषणों की तैयारी अच्छी तरह करते थे। वे भले ही लंबे होते थे लेकिन वाजपेयी उन्हें अपना मज़बूत पक्ष मानते थे। वे उस पीढ़ी के नेता थे जो सदन की कार्यवाहियों को बिना वजह रोकने और अड़ंगा डालने को शर्मनाक मानते थे। यदि सत्ताधारी दल अपनी असीम शक्ति पर गुमान करता और उसमें विभिन्न मतों को शामिल करने, विभिन्न प्रकार के मुद्दों पर चर्चा करने तथा विद्वत्ता का सम्मान करने की सहनशीलता नहीं होती, तो उनका नाम एक विशिष्ट नेता के रूप में कभी नहीं लिया जाता। वह नेहरूवादी माहौल में पले-बढ़े थे और संस्थानों के निर्माण तथा उन्हें सुचारू ढंग से चलाने के लिए दी गई कुर्बानियों की समझ थी। उनमें उदारवादी मतों की अद्वितीय समझ थी क्योंकि उन्हें भी उसका लाभ मिला था : जब वह और अपनी पार्टी के गिने-चुने सदस्य नेहरू से मिले और उनसे 1962 के चीनी आक्रमण पर चर्चा के लिए संसद का संयुक्त सत्र बुलाने की माँग की तो वह तुरंत मान गए, जबकि वह अच्छी तरह जानते थे कि उनके सामने खड़ा युवा नेता उनकी खिंचाई करेगा। प्रधानमंत्री के रूप में वाजपेयी ने भले ही ऐसी उदारता न दिखाई हो जैसी उनके महान पूर्ववर्तियों ने उनके प्रति दिखाई थी, लेकिन वह बातचीत के महत्त्व को स्वीकार करते थे और संसद को सुचारू रूप से चलाने के लिए जहाँ तक संभव था वहाँ तक जाने के लिए तैयार रहते थे।

यही कारण था कि मणिशंकर अय्यर जैसा एक 'धर्मनिरपेक्ष कट्टरवादी' उनकी कमी को महसूस करता है। अय्यर ने पूर्व प्रधानमंत्री के नाम एक खुली चिट्ठी लिखी थी। कॉंग्रेसी नेता की चिट्ठी, साल 2016 के फ़रवरी में *इंडियन एक्सप्रेस* में छपी थी। यह वाजपेयी के उत्तराधिकारियों की कड़ी निंदा थी, जिन्होंने उनके मुताबिक़ उन मूल्यों को नष्ट कर दिया जिनका समर्थन पूर्व प्रधानमंत्री करते थे। उन्होंने लिखा :

> आपके विचार जहाँ काँग्रेस से पूरी तरह से अलग थे और उन्हें निर्धारित करने में आरएसएस के साथ आपके शुरुआती संबंध का जहाँ बहुत बड़ा योगदान था, वहीं लगभग सारे भारतीयों के साथ आपने स्वतंत्रता आंदोलन के नैतिक मूल्यों को साझा किया। यही कारण है कि इमरजेंसी के बाद कई दशकों के बीत जाने पर जब विदेश नंत्री के रूप में आप सत्ता में आए तब आपने सभी प्रकार के कट्टरवाद, विशेष रूप से धार्मिक कट्टरवाद से परहेज किया। इस कारण जब भाजपा के नेतृत्व वाली दूसरी सरकार आप से कहीं अधिक बहुमत के साथ सत्ता में आई है, तब हमें आपकी ज़रूरत है। देश को एक सूत्र में बाँधने का प्रयास करने की बजाए, आपके उत्तराधिकारी भारत के मूल आत्मा के ही टुकड़े-टुकड़े करने में लिप्त हैं।

अय्यर ने एक कहानी भी साझा की :

> मुझे आज भी याद है जब द्रविड़ अलगाववाद के मुद्दे पर, द्रविड़ नेता, सी.एन. अन्नादुरई के साथ आपकी तीखी नोक-झोंक हुई थी। वह साल 1962 था, जब आप संसद में आए थे और अन्नादुरई राज्य सभा के लिए चुने गए थे। अपने पहले ही भाषण में उन्होंने साफ़ कर दिया था कि वह भारतीय गणतंत्र को चीरकर एक अलग द्रविड़िस्तान चाहते हैं। मुझे याद नहीं कि आपने उन्हें गोली मारने के लिए पिस्तौल निकाली हो। आप हिंदी को राष्ट्र भाषा बनाने के विवादित मुद्दे पर अड़े रहे, लेकिन न तो कभी उन्हें बीच में टोका और ना ही उन्हें चुप रहने को कहा, और ना ही इस तरह की माँग रखी कि उन्हें भारतीय दंड संहिता की धारा 124ए (राजद्रोह) के तहत गिरफ़्तार किया जाए। आपने हर दलील को काटने के लिए अपनी दलील रखी। आख़िरकार, 'अन्ना' (बड़े भाई) ने, जैसा कि प्यार से लोग उन्हें तमिलनाडु में बुलाते हैं, अपनी बात से पीछे हटे और यह ऐलान किया कि तमिलनाडु भारत माता का अभिन्न अंग है। यह ऐसी बातचीत थी जो चल सकी क्योंकि यह सच में हृदय परिवर्तन होने पर आधारित थी।

इस लेख के छपने के बाद, जब वाजपेयी की बेटी नमिता ने अय्यर से कहा कि बापजी के बारे में उन्होंने जो लिखा उसने उनके दिल को छू लिया तो उन्हें बेहद खुशी हुई। उसने बताया कि इस उम्मीद में उसने उस लेख को ज़ोर-ज़ोर से पढ़ कर सुनाया ताकि वह समझ सकें कि उनके बारे में और उनके उत्तराधिकारियों की प्राथमिकताओं के बारे में क्या लिखा गया है।

तुलना करने के इस खेल में, जो लोग वाजपेयी के जैसा बनना चाहते हैं, उन्हें एक बहुत बड़ा फ़ासला नज़र आता है। वाजपेयी किसी भी लिहाज से घिसे-पिटे

विचारों वाले हिंदू राष्ट्रवादी नेता नहीं थे। वह जीवन की अच्छी-अच्छी चीज़ों से प्रेम करते थे : अपनी जवानी में वह भांग और अफ़ीम का नियंत्रित सेवन करते थे। उन्हें शराब और खाने-पीने की ऐसी चीज़ें अच्छी लगती थीं जो उनके कई सहयोगियों की नज़र में पाप के समान थे। निश्चित रूप से, वह इस बात की इजाज़त हरगिज़ नहीं देते कि उनके जल्द स्वास्थ्य लाभ के लिए किसी बाघ की बलि दी जाए, जैसा कि उनके कुछ शुभचिंतकों ने कथित तौर पर उस समय किया जब वह अस्पताल में भर्ती थे। इस बात की कल्पना भी नहीं की जा सकती है कि वह चंद्रास्वामी जैसे किसी फ़र्ज़ी धर्मगुरु की संगत करें या अपने शत्रुओं पर क़ाबू पाने के लिए काला-जादू जैसे कर्मकांड करें, जैसा कि उनके अच्छे दोस्त नरसिंह राव अक्सर किया करते थे। अपने समकालीन नेताओं के बीच, वाजपेयी ग़ैर-संप्रदायवादी थे जिनमें परंपरा को तोड़ने का एक दृढ़ संकल्प था, अंधविश्वासों के प्रति घृणा का भाव और निष्ठुर महत्त्वाकांक्षा थी जो उनकी असुरक्षा पर हावी रहती थी। यह सच है कि अपने हीरो, नेहरू की तरह वाजपेयी ने कई ग़लतियाँ की, लेकिन वह जितने बड़े क्रांतिकारी थे, उतने बड़े लोकतांत्रिक व्यक्ति भी थे, और भारतीय राजनीति उनके समृद्ध योगदान के बिना निर्धन ही रह जाती।

दिन के ढलने पर अतीत जले और सुध-बुध खो बैठे
प्रकाश को बुझने न दो, उठो और संघर्ष करो।

आभार

यह पुस्तक निम्नलिखित लोगों की सहायता के बिना संभव नहीं हो पाती जिन्होंने खुले दिल से मुझे अपना समय और अपने संसाधन दिए : एन.एम. घटाटे, रंजन भट्टाचार्य, टी.वी.आर. शेनॉय, दिनेश नारायणन, के.एन. गोविंदाचार्य, वॉल्टर के. ऐंडरसन, अरुण शौरी, मणिशंकर अय्यर, राजेश रामचंद्रन, यशवंत सिन्हा, शक्ति सिन्हा, थॉमस ब्लॉम हैनसन, एडवर्ड लुटवाक, सईद नकवी, लालजी टंडन, राजनाथ सिंह सूर्य, रामबहादुर राय, बलबीर पुंज, अनिल नायर, राजेश बादल, अनिल कुमार, राजेश एम.एच., एरिक गोंज़ालविस, विनोद सी. खन्ना, डॉ. फैज़ल देवजी, डॉ. विजय चौथाईवाले, सिद्धार्थ सिंह, प्रवीण थंपी, जॉन ब्रिटस, सुकुमार मुरलीधरन, वसुधा वेणुगोपाल, ज़ैन अनवर, प्रवीण दोंथी और प्रोफ़ेसर सुमंत्र बोस।

एस. प्रसन्नराजन को विशेष धन्यवाद जिन्होंने *ओपन* पत्रिका में मुझे मेरे काम से अवकाश दिया। पेंग्विन में कमिशनिंग एडिटर, प्रेमांक गोस्वामी का उनके धैर्य तथा पैनी नज़र के लिए आभार। शनुज वी.सी. का पर्दे के पीछे रहकर भी अपने समर्पण के लिए, तथा मेरी पत्नी एकता का मुझे अपनी सीमाओं से आगे जाकर परिश्रम करने की प्रेरणा के लिए धन्यवाद।

अनुवादक के बारे में

महेंद्र नारायण सिंह यादव ने महाराजा कॉलेज, छतरपुर (म.प्र.) से स्नातक और भारतीय जन संचार संस्थान (नई दिल्ली) से पत्रकारिता में स्नातकोत्तर डिप्लोमा, तथा गुरु जंभेश्वर विश्वविद्यालय से पत्रकारिता एवं जनसंचार में स्नातकोत्तर की उपाधि प्राप्त। वे विगत 20 वर्षों से रेडियो, टेलीविज़न पत्रकारिता तथा अनुवाद और संपादन-कार्य से जुड़े हैं। उन्होंने चिल्ड्रंस बुक ट्रस्ट के हिंदी संपादक के रूप में भी कार्य किया है। वर्तमान में वे दिल्ली में समाचार चैनल 'समय मध्यप्रदेश छत्तीसगढ़' में पत्रकारिता कर रहे हैं।

उन्होंने अब तक क़रीब 20 पुस्तकों का अंग्रेज़ी से हिंदी अनुवाद किया है, जिनमें पूर्व राष्ट्रपति डॉ. ए.पी.जे. अब्दुल कलाम की *खुशहाल व समृद्ध विश्व* और *भारत भाग्य विधाता*, नेपोलियन हिल की *मनचाही सफलता कैसे पाएँ*, तथा 'मेट्रोमैन' ई. श्रीधरन और भरत वाकलु द्वारा संपादित *सशक्त मूल्यों का तेजस्वी भारत* शामिल हैं।